动态死亡率建模与
长寿风险量化研究

Research on Modeling Dynamic Mortality Rates and
Quantifying Longevity Risks

段白鸽 著

中国社会科学出版社

图书在版编目（CIP）数据

动态死亡率建模与长寿风险量化研究／段白鸽著．—北京：中国社会科学出版社，2019.12
（中国社会科学博士后文库）
ISBN 978-7-5203-2909-5

Ⅰ.①动… Ⅱ.①段… Ⅲ.①人寿保险—人口死亡率—研究 Ⅳ.①F840.622②C921

中国版本图书馆 CIP 数据核字（2019）第 292105 号

出 版 人	赵剑英
责任编辑	王莎莎
责任校对	李 剑
责任印制	李寡寡

出　　版	中国社会科学出版社
社　　址	北京鼓楼西大街甲 158 号
邮　　编	100720
网　　址	http://www.csspw.cn
发 行 部	010-84083685
门 市 部	010-84029450
经　　销	新华书店及其他书店
印　　刷	北京君升印刷有限公司
装　　订	廊坊市广阳区广增装订厂
版　　次	2019 年 12 月第 1 版
印　　次	2019 年 12 月第 1 次印刷
开　　本	710×1000 1/16
印　　张	18.25
字　　数	305 千字
定　　价	108.00 元

凡购买中国社会科学出版社图书，如有质量问题请与本社营销中心联系调换
电话：010-84083683
版权所有　侵权必究

第八批《中国社会科学博士后文库》
编委会及编辑部成员名单

（一）编委会
主　任：王京清
副主任：崔建民　马　援　俞家栋　夏文峰
秘书长：邱春雷
成　员（按姓氏笔画排序）：
　　　　卜宪群　王立胜　王建朗　方　勇　史　丹
　　　　邢广程　朱恒鹏　刘丹青　刘跃进　孙壮志
　　　　李　平　李向阳　李新烽　杨世伟　杨伯江
　　　　吴白乙　何德旭　汪朝光　张车伟　张宇燕
　　　　张树华　张　翼　陈众议　陈星灿　陈　甦
　　　　武　力　郑筱筠　赵天晓　赵剑英　胡　滨
　　　　袁东振　黄　平　朝戈金　谢寿光　樊建新
　　　　潘家华　冀祥德　穆林霞　魏后凯

（二）编辑部（按姓氏笔画排序）：
主　任：崔建民
副主任：曲建君　李晓琳　陈　颖　薛万里
成　员：王　芳　王　琪　刘　杰　孙大伟　宋　娜
　　　　张　昊　苑淑娅　姚冬梅　梅　玫　黎　元

序　言

博士后制度在我国落地生根已逾30年，已经成为国家人才体系建设中的重要一环。30多年来，博士后制度对推动我国人事人才体制机制改革、促进科技创新和经济社会发展发挥了重要的作用，也培养了一批国家急需的高层次创新型人才。

自1986年1月开始招收第一名博士后研究人员起，截至目前，国家已累计招收14万余名博士后研究人员，已经出站的博士后大多成为各领域的科研骨干和学术带头人。这其中，已有50余位博士后当选两院院士；众多博士后入选各类人才计划，其中，国家百千万人才工程年入选率达34.36%，国家杰出青年科学基金入选率平均达21.04%，教育部"长江学者"入选率平均达10%左右。

2015年底，国务院办公厅出台《关于改革完善博士后制度的意见》，要求各地各部门各设站单位按照党中央、国务院决策部署，牢固树立并切实贯彻创新、协调、绿色、开放、共享的发展理念，深入实施创新驱动发展战略和人才优先发展战略，完善体制机制，健全服务体系，推动博士后事业科学发展。这为我国博士后事业的进一步发展指明了方向，也为哲学社会科学领域博士后工作提出了新的研究方向。

习近平总书记在2016年5月17日全国哲学社会科学工作座谈会上发表重要讲话指出：一个国家的发展水平，既取决于自然科学发展水平，也取决于哲学社会科学发展水平。一个没有发达的自然科学的国家不可能走在世界前列，一个没有繁荣的哲学社会科学的国家也不可能走在世界前列。坚持和发展中国特色社会主义，需要不断在实践和理论上进行探索、用发展着的理论指导发展着的实践。在这个过程中，哲学社会科学具有不可替代的重要地位，哲学社会科学工作者具有不可替代的重要作用。这是党和国家领导人对包括哲学社会科学博士后在内的所有哲学社会科学领域的研究者、工作者提出的殷切希望！

中国社会科学院是中央直属的国家哲学社会科学研究机构，在哲学社会科学博士后工作领域处于领军地位。为充分调动哲学社会科学博士后研究人员科研创新积极性，展示哲学社会科学领域博士后优秀成果，提高我国哲学社会科学发展整体水平，中国社会科学院和全国博士后管理委员会于2012年联合推出了《中国社会科学博士后文库》（以下简称《文库》），每年在全国范围内择优出版博士后成果。经过多年的发展，《文库》已经成为集中、系统、全面反映我国哲学社会科学博士后优秀成果的高端学术平台，学术影响力和社会影响力逐年提高。

下一步，做好哲学社会科学博士后工作，做好《文库》工作，要认真学习领会习近平总书记系列重要讲话精神，自觉肩负起新的时代使命，锐意创新、发奋进取。为此，需做到以下几点。

第一，始终坚持马克思主义的指导地位。哲学社会科学研究离不开正确的世界观、方法论的指导。习近平总书记深刻指出：坚持以马克思主义为指导，是当代中国哲学社会科学区别于其他哲学社会科学的根本标志，必须旗帜鲜明加以坚持。马克思主义揭示了事物的本质、内在联系及发展规律，是"伟大的认识工具"，是人们观察世界、分析问题的有力思想武器。马克思主义尽管诞生在一个半多世纪之前，但在当今时代，马克思主义与新的时代实践结合起来，越来越显示出更加强大的生命力。哲学社会科学博士后研究人员应该更加自觉坚持马克思主义在科研工作中的指导地位，继续推进马克思主义中国化、时代化、大众化，继续发展21世纪马克思主义、当代中国马克思主义。要继续把《文库》建设成为马克思主义中国化最新理论成果的宣传、展示、交流的平台，为中国特色社会主义建设提供强有力的理论支撑。

第二，逐步树立智库意识和品牌意识。哲学社会科学肩负着回答时代命题、规划未来道路的使命。当前中央对哲学社会科学愈发重视，尤其是提出要发挥哲学社会科学在治国理政、提高改革决策水平、推进国家治理体系和治理能力现代化中的作用。从2015年开始，中央已启动了国家高端智库的建设，这对哲学社会科学博士后工作提出了更高的针对性要求，也为哲学社会科学博士后研究提供了更为广阔的应用空间。《文库》依托中国社会科学院，面向全国哲学社会科学领域博士后科研流动站、工作站的博士后征集优秀成果，入选出版的著作也代表了哲学社会科学博士后最高的学术研究水平。因此，要善于把中国社会科学院服务党和国家决策的大智库功能与《文库》的小智库功能结合起来，进而以智库意识推动品牌意识建设，最终树立《文库》的智库意识和品牌意识。

第三，积极推动中国特色哲学社会科学学术体系和话语体系建设。改革开放30多年来，我国在经济建设、政治建设、文化建设、社会建设、生态文明建设和党的建设各个领域都取得了举世瞩目的成就，比历史上任何时期都更接近中华民族伟大复兴的目标。但正如习近平总书记所指出的那样：在解读中国实践、构建中国理论上，我们应该最有发言权，但实际上我国哲学社会科学在国际上的声音还比较小，还处于有理说不出、说了传不开的境地。这里问题的实质，就是中国特色、中国特质的哲学社会科学学术体系和话语体系的缺失和建设问题。具有中国特色、中国特质的学术体系和话语体系必然是由具有中国特色、中国特质的概念、范畴和学科等组成。这一切不是凭空想象得来的，而是在中国化的马克思主义指导下，在参考我们民族特质、历史智慧的基础上再创造出来的。在这一过程中，积极吸纳儒、释、道、墨、名、法、农、杂、兵等各家学说的精髓，无疑是保持中国特色、中国特质的重要保证。换言之，不能站在历史、文化虚无主义立场搞研究。要通过《文库》积极引导哲学社会科学博士后研究人员：一方面，要积极吸收古今中外各种学术资源，坚持古为今用、洋为中用。另一方面，要以中国自己的实践为研究定位，围绕中国自己的问题，坚持问题导向，努力探索具备中国特色、中国特质的概念、范畴与理论体系，在体现继承性和民族性，体现原创性和时代性，体现系统性和专业性方面，不断加强和深化中国特色学术体系和话语体系建设。

新形势下，我国哲学社会科学地位更加重要、任务更加繁重。衷心希望广大哲学社会科学博士后工作者和博士后们，以《文库》系列著作的出版为契机，以习近平总书记在全国哲学社会科学座谈会上的讲话为根本遵循，将自身的研究工作与时代的需求结合起来，将自身的研究工作与国家和人民的召唤结合起来，以深厚的学识修养赢得尊重，以高尚的人格魅力引领风气，在为祖国、为人民立德立功立言中，在实现中华民族伟大复兴中国梦征程中，成就自我、实现价值。

是为序。

中国社会科学院副院长
中国社会科学院博士后管理委员会主任
2016 年 12 月 1 日

摘 要

长寿风险量化与管理专题研究是近二十年来公共养老金领域、寿险公司关注的热点。目前国内外学者还没有形成一套规范的、系统的、定量分析的研究成果。

长寿风险量化的最基础或者说最核心的工作就是死亡率建模方法的研究。目前，对长寿风险的量化研究，主要集中于探讨各种动态死亡率模型。总结来看，动态死亡率模型在保证可获得的各年龄死亡率修匀效果的基础上，主要涉及年龄外推和趋势预测两个问题。针对这两个问题，目前的研究仍存在很多不足。这主要包括：第一，对超高龄死亡率的分析尚不够充分，或者说缺乏对生存分布的尾部风险特征的合理量化。第二，对死亡率的出生年效应研究较少。第三，尚没有采用合适的模型全面考虑死亡率的性别差异、人群差异、区域差异和国别差异。第四，缺乏对各种动态死亡率模型的比较与选择、模型的适用性及稳健性方面的系统性研究。

超高龄人口死亡率的精确估计对改进预期寿命、老年人口规模和死亡率的预测至关重要。为此，本书将超高龄人口死亡率的极值建模方法、分层建模技术纳入已有动态死亡率模型中，弥补了已有研究的不足。本书基于中国 1994—2010 年分性别死亡数据，采用单龄组 Lee–Carter 模型和 GP 分布相结合的分段形式的模型结构，通过构建三种同时包括低龄、高龄和超高龄的全年龄人口动态死亡率分层模型，得到最优分层模型，并比较了最优模型与 Lee–Carter 模型的拟合优度和预测能力。结果表明：最优模型对 2011—2012 年实际死亡率的短期预测效果极好；最优模型改进了 Lee–Carter 模型中针对超高龄人口过于粗糙的估计；中国超高龄男性老人"优胜劣汰"的选择性比女性更强；新生儿平均预期寿命的性别差异正逐步减缓。最后，作为最优模型的扩展应用，我们进一步揭示了中国1994—2060年整个生命跨度男性和女性死亡率、生存分布、死亡年龄分布和平均预期寿命的动态演变规律，并构造了分性别的动态生命表。在此基础上，重新诠释了中国保险公司年金产品中蕴含的长寿风险，并结合国外长寿风险管理工具的应用及发展，主要包括保险公司年金产品与寿险产品的自然对冲、再保险、长寿风险证券化的理论研究与实践经验，探讨其在中国实施的可行性及实施中可能存在的问题，以期为构建中国长寿风险定量评估体系提供对策和建议。

具体来说，本书的内容组织安排如下。研究内容共分七章。其中，第一章为绪言。第二、三、四章分别对应于高龄、超高龄、整个生命跨度的中国全年龄人口的动态死亡率建模方法。在此基础上，完成了中国长寿风险量化的两个最基础工作，即动态死亡率建模和动态生命表的编制工作。第五、六章依次量化长寿风险对中国保险公司寿险和年金产品定价和责任准备金评估的影响。第七章为总结与展望，明确了进一步研究的思路和方向。

综上所述，应对全球人口老龄化是一项迫切且具有现实意义的系统性工程。这项工程最重要的基础工作就是合理估计并有效揭示各国涵盖了低龄、高龄、超高龄在内的整个生命跨度全年龄人口的动态演变。本书的主要贡献在于，系统开展了涵盖整个生命周期的中国全年龄人口动态死亡率修匀、年龄外推和趋势预测的建模工作。使用本书构建的整个生命跨度的全年龄人口动态死亡率最优分层模型，我们进一步揭示了中国1994—2060年整个生命跨度男性和女性的死亡率、生存分布、死亡年龄分布和平均预期寿命的动态演变规律，并构造了分性别的动态生命表。在此基础上，系统量化了长寿风险对中国保险公司产品定价和责任准备金评估的影响。这项基础研究首次形成了与人类死亡率数据库（HMD）具有可比性的中国整个生命跨度全年龄人口死亡率数据，对我国人口基础数据的积累具有重要意义，为选择性地借鉴和移植发达国家应对老龄化的政策提供数据和方法支撑。本书的研究方法可以直接应用于中国三支柱养老保险计划（基本养老保险计划、企业补充养老保险计划和个人商业养老保险计划）的长寿风险量化与管理中，也希望这些探索研究能进一步为老龄化背景下相关公共政策的制定提供更为精准且更为科学的理论依据。

最后指出，本书的研究涉及大量而又复杂的数值计算，这在很大程度上归功于当前日益先进的计算机技术和统计软件的支持。R 软件是当前国际上日益流行的免费开放软件，它有非常多的软件包，本书使用 R 软件对构建的高龄、超高龄乃至整个生命跨度的全年龄人口动态死亡率分层模型的软件操作进行了完整的编程实现，所有算法模块化且具有较高的灵活性和可移植性。目前，R 软件在金融工程、定量风险管理、统计与精算学中的应用日益广泛，应用 R 软件解决各类数值问题也已经成为一种发展趋势。

关键词：动态死亡率模型；长寿风险；极值建模方法；分层模型；责任准备金评估

Abstract

During the last two decades, quantification and management of longevity risks have become an active issue in both public pension plans and life insurance companies.

At the moment, scholars both domestic and overseas have not yet established a set of research results which are both standardized and systematic, and in combination with quantitative analysis. The most basic or core work in quantifying longevity risks is the research on the methods of modeling mortality rates. Currently, the quantitative research on longevity risks concentrates mainly on investigating various dynamic mortality rates models for prediction. In summary, based on the fitting and smoothing effects with respect to the available mortality rates at various ages, dynamic mortality rates models mainly involve two problems, i. e. , age extrapolation and trend forecast. As regards these two problems, there are still plenty of deficiencies in current studies. The deficiencies are mainly classified into four parts as follows. First, the analysis of modeling oldest-old mortality rates is still not thorough enough, in other words, the reasonable quantification of the indexes of tail risks of the survival distribution is not available. Second, there are few studies on birth cohort effect of mortality rates. Third, gender difference, population difference, regional difference and national difference of mortality rates have not been explored in a consistent modeling framework. Finally, there are no systematic research in the following aspects, such as the comparison and selection of various dynamic mortality rates models, the applicability and robustness of different models.

Accurate estimates of mortality rates at advanced old ages are crucial for predicting life expectancies, population size of the oldest-old age group, and mortality rates. Therefore, in the present monograph we systematically collate the existing problems with ideas for modifications and improvements as regards methods of modeling dynamic mortality rates, both domestic and overseas; also we summarize various models and methods of quantifying longevity risks. Specifically, we integrate the extreme modeling method for oldest-old mortality rates and the hierarchical modeling framework, and propose some dynamic mortality rates modeling approach, in order to fill up the deficiency of the previous studies. In the present monograph we propose three dynamic mortality rates models, which are applied to all ages together, with young, old, and advanced old inclusive, using China's mortality data from 1994 to 2010 by gender. These models are proposed from a hierarchical modeling perspective, and based on a piecewise form by combining the Lee – Carter model and generalized Pareto distribution. We obtain the optimal hierarchical model, and compare the optimal hierarchical model and the Lee – Carter model as regards the goodness-of-fit and the predictive power. The empirical results indicate that the optimal hierarchical model provides very accurate short-term prediction from 2011 to 2012. The optimal model provides better modifications to the relatively rough estimates at advanced old ages resulted from the Lee – Carter model. We also make conclusions that the advanced old men have been more selective than the advanced old women as far as survival of the fittest is concerned, and the gender difference in the average life expectancy at birth is gradually narrowing. Finally, as some applications of the optimal model, for all ages in the entire life span we investigate and show the dynamic evolutions of mortality rates, survival distributions, distributions of age at death, and average life expectancies for male and female respectively from 1994 to 2060 in China, and construct dynamic life tables by gender based on the period data. Moreover, we quantify the inherent longevity risks on annuity products of insurance companies in China. Based on these aforementioned investigations, in combination with the applications and development of management tools of overseas longevity risks, mainly the theoretical research and practical experience with respect to natural hedging for both annuity and life insurance products of insurance companies, reinsurance, and longevity risks securitization, we further discuss the feasibility and possible existing problems in implementation in China, in order to provide countermeasures and suggestions for building quantitative assessment system on longevity risks in China.

Specifically, the contents of this monograph are organized as follows. The monograph is divided into seven chapters. Chapter 1 is the introduction and motivation of the monograph. We innovatively propose to study modeling dynamic mortality rates for old-age, oldest-old and all ages in the entire life spans separately in China. Based on these studies, we have completed two parts of the most basic work of longevity risks quantification, i. e. modeling dynamic mortality rates and constructing dynamic life tables. They are investigated in chapter 2, 3 and 4 respectively. Furthermore, we extend to measure the impacts of longevity risks on pricing and liability reserving for both life insurance and annuity products of China's insurance companies. They are included in chapter 5 and 6 respectively. Chapter 7 is the summary and concluding remarks. We also point out clearly some ideas and directions for further research.

In summary, coping with aging of the global population is an urgent, pragmatic, and systematic project. The most important and fundamental task of this project is to estimate reasonably and demonstrate effectively dynamic evolutions of populations covering all ages, i. e. young age, old-age and oldest-old at the entire life span, for all countries in the world. The main contribution of the monograph is that we have systematically conducted the work of modeling China's dynamic mortality graduation, age extrapolation and trends forecast for all ages within the entire life cycle. Using the optimal hierarchical dynamic mortality rates models at all ages, which are motivated by the study, we further reveal the dynamic evolutions of mortality rates, survival distributions, distributions of age at death, and average life expectancies within the entire life cycle for male and female respectively from 1994 to 2060 in China, and construct dynamic life tables by gender based on the period data. With the aforementioned studies, we have comprehensively quantified the impacts of longevity risks on pricing and liability reserving of life insurance companies in China. The present fundamental research has formed for the first time Chinese mortality rates data across all ages at the entire life span, which is comparable to HMD. This has great significance to the accumulation of basic population data in China, which provides data and methods support for selective reference and transplantation of those policies from the developed countries to deal with aging issue. The proposed research methods in the present monograph are expected to be directly applied to the quantification and management of longevity risks in three-pillar pension plan (i. e., the basic pension plan, supplementary pension plan, and individual commercial pension insurance). We also hope that these exploratory studies are helpful to provide some more accurate and more scientific basis for related public policies in the aging process.

It is worth pointing out that the research involves a large amount of complex numerical calculation, which is largely attributed to the support of increasingly sophisticated computer technology and statistical software. R language is free development software, which is increasingly popular in current international community and has many packages. For hierarchical modeling dynamic mortality rates at old ages and oldest-old ages, and even all ages at the entire life spans, we applies R for complete programming in the present monograph. All algorithms are modular and have a high level of flexibility and portability. R software is increasingly widespread with applications in financial engineering, quantitative risk management, statistics and actuarial science and so on. It has become a development trend to solve various numerical problems using R software.

Key Words: Dynamic Mortality Rates Models; Longevity Risks; Extreme Modeling Methods; Hierarchical Models; Liability Reserving

目 录

第一章 绪言 (1)

第一节 选题背景和研究意义 (1)
一 选题背景 (1)
二 研究意义 (5)

第二节 国内外文献综述 (6)
一 国外研究现状及发展动态 (6)
二 国内研究现状及发展动态 (13)

第三节 本书内容结构 (20)
一 研究目标和方法 (20)
二 研究内容 (21)
三 内容组织和结构安排 (26)

第四节 本书的创新与不足 (28)
一 创新之处 (28)
二 不足之处 (29)

第二章 高龄人口动态死亡率建模方法 (31)

第一节 死亡率建模指标及经验估计 (31)
一 死亡率建模指标 (31)
二 死亡力的经验估计 (33)

第二节 高龄人口死亡力模型 (34)
一 Logistic 类型死亡模型 (34)
二 高龄死亡率减速及解释 (35)

第三节 高龄人口死亡力分层模型 (36)

  一 Logistic 类型的分层模型结构 ……………………………… (36)
  二 高龄人口数据质量评估 …………………………………… (39)
  三 模型选择及参数估计 ……………………………………… (39)
  四 模型适合性的检验诊断 …………………………………… (41)
 第四节 实证分析——以中国为例 …………………………………… (42)
  一 数据来源及特征 …………………………………………… (42)
  二 高龄人口数据质量控制 …………………………………… (43)
  三 最优分层模型选择、参数估计及检验诊断 ……………… (44)
  四 对高龄死亡率是否减速的解释 …………………………… (50)
 第五节 本章小结 ……………………………………………………… (51)

第三章 超高龄人口动态死亡率的极值建模方法 …………… (54)

 第一节 极值分析的基本框架 ………………………………………… (55)
 第二节 基于 EVT 的高龄人口静态死亡率模型 …………………… (57)
  一 模型符号定义及说明 ……………………………………… (57)
  二 分段形式的生存分布假设 ………………………………… (58)
  三 静态死亡率模型描述 ……………………………………… (60)
 第三节 基于 EVT 的高龄人口动态死亡率分层模型 ……………… (61)
  一 同时按年份、类别和性别分层的模型结构 ……………… (62)
  二 参数估计及最优门限年龄的选取 ………………………… (65)
  三 分层模型的检验及评价方法 ……………………………… (66)
  四 极限年龄的存在性及估计 ………………………………… (66)
 第四节 实证分析——以中国为例 …………………………………… (69)
  一 数据来源及使用说明 ……………………………………… (69)
  二 最优分层模型选择、参数估计及检验诊断 ……………… (70)
 第五节 本章小结 ……………………………………………………… (76)

第四章 全年龄人口动态死亡率分层建模方法 ………………… (77)

 第一节 全年龄人口死亡率建模简介 ………………………………… (77)
 第二节 全年龄人口动态死亡率模型假设 …………………………… (79)
  一 模型符号定义及说明 ……………………………………… (79)
  二 分段形式的动态死亡率模型 ……………………………… (80)

第三节　分段形式的全年龄人口动态死亡率分层模型 …………（82）
　　一　动态死亡率分层模型结构 ……………………………（82）
　　二　模型参数估计及最优门限年龄的选取 ………………（84）
　　三　分层模型的比较及评价方法 …………………………（87）
　　四　极限年龄的存在性及估计 ……………………………（88）
　　五　全年龄人口动态死亡率分层模型的扩展应用 ………（88）
第四节　实证分析——以中国为例 ………………………………（91）
　　一　数据来源及说明 ………………………………………（91）
　　二　最优分层模型选择、参数估计及检验诊断 …………（91）
　　三　预测中国台湾地区未来50年全年龄人口死亡率 …（115）
　　四　预测未来平均预期寿命及构造动态生命表………（118）
第五节　本章小结 ………………………………………………（120）

第五章　长寿风险对保险公司寿险和年金产品定价的影响 ………………………………………………（124）
第一节　长寿风险量化研究简介 ………………………………（124）
第二节　年金产品定价中蕴含的长寿风险分析 ………………（126）
　　一　经验生命表死亡率改善率比较 ……………………（126）
　　二　递延年金产品价格变动的定量分析 ………………（128）
　　三　主要结论 ……………………………………………（135）
第三节　寿险和年金产品定价的自然对冲 ……………………（136）
　　一　寿险和年金产品价格自然对冲的定量分析 ………（136）
　　二　三类产品组合内部的对冲弹性 ……………………（149）
　　三　主要结论 ……………………………………………（159）
第四节　基于最优分层模型的长寿风险定量分析 ……………（160）
　　一　长寿风险对保险产品价格变动的定量分析 ………（160）
　　二　寿险产品与年金产品定价的对冲效应研究 ………（186）
　　三　主要结论 ……………………………………………（195）
第五节　本章小结 ………………………………………………（196）

第六章　长寿风险对寿险和年金产品准备金评估的对冲效应 …………………………………（199）

第一节　保险产品责任准备金评估背景简介 ……………（199）
第二节　保险产品责任准备金的定量关系 ………………（202）
　　一　寿险和年金产品的精算现值 ………………………（202）
　　二　寿险和年金产品的责任准备金 ……………………（203）
第三节　责任准备金的对冲效应模型 ……………………（206）
　　一　责任准备金对冲效应的度量指标 …………………（206）
　　二　对冲效应的性别差异 ………………………………（207）
　　三　对冲效应的利率弹性 ………………………………（207）
第四节　基于中国寿险业经验生命表的实证分析 ………（208）
　　一　数据来源及产品信息说明 …………………………（208）
　　二　对冲效应的定量分析 ………………………………（209）
第五节　本章小结 …………………………………………（229）

第七章　总结与展望 …………………………………………（231）

第一节　研究成果总结 ……………………………………（231）
　　一　动态死亡率建模研究总结 …………………………（231）
　　二　长寿风险量化研究总结 ……………………………（232）
第二节　进一步的研究工作 ………………………………（234）
　　一　不同主体管理长寿风险的工具和方法 ……………（235）
　　二　长寿风险的代内分散和代际分担 …………………（237）

参考文献 ………………………………………………………（240）

索引 ……………………………………………………………（253）

后记 ……………………………………………………………（257）

Contents

Chapter 1 Introduction ··· (1)

1.1 Background and significance ·· (1)
1.1.1 Background ·· (1)
1.1.2 Significance ·· (5)
1.2 Literature review ··· (6)
1.2.1 Foreign literatures ·· (6)
1.2.2 Domestic literatures ··· (13)
1.3 Outline of rest of book ·· (20)
1.3.1 Research purpose and method ··· (20)
1.3.2 Main contents ·· (21)
1.3.3 Contents arrangement ··· (26)
1.4 Innovations and deficiencies ··· (28)
1.4.1 Innovations ··· (28)
1.4.2 Deficiencies ·· (29)

Chapter 2 Modeling dynamic mortality rates for old-age ············ (31)

2.1 Mortality indicators and empirical estimations ······················· (31)
2.1.1 Mortality indicators ·· (31)
2.1.2 Empirical estimations of the force of mortality ················ (33)
2.2 Force of mortality models for old-age ··································· (34)
2.2.1 Logistic-type models for the force of mortality ················ (34)
2.2.2 Deceleration of old-age mortality rates and interpretation ········ (35)

2.3 Hierarchical models for the force of mortality at old-age ……… (36)
  2.3.1 Hierarchical structure of logistic-type models ……… (36)
  2.3.2 Old-age data quality assessment ……… (39)
  2.3.3 Model selection and parameters estimation ……… (39)
  2.3.4 Diagnostic test of model suitability ……… (41)
2.4 Empirical analysis: a case study of China ……… (42)
  2.4.1 Data sources and characteristics ……… (42)
  2.4.2 Old-age data quality control ……… (43)
  2.4.3 Optimal hierarchical model selection, parameters estimation and test diagnosis ……… (44)
  2.4.4 The explanation for deceleration of old-age mortality rates ……… (50)
2.5 Conclusion and discussion ……… (51)

Chapter 3 Extreme value modeling method for dynamic mortality rates at Oldest-old ……… (54)

3.1 Basic framework of extreme value analysis ……… (55)
3.2 Modeling static mortality rates for old-age based on EVT ……… (57)
  3.2.1 Symbol definition and description of the model ……… (57)
  3.2.2 Survival distribution assumption in a piecewise form ……… (58)
  3.2.3 Description of the static mortality rates model ……… (60)
3.3 Hierarchical modeling dynamic mortality rates for old-age based on EVT ……… (61)
  3.3.1 Hierarchical model structure by year, category and gender ……… (62)
  3.3.2 Parameters estimation and selection of optimal threshold age ……… (65)
  3.3.3 Test and evaluation method of hierarchical model ……… (66)
  3.3.4 Existence and estimation of limit age ……… (66)
3.4 Empirical analysis: a case study of China ……… (69)

3.4.1 Data sources and instructions	(69)
3.4.2 Optimal hierarchical model selection, parameters estimation and test diagnosis	(70)
3.5 Conclusion and discussion	(76)

Chapter 4 Hierarchical modeling dynamic mortality rates covering all ages (77)

4.1 Introduction to modeling mortality rates covering all ages	(77)
4.2 The assumption of modeling dynamic mortality rates covering all ages	(79)
4.2.1 Symbol definition and description of the model	(79)
4.2.2 Dynamic mortality rates model in a piecewise form	(80)
4.3 Hierarchical models of dynamic mortality rates covering all ages in a piecewise form	(82)
4.3.1 Hierarchical structure of modeling dynamic mortality rates	(82)
4.3.2 Parameter estimation and selection of optimal threshold age	(84)
4.3.3 Comparison and evaluation of hierarchical models	(87)
4.3.4 Existence and estimation of limit age	(88)
4.3.5 Extended application of hierarchical models of dynamic mortality rates covering all ages	(88)
4.4 Empirical analysis: a case study of China	(91)
4.4.1 Data source and description	(91)
4.4.2 Optimal hierarchical model selection, parameters estimation and test diagnosis	(91)
4.4.3 Forecasting Taiwanese mortality rates for all age in the next 50 years	(115)
4.4.4 Forecasting future life expectancy and constructing dynamic life table	(118)
4.5 Conclusion and discussion	(120)

Chapter 5 The influence of longevity risks on the pricing of life insurance and annuity products ⋯⋯⋯⋯⋯⋯⋯ (124)

5.1 Introduction to the quantitative research of longevity risks ⋯⋯⋯⋯⋯⋯⋯⋯⋯⋯⋯⋯⋯⋯⋯⋯⋯⋯⋯⋯⋯⋯⋯⋯⋯⋯ (124)

5.2 Longevity risks analysis embedded in the pricing of annuity products ⋯⋯⋯⋯⋯⋯⋯⋯⋯⋯⋯⋯⋯⋯⋯⋯⋯⋯⋯⋯ (126)

 5.2.1 Comparison of mortality improvement rates in the empirical life tables ⋯⋯⋯⋯⋯⋯⋯⋯⋯⋯⋯⋯⋯⋯⋯⋯⋯⋯ (126)

 5.2.2 Quantitative analysis of the price changes of deferred annuity products ⋯⋯⋯⋯⋯⋯⋯⋯⋯⋯⋯⋯⋯⋯⋯⋯⋯ (128)

 5.2.3 Main conclusions ⋯⋯⋯⋯⋯⋯⋯⋯⋯⋯⋯⋯⋯⋯⋯ (135)

5.3 Natural hedging on the pricing of life insurance and annuity products ⋯⋯⋯⋯⋯⋯⋯⋯⋯⋯⋯⋯⋯⋯⋯⋯⋯⋯⋯⋯ (136)

 5.3.1 Quantitative analysis of natural hedging on the pricing of life insurance and annuity products ⋯⋯⋯⋯⋯⋯⋯⋯⋯⋯ (136)

 5.3.2 Hedging elasticity of three kinds of product portfolios ⋯⋯⋯⋯ (149)

 5.3.3 Main conclusions ⋯⋯⋯⋯⋯⋯⋯⋯⋯⋯⋯⋯⋯⋯⋯ (159)

5.4 Quantitative analysis of longevity risks based on the optimal hierarchical model ⋯⋯⋯⋯⋯⋯⋯⋯⋯⋯⋯⋯⋯⋯⋯⋯ (160)

 5.4.1 Quantitative analysis of longevity risks embedded in the price changing of insurance products ⋯⋯⋯⋯⋯⋯⋯⋯⋯⋯ (160)

 5.4.2 Hedging effect on the pricing of life insurance and annuity products ⋯⋯⋯⋯⋯⋯⋯⋯⋯⋯⋯⋯⋯⋯⋯⋯⋯⋯⋯⋯ (186)

 5.4.3 Main conclusions ⋯⋯⋯⋯⋯⋯⋯⋯⋯⋯⋯⋯⋯⋯⋯ (195)

5.5 Conclusion and discussion ⋯⋯⋯⋯⋯⋯⋯⋯⋯⋯⋯⋯⋯⋯ (196)

Chapter 6 Hedge effectiveness of longevity risk on the reserving of life insurance and annuity products ⋯⋯⋯⋯⋯⋯ (199)

6.1 Introduction to liability reserving of insurance products ⋯⋯⋯⋯⋯⋯⋯⋯⋯⋯⋯⋯⋯⋯⋯⋯⋯⋯⋯⋯⋯⋯⋯⋯⋯⋯⋯ (199)

6.2 Quantitative relationship of liability reserve of insurance products	(202)
6.2.1 Actuarial present value of life insurance and annuity products	(202)
6.2.2 Reserves of life insurance and annuity products	(203)
6.3 Hedge effect model of liability reserve	(206)
6.3.1 Measurement of hedging effects of liability reserve	(206)
6.3.2 Gender differences in hedging effects	(207)
6.3.3 Interest rate elasticity of hedging effects	(207)
6.4 Empirical analysis based on China's life insurance mortality table	(208)
6.4.1 Data source and product information description	(208)
6.4.2 Quantitative analysis of hedging effect	(209)
6.5 Conclusion and discussion	(229)
Chapter 7 Summary and Prospect	(231)
7.1 Summary of research results	(231)
7.1.1 Summary of modeling dynamic mortality rates	(231)
7.1.2 Summary of quantifying longevity risks	(232)
7.2 Further research work	(234)
7.2.1 Tools and methods for managing longevity risks by different subjects	(235)
7.2.2 The intra-generational dispersion and intergenerational sharing of longevity risks	(237)
References	(240)
Index	(253)
Afterwords	(257)

第一章 绪言

第一节 选题背景和研究意义

一 选题背景

(一) 老龄化的国际环境

20世纪以来,世界各国人口发展的最显著的特征就是人类死亡率的持续下降导致的平均预期寿命的不断延长。目前,全世界有很多国家已步入老龄化国家,中国也不例外。根据联合国的统计标准,60岁以上人口占总人口10%或65岁以上人口占总人口7%的国家,称为老龄化国家。2000年,中国65岁以上老年人口比例达到6.96%。根据联合国的统计标准,中国已步入了老龄化国家的行列。

一方面,人口老龄化给中国社会带来快速增长的老年人口。目前世界上的老龄化国家几乎都属于经济比较发达的资本主义国家,而中国却是第66个已经进入老龄化国家中最贫困的老年型国家。预计到2020年,当中国65岁以上老年人口比例超过10%时,按实现GDP翻两番的目标,人均GDP也仅为3000美元,中国人均收入仍属于现在中低收入国家水平,但届时中国人口老龄化程度已接近今天发达国家水平,即仍属于老年型人口中的穷国。因此,我们未来不得不以发展中国家的经济水平去迎接发达国家的老龄化水平,显见其困难之大、问题之多,这就尤其需要相应的养老与健康护理制度、养老保险与健康保险事业跟上,适应并构建人口老龄化的社会形态和经济形态,否则对发展和谐小康社会将是一个严重的桎梏。另一方面,医疗科学技术不断提高,使得中国人口平均寿命不断延长;同时，20世纪70年代的独生子女政策也已"初显成效"，即生育率下降，使得中国家庭结构小型化，导致中国目前"四二一""四二二"结构的家庭及"空巢家庭"大量出现①。如今的中年人处在既要赡养老人，又要抚育子女的夹缝中，同时，他们又可能承担着各自工作单位的主力职责。再加之，如今老年长期护理费用不断攀升，社会医疗保险对老年人保障不足，这一切都使得中年人对照顾老人感到力不从心。因此，急需一种为子女分担压力的老年长期护理服务，以及为此服务提供经济保障的老年健康保险产品。为此，作为一种重要的健康保险产品，长期护理保险也应运而生。

综上所述，全球人口老龄化是历史上从未有过的社会现象。与先期进入老龄化社会的西方发达国家呈现的"先富后老"的社会环境不同，在中国"未富先老"②的特殊的社会环境下，对老年人的生活照料、医疗保健、长期护理等需求日益凸显，加之中国城乡二元经济结构的制度特征，使得养老问题日趋严峻。这同时也为学者们提供了丰富的研究主题。

（二）中国老龄化的现状

为了更清晰地展示中国在世界人口老龄化进程中所处的位置，本书根据人类死亡率数据库（Human Mortality Database，HMD）③的统计资料，以

---

① "四二一""四二二"结构的家庭是指一对夫妻需对四位老人（父母）和一个或两个子女提供经济资助，家庭的经济压力将增大，导致家庭供养资源的减少，从而降低了老年人经济保障水平。"空巢家庭"是指无子女或虽有子女，但子女长大成人后离开老人另立门户，剩下老人独自居住的纯老人家庭。

② 这里对"未富先老"给予进一步解释。中国经济目前处于发展中国家的水平，而人口老龄化的进程却达到了发达国家的水平。即中国人口老龄化是在经济尚不发达的情况下提前到来的，与经济发展速度不同步，有较大的偏离和超前性。据资料分析，那些已被列为老年型的一般国家在开始进入人口老年型行列的时候，人均GDP至少在5000美元左右，一些发达国家则普遍在10000美元以上。而中国在全面成为老年型国家的第二年2001年的人均GDP仅约1000美元，是一般国家跨入老年型行列时的1/5，一般发达国家的1/10。

③ 人类死亡率数据库是由美国加州大学伯克利分校人口系和位于德国罗斯托克的马克斯·普朗克人口研究所两个研究团队合作开发的。目前该数据库包括澳大利亚、奥地利、白俄罗斯、比利时、保加利亚、加拿大、智利、克罗地亚、捷克共和国、丹麦、爱沙尼亚、芬兰、法国、德国、希腊、中国香港地区、匈牙利、冰岛、爱尔兰、以色列、意大利、日本、拉脱维亚、立陶宛、卢森堡、荷兰、新西兰、挪威、波兰、葡萄牙、韩国、俄国、斯洛伐克、斯洛文尼亚、西班牙、瑞典、瑞士、中国台湾地区、英国、美国、乌克兰41个国家和地区的人口和死亡率数据。除了中国香港地区和中国台湾地区之外，HMD中已包括的国家涵盖了几乎所有经济合作与发展组织（OECD）的各成员国。其网址为http://www.mortality.org/。

及1995—2006年《中国人口统计年鉴》、2007—2019年《中国人口和就业统计年鉴》的全国分年龄、分性别的死亡人口状况数据，绘制了中国大陆地区、中国台湾地区和中国香港地区、加拿大、法国、德国、日本、英国、美国近30年来65岁及以上高龄人口占比的变化趋势，如图1—1和图1—2所示。同时，本书也绘制了这九个国家和地区近25年来新生儿的平均预期寿命[①]，如图1—3和图1—4所示。

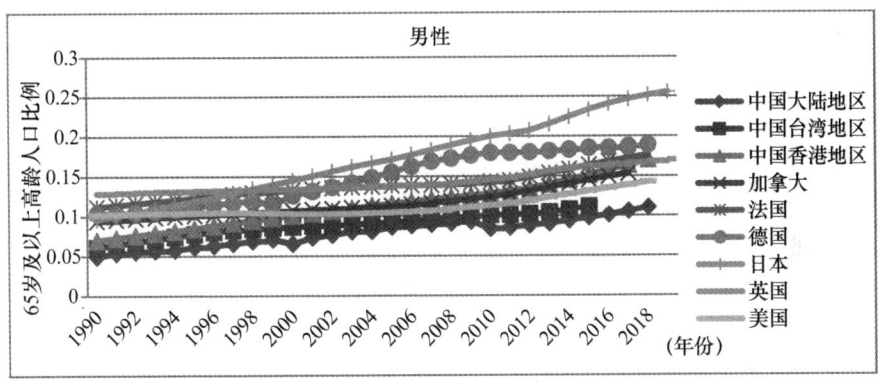

图1—1 近30年来不同国家和地区65岁及以上男性高龄人口占比变化趋势

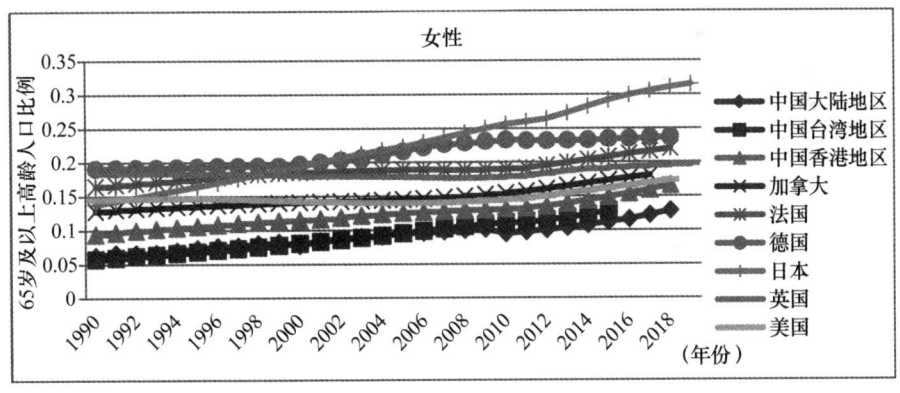

图1—2 近30年来不同国家和地区65岁及以上女性高龄人口占比变化趋势

---

① 为了更好地体现中国数据与HMD计算结果的可比性，关于中国新生儿的平均预期寿命的计算，本书采用了HMD中提供的编制生命表的方法。其中，参数选取了与中国台湾地区相同的参数。

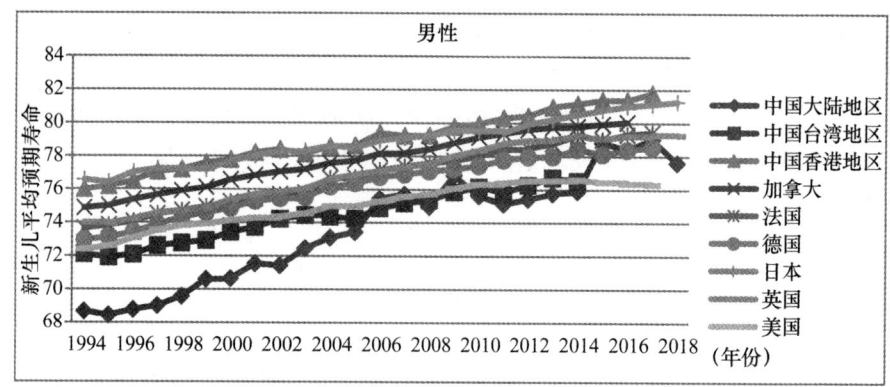

图 1—3 近 25 年来不同国家和地区男性新生儿平均预期寿命的变化趋势

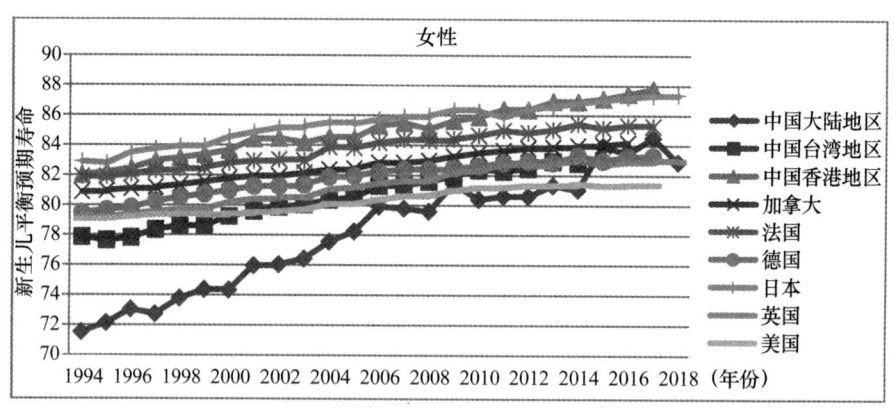

图 1—4 近 25 年来不同国家和地区女性新生儿平均预期寿命的变化趋势

从图 1—1 至图 1—4 可以看出，相比其他国家和地区而言，无论男性还是女性，日本的老龄人口占比和新生儿的平均预期寿命都是最高的，但近年来中国香港地区的新生儿的平均预期寿命已经渐渐超过日本，这表明中国香港地区和日本人口老龄化的速度是最快的。相比之下，近 30 年来，中国大陆地区和中国台湾地区男性、女性的老龄人口占比大致维持在 5%—13%，并且呈现出稳中有升的变化趋势。然而，中国大陆地区新生儿的平均预期寿命延长的速度却明显快于其他国家，这预示着，在出生率保持不变的情况下，未来中国大陆地区人口老龄化的趋势是不容忽视的。

死亡率的这种动态演变特征不仅会影响政府宏观政策的制定、社会资源的再分配政策、社会保障体系的完善，而且也会影响个人的养老保险、健康保险（尤其是医疗保险、长期护理保险）等众多方面。这些都会对社会的稳定与和谐发展产生巨大的压力。从支出角度看，寿命延长会造成退休后所需生活费用的增加以及医疗费用开支的增加，再加上家庭结构的变化，对老人长期照顾的需求亦会造成支出的增加，这些都可以视为退休后经济来源不足的长寿风险（Longevity Risks）问题。因此，如何事先规划老人生活的安定与财富的充足是非常重要的。

二 研究意义

在世界人口老龄化这一大背景下，研究各国人口年龄结构的变化趋势以及人类死亡率的动态演变特征变得越来越重要。对中国而言，深入探讨这一问题有助于认清目前中国在世界人口老龄化进程中所处的位置和所面临的挑战，进而不但可以为政策制定者进行科学合理的决策提供重要的参考价值，而且对中国社会保障体制的完善，养老保险、健康保险（尤其是医疗保险、长期护理保险）事业的发展，乃至整个社会的稳定和谐与可持续发展都具有尤为突出的作用。

20世纪以来，世界各国人口发展的最显著的特征就是人类死亡率的持续下降导致的平均预期寿命的不断延长。这种特征不但增加了退休生活的成本，而且也带来了退休计划中的长寿风险。就长寿风险的量化与管理而言，目前国内外学者尚没有形成一套规范的、系统的、定量分析的研究成果。本书拟在弥补已有死亡率模型在年龄外推和趋势预测中存在的不足的基础上，融合国外长寿风险量化与管理的理论与实践，总结长寿风险定量分析所采用的各种模型与方法，探讨其在中国实施的可行性。研究内容可以直接应用于中国三支柱的养老保险计划（基本养老保险、企业补充养老保险和个人商业养老保险）中的长寿风险量化与管理中，结合这些研究，使用各种不同的风险计量方法，通过设计定量分析矩阵，以期为中国寿险精算实务的技术改进提供理论依据与实践参考，也为构建中国的长寿风险定量评估体系提供对策和建议。

第二节 国内外文献综述

一 国外研究现状及发展动态

（一）死亡率建模方法

1. 静态死亡率模型。在过去的几十年里，精算师和人口统计学家已经提出了各种为人类死亡率建模的方法。就全年龄段人口的静态死亡率模型而言，Heligman 和 Pollard（1980）提出了描述整个生命周期的死亡率模型。该模型含八个参数，分婴幼儿时期、青壮年时期和老年时期三个阶段对死亡率进行修匀，简称 HP 模型。目前，该模型在描述澳大利亚、德国、美国、瑞士、西班牙、英国等国家的全年龄段人口死亡率规律中都取得了良好的效果。类似地，Carriere（1992）提出了另一种描述整个生命周期的死亡率模型。该模型是由 Gompertz、逆 Gompertz、Weibull 和逆 Weibull 组成的混合分布模型，简称 CR 模型。Carriere（1992）在分别使用 HP 模型和 CR 模型分析美国全年龄段人口死亡率规律时，得出 CR 模型比 HP 模型的拟合效果更好的结论。

比较而言，由于高龄人口的死亡统计数据不如低龄人口的死亡统计数据充足，加之超高龄人口死亡统计数据的缺乏，以及死亡年龄存在误报或记录准确性很难考证等数据质量问题，使得高龄人口死亡率建模方法变得更复杂。实际中，我们经常采用 Gompertz 模型、Makeham 模型、Weibull 模型、二次多项式模型、Logistic 模型、Kannisto 模型①来拟合高龄人口死亡率，在此基础上，采用不同数学形式的参数方法来外推超高龄②人口死亡率。这主要表现在，一方面，Panjer 和 Russo（1992）、Panjer 和 Tan（1995）在分析加拿大个人保险业务的高龄人口死亡率经验数据时，将相

---

① Kannisto 模型中仅含有两个参数，是 Logistic 模型的简化。
② 超高龄（Oldest-old, Advanced Ages or Advanced Old Ages）也称高高龄，是指高龄人口中的一些更高的年龄组别。目前，关于超高龄具体如何界定的问题，尤其是超高龄人口年龄起点的选取问题，尚没有公认的一致的说法。已有研究文献大多考虑的超高龄是指 85 岁及以上的年龄组别。也就是说，目前已有研究中关于超高龄人口年龄起点的选取大多是人为主观确定的。

应的估计过程分为三个阶段。其中，第一阶段是使用 London（1985）提出的 Whittaker-Henderson 方法外推死亡率；第二阶段是通过加权最小二乘估计，应用 Makeham 第二定律来拟合外推的死亡率；第三阶段是使用三次多项式外推 100—105 岁超高龄人口的生存分布。另一方面，在描述全年龄段人口死亡率的 CR 模型和 HP 模型中，都采用 Gompertz 模型来描述高龄人口死亡率。然而，诸如 Kannisto 等（1994）、Olshansky 和 Carnes（1997）等研究已表明，Gompertz 模型对于超高龄人口死亡率的分析并不理想。不同于 Gompertz 模型中死亡力以固定比率增加，一些学者探讨了死亡力增速递减的高龄人口死亡率模型，如二次多项式模型、Logistic 模型、Kannisto 模型、Coale 和 Kisker（1990）提出的 CK 模型等。其中，CK 模型基于死亡率服从线性递减比率的假设来外推 85—110 岁的超高龄人口死亡率。目前，该模型已被广泛应用于发达国家的高龄死亡率建模与外推中。Thatcher 等（1998）分别将 Gompertz 模型、Weibull 模型、二次多项式模型、Logistic 模型、Kannisto 模型应用于欧洲、亚洲的 13 个国家 80—120 岁的高龄人口死亡率建模中，研究结果表明 Kannisto 模型的拟合效果最好。此外，Himes 等（1994）根据生命表的外推方法提出了一个标准的死亡率时间表，应用 Logistic 回归构建的相关模型来校准那些低死亡率国家的高龄人口死亡率，进而也可以外推超高龄人口死亡率。然而，这些参数外推方法都是主观假定年龄外推的起点和终点，很难以统计的观点给出外推起点和终点选取的科学依据。

近年来，基于极值理论的统计建模方法的研究为这一问题提供了一种替换的解决方法，相关的研究论文频频出现。Aarssen 和 de Haan（1994）、Galambos 和 Macri（2000）应用极值理论研究了人类寿命分布有限上界的存在性问题。Kathryn 等（2006）在极值分析的建模框架下，应用广义帕累托（Generalized Pareto，GP）分布和广义极值（Generalized Extreme Value，GEV）分布研究了加拿大和日本的生存分布的尾部特征。Li 等（2008）提出了一种称为门限生命表的方法，系统地集成了利用极值理论进行参数化死亡率建模的各种方法。随后，Li 等（2011）使用门限生命表分别构建了澳大利亚、新西兰的高龄人口死亡率模型。

总结来看，上述所有模型仅考虑了死亡率与年龄之间的关系，也称为静态死亡率模型，它们往往很难刻画死亡率随时间的动态演变特征，进而无法对未来死亡率进行预测。为此，可以引入含年份或出生队列的时间协变量来同时刻画死亡率与年龄、日历年和出生年之间的关系，这些模型称为随机死亡率模型，亦可称为动态死亡率模型。

2. 动态死亡率模型。

（1）离散时间随机死亡率模型。

①Lee-Carter模型及扩展。Lee和Carter（1992）提出了一种流行的同时考虑死亡率与年龄、年份两因素之间关系的离散时间序列模型——Lee-Carter模型，该死亡率模型被广泛应用于许多国家和地区的死亡率预测中。随后，很多学者对该模型进行了各种变形、改进和扩展。其中，作为变形，Brouhns等（2002a）基于Lee-Carter模型，提出了描述死亡人口数的泊松模型。在此基础上，Brouhns等（2005）将Bootstrap方法应用于泊松模型中来量化长寿风险。此外，Cossette等（2007）提出了Lee-Carter模型的另一种变形，采用二项分布为死亡人口数进行建模。

作为改进，一方面，由于Lee-Carter模型没有考虑误差项的异质性，Li等（2006）提出了一种将异质性融入Lee-Carter模型及其变形中的方法。Delwarde等（2007b）进一步建议使用负二项分布来考虑更多的异质性。另一方面，由于Lee-Carter模型最初考虑的是五龄组数据，这种近似相对比较粗糙，为此，Renshaw和Haberman（2003a）首先提出了使用单龄组数据估计模型参数，然后使用诸如三次样条等方法进行光滑处理。此外，Delwarde等（2007a）使用Brouhns等（2002a）中提供的惩罚对数似然方法来更好地估计Lee-Carter模型中的参数，从而使Lee-Carter模型估计的死亡率曲线更加光滑。

作为扩展，Renshaw和Haberman（2006）提出了考虑出生年效应的扩展Lee-Carter模型，简称RH模型。随后，Currie（2006）提出了RH模型的简化形式，以消除RH模型可能存在的稳健性问题，简称Currie模型。同年，Cairns等（2006a）提出了基于年龄、出生队列（世代）效应的两因素CBD模型。Cairns等（2009）提出了含有世代效应的扩展CBD模型，在该扩展模型中，作为年龄效应的二次项，随着时间的推移，世代效应将消失。Haberman和Renshaw（2009）在扩展Lee-Carter模型的基础上，基于年龄、时期、出生队列效应进行死亡率预测。其他扩展模型也可以参考Lee（2000）、Renshaw和Haberman（2003b）、Koissi等（2006）。

②广义线性模型。除Lee-Carter模型之外，Haberman和Renshaw（1996）在介绍广义线性模型（Generalized Linear Models, GLM）在精算学

中的应用时，介绍了应用 GLM 研究死亡率与年龄因子、死亡率与年龄和年份两因子、死亡率与年龄和保单期限两因子之间关系的可行性。在此基础上，Renshaw 等（1996）将年份因子包含在解释变量中，应用 GLM 对英国 1958—1990 年的人口死亡率数据进行拟合，然而，遗憾的是，该模型并未预测未来死亡率的变化趋势。为此，Sithole 等（2000）进一步应用 GLM 对英国 1958—1994 年即期年金和养老金计划中参保人群的死亡率数据进行拟合和预测，通过选取低阶 Legendre 多项式，同时保证了模型的估计精度和拟合曲线的光滑性，使得外推结果更为合理。

③其他离散时间随机死亡率模型。Olivieri（2001）将 HP 模型扩展为动态模型，从精算学角度探讨了死亡率预测的不确定性。类似文献也可以参考 Felipe 等（2002）。Milevsky 等（2006）通过使用三种假设情景来考虑未来死亡率建模的不确定性，并展示了在这一框架下对长寿风险的影响。Cairns 等（2008）对近 20 年来所讨论的各种随机死亡率模型进行了系统整理。Yang 等（2010）使用主成分分析方法为长寿风险建模，并对提出的死亡率预测模型与已有死亡率模型进行了比较。

（2）连续时间随机死亡率模型。

除离散时间随机死亡率模型之外，也有不少学者探讨了连续时间随机死亡率模型，这主要借鉴了金融经济学领域广泛采用的连续利率模型。Milevsky 和 Promislow（2001）、Dahl（2004）、Dahl 和 Møller（2006）、Biffis（2005）、Cairns 等（2006b）都观察到死亡力和连续利息力非常相似，进而可以借鉴已有的利率模型来为动态死亡率建模。其中，Dahl（2004）基于死亡力与连续利息力的相似性，给出了死亡力的期限结构，将随机利率模型应用于死亡率建模中。Dahl 和 Møller（2006）进一步探讨了含系统性死亡率风险的寿险产品负债的评估和对冲问题。Biffis（2005）基于死亡风险和信用风险的相似性，利用仿射跳跃扩散过程模拟金融和人口风险因素，进而提出了包括人口参数统计特征的死亡力仿射模型。Cairns 等（2006b）根据死亡力的期限结构，详细探讨了如何将已有的利率模型平移为随机死亡率模型。然而，这些研究往往把研究的重点放在死亡率随机模型的形式和对历史死亡率数据的拟合上，围绕这些模型的实际应用的讨论相对还比较少。

显然，两类随机死亡率模型都可以量化未来死亡率概率分布的不确定性。其他综述类文献也可以参考 Benjamin 和 Soliman（1993）、Pitacco

(2004)、Booth（2006），较新著作见 Girosi 和 King（2008）、Pitacco 等（2009）。总体来看，目前关于死亡率预测模型的研究结论具有以下两个共同点。第一，将特定年龄的死亡率的对数表述为时间的线性函数。第二，体现了死亡率随年龄和时间的变化特征，即随着年龄的增长，死亡率的相对增长率是上升的，且死亡率改善程度降低。

（二）长寿风险量化

Brown 和 Orszag（2006）、MacMinn 等（2006）、Stallard（2006）都明确地把长寿风险定义为个人或总体人群未来的平均实际寿命高于预期寿命而产生的风险。目前，已有不少研究阐述了长寿风险的重要性。其中，Biffis 和 Blake（2009）的研究报告显示，65 岁的预期寿命每增加 1 年，估计英国的养老金负债的现值至少增加 3%。来自欧盟统计局 2009 年的报告也显示，新生儿的平均预期寿命每增加 1 年，将使英国公共养老金支出占 GDP 的比重平均增加 0.3%，参见欧盟委员会和经济政策委员会 2009 年的老龄化报告[1]。此外，以往长期关注于金融投资风险的监管部门已逐渐认识到精确量化和管理养老金和保险负债的风险也同等重要。例如，欧盟偿付能力 II 计划的目的是在欧洲重构保险公司的金融监管，这表明他们已越来越重视对养老金和保险负债的评估和管理。

1. 长寿风险量化的理论研究。就长寿风险量化而言，其量化的最基础或者说最核心的工作就是死亡率建模方法的研究。目前的研究已经从静态死亡率模型转变为动态死亡率模型。在此基础上，已有文献主要涉及负债现值贴现、资金比率波动、破产概率三种量化方法。

具体来说，一些文献关注于年金投资组合中的长寿风险的量化问题，通常使用的方法是负债现值贴现方法，即在固定利率期限结构下，确定其对所有未来给付的现值概率分布的影响。相关文献见 Olivieri（2001）、Brouhns 等（2002b）、Dowd 等（2006）、Cossette 等（2007）。然而，负债贴现方法仅从负债角度考虑，忽略了金融风险对长寿风险的潜在影响。

为了克服负债贴现方法的缺陷，另有一些文献关注于长寿风险对养老金的资金不足概率的影响，通过确定对未来时期资金比例的概率分布的影

---

[1] European Commission（DG ECFIN）and the Economic Policy Committee（AWG）. The 2009 Ageing Report: Economic and Budgetary Projections for the EU – 27 Member States（2008 – 2060）European Economy, 2, Brussels, Tab. Graph. Ann, 2009.

响来量化长寿风险,即资金比率波动方法。相关文献见 Olivieri 和 Pitacco (2003)、Hári 等 (2008)。这方面的研究结论主要包括：第一,随着资金规模的增加,归因于池效应,个体死亡率风险递减为 0;而长寿风险并不可忽略不计,它基本上独立于投资规模。第二,如果金融市场风险可以完全被对冲,即可以将未来寿命的不确定性视为唯一的风险来源,那么养老金就暴露了一个相当大的不确定性。第三,如果金融市场风险也包含在内,那么长寿风险对整体风险的贡献将降低。然而,无论投资策略是否有风险,长寿风险仍可能持续显著。

此外,还有一些文献通过考虑长寿风险对一个联结长寿债券的投资组合的破产概率的影响来量化长寿风险,即破产概率方法。破产概率方法可以同时考虑资产和负债两方面的问题,可以视为对负债贴现方法和资金比率波动方法的有益补充。相关文献见 Olivieri 和 Pitacco (2003)、Stevens (2011)。

2. 国外保险实务中的量化技术。保险公司和再保险公司、养老金计划的政策制定者以及政府面临的一个最大且最不被理解的风险就是长寿风险。国际精算师协会定义了长寿风险的四个组成部分,即水平、趋势、波动性和灾难性。这四个部分可以进一步细分为两大类,即系统性风险和非系统性风险(即特定风险)。为了确保保险公司能够有效地管理长寿风险,精算师必须首先了解当前可获得的量化和管理长寿风险的方法。只有这样,他们才能在识别和创造更多的、更有效的应对长寿风险的风险管理技术中发挥积极作用。

(1) 美国的做法。对于美国保险公司来说,评估任何形式的风险的一种历史性方法是基于因子的方法,采用美国保险监督官协会(National Association of Insurance Commissioners, NAIC)规定的基于风险资本(Risk-Based Capital, RBC)的偿付能力监管框架。这不但适用于死亡率风险和长寿风险,而且适用于市场风险。就目前美国基于 RBC 的偿付能力监管体系来说,在计算风险资本公式中,关于保险风险的计算就忽略了长寿风险。通常情况下,关于风险的讨论只反映高于预期死亡率的死亡率风险,很少讨论低于预期死亡率的死亡率风险。未来死亡率改善存在很大的不确定性,这导致保险行业更需要采取行动了解长寿风险的根本驱动力。

总体来说,目前美国保险公司大部分还是继续使用比较基础的方法来量化长寿风险,通常依赖于应用标准死亡率生命表,如整体死亡率都下降

15%的压力测试。缺乏成熟的量化方法的原因之一是缺乏被保险人的死亡率数据。美国最完整的数据集来自人口普查报告。然而，这些数据对应于所有人群，其死亡率特征不同于参保人群的死亡率特征，对保险公司来说，可能并不适用于死亡率风险和长寿风险的量化。

综上所述，当前长寿风险管理技术在美国市场仍然很有限。虽然从基础因素方法到压力测试已经有了一定转变，但是对大多数保险公司来说，还是希望评估长寿风险的水平。随着近年来非市场风险的随机建模技术的发展，包括各种死亡率随机模型的研究将有助于保险公司量化长寿风险。随机死亡率模型的趋势部分将允许保险公司量化围绕死亡率改善水平的潜在波动风险。

（2）英国的做法。虽然这个市场在美国仍处于起步阶段，但在英国却发达得多。在英国，持续死亡率调查局（Continuous Mortality Investigation Bureau，CMIB）负责搜集参保年限的数据。事实上，英国保险公司还披露他们的长寿风险暴露。在英国，目前监管机构要求保险公司每年进行个体资本评估（Individual Capital Assessment，ICA）。这与欧盟正在开展的一系列量化影响研究（Quantitative Impact Studies，QIS）来开发集中的偿付能力Ⅱ监管标准规定相类似。根据ICA，保险公司必须全面识别他们所承担的风险。通常由保险公司评估的风险包括市场风险（投资回报率、利率、外汇和违约率）、保险风险（死亡率、长寿风险、退保率和费用率）和操作风险（欺诈和法律诉讼案件）。

未来量化这些风险的影响，要求模型基于基础假设进行两个方向的压力测试，然后将这些结果使用相关矩阵组合起来，以更好地量化各种风险。例如，对于市场风险，通常是通过随机模型进行分析，以确定需要满足偿付能力要求的资本需求。对于长寿风险的一个典型的压力测试是将基础死亡率调低20%—30%，与QIS的偿付能力资本要求中规定的25%是一致的。我们注意到，QIS的做法更简单，因为它结合了长寿风险的所有来源为一体的压力，而在ICA中，公司可以分开量化趋势、波动性和参数不确定的风险。

由ICA的结果，据估计，在英国上市的保险公司有300亿英镑以上的直接长寿风险，而在非英国上市的保险公司则有高达762亿英镑的更显著的长寿风险。类似的风险并不适用于美国市场，这是因为在美国市场上，目前并未要求披露长寿风险。

虽然目前量化长寿风险的方法因地而异，并在一定程度上因公司而异，但是保险公司和再保险公司已越来越多地开始寻求更为有效的方法来减少对任一特定风险的资本需求。传统方法是保险公司直接使用产品设计、核保、自然对冲和再保险。此外，由于长寿风险与传统的金融风险是不相关的，投资基于长寿的证券可以提供更加多元化的投资组合，故而保险公司已经开始进入资本市场寻求解决方案，以管理和转移一些他们面临的长寿风险。虽然目前市场上还没有成熟的应对长寿风险的工具和手段，但为了适应这种需求，未来这种工具有着很大的发展潜力。

二　国内研究现状及发展动态

（一）死亡率建模方法

1. 静态死亡率模型。就高龄人口死亡率建模方法而言，较早的经典文献是：曾毅和金沃泊（2004）结合国际上通常使用的 Gompertz 模型、Weibull 模型、HP 模型、二次多项式模型、Logistic 模型、Kannisto 模型六种高龄人口死亡率模型对中国 1990 年 80—96 岁单龄组男性和女性的死亡率进行了估计，结果表明，Kannisto 模型对中国高龄人口死亡率的拟合效果最好。在此基础上，该文献进一步分析了中国、瑞典、日本的高龄人口死亡模式的异同点，指出三个国家 96 岁以上的年龄别死亡率比较接近，而中国 96 岁以下的年龄别死亡率明显高于瑞典和日本。此外，与发达国家类似，中国的高龄人口死亡率随着年龄增加而升高的趋势在 96 岁以后的超高龄会减缓。近年来，孙佳美和段白鸽（2010）以统计的观点给出了一套高龄死亡率模型适合性的检验方法，指出采用 Gompertz 分布为中国 65—89 岁的高龄死亡率建模是合适的，而美国、日本、瑞典 65—89 岁的高龄死亡率并不满足 Gompertz 分布，加入 90 岁及以上超高龄死亡率数据，则更不满足 Gompertz 分布。鉴于中国 85 岁以上超高龄人口死亡统计数据的有限性，孙佳美和郭利涛（2012）分别采用 CK 模型和改进后的 CK 模型来估计日本 1970—2009 年 85 岁以上人口的死亡率，结果表明，当 85 岁以上人口的死亡率数据已知且数据质量较可靠时，改进的 CK 模型的拟合效果更好。为了更好地刻画中国高龄，尤其是超高龄人口的死亡率特征，段白鸽和孙佳美（2012）基于 Li 等（2008）提出的门限生命表，考虑分段形式的生存分布，使用 Gompertz 分布和 GP 分布研究了中国高龄人口的死亡率特征，得出中国人口寿命分布的极限年龄是存在的，并进一步给出了最高到达年龄的点估计和区间估计。

就全年龄段人口死亡率建模方法而言，较新文献可以参考：孙佳美和许素英（2012）分别应用 HP 模型和 CR 模型来拟合中国 0—89 岁男性和女性的人口死亡率，在此基础上，应用参数 Bootstrap 方法评估两种模型的拟合精度，结果表明 CR 模型的拟合效果更好。

2. 动态死亡率模型。目前，国内学者大多关注于离散时间随机死亡率模型。就 Lee‐Carter 模型而言，王建平和涂肇庆（2003）分析了中国香港地区 1971—1999 年人口死亡率的动态演变，并利用 Lee‐Carter 模型预测了未来 50 年香港男性和女性的人口死亡率，结果表明，该模型预测的死亡率下降趋势比官方预测的下降趋势要小。李志生和刘恒甲（2010）基于 1992—2007 年中国分年龄组人口死亡率数据，探讨了 Lee‐Carter 模型对中国人口死亡率数据进行拟合和预测的适用性，并分别采用奇异值分解法（SVD）、最小二乘法（OLS）、加权最小二乘法（WLS）和极大似然估计法（MLE）估计 Lee‐Carter 模型的参数，得出 WLS 具有最好的拟合和预测效果。在此基础上，结合 WLS 的估计结果，对未来中国人口平均预期寿命进行了预测，并应用 Bootstrap 方法给出了区间估计。韩猛和王晓军（2010）针对中国死亡率数据样本量小以及数据存在缺失的实际情况，通过使用一个双随机过程对 Lee‐Carter 模型中的时间趋势项进行建模，得出改进后的 Lee‐Carter 模型更适合于预测目前中国的人口死亡率。随后，王晓军和黄顺林（2011）结合中国男性人口死亡率历史数据，利用贝叶斯信息准则（Bayesian Information Criterion，BIC）、似然比检验，对目前广泛采用的随机死亡率模型（Lee‐Carter 模型、RH 模型、Currie 模型、CBD 模型、考虑出生年效应的三种扩展 CBD 模型）的拟合效果进行了比较分析，结果表明基于 CBD 的一种扩展模型的拟合效果最好。在此基础上，利用该模型对中国男性人口死亡率进行了预测，并对中国养老保险个人账户在领取阶段的长寿风险进行了评估。

就 GLM 模型而言，张连增和段白鸽（2012）探讨了基于 GLM 的动态死亡率修匀方法，应用 GLM 中的泊松回归模型、负二项回归模型拟合中国 1994—2009 年 0—89 岁男性和女性的死亡率，研究结果表明负二项回归模型的拟合效果优于泊松回归模型。在此基础上，应用 B‐样条函数对负二项回归模型的拟合结果进行了光滑处理。

此外，王晓军和米海杰（2013a）利用 1981—2010 年人口普查和人口抽样调查提供的死亡率数据，对四次人口普查期间中国人口死亡率改善水平进行了深层次分析。

（二）长寿风险量化

在中国，由于资本市场尚不完善，金融衍生工具的品种相对较少，很难在短期内寻求长寿风险的资本市场解决方案，而由于保险公司经营的寿险产品和养老年金产品的负债对死亡率呈反向变动关系，故可以运用自然对冲策略实现对长寿风险的管理，即通过对两类产品销售结构的组合来对冲长寿风险。然而，相比其他国家而言，中国关于长寿风险量化与管理的理论研究起步较晚，这方面的系统性文献综述见陈秉正和祝伟（2008）。同年，祝伟（2008）基于中国人身保险业两张经验生命表（CL 1990—1993、CL 2000—2003）数据，分析了 CL 2000—2003 经验生命表中死亡率改善对个人年金产品价格变动的影响，为寿险公司衡量年金产品中蕴含的长寿风险提供了参考依据。段白鸽（2015b）系统梳理了动态死亡率建模与长寿风险量化专题的研究现状及发展动态。

汇总来看，近年来的研究更多关注于目前保险公司个人年金产品定价和准备金评估存在的长寿风险问题。其中，黄顺林和王晓军（2011）提出了基于在险价值（Value at Risk，VaR）的寿险产品与年金产品的长寿风险自然对冲模型。金博轶（2012）基于有限数据条件下的贝叶斯方法，研究了动态死亡率建模与年金产品长寿风险的度量。祝伟和陈秉正（2012）在动态死亡率建模框架下，分析了长寿风险对个人年金产品定价的影响，并引入基于 Wang 转换的风险定价方法来度量长寿风险的市场价格。韩猛和王晓军（2013）基于其提出的改进后的 Lee-Carter 模型，将年金保险合同定价问题与年金保单组的破产概率相结合，对中国年金业务中蕴含的长寿风险进行了实证研究，不但探讨了保单规模和性别对长寿风险的影响，而且讨论了长寿风险对保单组破产概率和破产时间的影响，以及对冲长寿风险时对资产回报率的要求。金博轶（2013）构建了考虑随机利率因素的长寿风险自然对冲模型，通过实例研究表明，忽略利率风险将使保险公司不能充分地对冲长寿风险，并指出使用 Lee-Carter 模型将存在过度对冲长寿风险的可能，即该模型高估了长寿风险水平。孙佳美和刘志鹏（2014）使用蒙特卡洛（MC）方法模拟了静态死亡率和基于 Lee-Carter 模型的动态死亡率下寿险公司的责任准备金的分布。结果表明，死亡率改善对寿险公司责任准备金的影响显著，并建议寿险公司在产品设计时要考虑死亡率改善因素。

此外，也有学者已开始涉足长寿风险证券化等相关管理工具的研究。例如，艾蔚（2011）分析了长寿风险的发展趋势和现有管理工具的缺陷，研究了死亡率巨灾债券、EIB/BNP长寿债券和死亡率远期合约等最近发展起来的长寿风险管理工具创新及发展动态，在此基础上，分析了长寿债券、死亡率互换、死亡率期货和死亡率期权等基于资本市场的长寿/死亡率风险相关衍生品的设计与交易，并对完善这一市场提供了启示和建议。高全胜等（2011）基于J.P.摩根公司提出的Life Metrics基本架构及计算软件，初步测算了中国人口死亡率模型，在此基础上，探讨了利用人口寿命指数进行长寿风险管理的应用流程。田梦和邓颖璐（2013）通过双指数跳跃扩散模型对Lee–Carter模型中的时间序列因子进行拟合，较好地刻画了中国人口死亡率的长寿跳跃和死亡跳跃；并引用Swiss Re死亡债券度量了长寿风险的市场价格，在预测未来中国人口死亡率的基础上，得出了寿险衍生品Q型远期的中国定价。

（三）国内近期与人口老龄化相关问题的经济学研究

人口老龄化现象给社会稳定与和谐发展产生了巨大的压力，应对老龄化是中国的一项长期战略任务。通过检索国内文献可以看出，早期文献主要集中于人口老龄化的趋势、成因及影响，随着对老龄化进程认识程度的加深，近年来更多学者逐渐开始围绕老龄化背景下，养老和健康（尤其是医疗）制度改革的相关公共政策、试点工作的绩效、城乡居民养老模式的选择、老龄健康保障等与国计民生息息相关的问题开展研究工作。

就人口老龄化进程与应对老龄化的公共管理政策建议而言，天雪原（1984）较早考察了中国控制生育率之后人口年龄结构的变化，指出在高生育率造成人口猛烈增长和低生育率形成人口老龄化之间，如何探寻一条既能使人口增长受到有效控制，又能使人口老龄化不致过于严重的发展道路。王琳（2004）运用人口普查数据，对中国老年人口年龄结构及高龄老人规模变动趋势、成因及所带来的影响进行了分析，并与西班牙、新加坡、日本、古巴、印度、韩国的高龄老人状况进行了国际比较，分析结果表明，中国老年人口高龄化进程在很大程度上受人口出生队列的影响，同时死亡率下降的作用在逐步增大。谢安（2005）指出养老保险作为社会保障制度的重要组成部分，可以通过改进中国养老保险体制来应对人口老龄化，并提出了提高劳动生产率以降低老年人口抚养比，结合城镇化进程扩大养老保险覆盖面，逐步建立社会统筹、个人养老保险、养老保险年金、私人养老储蓄等多层次综合养老保险体制，充分发挥社区组织在养老保险体制中的作用，监控人口变化趋势及适当放松计划生育政策五点建议。Zuo 和 Yang（2009）通过人口老龄化对劳动力供需关系和就业率、国内消费需求、社会保障体制和公共财政、人口城乡迁移和城市化、中国经济在国际市场的比较优势和产业结构变迁的可能影响，较全面地分析了中国人口老龄化的长期经济影响。在此基础上，提出了逐步放宽生育控制政策，把人口政策的重点放到提高人口素质上，推迟法定退休年龄和深化对城乡社会保障体制的改革，提高社会保障的公平和效率等政策建议。杨长汉（2012）探讨了在人口老龄化背景下，构建中国养老金指数的必要性。田阡（2012）指出日本政府设立了专门的"长寿支援课"，采取了应对人口老龄化的一系列公共管理创新，主要包括缓解劳动力不足的措施、构建家庭和社会并重的养老体系、全面革新养老和医疗保障制度、有效提高社会消费需求、积极引导扶植和规范"银发产业"发展五个方面，对中国具有借鉴意义。王志宝等（2013）研究了近 20 年来中国人口老龄化的区域差异及其演化。

就具体定量研究而言，首先，在社会保障制度改革与养老保险研究方面，潘锦棠（2002）探讨了中国养老保险制度存在的性别利益问题，并对男女退休年龄的合理性进行了评述。杨俊和龚六堂（2008）建立了一个国有资本收入划拨社会保障制度的研究框架，通过构建一般均衡模型，表明存在使社会福利极大化的最优划拨率水平。汪伟（2012）从经济增长视角分析了人口老龄化背景下，中国养老保险从现收现付制向个人账户与统筹账户相结合的模式转变的合理性。郭凯明和龚六堂（2012）通过引入社会养老替代家庭养老的经济机制，分析了社会保障制度对人口增长和经济增长的长期影响。数值模拟结果表明，与完全基金制相比，现收现付制替代家庭养老的作用更明显，对缓解人口增长和促进经济增长的作用更显著。徐舒和赵绍阳（2013）考察了当前中国养老金双轨制对公务员和城镇企业职工生命周期中消费差距的影响。研究结果表明，养老金双轨制引发的替代率差异能解释公务员与企业职工生命周期中 24.3% 的消费差距。随后，中国社会科学院经济研究所社会保障课题组（2013）探讨了中国多轨制社会养老保障体系的转型路径，指出根本出路在于通过整合多轨制来推进适应市场经济运行和人口老龄化趋势的养老保障制度改革，整合路径主要包括合并城乡居民社会养老保险、改进城镇企业职工基本养老保险管理方法、将公务员和事业单位人员纳入规则统一的正规就业者的社会养老保险中。与此同时，张迎斌等（2013）基于跨期叠代模型研究了中国社会基本养老保险的均衡指标体系和最优替代率。研究表明，养老金替代率、人口增长率与成年人存活到退休期的概率对社会基本养老保险的均衡体系具有重要作用。赵子乐和黄少安（2013）通过构建一个包含人口迁移的两部门模型，研究了城镇向农村养老保障体系的转移支付对农民收入的影响。结果发现，当进城农民能获得市民身份时，转移支付会降低农民收入，当进城农民无法获得市民身份时，转移支付有可能增加农民收入。陈沁和宋铮（2013）利用中国第五、第六次人口普查数据推算了城乡人口迁移率，模拟了2010—2100年中国的人口状况和老龄化情况，讨论了中国城镇养老保险基金在城市化进展中的演化。结果表明，城市化对城镇的老龄化程度与城镇养老保险基金的收支状况有明显的改善。王晓军和米海杰（2013b）基于随机模拟与因素分解分析，澄清了已有研究对养老金替代率的误解。王晓军（2013）总结了中国基本养老保险的十大"迷思"，包括：基金制比现收现付制更能应对人口老龄化危机；养老保险个人账户采用"实账户"优于"名义账户"；养老保险存在巨额支付缺口；养老保险结余基金面临严重的资金贬损风险；养老保险存在的隐性债务使得制度不可持续；现收现付制养老保险不存在与隐性债务对应的"隐性资产"；基本养老保险提供的养老金替代率已低于国际警戒水平；基本养老保险有利于高收入者；基本养老保险的缴费时间越长，内含回报反而越低；对不同类型人员建立统一的养老保险制度才是公平的。作者澄清了已有研究对这些问题普遍存在的认识误区。

其次，在医疗卫生改革政策与老龄健康研究方面，刘国恩等（2011）通过构建中国65岁及以上老龄人口的医疗服务需求模型，从实证角度分析了医疗保障制度对老人医疗服务需求的影响。其主要观点是国家医疗保险政策在改善中国老人医疗服务使用情况、减轻老人家庭医疗负担方面具有显著作用。程令国和张晔（2012）使用中国老年健康影响因素跟踪调查数据，重新考察了新型农村合作医疗保险在改善参合者的健康状况的同时，并没有明显降低参合者的医疗负担。王俊和龚强（2011）对中国医疗卫生改革政策相关研究的最新进展、"老龄健康"相关研究的最新进展，以及医疗卫生政策与老龄健康研究中的跨学科研究趋势进行了梳理和总结。刘宏等（2011）从居住模式和主要经济来源两个方面，讨论了不同养老模式对老年人健康状况的影响，结果表明居住与经济都独立的老年夫妻的健康状况和主观幸福度最好，而依靠子女供养或政府补贴的个人独居养老模式的健康状况和主观幸福度最差。王俊等（2012）对老龄健康问题的经济学分析进行了评述，指出老龄健康问题属于老年学、医学、经济学等跨学科研究范畴，并从微观和宏观两个层面勾勒出了老龄健康的经济学研究应考虑的方方面面。黄枫和吴纯杰（2012）通过考察65岁及以上老人长期护理发生率和健康状态的转移运动，预测了未来几年内中国需要护理的老年人口规模和老人处于护理状态的时间长度。

再次，就试点工作的绩效而言，第一，在新型农村社会养老保险与农村养老模式方面，程令国等（2013）结合2008年和2011年中国老年健康影响因素跟踪调查（CLHLS）数据，评估了2009年国家开始试点的新农保对农村居民传统养老模式的重要影响。研究结果表明，新农保提高了参保老人的经济独立性，降低了老人对子女的依赖性，增加了社会正式照料的需求。类似地，陈华帅和曾毅（2013）也指出评估新农保与家庭代际支持的互动关系是衡量新农保政策绩效的关键问题，并结合CLHLS数据，从实证角度分析了新农保在提高农村老人福利水平的同时，对家庭代际经济支持产生了显著的"挤出效应"，减轻了子女的养老负担。第二，在新型农村合作医疗保险方面，封进和李珍珍（2009）采用中国健康和营养调查（CHNS）数据，评价了新农合中的各种补偿模式的效果。研究结果表明仅仅补偿住院费用对减轻医疗负担和灾难性医疗支出的作用十分有限，将补偿范围扩大到门诊费用才能有效抵御健康风险。封进等（2010）分析了新农合对县村两级医疗价格的影响。结果表明，新农合对村诊所的价格没有明显影响，但县级医院的垄断地位和盈利性目标将会导致价格上涨，且上涨幅度与报销比率基本相同。为此，加强医疗供给方的竞争是有效发挥新农合制度作用的必要条件。马双和张劼（2011）分析了新农合对居民家庭营养结构改善的显著影响。程令国和张晔（2012）结合2005年和2008年CLHLS数据，分析得出新农合在改善参合者健康状况的同时，并未明显降低其医疗负担，这说明新农合的经济绩效远低于健康绩效。白重恩等（2012）分析得出新农合对农村居民消费的正向影响，且这种影响在收入较低或健康状况较差的家庭中更明显，这与医疗保险减少了预防性储蓄的假说相一致。第三，在城镇居民基本医疗保险方面，潘杰等（2013）利用2007—2010年城镇居民基本医疗保险试点评估入户调查数据，分析了城镇居民基本医疗保险对城镇居民健康状况的影响。研究结果表明，医疗保险有利于促进参保人群的健康，且对社会经济状态较差的弱势人群更具有优势，这为进一步完善中国基本医疗保险制度提供了实证依据。类似地，赵绍阳等（2013）结合2007—2009年试点数据，证实了那些因就业单位不缴或欠缴医疗保险费而没有纳入医疗保险体系的城镇职工的健康状况、健康意识和医疗服务利用情况会更差些。

最后，就人口老龄化的增长效应、储蓄效应与其他效应等相关问题而言，何立新等（2008）分析了中国养老保险制度改革对家庭储蓄率的影响，研究表明养老金财富对于家庭储蓄行为存在显著的替代效应。曲兆鹏和赵忠（2008）从生命周期理论框架出发，考察了中国农村消费、收入不平等与年龄、人口老龄化之间的关系，结果表明老龄化对不平等的影响效应很小。刘生龙等（2012）将预期寿命引入生命周期理论，从实证角度研究了中国人口预期寿命对家庭储蓄率有着显著的正向影响，其贡献度达到42.9%。

综上所述，已有研究聚焦了社会保障制度与养老保险、老龄健康问题、医疗卫生改革政策与医疗保险、长期护理保障制度与长期护理保险、与人口老龄化相关的其他问题以及这些问题的相互融合等各个方面。

第三节　本书内容结构

一　研究目标和方法

（一）研究目标

本书的总体目标是为构建中国的长寿风险定量评估体系提供对策和建议。研究目标可以细分为以下三个方面。

第一，通过对生存分布尾部风险特征的合理度量，以拓展量化长寿风险的两个最基础的工作，即关于超高龄人口的动态死亡率建模方法的研究和动态生命表的编制工作。

第二，结合本书提出的动态死亡率建模方法，将长寿风险分解为模型风险和过程风险，重新诠释中国基本养老保险体系、保险公司年金产品中蕴含的长寿风险。

第三，致力于形成一套系统的、规范的长寿风险定量分析的研究成果。

(二) 研究方法

本书综合应用保险经济学、定量风险管理、精算学、统计学、人口学、金融学、科学计算的理论与方法开展研究，并充分应用数据库与统计软件等计算机处理工具，以定量研究为主。

本书将遵循由简单到复杂的原则，采用理论研究与实际应用相结合的研究方法，在深入开展理论研究解决关键技术问题的基础上，结合 HMD、中国人口死亡状况统计数据，以及可获得的保险行业的被保险人的死亡率经验数据，借鉴国外长寿风险量化与管理的最新研究成果，解决人口老龄化背景下，中国养老保险和寿险公司精算实务中面临的系统性长寿风险问题，为中国寿险精算实务的技术改进提供理论依据与实践参考，也为政策制定者进行科学合理的决策提供依据。

二 研究内容

(一) 研究内容架构图

本书关注于动态死亡率建模下的长寿风险量化与管理专题研究。该专题研究最初是从寿险行业引发出来的，主要是源于人类死亡率持续下降，平均预期寿命不断延长引发的寿险公司年金产品定价的风险问题，通常是低估了年金产品的价格。然而，这种动态的死亡率改善并不局限于寿险公司的年金产品，或者说个人的商业养老保险，中国养老保险计划的三大支柱——基本养老保险、企业补充养老保险和个人商业养老保险中都隐含着这种系统性的长寿风险，甚至我们的健康保险[①]，尤其是医疗保险和长期护理保险中都充斥着长寿风险。因此，对该专题的研究非常有必要。

---

① 2019 年 11 月中国银保监会发布了新修订后的《健康保险管理办法》。这次修订后的《健康保险管理办法》所称的健康保险，是指由保险公司对被保险人因健康原因或者医疗行为的发生给付保险金的保险，主要包括医疗保险、疾病保险、失能收入损失保险、护理保险以及医疗意外保险等。这次修订，将健康保险定位为国家多层次医疗保障体系的重要组成部分，完善了健康保险的定义和业务分类，将医疗意外保险纳入健康保险。

通常，我们把长寿风险定义为个人或总体人群未来的平均实际寿命高于预期寿命而产生的风险。其中，个人面临的长寿风险称为个体长寿风险，总体人群面临的长寿风险称为聚合长寿风险。个体长寿风险是指个人死亡率围绕死亡率最佳估计的基础假设的正常波动，是非系统性风险，或特定风险；而聚合长寿风险是指源于死亡率与死亡率改善水平的不正确的基础假设导致的风险，是系统性风险，是无法根据大数法则进行分散的系统风险，对养老金计划和寿险公司的影响非常显著，需要进行量化和管理。为此，图1—5简单绘制了本书研究内容的基本框架。

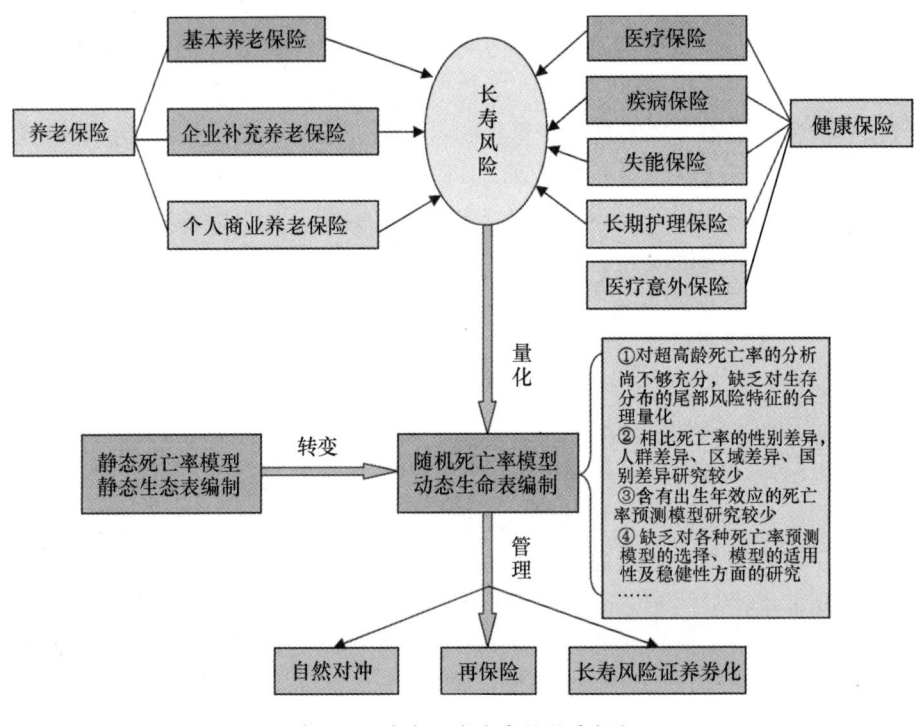

图1—5 本书研究内容的基本框架

（二）主要研究内容

结合这一基本框架，本书的主要研究内容由五部分组成。作为研究的基础，第一部分总结现有死亡率模型（年龄外推和趋势预测）存在的问题。作为研究的重点之一，第二部分将极值理论和分层建模技术引入现有死亡率模型中。作为研究的重点之二，第三部分开展量化长寿风险的基础工作——动态生命表的编制。作为研究的辅助手段，第四部分细化长寿风险量化与管理工具的研究及应用，系统梳理和比较长寿风险量化与管理的各种方法。最后，作为研究的总结与扩展，第五部分为中国养老保险和商业保险中的长寿风险量化与管理提供一些有益的思路和方法。下面将详细介绍各部分的研究内容。

1. 总结现有死亡率模型（年龄外推和趋势预测）存在的问题。如图1—5所示，结合已有研究积累，本书总结了现有死亡率模型存在的问题或缺陷，主要包括：

（1）对超高龄人口死亡率的分析尚不够充分。目前对超高龄人口死亡率的年龄外推和趋势预测的研究仍存在一些问题，即缺乏对生存分布的尾部风险特征的合理量化。

（2）相对于死亡率的性别差异的研究，目前关于死亡率的人群差异、区域差异、国别差异的研究还比较少。

（3）已有证据表明，人类死亡率并没有以恒定的速度改善，不同出生年代的人群的死亡率改善情况存在差异，这涉及从基于日历年的死亡率模型到基于出生年的死亡率模型的转换，然而，在这种转化过程中可用的数据就会减少，对模型年龄外推和趋势预测的有效性都会产生影响。目前在死亡率预测研究中，对不同人群死亡率的出生年效应的重视仍不够。

（4）对各种动态死亡率模型预测期间时间长度的研究仍较少，这涉及各种死亡率预测模型在短期、中期和长期预测中的适用性问题。目前，尚没有对各种死亡率预测模型的比较与选择、模型的适用性及稳健性方面的系统性研究。

2. 将极值理论和分层建模技术引入现有死亡率模型中。针对第一部分总结的现有死亡率模型存在的缺陷，第二部分拟开展如何将高龄人口死亡率的极值建模方法（Extreme Modeling Methods）和分层建模技术（Hierarchical Modeling Technology）纳入动态死亡率建模中，来弥补已有研究的不足。在更好地度量生存分布尾部风险特征的基础上，以期更全面、有效地量化长寿风险。具体研究内容包括：

（1）就高龄人口的死亡率建模和外推方法而言，将极值理论引入高龄人口死亡率的建模分析中，可以有效克服上述第一个缺陷。

（2）将分层模型（Hierarchical Models）引入动态死亡率建模中，基于年份、区域、性别等分层建模视角，来研究人口死亡率的动态演变特征，可以有效解决上述第二个问题。

(3) 探讨含日历年效应或出生年效应的全年龄段人口的动态死亡率修匀、年龄外推和趋势预测方法，完善上述第三个问题的研究。

(4) 针对上述第四个缺陷，采用合适的统计模型与方法，开展各种死亡率预测模型在模型拟合和预测方面的实践效果的比较研究。在此基础上，结合中国人口死亡率数据进行实证分析，为中国人口死亡率经验分析工作提供依据。

3. 量化长寿风险的基础工作——动态生命表的编制。研究动态生命表的编制工作，至少可以克服目前生命表编制过程中存在的以下三方面缺陷。

(1) 生命表的极限年龄（即最高死亡年龄）是主观确定的，比如中国人身保险业经验生命表（CL 2000—2003）中 105+岁（即将 105 岁及以上年龄合并为一个分组）的极限年龄就是人为选取的。随着寿命的延长，超高龄人口的支出及增加的额度很大程度上取决于我们对生存分布的尾部风险特征的合理量化。这种主观选定极限年龄的做法已渐渐无法满足政策制定者进行科学决策的需求，同时，这些低频率、高额度的现金流支出也会影响保险公司的经营稳定性，需要及时做出适当的财务安排。

(2) 以统计的观点给出了一套高龄人口死亡率模型年龄外推的依据，克服了目前生命表编制中关于超高龄人口死亡率的粗糙处理。

(3) 目前编制的生命表实际上是特定时间生命表（Time Specific Life Table），即某一年龄死亡率是固定的，这种生命表也称为静态生命表（Static Life Table）。采用静态生命表中固定死亡率的精算假设进行养老保险政策的制定或年金产品的定价，并没有考虑到未来人口死亡率改善会造成支出的增加，势必会影响政府政策制定的有效性以及保险公司经营的稳定性。本书将在前两部分研究的基础上，合理度量整个生命跨度的全年龄人口死亡率、生存分布的动态演变的客观规律，以期圆满完成动态生命表（Dynamic Life Table）的编制工作。

4. 细化长寿风险量化与管理工具的研究及应用。在前三部分研究的基础上，第四部分将系统开展长寿风险的量化与管理工具的研究。具体研究内容包括：

(1) 长寿风险量化的已有理论研究及发展动态分析。在长寿风险量化的最基础或者说最核心的工作——动态死亡率建模方法的研究基础上，这部分创新性地将长寿风险分解为模型风险和过程风险两部分。也就是说，从模型风险和过程风险两方面来量化长寿风险，并开展比较研究。其中，模型风险包含特定情况下的参数风险。参数风险是指给定一个选取的模型，如 Lee –

Carter 模型，源于抽样误差导致的风险，即由于缺乏对未来死亡率的概率分布的正确认识导致的风险；过程风险是源于即使可以确定未来死亡率的精确概率分布，死亡率趋势仍可能存在的不确定性。

（2）长寿风险管理的已有理论研究及发展动态分析。传统应对长寿风险的方法主要包括资产负债管理（Asset Liability Management，ALM）、产品设计、核保、自然对冲和再保险。由于长寿风险包含了一种系统性的死亡率改善风险，传统基于大数法则的风险管理工具很难对其进行有效的管理，不少学者逐渐开始寻求通过成熟的资本市场来转移长寿风险。目前，长寿风险资本化或证券化已成为新的研究热点。这部分将系统梳理和总结这些已有研究成果及存在的问题。

（3）国外长寿风险量化与管理的实践经验。理解、限制和有效管理长寿风险的保险公司的一个最主要的方式在于产品开发过程。在实务中，一些新的与死亡率相关的金融产品已经被保险公司或资本市场推出，如长寿债券、长寿互换、死亡率远期合同等。近年来，国外保险公司又推出了各种应对长寿风险的创新解决方案，包括附保证变额年金、长期护理保险、反向抵押贷款和长寿风险证券化产品，对中国具有一定的借鉴意义。这部分将全面分析这些产品的实践效果及实施中存在的问题，为第五部分的研究奠定基础，以期对中国的长寿风险量化与管理工作提供借鉴和参考。

5. 中国养老保险和商业保险中的长寿风险量化与管理。

（1）总结目前中国长寿风险管理的现状和存在的问题。

（2）提出相应的对策和建议。结合国外长寿风险的理论与实践，总结长寿风险定量分析所采用的各种模型与方法，探讨其在中国实施的可行性，为构建中国的长寿风险定量评估体系提供对策和建议。

（三）研究的重点和难点

本书拟解决的重点和难点问题主要包括：

第一，基于极值理论的超高龄人口死亡率建模方法及软件实现。

第二，基于年份、城镇乡、性别分层视角的中国人口死亡率的动态演变分析及软件实现。

第三，各种死亡率预测模型在短期、中期和长期预测中的适用性问题、模型的比较与选择问题等。

第四，含有出生年效应的死亡率预测模型研究。

第五，长寿风险定量分析的统计模型与方法的检验诊断与稳健性问题。

三　内容组织和结构安排

（一）技术路线

本书研究的技术路线如图1—6所示。

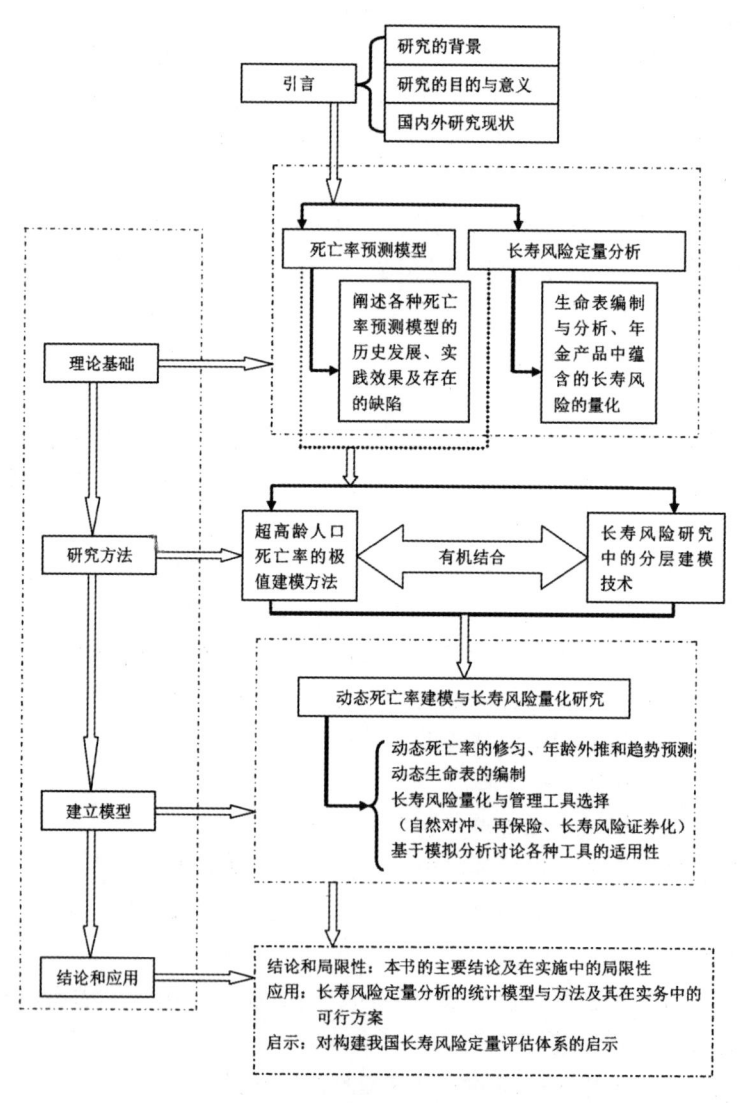

图1—6　本书研究的技术路线

(二) 各章安排

本书共分七章。其中，第一章为绪言，第二、第三、第四章介绍长寿风险量化的两个最基础的工作，即动态死亡率建模和动态生命表的编制工作。第五、第六章细化并分解了长寿风险量化的研究工作，第五章全面量化长寿风险对保险公司寿险和年金产品定价的影响。第六章系统量化长寿风险对我国寿险和年金产品准备金评估的影响。这些探索研究以期为中国长寿风险定量评估体系的构建提供对策和建议。第七章为总结与展望。具体来讲：

第一章为绪言。主要介绍了本书的选题背景、研究意义，系统梳理了目前国内外的研究现状。在此基础上，提出了本书的研究目标和方法，并绘制了本书的研究内容架构图和技术路线图，指明了研究的重点和难点，确定了内容组织和结构安排。

第二章为本书研究的基础，系统梳理了在各国人口死亡率建模与分析中的经典高龄人口静态死亡率模型，并将这些已有模型全方位地扩展到动态框架下，为第三章引入超高龄人口动态死亡率的极值建模方法奠定基础。

第三章作为本书研究的重点之一，将超高龄人口的极值建模方法和分层建模技术引入高龄人口的动态死亡率建模中，基于年份、城镇乡、性别分层建模视角，结合中国2000年第五次人口普查数据和2010年第六次人口普查数据，研究了中国高龄乃至超高龄人口死亡率的动态演变特征。

第四章作为本书研究的重点之一，本部分在第二、第三章研究的基础上，将高龄扩展到整个生命跨度，将静态模型扩展到动态模型，将非线性模型扩展到分层模型，全方位地拓广了第二、第三章的研究工作。即通过构建基于扩展 Lee–Carter 模型和 GP 分布的全年龄人口动态死亡率分层模型，在国内外首次研究了中国大陆地区 1994—2010 年、中国台湾地区 1970—2010 年整个生命跨度的男性、女性和合计人口死亡率、生存分布的动态演变规律。构建的模型有效解决了已有模型在超高龄人口死亡率年龄外推中存在的缺陷，合理量化了人口寿命分布的尾部特征，得出中国人口寿命分布的有限上界是存在的，并揭示了极限年龄的点估计随时间的变化规律。最后结合中国台湾地区死亡率数据，逐步探讨了动态死亡率分层模型在预测未来 50 年全年龄人口死亡率、生存分布、平均预期寿命、构造动态生命表中的应用。

在第二、第三、第四章研究的基础上，第五、第六章重新诠释中国基本养老保险体系、保险公司年金产品中蕴含的长寿风险，并结合国外长寿风险管理工具的应用及发展，主要包括保险公司年金产品与寿险产品的自然对冲、再保险、长寿风险证券化的理论研究与实践经验，细化并分解长寿风险量化与管理的研究工作，为中国养老保险和商业保险中的长寿风险量化与管理提供对策和建议。

第七章为总结与展望。对本书的主要内容、主要贡献给出了总结，并指出了有待进一步研究的思路和方向。

最后是参考文献。

第四节 本书的创新与不足

一 创新之处

本书研究具有跨学科的研究特点，综合应用保险经济学、精算学、金融学、人口学、统计学、定量风险管理的理论与方法开展研究工作。具体创新之处主要表现在：

第一，创新性地提出将高龄人口死亡率的极值建模方法和分层建模框架纳入全年龄人口的动态死亡率建模中，这主要包括：

一是就高龄人口的死亡率建模和外推方法而言，已有的高龄死亡率模型都是主观假设年龄外推的起点和终点，并没有以统计的观点给出高龄死亡率曲线外推的科学依据。本书研究将基于极值理论的建模方法引入高龄人口死亡率的建模分析与研究中，弥补了已有研究中对超高龄死亡率研究的主观性，进而更合理地度量生存分布的尾部风险。

二是创新性地将分层建模技术引入动态死亡率模型中，来研究死亡率的性别差异、人群差异、区域差异和国别差异，并结合 HMD 和中国人口死亡率数据，研究不同国家人口死亡率、生存分布的动态演变特征，以期更清晰地明确中国在世界人口老龄化进程中所处的位置和所面临的挑战。

三是克服了已有模型在年龄外推和趋势预测中存在的问题，进而更全面、有效地量化长寿风险，为差异化地应对长寿风险产品的设计提供了可能。

四是目前关于各种死亡率预测模型的选择、模型的适用性及稳健性方面的专题研究还比较少。在分层建模框架下，可以很容易地使用更直观的统计方法，如图形诊断、各种统计指标的比较等来评价不同模型的拟合效果，在一定程度上可以补充、丰富该专题研究。

第二，系统开展量化长寿风险的两个基础工作，即动态死亡率建模和动态生命表的编制。目前，关于长寿风险的研究更多关注于长寿风险管理工具和方法的研究，忽略了长寿风险的量化研究。本书将基于动态生命表，从模型风险和过程风险两方面来量化长寿风险，这方面的系统性研究还未发现。

第三，目前与死亡率相关的经济学研究，无论采用的是宏观层面的普查数据，还是微观层面的入户调查数据，大多分析更多的是直接基于粗死亡率或基于粗死亡率的简单变换进行计算和处理，没有对死亡率进行有效的拟合和光滑处理，或者说忽略了对死亡率的修匀过程，本书研究可以为这些问题提供更为规范的考量。此外，分层建模框架下的处理方法同样适用于经济学中涉及的考虑城乡差异、人群差异等具有层次结构的相关问题的研究。

二 不足之处

本书的不足之处主要包括：

第一，受限于可获得的中国历史死亡率经验数据的有限性，本书并没有给出在中国数据下，基于出生年的全年龄人口动态死亡率建模方法的实证分析结果。

第二，在本书研究过程中，我们有一个有趣的发现，简称中国超高龄人口"反常"现象。未来将进一步探讨这种"反常"现象到底是由于中国男性"劣汰优存"的选择性更强，还是超高龄人口统计数据质量问题导致的估计偏差？解决的思路是，对比中国、HMD 中 41 个国家和中国台湾地区、中国香港地区超高龄人口状况的动态演化，以此来判定中国超高龄人口"反常"现象到底是具有规律性的趋同现象，还是中国超高龄人口独具的特征。在此基础上，进一步思考中国超高龄人口"反常"现象的经济学解释。这有望为研究世界各国人口发展规律提供新的视角和思路。

第三，这种国家层面的宏观的死亡率统计数据可能并不适合于保险公司。目前，我们很难获得中国社会保障体系、保险公司参保人群的死亡率数据。就世界范围而言，除英国以外的大部分国家都没有收集保险公司的死亡率数据，我们可以利用英国 CMIB 提供的保险行业中被保险人死亡率数据集进行分析，以期为中国保险公司提供对策和建议。

第二章 高龄人口动态死亡率建模方法

第一节 死亡率建模指标及经验估计

一 死亡率建模指标

在静态死亡率建模与分析中,常见的死亡率指标主要包括中心死亡率(Central Death Rate)、条件死亡概率(Conditional Probability of Death)和瞬时死亡率(Instantaneous Mortality Rate)[①]三种。

(一)中心死亡率(m_x)

$$m_x = D_x/E_x \qquad (2\text{—}1)$$

其中,m_x 表示年龄在 $[x, x+1)$ 区间的中心死亡率,也称为粗死亡率。D_x 表示年龄在 $[x, x+1)$ 区间的死亡人口数。E_x 表示年龄在 $[x, x+1)$ 区间的暴露人口数,实际中常采用 x 岁的年中人口数来近似 E_x。

(二)条件死亡概率(q_x)

$$q_x = \frac{D_x}{E_x + (1-a_x)D_x} = \frac{m_x}{1+(1-a_x)m_x} \qquad (2\text{—}2)$$

其中,q_x 表示存活到 x 岁情况下,在 $[x, x+1)$ 区间死亡的条件概率。a_x 表示年龄在 $[x, x+1)$ 区间的死亡人口平均活过的分数年龄,通常除 0 岁和最高年龄(组)之外,一般都假设分数年龄满足均匀分布(Uniform Distribution of Deaths, UDD)假设,即假设 $a_x = 0.5$。以 HMD 为例,所有国家

---

① 瞬时死亡率即危险率(Hazard Rate),在精算学中,通常也称为死亡力或死亡效力(Force of Mortality),有时也简称为死力。

和中国台湾地区、中国香港地区单龄组生命表编制中年龄区间都为 $x \in [0,1,\cdots,109,110+]$，且最高年龄组满足 $\alpha_{110+} = 1/m_{110+}$，以保证 $q_{110+} = 1$。另外，通常 $\alpha_0 \in [0.06, 0.3]$。

显然，式（2—2）给出了两个死亡率指标 m_x 和 q_x 之间的换算关系，从中可以看出，通常 $q_x < m_x$。此外，在生命表编制中，q_x 是非常重要的生命表函数，它等于生命表中 $[x, x+1)$ 区间的死亡人数（d_x）除以年初幸存人数（l_x）[1]。

（三）瞬时死亡率（μ_x）

μ_x 表示 x 岁的危险率或死亡效力，其定义如下：

$$\mu_x = -\frac{dN_x}{N_x dx} = -\frac{d\ln(N_x)}{dx} \quad (2\text{—}3)$$

这里，N_x 为 x 岁暴露死亡风险的幸存者个体人数。从式（2—3）可以看出，μ_x 不依赖于年龄区间的长度，它是在瞬时时间 x 上度量的，没有上边界，并且具有一维速率，其估计值取决于选取的时间测量单位，如每年、每月。

在生存分析中，μ_x 也可以表示为：

$$\mu_x = \frac{f(x)}{s(x)} = -\frac{s'(x)}{s(x)} = -\frac{d\ln s(x)}{dx} = -\frac{l'_x}{l_x} = -\frac{d\ln(l_x)}{dx} \quad (2\text{—}4)$$

其中，$f(x)$ 表示新生儿的死亡时间随机变量 X 的概率密度函数，$s(x)$ 为生存函数，表示新生儿在 x 岁时仍存活的概率。从式（2—4）可以看出，μ_x 等于对数生存函数 $\ln s(x)$ 的负导数。

通常来说，在研究低龄人口死亡率时，采用这三种指标估计的死亡率差异并不大，而在研究高龄乃至超高龄死亡率时，我们并不能忽略这种差异。这是因为，一方面，m_x 和 q_x 的估计值取决于计算中选取的年龄区间 Δx 的长度，这对死亡统计数据相对匮乏的超高龄死亡率的分析和解释会造成一定的困难。另一方面，虽然与粗死亡率估计 m_x 相比，q_x 在死亡率建模和死亡率指数的构造中更有优势，但是由 q_x 的定义可知，它在单位 1 内是有界的，当死亡率特别高时，这将不可避免地会产生明显的死亡率减速。相对来说，μ_x 的取值则可以大于 1，故在高龄死亡率建模中，可能是一种更

---

[1] 与 E_x 不同，E_x 是真实暴露的人口数，l_x 则是在生命表编制中，为了便于计算，引入的虚拟人口。类似地，d_x 也不同于 D_x。

方便的指标。为此,本章建模采用的指标为 μ_x。

二 死亡力的经验估计

(一) Sacher 估计

较早的死亡力经验估计是由 Sacher 提出的,见 Sacher (1956,1966)。定义如下:

$$\mu_x = \frac{\ln(l_{x-\Delta x/2}) - \ln(l_{x+\Delta x/2})}{\Delta x} = \frac{1}{\Delta x}\ln\left(\frac{l_{x-\Delta x/2}}{l_{x+\Delta x/2}}\right) \qquad (2\text{—}5)$$

Sacher (1966) 指出,如果 $\Delta x \Delta \mu_x \ll 1$,那么针对死亡力的缓慢变化,该估计是无偏估计。Gehan 和 Siddiqui (1973) 进一步指出该估计也是极大似然估计 (Maximum Likelihood Estimation, MLE)。

(二) 简化的 Sacher 估计

对于等于 1 的年龄区间来说,假设死亡力在年龄区间内为常数,Gehan (1969);Gehan 和 Siddiqui (1973) 给出了简化后的 Sacher 估计。定义如下:

$$\mu_x = -\ln(1 - q_x) \qquad (2\text{—}6)$$

(三) Kimball 估计

Kimball (1960) 假设死亡在年龄区间内为均匀分布,给出了死亡力的另一种经验估计:

$$\mu_x = \frac{2q_x}{\Delta x(2 - q_x)} = \frac{2(l_{x-\Delta x} - l_x)/l_{x-\Delta x}}{\Delta x[2 - (l_{x-\Delta x} - l_x)/l_{x-\Delta x}]} = \frac{2}{\Delta x}\frac{l_{x-\Delta x} - l_x}{l_{x-\Delta x} + l_x} \qquad (2\text{—}7)$$

该估计是一种精算估计,经常用于构造生命表,见 Klein 和 Moesberger (1997)。从式 (2—7) 可以看出,它是有界的。故 Gavrilov 和 Gavrilova (1991) 认为,当死亡率特别高时,它并不是极端高龄的死亡力的最佳估计。

(四) 其他估计

在生存分析中,根据中心死亡率 m_x 的定义:

$$m_x = \frac{\int_x^{x+1} f(y) dy}{\int_x^{x+1} s(y) dy} \qquad (2\text{—}8)$$

结合式（2—4）可以看出，对于低龄人口来说，理论上中心死亡率 m_x 是死亡力 μ_x 的一种很好的估计。

综上所述，在死亡力 μ_x 的四种经验估计中，Sacher 估计最适合于高龄人口死亡率建模分析，且式（2—6）所示的死亡力经验估计清晰地给出了死亡力 μ_x 与条件死亡概率 q_x 之间的关系，利用该公式可以实现生命表中 q_x 与 μ_x 的相互转换。为此，本章实证分析中采用该经验估计。

第二节 高龄人口死亡力模型

一 Logistic 类型死亡模型

高龄乃至超高龄死亡率的精确估计对改进老年人口规模和死亡率预测至关重要。关于高龄死亡率建模方法的研究可以追溯到 200 年前，经典的高龄人口静态死亡率模型包括 Gompertz（1825）提出的 Gompertz 模型、Makeham（1860）提出的 Makeham 模型、Beard（1963）提出的 Beard 模型以及人口统计学家 Kannisto（1992）提出的 Kannisto 模型。实际上，这些模型都是英国精算师 Perks（1932）提出的 Logistic 模型的特例，本章将其统称为 Logistic 类型死亡模型。此外，还有幂函数形式的 Weibull 模型和二项式模型等。

Logistic 类型死亡模型在各国高龄人口死亡率建模与分析中起到了决定性的作用。为此，表 2—1 详细给出了这些模型的结构和特征。

表 2—1　Logistic 类型的高龄人口死亡力模型

死亡力模型	符号表示	限制条件	参数范围	死力上界	$\ln\mu_x$ 与死亡率增长模式
Gompertz 模型	$\mu_x = Be^{\eta x}$	$A = 0$ $C = 0$	$B > 0$ $\eta > 0$	∞	线性函数 $\Leftrightarrow$ 死亡率常速 $= \eta$
Makeham 模型	$\mu_x = A + Be^{\eta x}$	$C = 0$	$A > -B$ $B > 0$ $\eta > 0$	∞	凸函数 $\Leftrightarrow$ 死亡率增速 $> \eta$　$A > 0$ 线性函数 $\Leftrightarrow$ 死亡率常速 $= \eta$　$A = 0$ 凹函数 $\Leftrightarrow$ 死亡率减速 $< \eta$　$A < 0$

续表

死亡力模型	符号表示	限制条件	参数范围	死力上界	$\ln\mu_x$ 与死亡率增长模式
Beard 模型	$\mu_x = \dfrac{Be^{\eta x}}{1+Ce^{\eta x}}$	$A=0$	$B>0$ $C>0$ $\eta>0$	$\dfrac{B}{C}$	凹函数 ⇔ 死亡率减速 $<\eta$
Kannisto 模型	$\mu_x = \dfrac{Be^{\eta x}}{1+Be^{\eta x}}$	$A=0$ $B=C$	$B=C>0$ $\eta>0$	1	凹函数 ⇔ 死亡率减速 $<\eta$
Logistic 模型	$\mu_x = \dfrac{A+Be^{\eta x}}{1+Ce^{\eta x}}$		$A>-B$ $B>0$ $C\geqslant 0$ $\eta>0$	$\dfrac{B}{C}$	拟凹函数 ⇔ 死亡率先增速后减速 $<\eta$ $A>0,C>0$ 凹函数 ⇔ 死亡率减速 $<\eta$ $A=0,C>0$ 凹函数 ⇔ 死亡率减速 $<\eta$ $A<0,C>0$

注：更精确地讲，表2—1中的凹函数、凸函数和拟凹函数都是指严格凹函数、严格凸函数和严格拟凹函数。

二 高龄死亡率减速及解释

在过去200年的高龄死亡率研究中，学者们对超高龄死亡率减速已达成共识，且认为人口异质性是导致这种减速现象的最常见解释。关于超高龄死亡率减速研究的系统性文献回顾见 Olshansky（1998）。

结合表2—1可以看出，以往研究中关于高龄死亡率减速现象的研究是通过对数死亡力的二阶导数来判断的。当 $d^2\ln\mu_x/dx^2<0$ 时，$\ln\mu_x$ 为凹函数，且该值越小，$\ln\mu_x$ 的图形越凹，减速程度越大。此外，如表2—1最后一列所示，在 Gompertz 模型中，线性形式的对数死亡力 $\ln\mu_x$ 就是保持常数 η 的比例增长。而在其他模型中，凸函数形式的 $\ln\mu_x$ 表现为死亡率以大于 η 的递增速度增长；凹函数形式的 $\ln\mu_x$ 表现为死亡率以小于 η 的递减速度增长；拟凹函数形式的 $\ln\mu_x$ 表现为死亡率先以递增速度增长，而后出现拐点，转为以递减速度增长，但我们已经证明，无论是增速还是减速，该速度都小于 η。

然而，遗憾的是，目前国内外学者们关于死亡率减速现象及解释仍停留在静态死亡率建模框架下。为此，本章基于中国第五、第六次人口普查中全国城市、镇、乡村的分年龄、分性别65岁及以上高龄人口死亡数据，在分层建模框架下，将数据质量控制方法、数据的同质性和异质性融入其中，来比较和评价同时涵盖了死亡率增速、常速和减速三种情形的五类经典Logistic死亡模型在中国高龄人口动态死亡率建模中的拟合效果和适用性。在深度诠释中国高龄人口死亡率的性别差异、区域差异和动态改善的基础上，进一步扩展探讨中国高龄人口死亡率减速到底是估计的下行偏差，还是事实。

第三节 高龄人口死亡力分层模型

一 Logistic 类型的分层模型结构

在表2—1所示的Logistic类型死亡模型的基础上，本节将分层结构引入各种模型中，来进一步刻画死亡率的性别差异、区域或类别差异，以及死亡率随时间的动态改善。下面以最具一般形式的Logistic模型为例，给出几种合适的分层Logistic模型结构。

令 $\mu_{t,i,j}(x)$ 表示第 t 年、区域 i、性别 j 的 x 岁的瞬时死亡率。其中下标 $t \in \{2000, 2010\}$，$i \in \{0,1,2\}$，$j \in \{0,1\}$ 分别代表的是2000年和2010年，城市、镇和乡村，男性和女性。

（一）含一个随机效应的分层结构

在Logistic模型中引入分层结构的一种最简单方式就是，通过仅考虑四个模型参数 $\{A, B, C, \eta\}$ 中任意一个参数的异质性来扩展原始模型。以最能衡量对数死亡力增长速度的参数 η 为例，仅考虑随机效应 $\{\eta_{t,i,j}\}$ 的死亡力分层结构为：

$$\mu_{t,i,j}(x) = \frac{A + Be^{\eta_{t,i,j}x}}{1 + Ce^{\eta_{t,i,j}x}} + \varepsilon_{t,i,j}(x) \quad (2—9)$$

其中 $\eta_{t,i,j} \sim N(\eta_{i,j}, \sigma^2_{\eta_{year}})$，$\eta_{i,j} \sim N(\eta_j, \sigma^2_{level})$，$\eta_j \sim N(\mu_\eta, \sigma^2_\eta)$，

$\text{Var}[\varepsilon_{t,i,j}(x)] = \sigma^2 [\widehat{\mu_{t,i,j}(x)}]^{2\zeta}$ ①。

因此，该分层模型需要估计 9 个超参数 $\{A,B,C,\mu_\eta,\sigma_{\eta_{year}},\sigma_{\eta_{level}},\sigma_\eta,\sigma,\zeta\}$。这里，超参数包括固定效应参数 $\{A,B,C\}$、随机效应变量的分布参数 $\{\mu_\eta,\sigma_{\eta_{year}},\sigma_{\eta_{level}},\sigma_\eta\}$ 和模型误差项的分布参数 $\{\sigma,\zeta\}$，这些超参数通过 MLE 或相关的非线性优化技术进行估计。类似地，我们也可以分别考虑其他三个参数的异质性。

（二）含两个随机效应的分层结构

下面通过考虑四个模型参数 $\{A,B,C,\eta\}$ 中任意两个参数的异质性来扩展原始模型。以参数 $\{C,\eta\}$ 为例，考虑随机效应 $\{C_{t,i,j},\eta_{t,i,j}\}$ 的死亡力分层结构为：

$$\mu_{t,i,j}(x) = \frac{A + Be^{\eta_{t,i,j}x}}{1 + C_{t,i,j}e^{\eta_{t,i,j}x}} + \varepsilon_{t,i,j}(x) \qquad (2-10)$$

其中 $\begin{pmatrix} C_{t,i,j} \\ \eta_{t,i,j} \end{pmatrix} \sim N\left[\begin{pmatrix} C_{i,j} \\ \eta_{i,j} \end{pmatrix}, \begin{pmatrix} \sigma^2_{C_{year}} & \sigma_{C_{year},\eta_{year}} \\ \sigma_{C_{year},\eta_{year}} & \sigma^2_{\eta_{year}} \end{pmatrix}\right]$，$\begin{pmatrix} C_{i,j} \\ \eta_{i,j} \end{pmatrix} \sim N\left[\begin{pmatrix} C_j \\ \eta_j \end{pmatrix},\right.$ $\left.\begin{pmatrix} \sigma^2_{C_{level}} & \sigma_{C_{level},\eta_{level}} \\ \sigma_{C_{level},\eta_{level}} & \sigma^2_{\eta_{level}} \end{pmatrix}\right]$，$\begin{pmatrix} C_j \\ \eta_j \end{pmatrix} \sim N\left[\begin{pmatrix} \mu_C \\ \mu_\eta \end{pmatrix}, \begin{pmatrix} \sigma^2_C & \sigma_{C,\eta} \\ \sigma_{C,\eta} & \sigma^2_\eta \end{pmatrix}\right]$，$\text{Var}[\varepsilon_{t,i,j}(x)] =$ $\sigma^2[\widehat{\mu_{t,i,j}(x)}]^{2\zeta}$。因此，该分层模型需要估计 15 个超参数 $\{A,B,\mu_C,\mu_\eta,\sigma_{C_{year}},\sigma_{C_{level}},\sigma_C,\sigma_{\eta_{year}},\sigma_{\eta_{level}},\sigma_\eta,\sigma_{C_{year},\eta_{year}},\sigma_{C_{level},\eta_{level}},\sigma_{C,\eta},\sigma,\zeta\}$。类似地，我们也可以考虑其他五种形式的两参数组合的异质性。

（三）含三个随机效应的分层结构

下面通过考虑四个模型参数 $\{A,B,C,\eta\}$ 中任意三个参数的异质性来扩展原始模型。以参数 $\{A,B,\eta\}$ 为例，考虑随机效应 $\{A_{t,i,j},B_{t,i,j},\eta_{t,i,j}\}$ 的死亡力分层结构为：

$$\mu_{t,i,j}(x) = \frac{A_{t,i,j} + B_{t,i,j}e^{\eta_{t,i,j}x}}{1 + Ce^{\eta_{t,i,j}x}} + \varepsilon_{t,i,j}(x) \qquad (2-11)$$

---

① 由于大多数年龄的死亡力都在 [0,1] 区间，故这里放松了过程方差假设，将 ζ 也看作模型的超参数。通常在为取值在 [0,1] 区间的变量（如死亡率、损失率）建模时，这种处理方法得到的结果明显比直接设定 $\zeta = 0.5$ 的不放松过程方差假设下的结果要好；而在为损失额等变量建模时，两种处理方法的差异明显要小些。

其中 $\begin{pmatrix} A_{t,i,j} \\ B_{t,i,j} \\ \eta_{t,i,j} \end{pmatrix} \sim N\left[\begin{pmatrix} A_{i,j} \\ B_{i,j} \\ \eta_{i,j} \end{pmatrix}, \begin{pmatrix} \sigma^2_{A_{year}} & \sigma_{A_{year},B_{year}} & \sigma_{A_{year},\eta_{year}} \\ \sigma_{A_{year},B_{year}} & \sigma^2_{B_{year}} & \sigma_{B_{year},\eta_{year}} \\ \sigma_{A_{year},\eta_{year}} & \sigma_{B_{year},\eta_{year}} & \sigma^2_{\eta_{year}} \end{pmatrix} \right],$

$\begin{pmatrix} A_{i,j} \\ B_{i,j} \\ \eta_{i,j} \end{pmatrix} \sim N\left[\begin{pmatrix} A_{j} \\ B_{j} \\ \eta_{j} \end{pmatrix}, \begin{pmatrix} \sigma^2_{A_{level}} & \sigma_{A_{level},B_{level}} & \sigma_{A_{level},\eta_{level}} \\ \sigma_{A_{level},B_{level}} & \sigma^2_{B_{level}} & \sigma_{B_{level},\eta_{level}} \\ \sigma_{A_{level},\eta_{level}} & \sigma_{B_{level},\eta_{level}} & \sigma^2_{\eta_{level}} \end{pmatrix} \right],$

$\begin{pmatrix} A_{j} \\ B_{j} \\ \eta_{j} \end{pmatrix} \sim N\left[\begin{pmatrix} \mu_A \\ \mu_B \\ \mu_\eta \end{pmatrix}, \begin{pmatrix} \sigma^2_A & \sigma_{A,B} & \sigma_{A,\eta} \\ \sigma_{A,B} & \sigma^2_B & \sigma_{B,\eta} \\ \sigma_{A,\eta} & \sigma_{B,\eta} & \sigma^2_\eta \end{pmatrix} \right], \mathrm{Var}[\varepsilon_{t,i,j}(x)] = \sigma^2 [\widehat{\mu_{t,i,j}(x)}]^{2\zeta}。$

因此，该分层模型需要估计 24 个超参数 $\{\mu_A, \mu_B, C, \mu_\eta, \sigma_{A_{year}}, \sigma_{A_{level}}, \sigma_A,$ $\sigma_{B_{year}}, \sigma_{B_{level}}, \sigma_B, \sigma_{\eta_{year}}, \sigma_{\eta_{level}}, \sigma_\eta, \sigma_{A_{year},B_{year}}, \sigma_{A_{level},B_{level}}, \sigma_{A,B}, \sigma_{A_{year},\eta_{year}}, \sigma_{A_{level},\eta_{level}},$ $\sigma_{A,\eta}, \sigma_{B_{year},\eta_{year}}, \sigma_{B_{level},\eta_{level}}, \sigma_{B,\eta}, \sigma, \zeta\}$。类似地，我们也可以考虑另外三种形式的三参数组合的异质性。

（四）含四个随机效应的分层结构

与前三种分层结构相比，最复杂的一种分层结构是同时考虑四个模型参数 $\{A, B, C, \eta\}$ 的异质性，即：

$$\mu_{t,i,j}(x) = \frac{A_{t,i,j} + B_{t,i,j} e^{\eta_{t,i,j} x}}{1 + C_{t,i,j} e^{\eta_{t,i,j} x}} + \varepsilon_{t,i,j}(x) \tag{2—12}$$

其中 $\begin{pmatrix} A_{t,i,j} \\ B_{t,i,j} \\ C_{t,i,j} \\ \eta_{t,i,j} \end{pmatrix} \sim N\left[\begin{pmatrix} A_{i,j} \\ B_{i,j} \\ C_{i,j} \\ \eta_{i,j} \end{pmatrix}, \begin{pmatrix} \sigma^2_{A_{year}} & \sigma_{A_{year},B_{year}} & \sigma_{A_{year},C_{year}} & \sigma_{A_{year},\eta_{year}} \\ \sigma_{A_{year},B_{year}} & \sigma^2_{B_{year}} & \sigma_{B_{year},C_{year}} & \sigma_{B_{year},\eta_{year}} \\ \sigma_{A_{year},C_{year}} & \sigma_{B_{year},C_{year}} & \sigma^2_{C_{year}} & \sigma_{C_{year},\eta_{year}} \\ \sigma_{A_{year},\eta_{year}} & \sigma_{B_{year},\eta_{year}} & \sigma_{C_{year},\eta_{year}} & \sigma^2_{\eta_{year}} \end{pmatrix} \right],$

$\begin{pmatrix} A_{i,j} \\ B_{i,j} \\ C_{i,j} \\ \eta_{i,j} \end{pmatrix} \sim N\left[\begin{pmatrix} A_{j} \\ B_{j} \\ C_{j} \\ \eta_{j} \end{pmatrix}, \begin{pmatrix} \sigma^2_{A_{level}} & \sigma_{A_{level},B_{level}} & \sigma_{A_{level},C_{level}} & \sigma_{A_{level},\eta_{level}} \\ \sigma_{A_{level},B_{level}} & \sigma^2_{B_{level}} & \sigma_{B_{level},C_{level}} & \sigma_{B_{level},\eta_{level}} \\ \sigma_{A_{level},C_{level}} & \sigma_{B_{level},C_{level}} & \sigma^2_{C_{level}} & \sigma_{C_{level},\eta_{level}} \\ \sigma_{A_{level},\eta_{level}} & \sigma_{B_{level},\eta_{level}} & \sigma_{C_{level},\eta_{level}} & \sigma^2_{\eta_{level}} \end{pmatrix} \right], \begin{pmatrix} A_{j} \\ B_{j} \\ C_{j} \\ \eta_{j} \end{pmatrix} \sim$

$$N\left[\begin{pmatrix}\mu_A\\\mu_B\\\mu_C\\\mu_\eta\end{pmatrix},\begin{pmatrix}\sigma_A^2 & \sigma_{A,B} & \sigma_{A,C} & \sigma_{A,\eta}\\\sigma_{A,B} & \sigma_B^2 & \sigma_{B,C} & \sigma_{B,\eta}\\\sigma_{A,C} & \sigma_{B,C} & \sigma_C^2 & \sigma_{C,\eta}\\\sigma_{A,\eta} & \sigma_{B,\eta} & \sigma_{C,\eta} & \sigma_\eta^2\end{pmatrix}\right],\operatorname{Var}[\varepsilon_{t,i,j}(x)]=\sigma^2\widehat{[\mu_{t,i,j}(x)]}^{2\zeta}。$$显然，该分层模型需要估计 36 个超参数 $\{\mu_A,\mu_B,\mu_C,\mu_\eta,\sigma_{A_{year}},\sigma_{A_{level}},\sigma_A,\sigma_{B_{year}},$ $\sigma_{B_{level}},\sigma_B,\sigma_{C_{year}},\sigma_{C_{level}},\sigma_C,\sigma_{\eta_{year}},\sigma_{\eta_{level}},\sigma_\eta,\sigma_{A_{year},B_{year}},\sigma_{A_{level},B_{level}},\sigma_{A,B},\sigma_{A_{year},C_{year}},$ $\sigma_{A_{level},C_{level}},\sigma_{A,C},\sigma_{A_{year},\eta_{year}},\sigma_{A_{level},\eta_{level}},\sigma_{A,\eta},\sigma_{B_{year},C_{year}},\sigma_{B_{level},C_{level}},\sigma_{B,C},\sigma_{B_{year},\eta_{year}},$ $\sigma_{B_{level},\eta_{level}},\sigma_{B,\eta},\sigma_{C_{year},\eta_{year}},\sigma_{C_{level},\eta_{level}},\sigma_{C,\eta},\sigma,\zeta\}$。

二 高龄人口数据质量评估

由于统计数据的缺乏，高龄乃至超高龄人口的死亡人数和暴露人口数相对都比较少，且死亡年龄存在误报或记录准确性很难考证等数据质量问题，这会导致抽样误差过大，粗死亡率的估计极不稳定，为高龄乃至超高龄人口死亡率建模带来了巨大的挑战。为了防止由于数据质量问题导致的模型错误估计，通常在模型选择及参数估计之前，对数据质量进行控制是非常有必要的。

针对高龄，尤其是超高龄人口存在的年龄申报质量欠佳、记录准确性很难考证等数据质量问题，本章沿用 Gavrilov 和 Gavrilova（2011）、段白鸽和石磊（2015b）中使用的数据质量控制方法，即认为当女性与男性人口比例开始下降时的最大年龄可以作为年龄报告数据质量良好的上界。这种控制方法的自然依据在于，通常来说，女性比男性更长寿，随着年龄的增长，高龄人口中女性的比例会更高些。也就是说，由于更高年龄人口的年龄误报的可能性更大，故随着年龄的增长，与死亡率相关的统计数据的质量会逐渐变差。

三 模型选择及参数估计

假设考虑的高龄人口死亡率数据的年龄起点为 65 岁，可获得的死亡统计数据中最高的单岁死亡年龄为 x_{max} 岁,如 x_{max} = 99[①],数据质量最好的年龄为 N 岁,通常 N < 99。

下面以最具一般性的分层 Logistic 模型为例,考虑数据质量由好变差的过程中,最优分层模型结构的选取及相应的参数估计方法。具体步骤可以概括为:

1. 设定年龄区间为 $[65, N-1]$[②],针对前面给出的 15 种分层 Logistic 模型结构[③],设定模型主要超参数初始值 $\{\mu_A(A), \mu_B(B), \mu_C(C), \mu_\eta(\eta)\}$[④],使用 MLE 或非线性优化技术估计模型的所有超参数,进而估计模型的随机效应,而固定效应参数则是直接通过样本数据来估计。在此基础上,计算各种分层结构下模型的检验统计量,如对数似然统计量($\ln L$)、赤池信息准则(Akaike Information Criterion,AIC)、BIC,它们之间的关系是:

$$AIC = -2\ln L + 2d \quad BIC = -2\ln L + d\ln(n) \quad (2-13)$$

其中 d 为分层模型中超参数个数,n 表示观测样本个数。最后,选择出使 BIC 统计量最小的模型为该年龄区间下的最优模型[⑤]。

2. 逐步扩大年龄区间,依次考虑年龄区间为 $[65, N]$,$[65, N+1]$,…,$[65, 99]$ 时,重复步骤 1。

3. 在步骤 1 和步骤 2 中的各年龄区间中,BIC 统计量最小的分层模型可以视为是不同数据质量下各年龄区间对应的最优分层模型,进而可以度量最优分层 Logistic 模型的拟合效果对数据质量改变的敏感程度。同时,

---

① 例如,中国第五、第六次人口普查中,统计的死亡率的年龄区间为 $[0, 1, \cdots, 99, 100+]$,其中,100 岁及以上年龄合并为一个分组。其最高的单岁死亡年龄为 x_{max} = 99。

② 这里从年龄区间为 $[65, N-1]$ 开始考虑,是为了进一步验证年龄区间从 $[65, N-1]$ 变为 $[65, N]$ 时,模型的拟合效果是否会变得更好。

③ 其中,含 1 个随机效应的分层结构有 4 种,含 2 个随机效应的分层结构有 6 种,含 3 个随机效应的分层模型有 4 种,含 4 个随机效应的分层模型有 1 种。

④ 这种表述是指,在仅含 1 个随机效应 $\{\eta\}$ 的分层结构中,主要超参数可以记为 $\{A, B, C, \mu_\eta\}$;在仅含 2 个随机效应 $\{C, \eta\}$ 的分层结构中,主要超参数可以记为 $\{A, B, \mu_C, \mu_\eta\}$;在仅含 3 个随机效应 $\{A, B, \eta\}$ 的分层结构中,主要超参数可以记为 $\{\mu_A, \mu_B, C, \mu_\eta\}$;在同时含 4 个随机效应的分层结构中,主要超参数可以记为 $\{\mu_A, \mu_B, \mu_C, \mu_\eta\}$。其他的分层结构以此类推。

⑤ 相比 AIC 统计量来说,这里之所以采用 BIC 统计量作为评价最优模型的指标是因为,BIC 统计量在权衡模型的复杂性与拟合效果时,同时考虑了模型超参数个数 d 和观测样本数 n 对 $\ln L$ 的双重惩罚。

也可以通过判断所有年龄区间中 BIC 统计量最小的分层模型是否会自然地落入数据质量较好的年龄区间，来反过来探讨是否有必要引入数据质量度量。显然，如果会落入，就不需要进行数据质量度量；如果不会落入，则进行数据质量度量是有必要的。

最后指出，这种分层结构的选取和参数估计同样适用于表 2—1 所示的其他四类 Logistic 死亡力分层模型。在此基础上，我们不但可以比较各种 Logistic 类型死亡力分层模型对数据质量变化的敏感性，而且可以判断给定相同的年龄区间，尤其是数据质量良好的年龄区间，哪种 Logistic 类型死亡力分层模型最优。

四 模型适合性的检验诊断

对于所有分层模型，通过绘制死亡力 $\mu_{t,i,j}(x)$ 的各种类型的残差诊断图可以评估模型假设的合理性以及模型设定的充足性。记 $\mu_{t,i,j}(x)$ 的标准化残差为 $r_{t,i,j}(x)$，其计算公式为：

$$r_{t,i,j}(x) = \frac{\mu_{t,i,j}(x) - \widehat{\mu_{t,i,j}(x)}}{\sqrt{\sigma^2 [\widehat{\mu_{t,i,j}(x)}]^{2\varsigma}}} \qquad (2—14)$$

我们可以绘制 $r_{t,i,j}(x)$ 的直方图、$r_{t,i,j}(x)$ 的正态分布检验的 Q—Q 图、$r_{t,i,j}(x)$ 的经验累积分布图和正态分布拟合的累积分布图来检验 $r_{t,i,j}(x)$ 是否服从正态分布。在此基础上，绘制 $r_{t,i,j}(x)$ 与死亡力估计值 $\widehat{\mu_{t,i,j}(x)}$、死亡力真实值 $\mu_{t,i,j}(x)$ 与估计值 $\widehat{\mu_{t,i,j}(x)}$，以及 $r_{t,i,j}(x)$ 的年份效应、区域或类别效应、性别效应等各种诊断图，也可以进一步评估分层模型假设的充足性。这些诊断图的期望结果始终是大部分标准化残差的绝对值应小于 2，且残差应随机散布在零线的周围，任何明显的变化模式或自相关特征都表明模型的某些假设是不合理的。

最后，我们也可以基于最优分层模型对死亡力进行年龄外推和趋势预测。待可获得未来死亡率数据时，对模型预测的后续年份、不同类别和性别的死亡率与后续年份实际观测到的死亡率进行比较，也可以评估模型的预测能力。

第四节 实证分析——以中国为例

一 数据来源及特征

本章建模使用的数据来源于中国 2000 年第五次人口普查和 2010 年第六次人口普查中全国城市、镇和乡村分年龄、分性别的 65 岁及以上高龄人口死亡数据。

在下面的实证分析中,采用式(2—6)所示的死亡力经验估计。图 2—1 绘制了中国 2000 年和 2010 年城镇乡、男性和女性 65—99 岁对数死亡力的三维图。

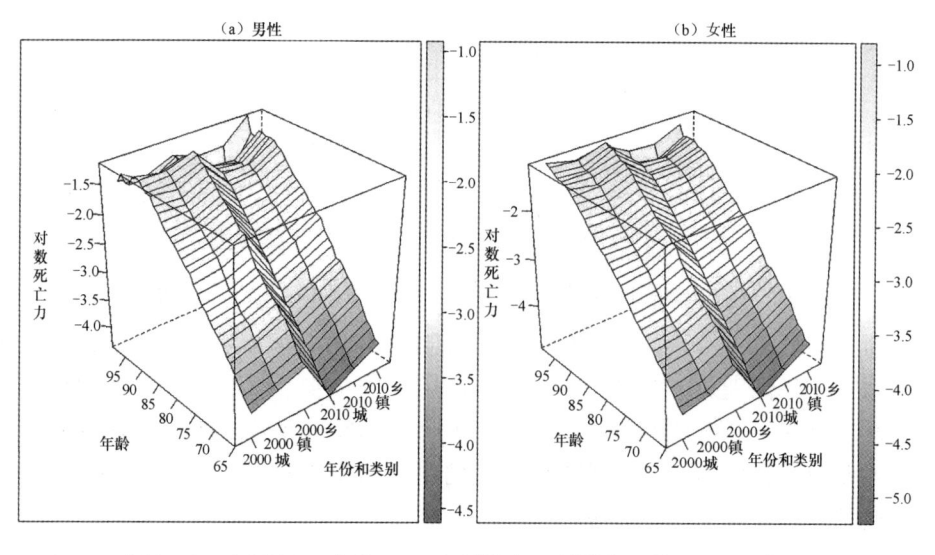

图 2—1 中国 2000 年和 2010 年城镇乡、男性和女性 65—99 岁的对数死亡力

从图 2—1 可以看出,第一,无论是男性还是女性,同一年份下中国城镇乡高龄死亡力存在显著差异,乡村高龄死亡力明显高于镇,镇明显高于城市;且从 2000 年到 2010 年,城镇乡高龄人口都存在明显的死亡率改善。第二，从两个子图中纵坐标的刻度也可以看出，死亡力及死亡率改善程度存在性别差异，女性的死亡力明显低于男性。第三，95 岁及以上超高龄人口死亡力的经验估计的波动性很大，且男性的估计波动性明显高于女性。这表明，在为中国高龄人口死亡率建模以及衡量高龄死亡率减速是否成立的研究中，我们无法回避超高龄人口死亡统计数据的质量问题。为此，本章将数据质量评估方法引入基于年份、城镇乡和性别的分层建模框架中，来探讨中国高龄人口死亡率减速到底是事实，还是估计偏差。

二 高龄人口数据质量控制

如前所述，沿用 Gavrilov 和 Gavrilova（2011）的数据质量控制方法，即认为当女性与男性人口比例开始下降时的最大年龄可以作为年龄报告数据质量良好的上界。图 2—2 和图 2—3 分别绘制了第五、第六次人口普查中，观测到的中国 65—99 岁高龄女性与男性人口比例。

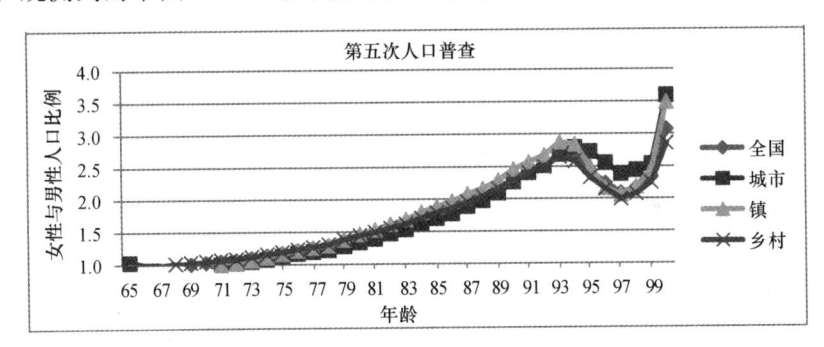

图 2—2 第五次人口普查中 65—99 岁高龄女性与男性人口比例

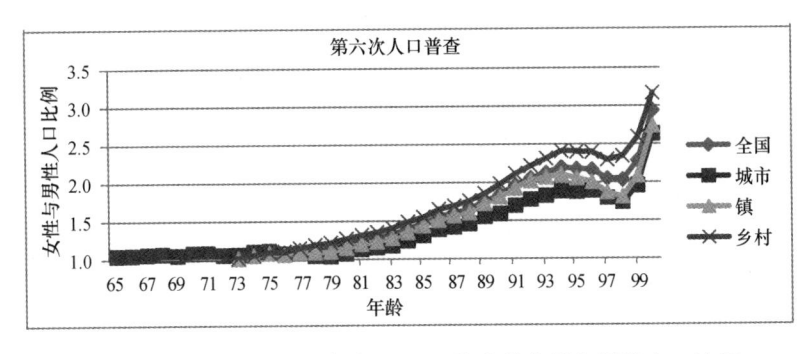

图 2—3 第六次人口普查中 65—99 岁高龄女性与男性人口比例

从图2—2和图2—3可以看出，两次人口普查中，女性与男性比例开始下降时的最大年龄大约是93岁或94岁，也就是说年龄报告、记录准确程度具有良好质量的年龄上界 N 为93岁或94岁。

为此，下面我们考虑在不同数据质量下，各种Logistic类型死亡力分层模型抗数据质量的能力，即对数据质量变化的敏感程度，以及在控制数据质量后，即给定最好的年龄区间下，哪种Logistic类型死亡力分层模型最优。

三 最优分层模型选择、参数估计及检验诊断

（一）超参数初始值的选取

针对五种Logistic类型分层模型中共同的两个参数 B 和 η，我们选取了相同的参数初始值，即 $\{\mu_B(B), \mu_\eta(\eta)\} = \{0.0000322, \ln 1.1002\}$。这些初始值的选取借鉴了段白鸽和孙佳美（2012）中利用MLE得到的2005年中国男性和女性合计人口的参数估计值。从分层模型的基本思想可以看出，这些初始值应体现出中国2000年和2010年城镇乡、男性和女性死亡率的平均水平，故我们选取2005年合计人口的参数估计值是合理的。

另外，为了更好地比较各种分层模型的拟合效果，在分层Makeham模型和分层Logistic模型中，设定参数 A 的初始值为0。在分层Beard模型和分层Logistic模型中，设定参数 C 的初始值与参数 B 的初始值相同，即都为0.0000322。

需要指出，正如段白鸽和张连增（2013）所述，在使用非线性分层模型估计参数时需要设定参数的初始值，且参数估计是否收敛在很大程度上依赖于初始值设定的质量，不同的初始值会导致模型不一定收敛，或者收敛到一个不正确的结果。通过观察残差图有助于判断结果是否正确。在大多数情况下，可以通过简单分析方法辅助选择初始值。例如，在贝叶斯非线性分层模型中，可以参考参数的MLE选取合适的先验分布，来得到参数的后验分布。

（二）各种分层模型的评价及选择

针对五类Logistic死亡力模型，依次考虑年龄区间为[65, 92]，[65, 93]，…，[65, 99]时，每类模型中最优分层模型结构及相应的检验统计量。表2—2给出了五类模型中BIC统计量最小的分层模型含有的随机效应及对应的年龄区间。

表2—2　　五类模型中 BIC 统计量最小的分层模型结构及年龄区间

最优分层模型	随机效应	年龄区间	d	n	lnL 统计量	AIC 统计量	BIC 统计量
Gompertz 模型	$\{B,\eta\}$	[65,93]	13	348	1373.466	-2720.931	-2670.853
Makeham 模型	$\{B,\eta\}$	[65,93]	14	348	1465.162	-2902.323	-2848.393
Beard 模型	$\{C,\eta\}$	[65,96]	14	384	1497.996	-2967.992	-2912.683
Kannisto 模型	$\{B,\eta\}$	[65,93]	13	348	1490.731	-2955.463	-2905.384
Logistic 模型	$\{A,C,\eta\}$	[65,95]	24	372	1577.921	-3107.842	-3013.788

从表2—2可以看出，第一，当不考虑数据质量时，针对这些嵌套的分层模型，由于 Logistic 模型的 BIC 统计量最小，故五类模型中，Logistic 模型是最优选择。第二，当考虑数据质量时，即随着年龄区间的扩大，数据质量由好变差情形下，Gompertz、Makeham 和 Kannisto 三种模型中 BIC 最小的年龄区间都是 [65，93]，即最优模型恰好位于数据质量良好位置；而 Beard 和 Logistic 模型中 BIC 最小的年龄区间分别为 [65，96] 和 [65，95]，即最优模型的年龄上端点略有上移，包含了一些质量欠佳的数据。此时，若最优模型仍选取 Logistic 模型，则会存在因数据质量问题导致的模型对真实死亡率曲线的解释力大打折扣。

有鉴于此，图2—4进一步绘制了当数据质量由好变差的过程中，五种 Logistic 类型的最优分层模型的 BIC 统计量的变化情况。

从图2—4可以看出，一方面，当数据质量由好变差时，Gompertz、Makeham 和 Kannisto 模型的拟合效果明显变差，而 Beard 和 Logistic 模型的拟合效果并没有受到太多影响。这表明，与其他三种模型相比，Beard 和 Logistic 模型对数据质量改变的敏感程度更低。这在一定程度上表明，后两种模型的估计结果更稳健。另一方面，在数据质量最好的年龄区间 [65，93] 下，最优的 Logistic 模型仅含有两个随机效应 $\{C,\eta\}$，变得更简洁，且 BIC 值为 -2955.736，也明显小于其他四种模型，而 Beard 模型的 BIC 值为 -2870.677，比 Kannisto 和 Logistic 模型要大，并不是最小的。因此，在改进数据质量度量后，我们最终选定的最优模型是含随机效应 $\{C,\eta\}$ 的分层 Logistic 模型。

（三）最优分层 Logistic 模型的参数估计

表2—3给出了控制数据质量后，最优分层模型中六个主要超参数的估计值。在此基础上，表2—4进一步给出了考虑随机效应 $\{C,\eta\}$ 之后，最

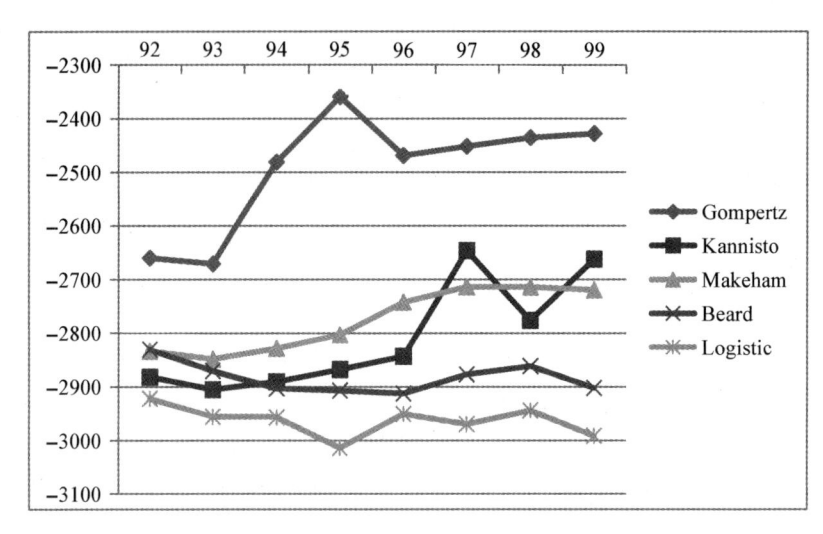

图 2—4　不同数据质量下五种 Logistic 类型的最优分层模型的 BIC 统计量

优分层模型得到的在考虑年份、城镇乡、性别差异后，四个模型参数的最终估计值。

表 2—3　　　　最优分层 Logistic 模型中主要超参数估计值

主要超参	$\hat{A}$	$\hat{B}$	$\hat{\mu}_C$	$\hat{\mu}_\eta$	$\hat{\sigma}$	$\hat{\zeta}$
估计值	−0.004829	0.00002679	0.00002346	0.1011	0.0247	0.8277

表 2—4　　　　最优分层 Logistic 模型得到的参数估计值

最优分层模型		$\widehat{A_{t,i,j}}$	$\widehat{B_{t,i,j}}$	$\widehat{C_{t,i,j}}$	$\widehat{\eta_{t,i,j}}$
2000 年	城市男性	−0.004829	0.00002679	0.00003937	0.1045
	城市女性	−0.004829	0.00002679	0.00006814	0.0986
	城镇男性	−0.004829	0.00002679	0.00005054	0.1060
	城镇女性	−0.004829	0.00002679	0.00002087	0.0995
	乡村男性	−0.004829	0.00002679	0.00004266	0.1083
	乡村女性	−0.004829	0.00002679	0.00002318	0.1025

续表

最优分层模型		$\widehat{A_{t,i,j}}$	$\widehat{B_{t,i,j}}$	$\widehat{C_{t,i,j}}$	$\widehat{\eta_{t,i,j}}$
2010年	城市男性	-0.004829	0.00002679	0.00002154	0.0986
	城市女性	-0.004829	0.00002679	-0.00004430	0.0930
	城镇男性	-0.004829	0.00002679	0.00005507	0.1021
	城镇女性	-0.004829	0.00002679	0.00002003	0.0961
	乡村男性	-0.004829	0.00002679	0.00004232	0.1048
	乡村女性	-0.004829	0.00002679	0.00002149	0.0993

从表2—4中第2、3列可知，$\widehat{A_{t,i,j}} = \hat{A}$，$\widehat{B_{t,i,j}} = \hat{B}$（$t \in \{2000, 2010\}$，$i \in \{0,1,2\}$，$j \in \{0,1\}$）。这与最优分层模型将参数 $\{A,B\}$ 视为固定效应的假设一致。

（四）最优模型的死亡力修匀效果

为了评价最优模型的修匀效果，图2—5给出了最优分层模型得到的中国两次人口普查中城镇乡男性和女性死亡力和对数死亡力在不同年龄的估计值。为了进一步展示最优模型对建模使用的死亡力经验估计的修匀效果，图2—6和图2—7分别绘制了原始刻度和对数刻度下的死亡力 $\mu_{t,i,j}(x)$ 和最优模型估计的 $\widehat{\mu_{t,i,j}(x)}$（$x \in [65,93]$，$t \in \{2000,2010\}$，$i \in \{0,1,2\}$，$j \in \{0,1\}$）。

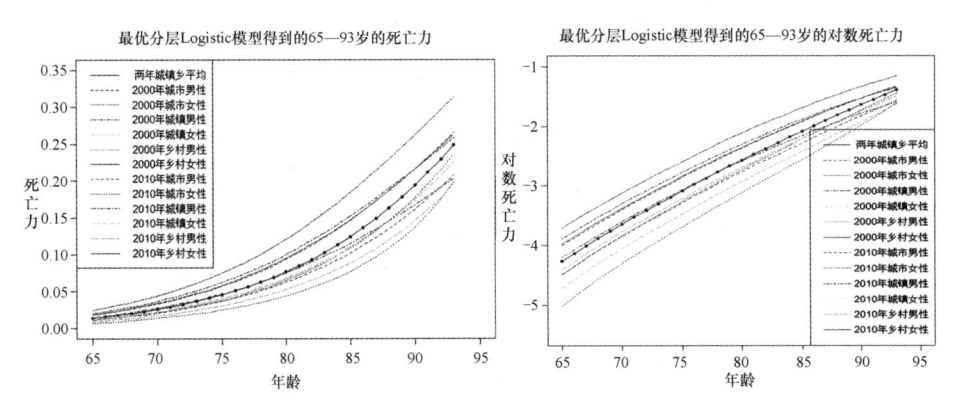

图2—5 基于年份、城镇乡和性别的最优分层Logistic模型估计的高龄死亡力

在图 2—6 和图 2—7 中，黑点表示死亡力和对数死亡力的经验估计，相当于利用死亡统计数据计算的真实值。在图 2—5 至图 2—7 中，实线表示不考虑死亡力的年份、城镇乡和性别差异，仅由表 2—3 给出的模型主要超参数的估计值 $\{\hat{A},\hat{B},\hat{\mu}_C,\hat{\mu}_\eta\}$ 计算的 65—93 岁的平均死亡力 $\hat{\mu}_x$ 和平均对数死亡力 $\ln\hat{\mu}_x$，对应于不含随机效应的非分层模型的估计结果，其计算公式为：

$$\hat{\mu}_x = \frac{\hat{A} + \hat{B}e^{\hat{\mu}_\eta x}}{1 + \hat{\mu}_C e^{\hat{\mu}_\eta x}} \qquad (2-15)$$

虚线表示利用表 2—4 给出的最优分层模型参数估计值得到的 65—93 岁的 $\widehat{\mu_{t,i,j}(x)}$ 和 $\ln\widehat{\mu_{t,i,j}(x)}$。

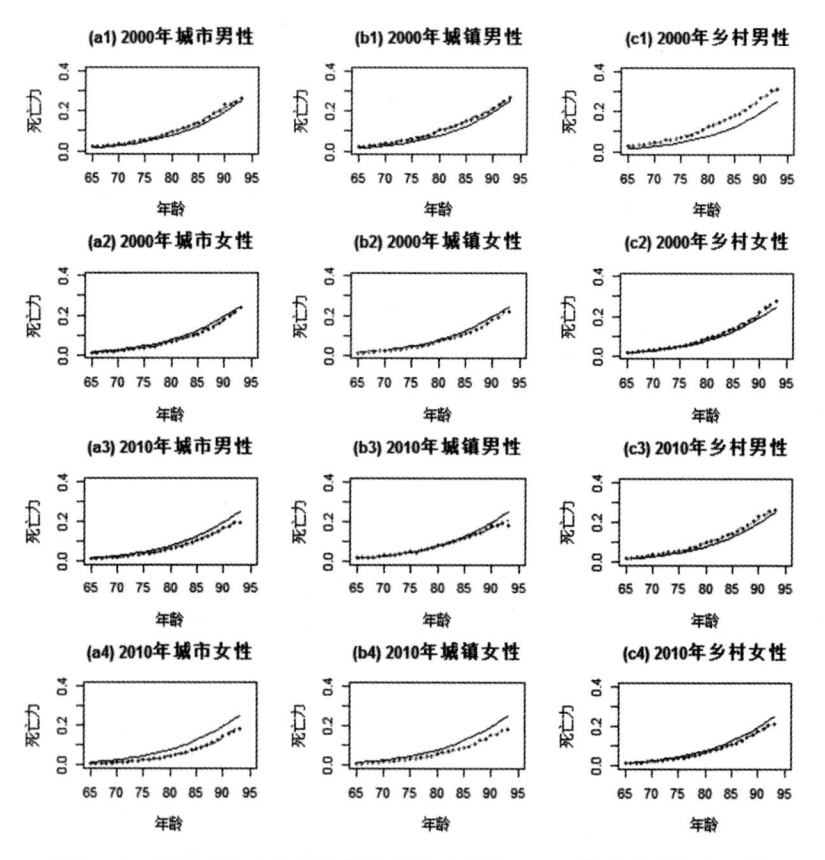

图 2—6　高龄死亡力的真实值和最优分层 Logistic 模型估计值的比较

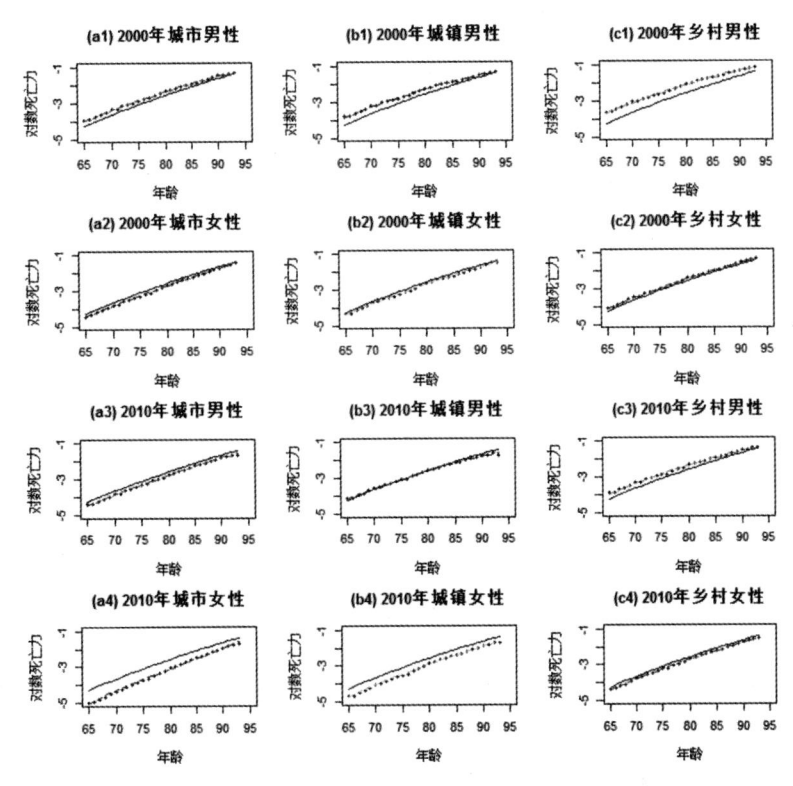

图 2—7　高龄对数死亡力的真实值和最优分层 Logistic 模型估计值的比较

由图 2—5 可知，2000 年和 2010 年城镇乡男性和女性的估计死亡力位于平均死亡力的两侧，表明本章构建的分层模型具有合适性。由图 2—6 和图 2—7 可知，虚线所示的含随机效应的分层模型的拟合效果更好。总之，这些图从不同维度表明，本章构建的死亡力分层模型在刻画中国高龄人口死亡力的年份、城镇乡和性别差异中具有优良性能。

（五）最优模型假设的检验诊断

如式（2—14）所示，图 2—8 绘制了最优分层模型得到的 65—93 岁高龄死亡力估计值 $\widehat{\mu_{t,i,j}}(x)$ 的一系列残差诊断图，以进一步评估模型的适合性和充足性。其中，最上方 3 个子图表明标准化残差 $r_{t,i,j}(x)$ 近似服从正态分布，尤其是第 3 个子图中 $r_{t,i,j}(x)$ 的经验累积分布图和正态分布拟合的累积分布图几乎完全重合。第 4—5 个子图表明该分层模型的拟合效果非常好。第 6—9 个子图分别对应于标准化残差 $r_{t,i,j}(x)$ 的年龄效应、类别效应、性别效应和年份效应，这些诊断图中几乎所有 $r_{t,i,j}(x)$ 都在 [-2，2] 范围内，且残差都随机散布在零线的周围，也表明本章构建的分层模型的模型假设具有合理性。

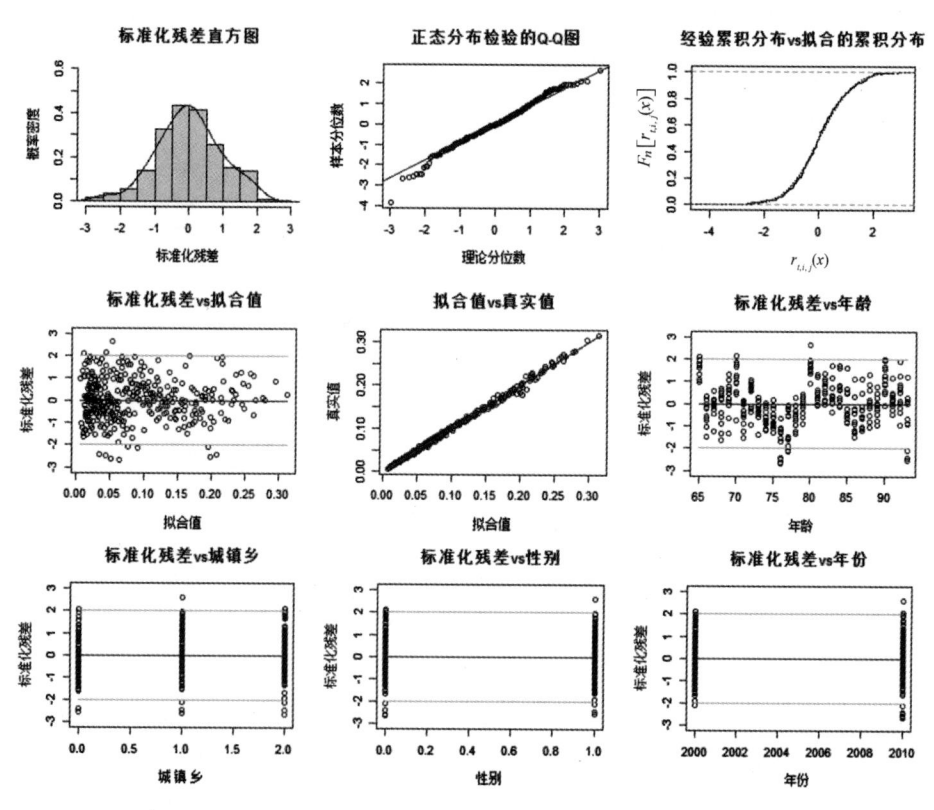

图 2—8 最优分层 Logistic 模型的标准化残差和死亡力拟合值的检验诊断

四 对高龄死亡率是否减速的解释

由实证分析结果可知，基于随机效应 $\{C, \eta\}$ 的分层 Logistic 模型最优。进一步从表 2—4 中的参数估计可知，对于 $t \in \{2000, 2010\}, i \in \{0, 1, 2\}$，

$j \in \{0,1\}$，有 $\widehat{A_{t,i,j}} < 0$，$\widehat{B_{t,i,j}} > 0$，$\widehat{\eta_{t,i,j}} < 0$，且除 $\widehat{C_{2010,0,1}} < 0$ 之外，其他 $\widehat{C_{t,i,j}} > 0$。结合表2—1中Logistic模型参数与死亡率减速之间的关系可得，除2010年城市女性之外，其他类别中死亡率减速是成立的。显然，这种减速现象也可以从图2—5和图2—7中估计的对数死亡力 $\ln \widehat{\mu_{t,i,j}}(x)$ 曲线为凹函数更直观地表现出来。

对于2010年城市女性来说，一方面，图2—7表明该类别的死亡力最低，这与实际中死亡率随时间存在动态改善、生活质量较高的城市人口死亡率更低、女性比男性死亡率低是吻合的。仔细观测图2—7（a4）子图，估计的 $\ln \widehat{\mu_{2010,0,1}}(x)$ 曲线在65—80岁明显呈现凹性，在80—90岁线性增长更明显，90岁以上增长速度又明显减缓。整体上看，死亡率还是呈现出了减速特征。另一方面，通常来说，Logistic模型要求 $C \geq 0$，当放松 $C \geq 0$ 假设条件时，我们通过推导发现，当 $A < 0$，$B > 0$，$C < 0$，$\eta > 0$ 时，$d \ln \mu(x)/dx > \eta$，且它随着 x 的增加，呈现出先减后增趋势，其中最小值满足 $x_{\min} = \dfrac{1}{\widehat{\eta_{2010,0,1}}} \ln \sqrt{\dfrac{\hat{A}}{\hat{B}\,\hat{C}_{2010,0,1}}}$。此时，$x_{\min} = 81.7848$，与前面解释一致。

综上所述，我们得出的结论是，在改进数据质量度量后，对于具有较高数据质量的65—93岁年龄区间来说，中国高龄人口死亡率减速不属于模型估计偏差，而是事实。

第五节　本章小结

在已有研究中，学者们经常采用Logistic类型高龄人口死亡模型来分析某一具体日历年或出生年分年龄人口死亡率的变化特征，相比之下，本章将死亡率数据质量问题、数据同质性和差异性融入已有的五类Logistic模型中，通过构建一套具有一致性的分层建模框架，在深度诠释中国高龄人口死亡率的性别差异、区域差异和动态改善的基础上，来探讨中国高龄人口死亡率随年龄的增长模式。在此基础上，进一步解释了中国近十年来高龄人口死亡率减速到底是估计偏差，还是事实。分析结果表明，当数据质量良好时，描述死亡率减速的 Logistic 模型拟合效果最优，且 Logistic 模型对数据质量改变的敏感程度最低。也就是说，中国高龄人口死亡率减速不是估计的下行偏差，而是事实。实质上，Gavrilov 和 Gavrilova（2011）的研究之所以认为88—105岁超高龄死亡率并没有表现出明显的减速现象，这与该文献考虑的出生队列数据有着直接关系。我们认为，在为高龄死亡率建模时，一种直观的认识就是基于出生年的对数死亡率曲线显得比基于日历年的曲线更平缓，即死亡率增长速度要小，导致在相同年龄区间，前者的对数死亡率的绝对增量要小，此时采用具有线性形式的 Gompertz 模型可能会更好。

本章提出的高龄人口死亡率分层建模方法的优势至少包括以下四点。第一，降低了传统统计方法（如 MLE）估计 Beard 模型和 Logistic 模型中的参数和方差—协方差矩阵的难度。第二，本章考虑的五类 Logistic 分层模型属于非线性分层模型，具有非线性分层模型的三大优势，即模型的解释性、简洁性和对观测样本外数据预测的有效性。第三，各种模型的比较是在一个一致性框架下完成，即对于嵌套的分层模型，可以直接采用 BIC 统计量来比较各种模型的优劣。而在非分层模型中，针对这些非线性模型，为了估计模型参数，通常的做法是将其线性化，流行的变换包括取对数、双对数、互补双对数、Logit 变换等，比如 Gompertz 模型中 $\ln(\mu_x)$ 为线性形式，Kannisto 模型中 $\text{logit}(\mu_x)$ 也为线性形式，而其他三种模型却很难通过这些常见的变换方法转化为线性形式，即使可以转化，五种模型也很难在一个一致性框架下比较它们的拟合效果。第四，分层模型通过设置自身的概率子模型，自然地考虑了不同年份、城镇乡、男性和女性死亡率的同质性和差异性，潜在地实现了更好的拟合效果。

就模型的扩展应用而言，第一，建模方法同样适用于第一节给出的其他死亡力经验估计，但正如第一节所述，就高龄死亡力建模而言，Sacher 估计更合适。第二，从本章第四节实证分析的结果可以看出，五类 Logistic 模型适用于65—93岁的更宽的年龄区间，而不仅仅只局限于特定的超高龄。也就是说，没有必要建立两阶段 Logistic 模型。第三，我们也可以将提出的分层建模方法扩展应用于中国人身保险业三套经验生命表（CL 1990—1993、CL 2000—2003、CL 2010—2013），进而比较基于参保人群的估计结果与基于第四、第五、第六次人口普查数据得到的结果的异同。在深入比较两者死亡率动态改善程度的同质性和差异性的基础上，为中国未来人身保险业经验生命表的修订提供理论支撑。第四，对于超高龄死亡分布来说，随着年龄的增加，死亡年龄的月度分布可能偏离均匀分布假设，对于特定年的死亡月份更多聚集在前几个月，呈现出右偏分布。也就是说，在为超高龄死亡率建模时，在保证一定数据量的情况下，可以考虑细分年龄区间，比如采用月度年龄区间。当然，这需要进一步细化人口普查数据的收集，我们建议对 80 岁及以上人口按月度年龄区间统计数据。最后指出，关于 94 岁及以上极端高龄人口的死亡模式则有待在第三章进行专项深入研究。

第三章 超高龄人口动态死亡率的极值建模方法

长寿风险量化与管理研究是近二十年来养老金领域、寿险公司关注的热点。目前国内外学者还没有形成一套规范的、系统的、定量分析的研究成果。长寿风险量化的最基础或者说最核心的工作就是死亡率建模方法的研究。在这方面，目前学者们主要集中于探讨各种动态死亡率模型。总结来看，动态死亡率建模的核心思想是在保证可获得的各年龄死亡率的修匀效果的基础上，合理外推超高龄人口的死亡率，并有效预测未来人口死亡率的变化趋势，简称为动态死亡率修匀、年龄外推和趋势预测。然而，目前的研究仍存在很多问题或不足。这主要包括：第一，对超高龄死亡率的分析尚不够充分，或者说缺乏对生存分布的尾部风险特征的合理量化。第二，尚没有采用合适的模型全面考虑死亡率的性别差异、人群差异、区域差异、国别差异。第三，缺乏对各种死亡率模型的选择、模型的适用性及稳健性方面的系统性研究。

极值理论用来描述随机变量在极大或极小水平的特征，其在统计学中的应用，使我们可以采用适当的模型来拟合一个分布的上尾数据，进而可以为这些问题，尤其是第一个问题的解决提供新的分析思路。为此，在第二章的基础上，本章将超高龄人口死亡率的极值建模方法和分层建模框架纳入高龄人口动态死亡率建模中，至少弥补了已有研究中的上述前两个不足，能更好地度量生存分布的尾部风险，以期更全面、有效地量化长寿风险。此外，在分层建模框架下，可以很容易地使用更直观的统计方法，如图形诊断、各种统计指标的比较等来评价不同模型的拟合效果，在一定程度上也可以弥补上述第三个不足。

第一节 极值分析的基本框架

极值理论在统计学中的应用,使研究随机变量在极大或极小水平的特征成为可能。极值分析依赖于有限样本的几个近似渐近结果。本节沿用 Coles (2001) 中的定义和符号。假设:

$$M_n = \max\{X_1, X_2, \cdots, X_n\} \tag{3—1}$$

其中,$X_1, X_2, \cdots, X_n$ 是一组独立同分布的随机变量,其分布函数为 F。

另外,假设存在一些常数序列 $\{a_n > 0\}$、$\{b_n\}$,当 $n \to \infty$ 时,使得:

$$P\left(\frac{M_n - b_n}{a_n} \leqslant z\right) \to G(z) \tag{3—2}$$

其中,$G(z)$ 是一个非退化的分布函数。由此可见,$G(z)$ 是 GEV 分布族中的一个成员。给定如下分布函数:

$$G(z) = \begin{cases} \exp\left\{-\left[1 + \gamma\left(\dfrac{z-\mu}{\sigma}\right)\right]^{-1/\gamma}\right\}, & \gamma \neq 0 \\ \exp\left\{-\exp\left[-\left(\dfrac{z-\mu}{\sigma}\right)\right]\right\}, & \gamma = 0 \end{cases} \tag{3—3}$$

其中,$\{z: 1 + \gamma(z-\mu)/\sigma > 0\}$。

式(3—3)中包含 GEV 分布的三个分布参数:位置参数 $\mu(-\infty < \mu < \infty)$、规模参数 $\sigma(\sigma > 0)$、形状参数 $\gamma(-\infty < \gamma < \infty)$。严格地讲,$\gamma$ 不能等于 0。当 $\gamma = 0$ 时,可以将分布函数看作 $\gamma \to 0$ 时,对 $G(z)$ 取极限的结果。也就是说,此时:

$$G(z) = \exp\left\{-\exp\left[-\left(\frac{z-\mu}{\sigma}\right)\right]\right\} \tag{3—4}$$

这里用到了重要极限 $\lim\limits_{x \to 0}(1+x)^{1/x} = e$。

当 n 足够大时,$P(M_n \leqslant z)$ 可以通过 GEV 分布族中的一些成员来近似,这种近似以块最大值(Block Maxima)极值建模方法为基础。如果存在一组数据,其每个观测值都是经过一段时间的足够大的块中的最大值,那么就可以使用 GEV 分布来拟合这些数据,并估计模型的三个分布参数 μ、

σ、γ。

对每个块来说,有时可以获得一些高阶统计量,而不仅仅是块最大值。这些额外的信息可以帮助我们获得式(3—3)中 GEV 的三个分布参数 μ、σ、γ 的更好的估计值。令 $M_n^{(j)}$ 表示 $(X_1, X_2, \cdots, X_n)$ 中第 j 个最大的组成部分,则当 $n \to \infty$ 时,联合极限分布为:

$$\tilde{M}_n^{(r)} = \left[\frac{M_n^{(1)} - b_n}{a_n}, \cdots, \frac{M_n^{(r)} - b_n}{a_n}\right] \quad (3—5)$$

具有如下概率密度函数:

$$f(z^{(1)}, \cdots, z^{(r)}) = \exp\left\{-\left[1 + \gamma\left(\frac{z^{(r)} - \mu}{\sigma}\right)\right]^{-1/\gamma}\right\} \prod_{j=1}^{r} \sigma^{-1}\left\{\left[1 + \gamma\left(\frac{z^{(j)} - \mu}{\sigma}\right)\right]^{-1/\gamma - 1}\right\}$$
$$(3—6)$$

其中,对所有的 $j = 1, \cdots, r$,都有 $\{z^{(j)} : 1 + \gamma(z^{(j)} - \mu)/\sigma > 0\}$,且 $z^{(r)} \leq \cdots \leq z^{(1)}$。

极值理论不仅可以描述一组随机变量的最大值的特征,而且也可以用来刻画超过一些大的门限值 N 的随机变量的分布特征。根据 Balkema 和 de Haan(1974)提出的 Balkema-de Haan-Pickands 定理,对于较大的 n,如果存在一些参数 μ、σ、γ,使得 $P(M_n \leq z) \approx G(z)$,那么当门限值 N 趋近于随机变量 X 的支撑集[①]的右端点时,超过 N 的随机变量 $Y = X - N | X > N$ 的极限分布为 GP 分布,即:

$$P(X - N \leq y | X > N) \approx F_Y(y) = 1 - \left(1 + \gamma\frac{y}{\theta}\right)^{-1/\gamma} \quad (3—7)$$

其中,$\{y : 1 + \gamma(y/\theta) > 0\}$,且 $\theta = \sigma + \gamma(N - \mu)$。

类似地,$\gamma = 0$ 时,可以看作是对式(3—7)取极限的结果。也就是说,此时,有:

$$F_Y(y) = 1 - \exp(-y/\theta) \quad (3—8)$$

这里也用到了重要极限 $\lim_{x \to 0}(1 + x)^{1/x} = e$。可以看出,式(3—8)表示的是均值为 θ 的指数分布函数。

从式(3—7)和式(3—8)可以看出,在 GP 分布中,参数 γ 的值决定了随机变量 Y 的精确分布。当 $\gamma > 0$ 时,Y 服从帕累托分布;当 $\gamma =$

---

① 这里,支撑集是指随机变量 X 在其上概率为 1 的最小集合。

0时，Y服从指数分布；当$\gamma < 0$时，Y服从β分布，且此时存在一个有限的支撑集右端点，其数值为$-\theta/\gamma$[①]，即随机变量X存在一个有限上界$N-\theta/\gamma$。

如果可以获得超过一些较高的门限值N的所有观测值，那么就可以使用高于门限的峰值方法（Peaks-Over-Threshold Approach），通过GP分布来拟合这些观测值，进而得到参数θ和γ的估计值。类似地，也可以使用前面提到的块最大值方法或第r个最大值方法（r-largest Approach），在给定一个高门限值N的条件下，通过GEV分布来拟合这些观测值，进而得到相应的GP分布的参数θ和γ的估计值。此外，正如本章第二、三节所构建的模型，即使在不能获得一些极端数据的情况下，也可以根据已有的超过门限值的观测值，采用恰当的极值建模方法来获取上尾数据的合理分布。

最后指出，上述所有研究结果都是在平稳随机变量序列的假设下推导出来的，然而它们也适用于非平稳序列数据。在非平稳序列中，随机过程的变化特征随着一些相关随机变量的变化而变化。例如，寿命分布可能会随着时间的推移而向上移动。如果设t表示一个死亡年份或出生队列的协变量，那么GEV或GP分布参数都能通过t的函数表示出来。

第二节 基于EVT的高龄人口静态死亡率模型

Balkema-de Haan-Pickands定理为EVT在高龄死亡率建模分析中的应用提供了重要的理论依据。

一 模型符号定义及说明

（一）中心死亡率（m_x）

$$m_x = D_x/E_x \tag{3—9}$$

[①] 这是因为，当$y=-\theta/\gamma$时，$F_Y(y)=1$。

其中，m_x、D_x 和 E_x 分别表示年龄在 $[x, x+1)$ 区间的中心死亡率、死亡人口数和暴露人口数，实际中常常采用 x 岁的年中人口数来近似 E_x，即中心死亡率是通过死亡人口数与年中人口数之比来计算的。

（二）条件死亡概率（q_x）

$$q_x = \frac{D_x}{E_x + (1 - a_x)D_x} = \frac{m_x}{1 + (1 - a_x)m_x} \quad (3—10)$$

其中，q_x 表示存活到 x 岁，在 $[x, x+1)$ 区间的条件死亡概率。a_x 表示年龄在 $[x, x+1)$ 区间的死亡人口平均活过的分数年龄。本章实证分析中进一步假设分数年龄满足 UDD 假设，即有 $a_x = 0.5$。

二 分段形式的生存分布假设

（一）分段点的选取

得益于统计分析技术的发展，在死亡率建模中，分段形式的死亡率模型已属常见。例如，生物统计学家 Curtsinger 等（1992）最初提出的描述高龄人口死亡率的两阶段 Gompertz 模型，即年龄分段点（Breakpoint Age）前后都采用 Gompertz 曲线进行拟合，但拟合的两段曲线的斜率却不同。

在分段形式下，我们自然会面临年龄分段点的选取问题。在较早的研究中，年龄分段点是人为选取的，即是主观确定的固定常数。为了克服分段点选取的主观性，近年来的研究中，则可以设定多个可选择的分段点，也称为门限年龄（Threshold Age），在估计模型参数过程中，通过反复试验方法（Tatonnement Approach）来选取合适的门限年龄（即最优门限年龄）来确保最优的分段形式的模型结构，以保证在最优门限年龄下，模型整体拟合效果最好。也就是说，在近年来的研究中，门限年龄是可选择的，即是变动的，而最优门限年龄则是根据统计方法唯一确定的。显然，这种做法不但克服了已有研究中分段点选取的主观性，而且可以保证分段点是通过统计方法加以确定的，更有科学依据。

（二）分段形式的分布假设

沿用段白鸽和孙佳美（2012）的模型。令 X 表示 0 岁的人的死亡时间随机变量，X 的分布函数为 $F(x)$，生存函数为 $s(x)$。假设在门限年龄 N 之前，生存分布服从 Gompertz 分布律①，即死亡力（μ_x）可以表示为 $\mu_x = BC^x$，其中，$B > 0$，$C > 1$。也就是说，当 $x \leqslant N$ 时，有：

$$s(x) = \exp\left(-\int_0^x \mu_t dt\right) = \exp\left(-\int_0^x BC^t dt\right) = \exp\left[-\frac{B(C^x - 1)}{\ln C}\right] \tag{3—11}$$

超过门限年龄 N 之后，$Y = X - N \mid X > N$ 的极限分布是 GP 分布，即当 $x > N$ 时，有：

$$P(X - N \leqslant x - N \mid X > N) = \frac{s(N) - s(x)}{s(N)} =$$
$$1 - \frac{s(x)}{s(N)} = 1 - \left(1 + \gamma\frac{x - N}{\theta}\right)^{-1/\gamma} \tag{3—12}$$

其中，$\theta > 0$。当 $\gamma > 0$ 时，Y 服从帕累托分布；当 $\gamma = 0$ 时，Y 服从均值为 θ 的指数分布；当 $\gamma < 0$ 时，Y 服从 β 分布，且此时存在一个有限的支撑集右端点，其数值为 $-\theta/\gamma$②，即随机变量 X 存在一个有限上界 $N - \theta/\gamma$。

对于 65 岁及以上的高龄人口来说，由式（3—11）和式（3—12）可以得出生存函数 $s(x)$ 的表达式为：

$$s(x) = \begin{cases} \exp\left[-\dfrac{B(C^x - 1)}{\ln C}\right], & x \leqslant N \\ s(N)\left[1 + \gamma\left(\dfrac{x - N}{\theta}\right)\right]^{-1/\gamma}, & x > N \end{cases} \tag{3—13}$$

其中，N 为门限年龄，B、C、θ 和 γ 为模型待估参数，且 $B > 0$，$C > 1$，$\theta > 0$。

进一步得到分布函数 $F(x)$ 的表达式为：

$$F(x) = \begin{cases} 1 - \exp\left[-\dfrac{B(C^x - 1)}{\ln C}\right], & x \leqslant N \\ 1 - s(N)\left[1 + \gamma\left(\dfrac{x - N}{\theta}\right)\right]^{-1/\gamma}, & x > N \end{cases} \tag{3—14}$$

---

① 鉴于中国男性和女性高龄死亡率（65—89 岁）满足 Gompertz 模型，故本章在对高龄人口死亡率建模中，门限年龄之前选取 Gompertz 模型是合适的。结合本书第二章的研究可以看出，在门限年龄 N 之前，采用具有一般形式的 Logistic 模型更合适，但由于 Logistic 模型形式更复杂，无法得到如式（3—11）所示的生存函数的简洁的解析形式。故本书最终选取的是 Logistic 模型的特例，即 Gompertz 模型。

② 如前所述，当 $y = -\theta/\gamma$ 时，$F_Y(y) = 1$。

从式（3—13）和式（3—14）可以看出，构造的生存函数 $s(x)$ 和分布函数 $F(x)$ 在门限年龄 N 处都是连续的。也就是说，对于 $x \geq 65$ 的高龄人口来说，构造的 $s(x)$ 和 $F(x)$ 都是连续函数。

三 静态死亡率模型描述

在分段形式的生存分布假设下，条件死亡概率 q_x 可以表示为：

$$q_x = 1 - \frac{s(x+1)}{s(x)} = \begin{cases} 1 - \exp\left[-\frac{BC^x(C-1)}{\ln C}\right], & x \leq N \\ 1 - \left[1 + \frac{\gamma}{\theta + \gamma(x-N)}\right]^{-1/\gamma}, & x > N \end{cases}$$

(3—15)

从式（3—15）可以看出，q_x 在门限年龄 N 处并不连续。为此，我们需要选择合适的门限年龄 N 使得 $\lim_{x \to N^+} q_x \approx q_N$。

也就是说，虽然 q_x 在 $x = N$ 处并不连续，但生存函数 $s(x)$ 和分布函数 $F(x)$ 在 $x = N$ 处却是连续的，且 $s(x)$ 和 $F(x)$ 的光滑性取决于门限年龄 N 的选择，本章第三节将进一步阐述门限年龄 N 的选取及最优门限年龄的确定。

关于分段点的连续性和光滑性问题，这里需要补充以下三点。第一，在生存分析中，相对于 $F(x)$ 的连续性来说，q_x 的连续性往往更弱些。第二，在为人类死亡率建模时，年龄分段点处的连续性和光滑性问题是已有建模方法在年龄外推（起点和终点）、分段形式或分阶段死亡率模型中都会面临的共同问题。我们认为，虽然为了反映死亡率的客观规律，结合描述这一规律的先验观点，死亡率修匀过程应该包括对死亡率经验数据进行拟合和光滑处理两方面，但整体曲线的拟合和光滑程度更重要，而不应仅拘泥于分段点处的连续性和光滑性。就连续性而言，我们可以从连续的定义来看分段点处的连续性。通常，与整个年龄区间的死亡率曲线的连续性相比，研究单个分段点的连续性意义并不大。就光滑性而言，任何一种好的分段形式的模型，在模型设定及参数估计过程中，都会采用标准统计方法，保证在选取的分段点下，该模型整体拟合效果最优。第三，从连续时间随机死亡率模型角度看，死亡率过程中的跳跃是可能发生的，如突如其来的环境条件的变化、根本的医学进步等，采用带跳跃的动态死亡率模型也可以为分段点的连续性和光滑性问题提供新的解释。

第三节 基于 EVT 的高龄人口动态死亡率分层模型

就式（3—14）所示的高龄人口静态死亡率的分布模型，段白鸽和孙佳美（2012）应用 MLE 和反复试验方法来选择最优的门限年龄 N 和模型参数估计值 B、C、θ 和 γ，在保证高龄人口死亡率修匀和年龄外推的光滑性的基础上，将死亡率曲线外推到了极限年龄，也称最高到达年龄（ω）[①]。

结合这些已有的高龄死亡率建模方法，一个值得思考的问题是，能否将这种高龄人口死亡率的极值建模方法引入动态死亡率模型中？能否将死亡率的性别差异引入同一个静态死亡率模型或同一个动态死亡率模型中？类似地，死亡率的地区差异、国别差异是否也能引入同一个模型中？答案是肯定的，正如段白鸽和张连增（2013）所述，针对具有层次性和相关性的数据结构，都可以考虑分层建模技术。分层模型的核心思想是通过在预测量中引入随机效应，来体现"目标"组内数据的相关性和不同"目标"组间数据的异质性。此外，分层模型具有很多优势，可以采用更直观、严格的统计方法，如残差分析、图形诊断、各种统计指标的比较等来检验模型的假设，以及评价不同模型的拟合效果和预测结果的准确性。目前，分层模型已经在环境科学、生态学、社会学、人口学中得到了广泛的应用，基于分层视角的贝叶斯人口分析的较新著作可以参考 Kéry 和 Schaub（2012），基于我国人口死亡率数据分析的最新文献可以参考段白鸽和石磊（2015a）。

有鉴于此，本节将分层结构引入基于 EVT 的高龄人口死亡率建模中，结合第二节构建的考虑分段形式的超高龄人口静态死亡率的极值建模方法，给出相应的分层模型。与已有的死亡率模型相比，分层建模技术的优

[①] 这里，在生存分析中，利用生命表得到的最高死亡年龄称为极限年龄；在出生队列模型（Birth Cohort）中，更多使用的是最高到达年龄。

势在于，可以将具有层次性和相关性的死亡率数据纳入同一模型分析中，在同一个模型中体现不同国别、不同地区、不同年份、不同性别的死亡率变化的同质性和差异性。

一 同时按年份、类别和性别分层的模型结构

令 $q_{t,i,j}(x)$ 表示第 t 年、区域或类别 i[①]、性别 j 的 x 岁的人在 $[x,x+1)$ 岁之间的条件死亡概率。其中下标 $t \in \{2000, 2010\}$，$i \in \{0,1,2\}$，$j \in \{0,1\}$ 分别代表的是 2000 年和 2010 年，城市、镇和乡村，男性和女性。

在同时按年份、类别和性别分层的情况下，首先需要设定分层的顺序，不同的分层顺序会导致不同的模型参数估计值。通常我们可以根据研究问题的实际情况设定合适的分层顺序。下面进一步假设先按年份分层，再按类别分层，最后按性别分层，也就是说，本章设定的分层顺序依次是：年份、类别、性别。

（一）含一个随机效应的分层结构

在式（3—15）所示的基础死亡率模型上，通过考虑不同年份、不同类别、男性和女性的死亡率模型中参数 B 的异质性来扩展基础模型，即分层模型中同时包含了随年份、类别和性别变化的随机效应 $\{B_{t,i,j}\}$，采用公式表示，得到同时按年份、类别和性别分层的死亡率模型为：

$$q_{t,i,j}(x) = \begin{cases} 1 - \exp\left[-\dfrac{B_{t,i,j} C^x (C-1)}{\ln C}\right] + \varepsilon_{t,i,j}(x), & x \leq N \\ 1 - \left[1 + \dfrac{\gamma}{\theta + \gamma(x-N)}\right]^{-1/\gamma} + \varepsilon_{t,i,j}(x), & x > N \end{cases}$$

(3—16)

其中 $B_{t,i,j} \sim N(B_{i,j}, \sigma^2_{B_{year}})$，$B_{i,j} \sim N(B_j, \sigma^2_{level})$，$B_j \sim N(\mu_B, \sigma^2_B)$，$\text{Var}[\varepsilon_{t,i,j}(x)] = \sigma^2 [\widehat{q_{t,i,j}(x)}]^{2\zeta}$。这里放松了过程方差假设，也就是说，将 ζ 也看作模型超参数。因此，该分层模型需要估计 9 个超参数 $\{\mu_B, C, \theta, \gamma, \sigma_{B_{year}}, \sigma_{B_{level}}, \sigma_B, \sigma, \zeta\}$。有时，为了简化，预先设定 $\zeta = 0.5$，此时模型需要估计 8 个超参数 $\{\mu_B, C, \theta, \gamma, \sigma_{B_{year}}, \sigma_{B_{level}}, \sigma_B, \sigma\}$。这里，超参数包括

[①] 类别可以指不同的国家，也可以是同一国家不同地区，又或者是同一国家的城、镇、乡等分类情况。

固定效应参数、随机效应变量的分布参数和模型误差项的分布参数，这些超参数是通过 MLE 或相关的非线性优化技术进行估计的。

类似地，我们也可以仅考虑参数 C 或 γ 或 θ 同时随年份、类别和性别的变化。在放松过程方差假设下，这三种分层模型都需要估计 9 个超参数。

（二）含两个随机效应的分层结构

在式（3—15）所示的基础死亡率模型上，通过考虑不同年份、不同类别、男性和女性的死亡率模型中参数 C 和 γ 的异质性来扩展基础模型，即分层模型中同时包含了随年份、类别和性别变化的随机效应 $\{C_{t,i,j}, \gamma_{t,i,j}\}$，进而得出：

$$q_{t,i,j}(x) = \begin{cases} 1 - \exp\left[-\dfrac{BC_{t,i,j}^{x}(C_{t,i,j}-1)}{\ln C_{t,i,j}}\right] + \varepsilon_{t,i,j}(x), & x \leq N \\ 1 - \left[1 + \dfrac{\gamma_{t,i,j}}{\theta + \gamma_{t,i,j}(x-N)}\right]^{-1/\gamma_{t,i,j}} + \varepsilon_{t,i,j}(x), & x > N \end{cases}$$

(3—17)

其中 $\begin{pmatrix} C_{t,i,j} \\ \gamma_{t,i,j} \end{pmatrix} \sim N\left[\begin{pmatrix} C_{i,j} \\ \gamma_{i,j} \end{pmatrix}, \begin{pmatrix} \sigma_{C_{year}}^{2} & \sigma_{C_{year},\gamma_{year}} \\ \sigma_{C_{year},\gamma_{year}} & \sigma_{\gamma_{year}}^{2} \end{pmatrix}\right]$，$\begin{pmatrix} C_{i,j} \\ \gamma_{i,j} \end{pmatrix} \sim N\left[\begin{pmatrix} C_{j} \\ \gamma_{j} \end{pmatrix}\right.$,

$\left.\begin{pmatrix} \sigma_{C_{level}}^{2} & \sigma_{C_{level},\gamma_{level}} \\ \sigma_{C_{level},\gamma_{level}} & \sigma_{\gamma_{level}}^{2} \end{pmatrix}\right]$，$\begin{pmatrix} C_{j} \\ \gamma_{j} \end{pmatrix} \sim N\left[\begin{pmatrix} \mu_{C} \\ \mu_{\gamma} \end{pmatrix}, \begin{pmatrix} \sigma_{C}^{2} & \sigma_{C,\gamma} \\ \sigma_{C,\gamma} & \sigma_{\gamma}^{2} \end{pmatrix}\right]$, $\text{Var}[\varepsilon_{t,i,j}(x)] =$

$\sigma^{2}[\widehat{q_{t,i,j}(x)}]^{2\zeta}$。因此，该分层模型需要估计 15 个超参数 $\{B, \mu_{C}, \theta, \mu_{\gamma},$
$\sigma_{C_{year}}, \sigma_{C_{level}}, \sigma_{C}, \sigma_{\gamma_{year}}, \sigma_{\gamma_{level}}, \sigma_{\gamma}, \sigma_{C_{year},\gamma_{year}}, \sigma_{C_{level},\gamma_{level}}, \sigma_{C,\gamma}, \sigma, \zeta\}$。

类似地，我们也可以考虑参数 B 和 C，B 和 θ，B 和 γ，C 和 θ，θ 和 γ 同时随年份、类别和性别的变化。在放松过程方差假设下，这五种分层模型都需要估计 15 个超参数。

（三）含三个随机效应的分层结构

在式（3—15）所示的基础死亡率模型上，通过考虑不同年份、不同类别、男性和女性的死亡率模型中参数 B、C 和 θ 的异质性来扩展基础模型，即分层模型中同时包含了随年份、类别和性别变化的随机效应 $\{B_{t,i,j}, C_{t,i,j}, \theta_{t,i,j}\}$，进而得出：

$$q_{t,i,j}(x) = \begin{cases} 1 - \exp\left[-\dfrac{B_{t,i,j}C_{t,i,j}^{x}(C_{t,i,j}-1)}{\ln C_{t,i,j}}\right] + \varepsilon_{t,i,j}(x), & x \leq N \\ 1 - \left[1 + \dfrac{\gamma}{\theta_{t,i,j} + \gamma(x-N)}\right]^{-1/\gamma} + \varepsilon_{t,i,j}(x), & x > N \end{cases}$$

$$(3\text{—}18)$$

其中 $\begin{pmatrix} B_{t,i,j} \\ C_{t,i,j} \\ \theta_{t,i,j} \end{pmatrix} \sim N\left[\begin{pmatrix} B_{i,j} \\ C_{i,j} \\ \theta_{i,j} \end{pmatrix}, \begin{pmatrix} \sigma^2_{B_{year}} & \sigma_{B_{year},C_{year}} & \sigma_{B_{year},\theta_{year}} \\ \sigma_{B_{year},C_{year}} & \sigma^2_{C_{year}} & \sigma_{C_{year},\theta_{year}} \\ \sigma_{B_{year},\theta_{year}} & \sigma_{C_{year},\theta_{year}} & \sigma^2_{\theta_{year}} \end{pmatrix}\right],$

$\begin{pmatrix} B_{i,j} \\ C_{i,j} \\ \theta_{i,j} \end{pmatrix} \sim N\left[\begin{pmatrix} B_{j} \\ C_{j} \\ \theta_{j} \end{pmatrix}, \begin{pmatrix} \sigma^2_{B_{level}} & \sigma_{B_{level},C_{level}} & \sigma_{B_{level},\theta_{level}} \\ \sigma_{B_{level},C_{level}} & \sigma^2_{C_{level}} & \sigma_{C_{level},\theta_{level}} \\ \sigma_{B_{level},\theta_{level}} & \sigma_{C_{level},\theta_{level}} & \sigma^2_{\theta_{level}} \end{pmatrix}\right],$

$\begin{pmatrix} B_{j} \\ C_{j} \\ \theta_{j} \end{pmatrix} \sim N\left[\begin{pmatrix} \mu_B \\ \mu_C \\ \mu_\theta \end{pmatrix}, \begin{pmatrix} \sigma^2_B & \sigma_{B,C} & \sigma_{B,\theta} \\ \sigma_{B,C} & \sigma^2_C & \sigma_{C,\theta} \\ \sigma_{B,\theta} & \sigma_{C,\theta} & \sigma^2_\theta \end{pmatrix}\right], \operatorname{Var}[\varepsilon_{t,i,j}(x)] = \sigma^2 [\widehat{q_{t,i,j}(x)}]^{2\zeta}$。

因此，该分层模型需要估计 24 个超参数 $\{\mu_B, \mu_C, \mu_\theta, \gamma, \sigma_{B_{year}}, \sigma_{B_{level}}, \sigma_B,$ $\sigma_{C_{year}}, \sigma_{C_{level}}, \sigma_C, \sigma_{\theta_{year}}, \sigma_{\theta_{level}}, \sigma_\theta, \sigma_{B_{year},C_{year}}, \sigma_{B_{level},C_{level}}, \sigma_{B,C}, \sigma_{B_{year},\theta_{year}}, \sigma_{B_{level},\theta_{level}},$ $\sigma_{B,\theta}, \sigma_{C_{year},\theta_{year}}, \sigma_{C_{level},\theta_{level}}, \sigma_{C,\theta}, \sigma, \zeta\}$。

类似地，我们也可以考虑参数 B、C 和 γ，B、θ 和 γ，C、θ 和 γ 同时随年份、类别和性别的变化。在放松过程方差假设下，这三种分层模型都需要估计 24 个超参数。

（四）含四个随机效应的分层结构

在式（3—15）所示的基础死亡率模型上，通过同时考虑不同年份、不同类别、男性和女性的死亡率模型中参数 B、C 和 θ、γ 的异质性来扩展基础模型，即分层模型中同时包含了随年份、类别和性别变化的随机效应 $\{B_{t,i,j},$ $C_{t,i,j}, \theta_{t,i,j}, \gamma_{t,i,j}\}$，进而得出：

$$q_{t,i,j}(x) = \begin{cases} 1 - \exp\left[-\dfrac{B_{t,i,j}C_{t,i,j}^{x}(C_{t,i,j}-1)}{\ln C_{t,i,j}}\right] + \varepsilon_{t,i,j}(x), & x \leq N \\ 1 - \left[1 + \dfrac{\gamma_{t,i,j}}{\theta_{t,i,j} + \gamma_{t,i,j}(x-N)}\right]^{-1/\gamma_{t,i,j}} + \varepsilon_{t,i,j}(x), & x > N \end{cases}$$

$$(3\text{—}19)$$

其中 $\begin{pmatrix} B_{t,i,j} \\ C_{t,i,j} \\ \theta_{t,i,j} \\ \gamma_{t,i,j} \end{pmatrix} \sim N\left[\begin{pmatrix} B_{i,j} \\ C_{i,j} \\ \theta_{i,j} \\ \gamma_{i,j} \end{pmatrix}, \begin{pmatrix} \sigma^2_{B_{year}} & \sigma_{B_{year},C_{year}} & \sigma_{B_{year},\theta_{year}} & \sigma_{B_{year},\gamma_{year}} \\ \sigma_{B_{year},C_{year}} & \sigma^2_{C_{year}} & \sigma_{C_{year},\theta_{year}} & \sigma_{C_{year},\gamma_{year}} \\ \sigma_{B_{year},\theta_{year}} & \sigma_{C_{year},\theta_{year}} & \sigma^2_{\theta_{year}} & \sigma_{\theta_{year},\gamma_{year}} \\ \sigma_{B_{year},\gamma_{year}} & \sigma_{C_{year},\gamma_{year}} & \sigma_{\theta_{year},\gamma_{year}} & \sigma^2_{\gamma_{year}} \end{pmatrix}\right],$

$\begin{pmatrix} B_{i,j} \\ C_{i,j} \\ \theta_{i,j} \\ \gamma_{i,j} \end{pmatrix} \sim N\left[\begin{pmatrix} B_j \\ C_j \\ \theta_j \\ \gamma_j \end{pmatrix}, \begin{pmatrix} \sigma^2_{B_{level}} & \sigma_{B_{level},C_{level}} & \sigma_{B_{level},\theta_{level}} & \sigma_{B_{level},\gamma_{level}} \\ \sigma_{B_{level},C_{level}} & \sigma^2_{C_{level}} & \sigma_{C_{level},\theta_{level}} & \sigma_{C_{level},\gamma_{level}} \\ \sigma_{B_{level},\theta_{level}} & \sigma_{C_{level},\theta_{level}} & \sigma^2_{\theta_{level}} & \sigma_{\theta_{level},\gamma_{level}} \\ \sigma_{B_{level},\gamma_{level}} & \sigma_{C_{level},\gamma_{level}} & \sigma_{\theta_{level},\gamma_{level}} & \sigma^2_{\gamma_{level}} \end{pmatrix}\right],$

$\begin{pmatrix} B_j \\ C_j \\ \theta_j \\ \gamma_j \end{pmatrix} \sim N\left[\begin{pmatrix} \mu_B \\ \mu_C \\ \mu_\theta \\ \mu_\gamma \end{pmatrix}, \begin{pmatrix} \sigma^2_B & \sigma_{B,C} & \sigma_{B,\theta} & \sigma_{B,\gamma} \\ \sigma_{B,C} & \sigma^2_C & \sigma_{C,\theta} & \sigma_{C,\gamma} \\ \sigma_{B,\theta} & \sigma_{C,\theta} & \sigma^2_\theta & \sigma_{\theta,\gamma} \\ \sigma_{B,\gamma} & \sigma_{C,\gamma} & \sigma_{\theta,\gamma} & \sigma^2_\gamma \end{pmatrix}\right], \mathrm{Var}[\varepsilon_{t,i,j}(x)] = \sigma^2[\widehat{q_{t,i,j}(x)}]^{2\zeta}。$

因此,该分层模型需要估计 36 个超参数 $\{\mu_B, \mu_C, \mu_\theta, \mu_\gamma, \sigma_{B_{year}}, \sigma_{B_{level}}, \sigma_B,$ $\sigma_{C_{year}}, \sigma_{C_{level}}, \sigma_C, \sigma_{\theta_{year}}, \sigma_{\theta_{level}}, \sigma_\theta, \sigma_{\gamma_{year}}, \sigma_{\gamma_{level}}, \sigma_\gamma, \sigma_{B_{year},C_{year}}, \sigma_{B_{level},C_{level}}, \sigma_{B,C}, \sigma_{B_{year},\theta_{year}},$ $\sigma_{B_{level},\theta_{level}}, \sigma_{B,\theta}, \sigma_{B_{year},\gamma_{year}}, \sigma_{B_{level},\gamma_{level}}, \sigma_{B,\gamma}, \sigma_{C_{year},\theta_{year}}, \sigma_{C_{level},\theta_{level}}, \sigma_{C,\theta}, \sigma_{C_{year},\gamma_{year}}, \sigma_{C_{level},\gamma_{level}},$ $\sigma_{C,\gamma}, \sigma_{\theta_{year},\gamma_{year}}, \sigma_{\theta_{level},\gamma_{level}}, \sigma_{\theta,\gamma}, \sigma, \zeta\}$。

二 参数估计及最优门限年龄的选取

沿用段白鸽和孙佳美(2012)使用的反复试验方法,在上述各种非线性分层模型中,为了选择出最优的门限年龄 N,通过尝试的方式,设定参数初值,逐步从 $N = 97, 96, \cdots, 85$ 开始循环运算,最终使得 Gompertz 分布和 GP 分布选取同一个门限年龄时,似然函数值最大。该门限年龄即为选取的最优门限年龄。在这一最优门限年龄下得到的固定效应参数和随机效应变量的估计值即为最终选定的模型参数估计值。

值得一提的是,这里之所以从 $N = 97$ 开始尝试,是因为本章建模的高龄人口死亡率数据范围为 65—99 岁,GP 分布中有两个参数 γ 和 θ 需要估计,一个观测值不足以估计两个参数,故 N 是从 97 岁开始尝试,而不是从 99 岁开始尝试。

三 分层模型的检验及评价方法

(一) 分层模型的检验统计量

在分层模型中,我们可以通过 $\ln L$、AIC、BIC 等统计量来比较不同模型的拟合效果和预测结果的准确性,在权衡模型的复杂性和拟合效果的基础上最终选择更合适的模型。

按照这些统计量的定义,我们有 $AIC = -2\ln L + 2d$,$BIC = -2\ln L + d\ln(M)$,其中,d 表示模型的自由度,即模型中超参数的个数,M 表示观测样本个数。

就 AIC 统计量来说,AIC 统计量是对模型中超参数个数的对数似然惩罚。一般 AIC 统计量越小越好,低的 AIC 统计量的模型可以看作是在模型复杂性和拟合效果之间的一种权衡。类似地,BIC 统计量也是越小越好。

(二) 模型假设的检验诊断

在分层模型中,我们可以通过绘制各种类型的残差诊断图来评估模型的充足性。以同时按年份、类别和性别分层的死亡率模型为例,$q_{t,i,j}(x)$ 的标准化残差 $r_{t,i,j}(x)$ 的计算公式为:

$$r_{t,i,j}(x) = \frac{q_{t,i,j}(x) - \widehat{q_{t,i,j}(x)}}{\sqrt{\sigma^2 \left[\widehat{q_{t,i,j}(x)}\right]^{2q}}} \tag{3—20}$$

与第二章类似,我们可以绘制标准化残差 $r_{t,i,j}(x)$ 与死亡率估计值 $\widehat{q_{t,i,j}(x)}$ 的图形,以及 $r_{t,i,j}(x)$ 的年龄效应、年份效应、类别效应、性别效应等残差诊断图。这些诊断图的期望结果始终是大部分标准化残差的绝对值都小于 2,且残差应随机散布在零线的周围,任何明显的变化模式或自相关特征都表明模型的某些假设是不正确的。

此外,对模型预测的后续年份、不同类别和性别的死亡率与后续年份实际观测到的死亡率进行比较,也可以评估模型的预测能力。

四 极限年龄的存在性及估计

(一) 极限年龄的存在性问题

关于生存函数的尾部分布特征一直以来都是一个备受争议的问题,主要存在三种观点。第一种观点是以 Vincent（1951）为代表的学者认为人类寿命的极限年龄（ω）是存在的，即存在一个有限上界使得 $q_x = 1$。第二种观点是以 Gompertz（1825），Heligman 和 Pollard（1980）为代表的学者认为随着年龄的增长，q_x 渐近趋近于 1。第三种观点是以 Thatcher（1999）为代表的学者认为随着年龄的增长，q_x 收敛于一个极限，但该极限严格小于 1。

事实上，基于 EVT 的高龄死亡率模型同时囊括了这三种观点。在静态死亡率建模框架下，我们很容易证明，若 $\gamma < 0$，当 $x = N - \theta/\gamma$ 时，则 $q_x = 1$；若 $\gamma > 0$，当 $x \to +\infty$ 时，q_x 渐近趋近于 1；若 $\gamma = 0$，此时尾部分布为指数分布，当 $x \to +\infty$ 时，q_x 收敛于一个极限，但该极限严格小于 1。下面给出简易的证明过程。

对死亡率数据来说，式（3—7）中的 $F_Y(y)$ 可以解释为：对一些高门限年龄 N，$F_Y(y)$ 表示生存到 N 岁的人，在 $N + y$ 岁前死亡的概率，即为 $_y q_N$。这样就可以通过 GP 分布推导出年度死亡率 q_x 和死亡力 μ_x 的表达式。即对于一个高年龄 x（$x \geq N$）来说，有：

$$\frac{s(x)}{s(N)} = {}_{x-N}p_N = 1 - {}_{x-N}q_N = \left(1 + \gamma \frac{x-N}{\theta}\right)^{-1/\gamma} \quad (3—21)$$

$$q_x = 1 - \frac{s(x+1)}{s(x)} = 1 - \frac{\left(1 + \gamma \frac{x+1-N}{\theta}\right)^{-1/\gamma}}{\left(1 + \gamma \frac{x-N}{\theta}\right)^{-1/\gamma}} =$$

$$1 - \left[1 + \frac{\gamma}{\theta + \gamma(x-N)}\right]^{-1/\gamma} \quad (3—22)$$

$$\mu_x = -\frac{s'(x)}{s(x)} = -\frac{-\frac{1}{\gamma}\left(1 + \gamma \frac{x-N}{\theta}\right)^{-1/\gamma - 1} \frac{\gamma}{\theta} s(N)}{\left(1 + \gamma \frac{x-N}{\theta}\right)^{-1/\gamma} s(N)} =$$

$$\frac{1}{\theta\left(1 + \gamma \frac{x-N}{\theta}\right)} = \frac{1}{\theta + \gamma(x-N)} \quad (3—23)$$

从式（3—23）可以看出，对于人类的寿命分布来说，一个有限上界 ω（极限年龄）的存在也可以通过 GP 分布参数来估计。即令 $\mu_x \to +\infty$，可以看出，此时 $x \to N - \theta/\gamma$。又因为 $\theta > 0$，所以：

第一，当 $\gamma < 0$ 时，由式（3—22）可以看出，存在一个有限上界 $\omega = N - \theta/\gamma$，使得 $q_\omega = 1$。

第二，当 $\gamma = 0$ 时，$\lim\limits_{x \to +\infty} q_x = 1 - \exp(-1/\theta) < 1$，$x > N$。

第三，当 $\gamma > 0$ 时，由式（3—22）可以得到：

$$\lim_{x \to +\infty} q_x = \lim_{x \to +\infty} \left[1 - \left(\frac{\theta + \gamma(x - N)}{\theta + \gamma(x + 1 - N)} \right)^{1/\gamma} \right], x > N \quad (3—24)$$

即当 $x \to +\infty$ 时，q_x 渐近趋近于 1。

综上所述，在基于 Gompertz 分布和 GP 分布的高龄人口死亡率模型中，若 $\gamma < 0$，当 $x = N - \theta/\gamma$ 时，则 $q_x = 1$；若 $\gamma > 0$，当 $x \to +\infty$ 时，则 q_x 渐近趋近于 1；若 $\gamma = 0$，此时尾部分布为指数分布，当 $x \to +\infty$ 时，则 q_x 收敛于一个极限，但该极限严格小于 1。也就是说，当 $\gamma < 0$ 时，存在一个有限上界 $\omega = N - \theta/\gamma$；当 $\gamma \geq 0$ 时，不存在有限上界 ω。

显然，该结论在动态死亡率建模框架下也是成立的。也就是说，在本节构建的动态死亡率分层模型中，我们也可以通过检验模型中 $\gamma_{t,i,j} < 0$ 是否成立来判断有限上界 $\omega_{t,i,j}$ 是否存在。

（二）极限年龄的估计

1. ω 的点估计。下面考虑一组活过门限年龄 N 的 n 个个体，令 X_i 代表活过门限年龄 N 的第 i 个个体的死亡年龄，即 $Y_i = X_i - N | X_i > N$。这 n 个个体的剩余最高死亡年龄随机变量可以表示为：

$$M_n = \max\{Y_i, i = 1, 2, \cdots, n\} \quad (3—25)$$

则这 n 个个体的最高到达年龄可以表示为 $N + M_n$。

对于 $i \neq j$，假设 Y_i 和 Y_j 相互独立，且 Y_i（$i = 1, 2, \cdots, n$）服从参数 $\gamma < 0$ 的 GP 分布，则 M_n 的分布函数可以表示为：

$$F_{M_n}(y) = \begin{cases} 0 & y < 0 \\ [F_Y(y)]^n & 0 \leq y < -\theta/\gamma \\ 1 & y \geq -\theta/\gamma \end{cases} \quad (3—26)$$

当 $n \to \infty$ 时，M_n 的极限分布可以表示为：

$$\lim_{n \to \infty} F_{M_n}(y) = \begin{cases} 0 & y < -\theta/\gamma \\ 1 & y \geq -\theta/\gamma \end{cases} \quad (3—27)$$

也就是说，当超过门限年龄 N 的幸存者个数 n 足够大时，这 n 个幸存者的最高到达年龄依概率收敛于 $\omega = N - \theta/\gamma$。

2. ω 的区间估计。值得注意的是，由于 ω 的估计值 $\hat{\omega}$ 的波动性来自参数 θ 和 γ 的 MLE，因此，$\hat{\omega}$ 的渐近方差可以采用经典的 Δ 方法来计算，文献见 Klein（1953）。其计算 $\hat{\omega}$ 的方差的公式可以表示为：

第三章　超高龄人口动态死亡率的极值建模方法

$$Var(\dot{\omega}) = \left[\frac{\partial \omega}{\partial \gamma}, \frac{\partial \omega}{\partial \theta}\right] [I(\gamma,\theta)]^{-1} \begin{pmatrix} \frac{\partial \omega}{\partial \gamma} \\ \frac{\partial \omega}{\partial \theta} \end{pmatrix} \quad (3—28)$$

这里，$I(\gamma,\theta)$ 是参数 γ 和 θ 的信息阵。

进一步，利用 MLE 的渐近正态特性，我们可以得出 ω 的 95% 的置信区间能近似表示为：

$$[\dot{\omega} - 1.96\sqrt{Var(\dot{\omega})}, \dot{\omega} + 1.96\sqrt{Var(\dot{\omega})}] \quad (3—29)$$

显然，这里给出的 ω 的点估计和区间估计是在静态死亡率建模框架下推导出来的，但同样适用于本节提出的动态死亡率建模框架。

第四节　实证分析——以中国为例

一　数据来源及使用说明

本章建模使用的数据来源于 2001 年《中国人口统计年鉴》和 2011 年《中国人口和就业统计年鉴》的全国城镇乡分年龄、分性别的死亡人口状况表，进而得到 2000 年和 2010 年全国城镇乡分年龄、分性别的 65—99 岁的中心死亡率。其中，2001 年《中国人口统计年鉴》和 2011 年《中国人口和就业统计年鉴》中的全国城镇乡分年龄、分性别的死亡人口数据分别对应于 2000 年第五次人口普查数据和 2010 年第六次人口普查数据。为了更清晰地描述这些数据，图 3—1 绘制了中国 2000 年和 2010 年城镇乡 65—99 岁男性、女性的对数中心死亡率的三维图。

与图 2—1 一样，图 3—1 不但能直观地反映出中国城镇乡高龄人口死亡率随时间变化的动态特征，而且更能体现出城镇乡高龄人口死亡率存在差异，以及不同性别的死亡率改善程度也不尽相同。为此，下面基于年份、城镇乡和性别分层视角，来探讨中国近十年来的高龄乃至超高龄人口死亡率的动态演变规律。

(a)男性　　　　　　　　　　　　(b)女性

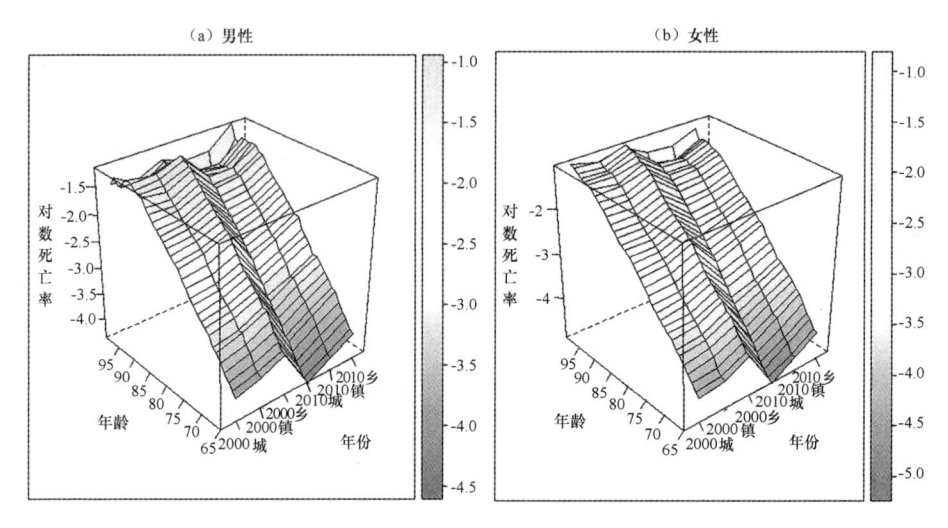

图3—1　中国2000年和2010年城镇乡、男性和女性65—99岁的对数中心死亡率

二　最优分层模型选择、参数估计及检验诊断

(一)超参数初始值的选取

基于第三节给出的高龄人口死亡率建模的非线性分层模型，本章使用R软件中的非线性混合效应建模软件包 nlme 来求解模型参数估计值。在该软件包中，函数 nlme 的输出结果是使 $\ln L$ 统计量最大，或者 AIC 统计量和 BIC 统计量最小的参数估计值。然而，需要注意的是，与线性回归不同，非线性优化程序不一定会收敛，即使可以收敛，也可能会收敛到一个不正确的结果，并非收敛到一个正确的稳定结果。nlme 函数需要设定参数初始值，而参数估计是否收敛在很大程度上依赖于初始值设定的质量。一般可以使用一些经验方法辅助选取一套合适的参数初始值，也可以根据具体设定的模型，参考 R 软件中不同求解 MLE 的函数命令和软件包的输出结果，如将函数 nlm、函数 nlminb、函数 optim、maxLik 软件包、ismev 软件包等得到的参数估计值选定为参数初始值。另外，在函数调用时，模型参数自身的约束也需要合理考虑。

为了更好地比较不同分层模型的拟合效果，针对第三节给出的四类分层模型结构，我们选取了相同的参数初始值集合，即：

$\{\mu_B(B), \mu_C(C), \mu_\theta(\theta), \mu_\gamma(\gamma)\} = \{0.0000322, 1.1002, 5.0914, -0.1940\}$

这些初始值的选取借鉴了段白鸽和孙佳美（2012）中利用 MLE 得到的 2005 年中国男性和女性合计人口的参数估计值。从分层模型的基本思想可以看出，这些初始值应体现出中国 2000 年和 2010 年城镇乡、男性和女性死亡率的平均水平，故这里选取 2005 年合计人口的参数估计值是有道理的。

（二）各种分层模型的评价及选择

表 3—1 给出了在放松过程方差假设①下，四类分层模型得到的检验统计量及最优的门限年龄 N。

表 3—1　高龄人口动态死亡率分层模型的检验统计量及最优门限年龄 N 的选取

含随机效应的四类分层模型		N	d	M	AIC 统计量	BIC 统计量	lnL 统计量
第一类	B	90	9	420	−2820.819	−2784.457	1419.410
	C	90	9	420	−2697.158	−2660.796	1357.579
	θ	88	9	420	−2216.317	−2179.955	1117.158
	γ	89	9	420	−2195.464	−2159.101	1106.732
第二类	BC	—	15	420	—	—	—
	$B\theta$	90	15	420	−2953.642	−2893.039	1491.821
	$B\gamma$	90	15	420	−2917.655	−2857.051	1473.827
	$C\theta$	90	15	420	−2834.580	−2773.976	1432.290
	$C\gamma$	90	15	420	−2800.039	−2739.435	1415.020
	$\theta\gamma$	86	15	420	−2221.343	−2160.739	1125.671
第三类	$BC\theta$	91	24	420	−2939.986	−2843.020	1493.993
	$BC\gamma$	—	24	420	—	—	—
	$B\theta\gamma$	90	24	420	−2910.344	−2813.378	1479.172
	$C\theta\gamma$	89	24	420	−2784.588	−2687.622	1416.294
第四类	$BC\theta\gamma$	90	36	420	−2934.202	−2788.753	1503.101

注：表 3—1 中的"—"表示该分层模型无法收敛。

① 通过比较各种检验统计量，我们发现放松过程方差假设的分层模型比不放松过程方差假设的分层模型的拟合效果好，故表 3—1 仅给出了放松过程方差假设下的检验结果。

从表 3—1 可以看出，考虑随机效应 B 和 θ 的分层模型的 AIC 统计量和 BIC 统计量的值都是最小的，因此可以认为该分层模型在模型的复杂性和拟合效果之间提供了一种最好的权衡，故为最优分层模型。下面进一步给出该最优分层模型的参数估计及结果分析。

（三）最优分层模型的参数估计

考虑随机效应 B 和 θ 的最优分层模型的 4 个模型主要超参数的估计结果分别为 $\hat{\mu}_B = 0.0000154$，$\hat{C} = 1.1114$，$\hat{\mu}_\theta = 4.7500$，$\hat{\gamma} = -0.1500$。在此基础上，表 3—2 给出了最优分层模型得到的最终参数估计值，以及利用这些参数估计值得到的 $\omega_{t,i,j}$ 的点估计。

表 3—2　　　　　　最优分层模型得到的参数估计及 ω 的点估计

最优分层模型		$\widehat{B_{t,i,j}}$	$\widehat{C_{t,i,j}}$	$\widehat{\gamma_{t,i,j}}$	$\widehat{\theta_{t,i,j}}$	$\widehat{\omega_{t,i,j}}$
2000 年	城市男性	0.0000168	1.1114	-0.1500	4.3900	119.2666
	城市女性	0.0000127	1.1114	-0.1500	4.8190	122.1265
	城镇男性	0.0000182	1.1114	-0.1500	4.3417	118.9445
	城镇女性	0.0000134	1.1114	-0.1500	4.7368	121.5783
	乡村男性	0.0000225	1.1114	-0.1500	3.8936	115.9575
	乡村女性	0.0000170	1.1114	-0.1500	4.1469	117.6459
2010 年	城市男性	0.0000123	1.1114	-0.1500	5.5881	127.2543
	城市女性	0.0000104	1.1114	-0.1500	6.1901	131.2672
	城镇男性	0.0000141	1.1114	-0.1500	5.4826	126.5508
	城镇女性	0.0000103	1.1114	-0.1500	5.9675	129.7836
	乡村男性	0.0000171	1.1114	-0.1500	4.5737	120.4912
	乡村女性	0.0000131	1.1114	-0.1500	4.9906	123.2707

（四）最优模型的死亡率修匀和年龄外推效果

为了评价该分层模型的修匀和年龄外推效果，图 3—2 给出了最优分层模型估计的中国 2000 年和 2010 年城镇乡、男性和女性 65 岁至极限年龄 $\widehat{\omega_{t,i,j}}$ 的高龄人口死亡率 $\widehat{q_{t,i,j}}(x)$。图 3—3 进一步给出了中国 2000 年和 2010 年城镇乡、男性和女性 65—99 岁的条件死亡概率 $q_{t,i,j}(x)$ 和分层模型估计的死亡率 $\widehat{q_{t,i,j}}(x)$（$t \in \{2000,2010\}$，$i \in \{0,1,2\}$，$j \in \{0,1\}$）。

在这两个图中,实线表示的是由最优分层模型的主要超参数 $\{\hat{\mu}_B, \hat{C}, \hat{\mu}_\theta, \hat{\gamma}\}$ 估计的 65 岁至平均极限年龄的男性和女性的平均死亡率,虚线表示的是由固定效应参数估计值 $\hat{\gamma}$ 和随机效应变量的估计值 $\{\widehat{B_{t,i,j}}, \widehat{\theta_{t,i,j}}\}$ ($t \in \{2000, 2010\}$, $i \in \{0,1,2\}$, $j \in \{0,1\}$)估计的 65 岁至相应的极限年龄的男性和女性的死亡率。这里,平均极限年龄的计算公式为 $\bar{\omega} = N - \hat{\mu}_\theta/\hat{\gamma} = 90 + 4.75/0.15 = 121.6667$。

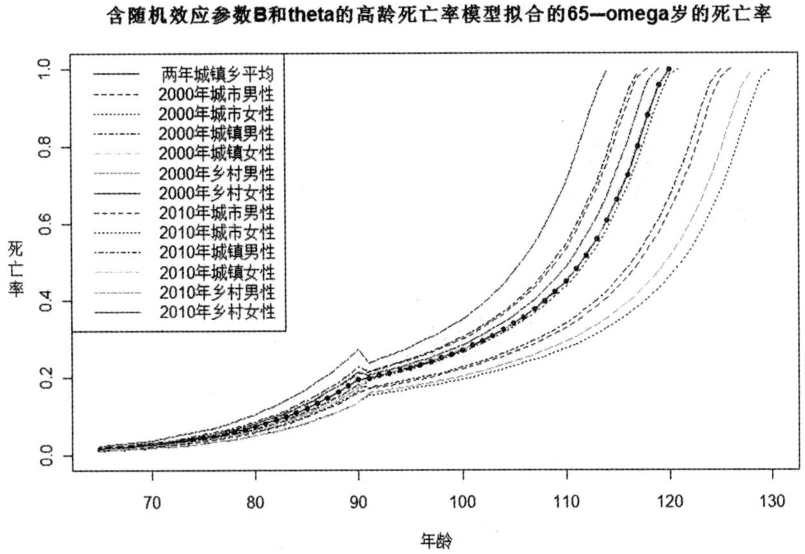

图 3—2 同时按年份、城镇乡、性别分层的最优模型估计的高龄人口死亡率

从图 3—2 可以看出,2000 年和 2010 年城镇乡男性和女性的估计死亡率位于平均死亡率的两侧,这也表明本章构建的分层模型是合适的。另外,图 3—3 中的黑点对应于男性和女性的条件死亡概率。从图 3—3 也可以看出,虚线所示的含随机效应 B 和 θ 的分层模型的拟合效果比实线所示的不含随机效应的非分层模型的拟合效果要好。

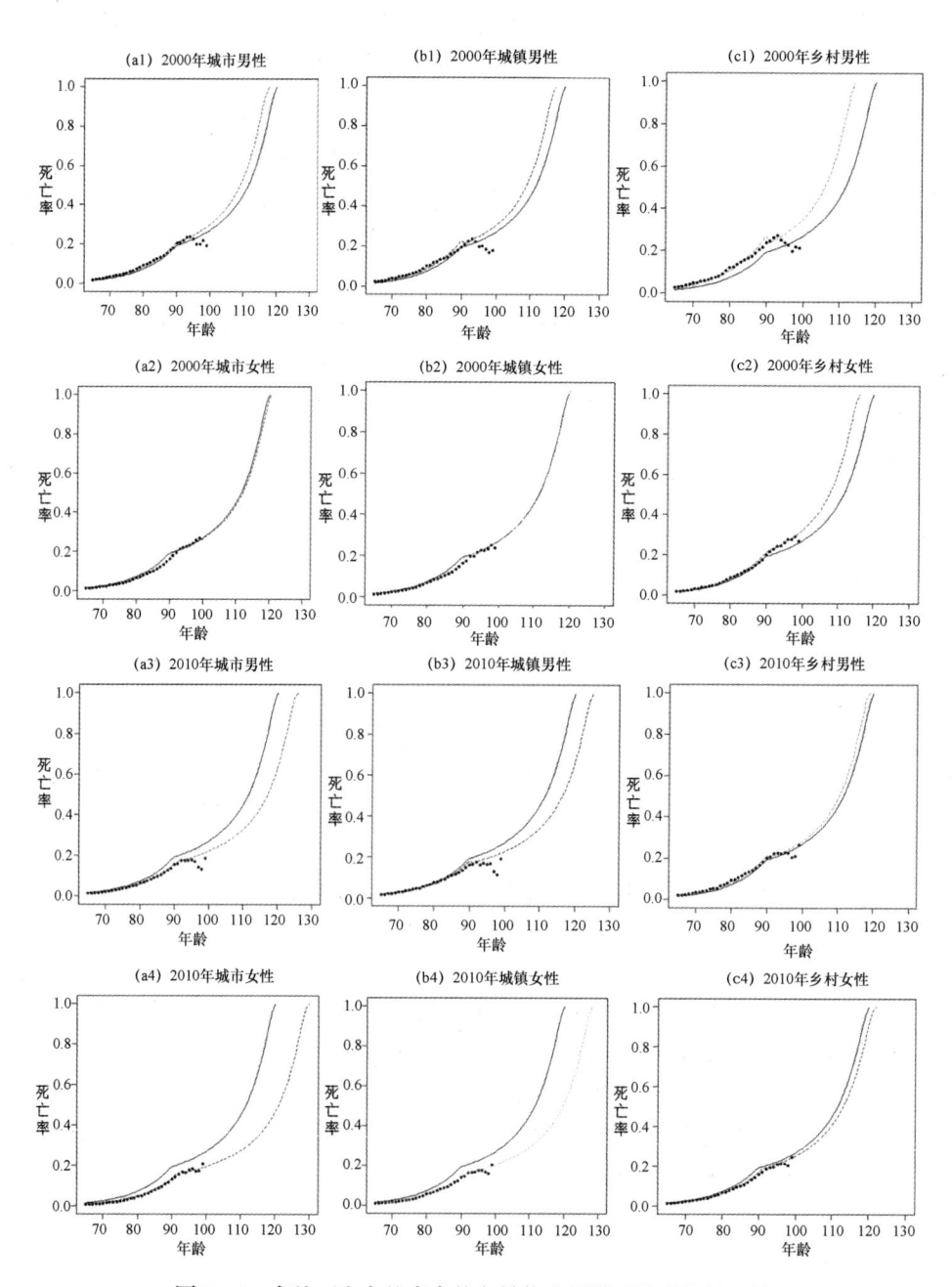

图3—3 高龄死亡率的真实值和最优分层模型估计值的比较

（五）最优模型假设的检验诊断

正如式（3—20）所示，我们也可以绘制各种类型的残差诊断图来评估最优分层模型设定的充足性。图 3—4 绘制了在最优分层模型下，中国 2000 年和 2010 年城镇乡男性和女性合计人口的 65—99 岁死亡率的标准化残差的一系列检验诊断图。

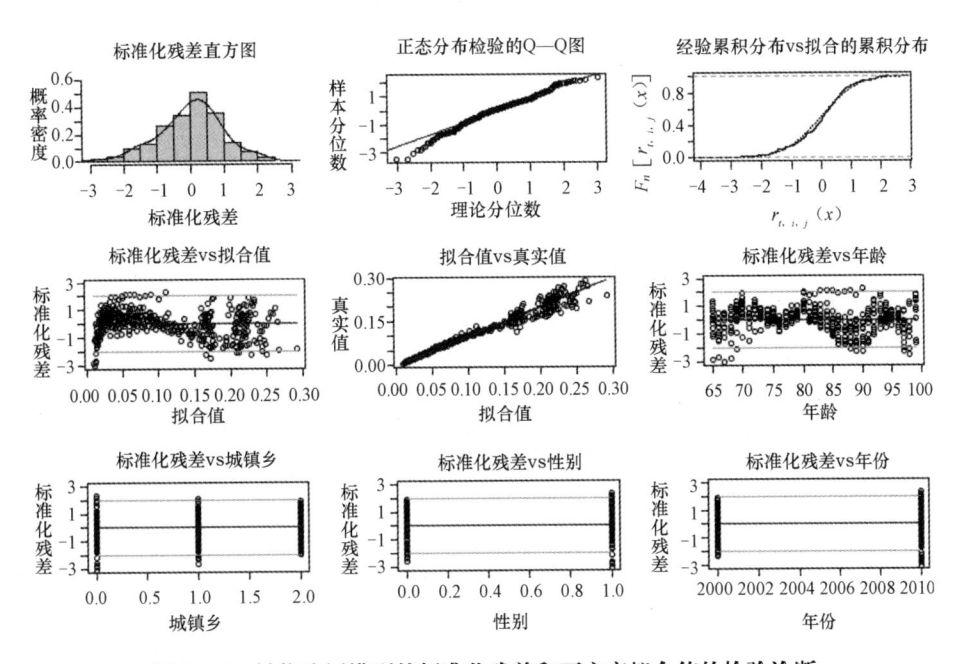

图 3—4　最优分层模型的标准化残差和死亡率拟合值的检验诊断

这些标准化残差诊断图都表明含随机效应 B 和 θ 的最优分层模型的拟合效果相当好。其中，最上方三个子图表明标准化残差近似服从正态分布。其中，死亡率标准化残差的经验累积分布图和标准正态分布拟合的累积分布图几乎完全重合。另外，标准化残差是否服从正态分布的更规范的检验方法也可以选取 Shapiro-Wilk 检验和 Kolmogorov-Smirnov 检验，这两个检验也都表明该分层模型的标准化残差服从正态分布。中间前两个子图表明该分层模型的拟合效果非常好。最后四个子图分别对应于标准化残差的年龄效应、类别效应、性别效应和年份效应，这些诊断图中大部分标准化残差的绝对值都小于 2，且残差都随机散布在零线的周围，也意味着该分层模型的模型假设是合理的。

类似地，我们也可以绘制 2000 年城市男性、2010 年乡村女性等情形下的各类残差诊断图。限于篇幅所限，这里不再给出。

第五节　本章小结

总结来看，本章的主要贡献在于：第一，就高龄人口的死亡率建模和外推方法而言，将极值理论引入高龄人口死亡率的建模分析中，有效弥补了图 1—5 所示的前两个缺陷。第二，在段白鸽和孙佳美（2012）给出的高龄人口的静态死亡率模型的基础上，将非线性分层模型引入高龄人口的动态死亡率建模中，基于年份、城镇乡、性别分层建模的视角，结合中国 2000 年第五次人口普查数据和 2010 年第六次人口普查数据，研究了中国高龄乃至超高龄人口死亡率的动态演变特征。第三，合理度量了高龄乃至超高龄人口死亡率动态演变的客观规律，为动态生命表的编制工作提供了重要的参考依据。第四，目前与死亡率相关的经济学研究，无论采用的是宏观层面的普查数据，还是微观层面的入户调查数据，大多分析更多是直接基于粗死亡率或基于粗死亡率的简单变换进行计算和处理，没有对死亡率进行有效的拟合和光滑处理，或者说忽略了对死亡率的修匀过程，本章的研究可以为这些问题提供更为规范的考量。此外，分层建模框架下的处理方法同样适用于经济学中涉及的考虑城乡差异、人群差异等具有层次结构的相关问题的研究。

最后指出，在合理量化高龄乃至超高龄人口死亡率的动态演变规律的基础上，一个自然的思考就是在动态死亡率建模框架下，如何将高龄乃至超高龄扩展到整个生命跨度，即将低龄、高龄、超高龄人口的死亡率建模方法融为一体，来探讨整个生命周期的全年龄人口死亡率和生存分布的动态演变规律？在此基础上，我们就可以有效地预测未来全年龄人口死亡率和平均预期寿命，进而不但可以构造动态生命表，而且也可以编制死亡率指数，最终实现在合理量化长寿风险的基础上，有效地管理长寿风险。有鉴于此，本书第四章将对这些问题给予详细解答。

第四章 全年龄人口动态死亡率分层建模方法

自 19 世纪以来，精算师和人口统计学家已经提出了很多人类死亡率建模方法。总体来看，已有的建模方法更多关注于某一局部年龄人口死亡率，并不适用于整个生命周期的全年龄人口死亡率。有鉴于此，本章在第二、第三章研究的基础上，通过构建基于扩展 Lee–Carter 模型和 GP 分布的全年龄人口动态死亡率分层模型，在国内外首次研究了中国大陆地区 1994—2010 年、中国台湾地区 1970—2010 年整个生命跨度的男性、女性和合计人口死亡率以及生存分布的动态演变规律。构建的模型有效解决了已有模型在超高龄人口死亡率年龄外推中存在的缺陷，合理量化了人口寿命分布的尾部特征，得出中国人口寿命分布的有限上界是存在的，并揭示了极限年龄的点估计随时间的变化规律。最后结合中国台湾地区死亡率数据，逐步探讨了动态死亡率分层模型在预测未来 50 年全年龄人口死亡率、生存分布、平均预期寿命、构造动态生命表中的应用。研究方法不但可以直接应用于中国三支柱养老保险中的长寿风险量化与管理，而且有助于为老龄化背景下相关公共政策的制定提供依据。

第一节 全年龄人口死亡率建模简介

就全年龄人口死亡率建模而言，静态死亡率模型仅构造了死亡率与年龄因子之间的关系，其建模的核心思想是在保证可获得的各年龄死亡率修匀效果的基础上[①]，外推超高龄人口死亡率，简称静态死亡率修匀和年龄外推。然而，静态死亡率模型却无法刻画死亡率随时间的动态演变规律，进而无法预测未来人口死亡率。为此，需要引入动态死亡率模型，也称为随机死亡率模型。动态死亡率模型可以同时构造死亡率与年龄、年份（如死亡日历年、出生年）因子之间的关系，其建模的核心思想是在保证可获得的各年龄死亡率修匀效果的基础上，合理外推超高龄人口死亡率，并有效预测未来人口死亡率的变化趋势，简称动态死亡率修匀、年龄外推和趋势预测。

正如本书第一章所述，目前国内外学者更多关注于各种动态死亡率模型的解析形式及对历史死亡率数据的拟合效果，在年龄外推和趋势预测中仍存在不少问题。为此，本章在建模之前，首先绘制了基于日历年和出生年的动态死亡率修匀、年龄外推和趋势预测的图解，如图4—1和图4—2所示，以期为这些问题的深入探索提供更清晰的思路。在这两个图中，ω表示最高到达年龄。

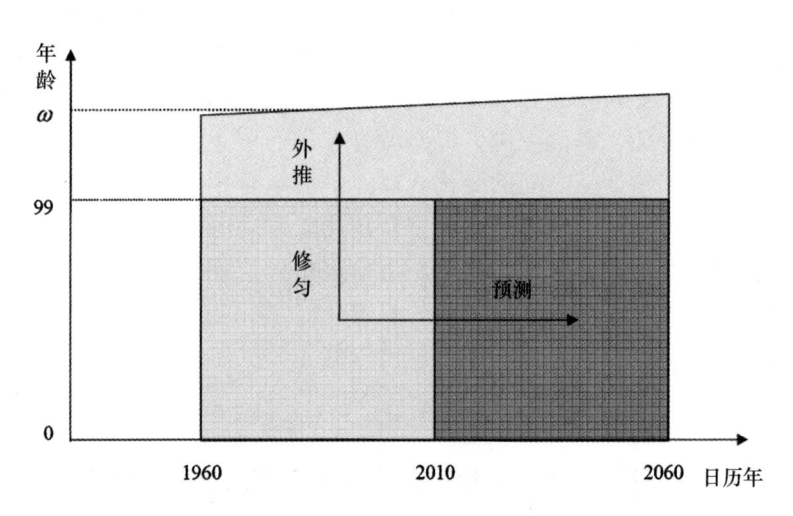

图4—1　基于日历年的0—99岁人口动态死亡率修匀、年龄外推和趋势预测

[①] 为了反映死亡率的客观规律，结合描述这一规律的先验观点，死亡率修匀过程包括对死亡率经验数据进行拟合和光滑处理两方面。

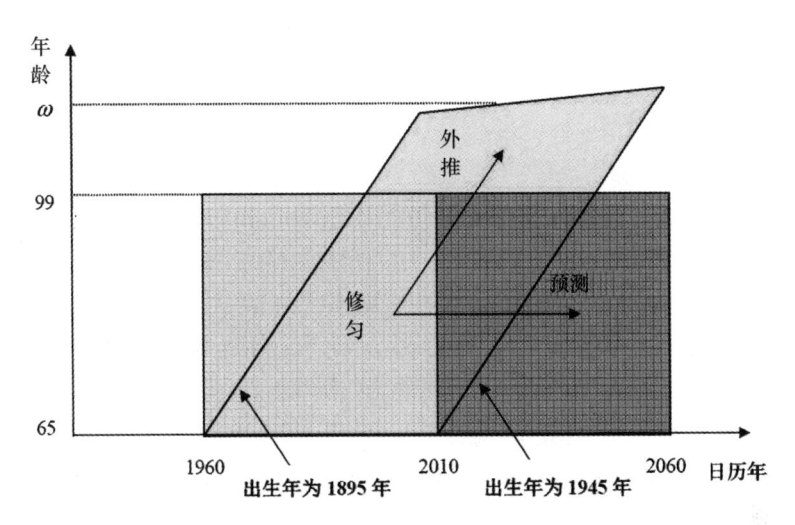

图4—2 基于出生年的65—99岁高龄人口动态死亡率修匀、年龄外推和趋势预测

在此基础上，本章进一步拓展研究中国大陆地区1994—2010年、中国台湾地区1970—2010年整个生命周期的全年龄人口死亡率的动态演变规律，以期为这些问题的解决提供深层次分析。

第二节 全年龄人口动态死亡率模型假设

一 模型符号定义及说明

（一）中心死亡率（$m_{x,t}$）

$$m_{x,t} = D_{x,t}/E_{x,t} \tag{4—1}$$

其中，$D_{x,t}$、$E_{x,t}$和$m_{x,t}$分别表示第t年、年龄为x岁的人在$[x, x+1)$岁之间的死亡人口数、暴露人口数和中心死亡率。实际中，常常采用第t年、x岁的年中人口数来近似$E_{x,t}$。

（二）条件死亡概率（$q_{x,t}$）

$$q_{x,t} = \frac{D_{x,t}}{E_{x,t} + (1-\alpha_{x,t})D_{x,t}} = \frac{m_{x,t}}{1+(1-\alpha_{x,t})m_{x,t}} \quad (4-2)$$

其中，$q_{x,t}$ 表示第 t 年、年龄为 x 岁的人在 $[x,x+1)$ 岁之间的条件死亡概率。$\alpha_{x,t}$ 表示第 t 年、年龄为 x 岁的人在 $[x,x+1)$ 岁之间的死亡人口平均活过的分数年龄，通常在死亡率建模和生命表编制中，除 0 岁和最高年龄（组）之外，一般都假设分数年龄服从 UDD 分布，即假设 $\alpha_{x,t} = 0.5$。以 HMD 为例，所有国家、中国台湾地区和中国香港地区的单龄组生命表中年龄范围都是 $x \in [0,1,\cdots,109,110+]$，且最高年龄组满足 $\alpha_{110+,t} = 1/m_{110+,t}$，以保证 $q_{110+,t} = 1$，而通常 $\alpha_{0,t} \in [0.06, 0.3]$。

最后指出，与静态死亡率模型一样，在动态死亡率建模中，由于 $m_{x,t} > q_{x,t}$，直接采用 $m_{x,t}$ 会低估生存概率，故在长寿风险量化中，更好的死亡率指标应采用 $q_{x,t}$。

二 分段形式的动态死亡率模型

（一）分段形式的模型假设

由于 Lee–Carter 模型及其扩展模型在描述各国人口死亡率长期趋势中有着重要应用，故假设在较高的门限年龄 N[①]之前，采用 Lee–Carter 模型为 $m_{x,t}$ 建模，结合式（4—2）所示的 $m_{x,t}$ 和 $q_{x,t}$ 之间的关系，进而可以得出在 N 之前 $q_{x,t}$ 的解析形式；对于 N 之后的超高龄死亡率，根据 Balkema-de Haan-Pickands 定理可知，超过 N 的条件死亡时间随机变量的极限分布为 GP 分布，即在 $\dot{q}_{x,t}$ 之后的条件分布函数为 GP 分布，从而可以采用 GP 分布为 $q_{x,t}$ 建模。

（二）分段形式的模型结构

具体来说，在门限年龄 N 之前，基于单龄组的扩展 Lee–Carter 模型的模型结构为：

$$\ln(m_{x,t}) = a_x + b_x k_t + u_{x,t}, \ x \leq N \quad (4-3)$$

其中，参数 a_x 表示年龄为 x 岁的人对数死亡率的平均值，用来描述不

[①] 门限年龄 N 即为本书建模中考虑的超高龄人口年龄的起点。正如第三章所述，这种分段点的选取方法改进了已有参数外推方法对年龄外推起点的选取。

随时间变化的年龄因子。参数 b_x 表示 x 岁死亡率随时间变化的系数。参数 k_t 表示第 t 年的死亡率水平，用来描述随时间变化的年份因子。$u_{x,t}$ 为模型误差项。

结合式（4—2）和式（4—3），在门限年龄 N 之前，条件死亡概率 $q_{x,t}$ 的估计值可以表示为：

$$\hat{q}_{x,t} = \frac{\exp(\hat{a}_x + \hat{b}_x \hat{k}_t)}{1 + (1 - \alpha_{x,t})\exp(\hat{a}_x + \hat{b}_x \hat{k}_t)}, \quad x \leq N \quad (4—4)$$

其中，$\alpha_{x,t}$ 为已知量。

令 X_t 表示第 t 年、0 岁的人的死亡年龄随机变量，其生存函数为 $s(x,t)$。对于超过门限年龄 N 之后的超高龄死亡率来说，超过门限年龄 N 的随机变量 $Y_t = X_t - N | X_t > N$ 的极限分布为 GP 分布，即有：

$$P(X_t - N \leq x - N | X_t > N) = \frac{s(N,t) - s(x,t)}{s(N,t)} =$$
$$1 - \frac{s(x,t)}{s(N,t)} = 1 - \left(1 + \gamma_t \frac{x - N}{\theta_t}\right)^{-1/\gamma_t} \quad (4—5)$$

其中，参数 $\theta_t > 0$，参数 γ_t 的取值决定了 Y_t 的精确分布。当 $\gamma_t > 0$ 时，Y_t 服从帕累托分布；当 $\gamma_t = 0$ 时，Y_t 服从均值为 θ_t 的指数分布；当 $\gamma_t < 0$ 时，Y_t 服从 β 分布，且此时存在一个有限的支撑集右端点，其数值为 $-\theta_t/\gamma_t$，即此时 X_t 存在一个有限上界 $N - \theta_t/\gamma_t$。

由式（4—5）可以得出：

$$q_{x,t} = 1 - \frac{s(x+1,t)}{s(x,t)} = 1 - \left[1 + \frac{\gamma_t}{\theta_t + \gamma_t(x - N)}\right]^{-1/\gamma_t}, \quad x > N \quad (4—6)$$

结合式（4—4）和式（4—6），分段形式的动态死亡率模型可以很自然地表示为：

$$q_{x,t} = \begin{cases} \dfrac{\exp(a_x + b_x k_t)}{1 + (1 - \alpha_{x,t})\exp(a_x + b_x k_t)} + \varepsilon_{x,t}, & x \leq N \\ 1 - \left[1 + \dfrac{\gamma_t}{\theta_t + \gamma_t(x - N)}\right]^{-1/\gamma_t} + \varepsilon_{x,t}, & x > N \end{cases} \quad (4—7)$$

其中，$\alpha_{x,t}$ 为已知量，a_x、b_x 和 k_t、θ_t 和 γ_t 为模型待估参数，N 为门限年龄，$\varepsilon_{x,t}$ 为模型误差项。显然，式（4—7）中 $q_{x,t}$ 在 N 处并不连续，为此需要选择合适的 N 使得 $\lim\limits_{x \to N^+} q_{x,t} \approx q_{N,t}$。尽管如此，由式（4—5）可知，对于

$x > N$，分布函数 $F(x,t)$ 可以表示为：

$$F(x,t) = 1 - s(N,t)\left[1 + \gamma_t\left(\frac{x-N}{\theta_t}\right)\right]^{-1/\gamma_t} \quad (4—8)$$

且式（4—8）对于 $x = N$ 也成立。这表明，虽然 $q_{x,t}$ 在 N 处并不连续，但分布函数 $F(x,t)$ 在 $x = N$ 处却是连续的，进而生存函数 $s(x,t)$ 在 $x = N$ 处也是连续的。而 $F(x,t)$ 和 $s(x,t)$ 的光滑性则取决于门限年龄 N 的选择，本章第三节将进一步阐述门限年龄 N 的选取及最优门限年龄的确定。

最后需要补充的是，本书第三章关于分段点处的连续性和光滑性的解释同样适用于本章考虑的全年龄人口动态死亡率建模框架，这里不再赘述。

第三节 分段形式的全年龄人口动态死亡率分层模型

一 动态死亡率分层模型结构

在式（4—7）所示的分段形式的动态死亡率模型的基础上，考虑如下四种分层模型结构。

（一）仅含随机效应 θ_t 的分层结构

$$q_{x,t} = \begin{cases} \dfrac{\exp(a_x + b_x k_t)}{1 + (1 - \alpha_{x,t})\exp(a_x + b_x k_t)} + \varepsilon_{x,t}, & x \leqslant N \\ 1 - \left[1 + \dfrac{\gamma}{\theta_t + \gamma(x-N)}\right]^{-1/\gamma} + \varepsilon_{x,t}, & x > N \end{cases} \quad (4—9)$$

其中，$\alpha_{x,t}$ 为已知量，$\theta_t \sim N(\mu_\theta, \sigma_\theta^2)$，$\mathrm{Var}(\varepsilon_{x,t}) = \sigma^2 (\hat{q}_{x,t})^{2\zeta}$。这里，放松了过程方差假设，将 ζ 也看作是模型超参数。因此，该分层模型需要估计 5 个超参数 $\{\mu_\theta, \gamma, \sigma_\theta, \sigma, \zeta\}$[①]。有时，为了简化，预先设定 $\zeta = 0.5$，此时模型仅需要估计 4 个超参数 $\{\mu_\theta, \gamma, \sigma_\theta, \sigma\}$。

[①] 超参数包括固定效应参数 γ、随机效应变量的分布参数 μ_θ 和 σ_θ、模型误差项的分布参数 σ 和 ζ，这些超参数通过极大似然估计（MLE）或相关的非线性优化技术来估计。

（二）仅含随机效应 γ_t 的分层结构

$$q_{x,t} = \begin{cases} \dfrac{\exp(a_x + b_x k_t)}{1 + (1 - \alpha_{x,t})\exp(a_x + b_x k_t)} + \varepsilon_{x,t}, & x \leq N \\ 1 - \left[1 + \dfrac{\gamma_t}{\theta + \gamma_t(x - N)}\right]^{-1/\gamma_t} + \varepsilon_{x,t}, & x > N \end{cases} \quad (4\text{—}10)$$

其中，$\alpha_{x,t}$ 为已知量，$\gamma_t \sim N(\mu_\gamma, \sigma_\gamma^2)$，$\mathrm{Var}(\varepsilon_{x,t}) = \sigma^2(\dot{q}_{x,t})^{2\zeta}$。类似地，该分层模型需要估计 5 个超参数 $\{\mu_\gamma, \theta, \sigma_\gamma, \sigma, \zeta\}$。当 $\zeta = 0.5$ 时，仅需要估计 4 个超参数 $\{\mu_\gamma, \theta, \sigma_\gamma, \sigma\}$。

（三）同时含随机效应 θ_t 和 γ_t 的分层结构

$$q_{x,t} = \begin{cases} \dfrac{\exp(a_x + b_x k_t)}{1 + (1 - \alpha_{x,t})\exp(a_x + b_x k_t)} + \varepsilon_{x,t}, & x \leq N \\ 1 - \left[1 + \dfrac{\gamma_t}{\theta_t + \gamma_t(x - N)}\right]^{-1/\gamma_t} + \varepsilon_{x,t}, & x > N \end{cases} \quad (4\text{—}11)$$

其中，$\alpha_{x,t}$ 为已知量，$\begin{pmatrix} \theta_t \\ \gamma_t \end{pmatrix} \sim N\left[\begin{pmatrix} \mu_\theta \\ \mu_\gamma \end{pmatrix}, \Sigma\right]$，$\Sigma = \begin{pmatrix} \sigma_\theta^2 & \sigma_{\theta,\gamma} \\ \sigma_{\theta,\gamma} & \sigma_\gamma^2 \end{pmatrix}$，

$\mathrm{Var}(\varepsilon_{x,t}) = \sigma^2(\dot{q}_{x,t})^{2\zeta}$。因此，该分层模型需要估计 7 个超参数 $\{\mu_\theta, \mu_\gamma, \sigma_\theta, \sigma_\gamma, \sigma_{\theta,\gamma}, \sigma, \zeta\}$。当 $\zeta = 0.5$ 时，仅需要估计 6 个超参数 $\{\mu_\theta, \mu_\gamma, \sigma_\theta, \sigma_\gamma, \sigma_{\theta,\gamma}, \sigma\}$。

（四）同时含随机效应 k_t、θ_t 和 γ_t 的分层结构[①]

$$q_{x,t} = \begin{cases} \dfrac{\exp(a_x + b_x k_t)}{1 + (1 - \alpha_{x,t})\exp(a_x + b_x k_t)} + \varepsilon_{x,t}, & x \leq N \\ 1 - \left[1 + \dfrac{\gamma_t}{\theta_t + \gamma_t(x - N)}\right]^{-1/\gamma_t} + \varepsilon_{x,t}, & x > N \end{cases} \quad (4\text{—}12)$$

其中，$\alpha_{x,t}$ 为已知量，$\begin{pmatrix} k_t \\ \theta_t \\ \gamma_t \end{pmatrix} \sim N\left[\begin{pmatrix} \mu_k \\ \mu_\theta \\ \mu_\gamma \end{pmatrix}, \begin{pmatrix} \sigma_k^2 & \sigma_{k,\theta} & \sigma_{k,\gamma} \\ \sigma_{k,\theta} & \sigma_\theta^2 & \sigma_{\theta,\gamma} \\ \sigma_{k,\gamma} & \sigma_{\theta,\gamma} & \sigma_\gamma^2 \end{pmatrix}\right]$，$\mathrm{Var}(\varepsilon_{x,t}) =$

$\sigma^2(\dot{q}_{x,t})^{2\zeta}$。因此，该分层模型需要估计 11 个超参数 $\{\mu_k, \mu_\theta, \mu_\gamma, \sigma_k, \sigma_\theta,$

---

① 同理，我们也可以仅考虑含一个随机效应参数 k_t，含两个随机效应参数 k_t 和 θ_t、k_t 和 γ_t 的三种分层结构。

$\sigma_\gamma, \sigma_{k,\theta}, \sigma_{k,\gamma}, \sigma_{\theta,\gamma}, \sigma, \zeta\}$。当 $\zeta = 0.5$ 时，需要估计 10 个超参数 $\{\mu_k, \mu_\theta, \mu_\gamma, \sigma_k, \sigma_\theta, \sigma_\gamma, \sigma_{k,\theta}, \sigma_{k,\gamma}, \sigma_{\theta,\gamma}, \sigma\}$。该模型的一个最大优势就是可以全面考虑模型误差项的异质性。

从中可以看出，前三种分层结构中随机效应仅包含 GP 分布中的两个参数 θ_t 和 γ_t，而 Lee‑Carter 模型中参数 k_t 的随机性及参数 a_x 和 b_x 仍可以采用 SVD 等估计方法来求解。相比之下，第四种分层结构同时包含了三个随机效应 k_t、θ_t 和 γ_t，导致该模型需要估计的超参数个数过多，为了避免模型过度参数化，下面仅考虑前三种分层结构。

二 模型参数估计及最优门限年龄的选取

(一) 针对 HMD 中的死亡率数据

为了细致描述各种分层模型的参数估计过程，我们进一步假设死亡率数据的年龄区间为 $x \in [0, 1, \cdots, 109, 110+]$，年份区间为 $t \in [1970, \cdots, 2010]$，其中，110 岁及以上合并为一个分组①。针对上述前三种分层结构，其参数估计步骤可以概括为：

1. 令 $N = 100$。

(1) 针对 $x \in [0, 1, \cdots, 100]$②，$t \in [1970, \cdots, 2010]$，基于式 (4—3)，利用 SVD 估计 Lee‑Carter 模型中的三个参数，得到相应的估计值 $\hat{a}_x$、$\hat{b}_x$ 和 $\hat{k}_t$。

(2) 基于式 (4—4) 计算 $q_{x,t}$ 的估计值 $\hat{q}_{x,t}$ ($x \in [0, 1, \cdots, 100]$，$t \in [1970, \cdots, 2010]$)，这些估计值可视为前三种分层结构中 $N = 100$ 岁时，Lee‑Carter 模型得到的 $q_{x,t}$ 的拟合值。

(3) 对于 $x > N$，结合 HMD 中生命表提供的 $q_{x,t}$ ($x \in [0, 1, \cdots, 109]$，$t \in [1970, \cdots, 2010]$) 数据构建前三种分层模型。针对每种分层模型，设

---

① 该假设来源于 HMD 中的中国台湾地区的死亡率数据，同样适用于 HMD 中所有国家的死亡率数据，保证了模型的适用性和可移植性。针对中国大陆地区死亡统计数据的有限性，后续部分将给出相应的数据及模型调整。

② 由于 100 岁以上超高龄人口的死亡人数和暴露人口数相对都比较少，且部分年龄存在死亡统计数据缺失及记录准确性很难考证等数据质量问题，故这里仅采用 0—100 岁死亡率数据来估计 Lee‑Carter 模型中的三个参数。

定模型主要超参数初始值 $\{\mu_\theta(\theta),\mu_\gamma(\gamma)\}$ ①，在使用 MLE 估计或相关的非线性优化技术估计模型超参数的基础上，得到相应分层模型中固定效应参数和随机效应变量的估计值。

2. 为了选择出最优门限年龄 N，沿用 Li 等（2008）中使用的反复试验方法，逐步从 $N = 100,99,\cdots,85$ 迭代运算，最终使得 Lee - Carter 模型和 GP 分布在选取同一个 N 时，似然函数值最大，此时的 N 就是相应分层模型选取的最优门限年龄，在这一最优门限年龄下，相应分层模型得到的固定效应参数和随机效应变量的估计值就是最终选定的模型参数估计值。

（二）针对中国的死亡率数据

1. 超高龄死亡率数据的插补方法。通过检索已有文献可以看出，针对超高龄人口死亡统计数据的缺乏，大多数研究都是采用简单的线性插值方法或者死亡率分组扩展方法等来补全那些没有统计的超高龄人口死亡率。正如本书第一章所述，李志生和刘恒甲（2010）在分析中国人口死亡率时，采用的就是死亡率分组扩展方法，来探讨中国 15 年 22 个年龄分组死亡率的拟合效果。

类似地，在本章中，若仍采用死亡率分组扩展方法，则需要将 90 岁及以上分组依次扩展为 $90,91,\cdots,99,100+$，进而需要对这些超高龄人口在每个单岁年龄区间中的死亡时间给出具体的分布假设。而已有很强的经验证据表明，对于超高龄死亡分布来说，随着年龄的增加，单岁死亡年龄的月度分布可能偏离均匀分布假设，即特定年的死亡月份更多聚集在前几个月，呈现出右偏分布。比较而言，线性插值方法合理利用了相邻年份、同一年龄死亡率的同质性和差异性，不但简单、容易操作，而且能够刻画死亡率随时间的动态改善，不失为一种更为简单的处理样本数据缺失的方法。实际上，这种处理死亡率数据缺失的线性插值方法在老年人口规模和死亡率预测中也有着重要应用。有鉴于此，本章采用如下线性插值方法。

由于《中国人口统计年鉴》每隔五年统计的人口死亡率年龄区间才为 $x \in [0,1,\cdots,100+]$，大部分年份统计的年龄区间为 $x \in [0,1,\cdots,90+]$，且

---

① 这种表述是指，在仅含随机效应 θ_t 的分层结构中，主要超参数可以记为 $\{\mu_\theta,\gamma\}$；在仅含随机效应 γ_t 的分层结构中，主要超参数可以记为 $\{\theta,\mu_\gamma\}$；在同时含随机效应 θ_t 和 γ_t 的分层结构中，主要超参数可以记为 $\{\mu_\theta,\mu_\gamma\}$。

1997 年《中国人口统计年鉴》统计的年龄区间仅为 $x \in [0,1,\cdots,85+]$[①]。针对中国死亡统计数据的有限性，需要对可获得的死亡率数据、分层模型的参数估计及最优门限年龄 N 的选取过程进行一些调整。

本节建模考虑的死亡率数据的年龄区间为 $x \in [0,1,\cdots,99]$，年份区间为 $t \in [1994,\cdots,2010]$，使用五年内线性插值方法，得到大部分年份 90—99 岁中心死亡率，以及 1996 年 85—99 岁中心死亡率[②]。其计算公式为：

$$m_{x,t} = \begin{cases} \dfrac{m_{x,2000} - m_{x,1995}}{2000 - 1995}(t-1995) + m_{x,1995}, & x \in [90,\cdots,99], t \in [1994,1997,\cdots,1999] \\ \dfrac{m_{x,2000} - m_{x,1995}}{2000 - 1995}(t-1995) + m_{x,1995}, & x \in [85,\cdots,99], t = 1996 \\ \dfrac{m_{x,2005} - m_{x,2000}}{2005 - 2000}(t-2000) + m_{x,2000}, & x \in [90,\cdots,99], t \in [2001,\cdots,2004] \\ \dfrac{m_{x,2010} - m_{x,2005}}{2010 - 2005}(t-2005) + m_{x,2005}, & x \in [90,\cdots,99], t \in [2006,\cdots,2009] \end{cases}$$

(4—13)

最后指出，在统计学中，上述两种处理缺失值的方法都属于缺失值插补方法，另一类处理缺失值的方法是删除存在缺失值的个案方法。从统计学角度看，这两类缺失值处理方法各有利弊。

2. 插补后的参数估计。在此基础上，调整后的参数估计步骤可以概括为：

（1）针对 $x \in [0,1,\cdots,99]$，$t \in [1994,\cdots,2010]$，基于式（4—3），利用 SVD 估计 Lee – Carter 模型中的三个参数，得到相应的估计值 $\hat{a}_x$、$\hat{b}_x$ 和 $\hat{k}_t$。

（2）基于式（4—4）计算 $q_{x,t}$ 的估计值 $\hat{q}_{x,t}$（$x \in [0,1,\cdots,99]$，$t \in [1994,\cdots,2010]$），其中 $\alpha_{x,t}$ 的取值同中国台湾地区。这些估计值也可视为前三种分层结构中 $N = 99$ 岁时，Lee – Carter 模型得到的 $q_{x,t}$ 的拟合值。

[①] 自 2007 年起，《中国人口统计年鉴》更名为《中国人口和就业统计年鉴》。目前，仅有 1996、2001、2006 年《中国人口统计年鉴》、2011 年《中国人口和就业统计年鉴》中死亡率数据的年龄区间为 $x \in [0,1,\cdots,100+]$，分别对应 1995、2000、2005、2010 年的死亡率数据。

[②] 这里，也可以采用 Coale 和 Kisker（1990）提出的死亡率分组扩展方法。但正如前文所述，采用五年内线性插值方法更简单直观。

（3）在前三种分层模型中，为了选择出最优门限年龄 N，设定模型主要超参数初始值 $\{\mu_\theta(\theta), \mu_\gamma(\gamma)\}$，逐步从 $N = 97, \cdots, 85$ 开始迭代运算①，最终使得 Lee-Carter 模型和 GP 分布在选取同一个 N 时，似然函数值最大，此时的 N 就是选取的最优门限年龄。在这一最优门限年龄下的参数估计值就是最终选定的模型参数估计值。

三 分层模型的比较及评价方法

（一）分层模型的检验统计量

正如第二、第三章所述，在分层模型中，通常使用 $\ln L$、AIC、BIC 等统计量来比较不同模型的拟合效果，最终在权衡模型的复杂性和拟合效果的基础上选择更合适的模型。按照这些统计量的定义，有：

$$\text{AIC} = -2\ln L + 2d \quad \text{BIC} = -2\ln L + d\ln(n) \quad (4\text{—}14)$$

其中，d 表示分层模型中超参数个数，n 表示观测样本个数。通常，AIC、BIC 统计量越小越好。

（二）模型假设的检验诊断

在动态死亡率分层模型中，通过绘制死亡率的各种类型的残差诊断图可以评估模型的充足性。其中，$q_{x,t}$ 的标准化残差（$r_{x,t}$）的计算公式为：

$$r_{x,t} = \frac{q_{x,t} - \hat{q}_{x,t}}{\sqrt{\sigma^2(\hat{q}_{x,t})^{2\zeta}}} = \frac{q_{x,t} - \hat{q}_{x,t}}{\sigma \hat{q}_{x,t}^{\zeta}} \quad (4\text{—}15)$$

显然，与第二、第三章类似，我们也可以绘制 $r_{x,t}$ 的直方图、$r_{x,t}$ 的正态分布检验的 Q—Q 图、$r_{x,t}$ 的经验累积分布图和正态分布拟合的累积分布图来检验 $r_{x,t}$ 是否服从正态分布。此外，$r_{x,t}$ 是否服从正态分布的更规范检验也可以选取 Shapiro-Wilk 检验和 Kolmogorov-Smirnov 检验。在此基础上，绘制 $r_{x,t}$ 与死亡率估计值 $\hat{q}_{x,t}$、死亡率真实值 $q_{x,t}$ 与估计值 $\hat{q}_{x,t}$，以及 $r_{x,t}$ 的年龄效应、年份效应等各种诊断图，可以进一步评估分层模型假设的充足性。

这些诊断图的期望结果始终是大部分标准化残差的绝对值应小于 2，且残差应随机散布在零线周围，任何明显的变化模式或自相关特征都表明

---

① 这里之所以从 $N=97$ 开始迭代，是因为我们考虑的年龄区间为 0—99 岁，而 GP 分布中需要估计两个参数 γ 和 θ，故 N 是从 97 岁，而不是从 99 岁开始迭代。

模型的某些假设是不合理的。

四 极限年龄的存在性及估计

正如第三章所述，对于特定的年份 t，我们已经证明，在 GP 分布中，有：

$$\begin{cases} \lim_{x \to N - \theta_t/\gamma_t} q_{x,t} = 1, & \gamma_t < 0 \\ \lim_{x \to +\infty} q_{x,t} < 1, & \gamma_t = 0 \\ \lim_{x \to +\infty} q_{x,t} = 1, & \gamma_t > 0 \end{cases} \quad (4\text{—}16)$$

从式（4—16）可以看出，当 $\gamma_t < 0$ 时，极限年龄（ω_t）是存在的，且 $\omega_t = N - \theta_t/\gamma_t$；当 $\gamma_t \geq 0$ 时，极限年龄是不存在的。

因此，在动态死亡率分层模型中，可以通过检验 $\hat{\gamma}_t < 0$ 来判断极限年龄 ω_t 是否存在。当 ω_t 存在时，相应的点估计就是 $\hat{\omega}_t = N - \hat{\theta}_t/\hat{\gamma}_t$，区间估计可以采用经典的 Δ 方法，以及 Bootstrap 方法、MC 方法等随机模拟方法来估计。

最后指出，式（4—16）表明，基于 GP 分布的极值建模方法能同时囊括已有关于生存函数的尾部分布特征的三种观点。这三种观点分别是，第一，对于任意年份 t，人类寿命分布的有限上界是存在的，即存在有限的极限年龄 ω_t，使得 $q_{\omega_t,t} = 1$。在 GP 分布中，这对应于 $\gamma_t < 0$ 的情况。第二，对于任意年份 t，随着年龄的增长，$q_{x,t}$ 收敛到一个严格小于 1 的极限值。在 GP 分布中，这对应于 $\gamma_t = 0$ 的情况。第三，对于任意年份 t，随着年龄的增长，$q_{x,t}$ 渐近趋近于 1。在 GP 分布中，这对应于 $\gamma_t > 0$ 的情况。

五 全年龄人口动态死亡率分层模型的扩展应用

（一）预测未来全年龄人口死亡率

1. 预测未来全年龄人口的条件死亡概率 $q_{x,t}$。以预测中国台湾地区未来 50 年人口死亡率为例，基于选取的最优动态死亡率分层模型，需要分别构建最优模型估计的参数 $\hat{k}_t$、$\hat{\theta}_t$ 和 $\hat{\gamma}_t$（$t \in [1970, \cdots, 2010]$）的时间序列模型[1]，最终选取最好的模型参数的点预测值来计算 $q_{x,t}$（$x \in [0,1,\cdots,\omega_t]$，$t \in [2011,\cdots,2060]$）的点预测。同时，也可以得到三个参数及 $q_{x,t}$ 的区间预测。

2. 模型预测结果有效性的评价方法。通常为了评价模型的点预测精度，我们可以计算预测的未来各年，单个年龄水平的平均误差（ME）、均方误差（MSE）、平均百分比误差（MPE）、平均绝对百分比误差（MAPE）；也可以计算预测的未来每一年，各个年龄水平的聚合误差（IE）、聚合平方误差（ISE）、聚合百分比误差（IPE）、聚合绝对百分比误差（IAPE）。

此外，通过绘制各种类型的残差诊断图，对模型预测的未来年份、各年龄的死亡率与未来年份实际观测的死亡率进行比较，也可以评估模型的预测能力。

3. 生存分布函数的估计和预测。给定日历年 t（$t \in [1970,\cdots,2060]$），利用死亡概率 $q_{x,t}$ 与生存函数 $s(x,t)$ 之间的关系：

$$s(0,t) = 1, \quad s(x+1,t) = s(x,t)(1 - q_{x,t}) \quad (x \in [0,1,\cdots,\hat{\omega}_t]) \tag{4—17}$$

我们可以得到整个生命跨度的生存分布函数的拟合和预测结果。

（二）构造动态生命表

利用条件死亡概率 $q_{x,t}$ 的点估计和点预测，我们可以编制基于时期的动态生命表，也称为时期生命表（Period Life Tables）。其编制过程可以概括为：

1. 假设 $l_{0,t} = 100000$，计算第 t 年、年龄为 x 岁的幸存人数（$l_{x,t}$）和 $[x,x+1)$ 岁之间的死亡人数（$d_{x,t}$），相应迭代计算公式为：

$$d_{x,t} = l_{x,t}\hat{q}_{x,t}, \quad l_{x+1,t} = l_{x,t} - d_{x,t} \tag{4—18}$$

2. 计算第 t 年、年龄为 x 岁的人在 $[x,x+1)$ 岁之间的平均生存人年数（$L_{x,t}$），相应计算公式为：

$$L_{x,t} = l_{x,t} - (1 - \alpha_{x,t})d_{x,t} \tag{4—19}$$

3. 计算第 t 年、年龄为 x 岁及以上的人年数之和（$T_{x,t}$），相应计算公式为：

---

[1] 本章在构建参数 γ_t 和 θ_t 的时间序列模型时，采用的是参数 γ_t 和 θ_t 的随机效应估计值组成的时间序列，在最后的预测结果中，再加上参数 γ_t 和 θ_t 的固定效应估计值。

$$T_{x,t} = \sum_{x}^{\hat{\omega}_t} L_{x,t} \qquad (4—20)$$

4. 沿用段白鸽（2015a）的符号表述，计算第 t 年、年龄为 x 岁的人的平均预期寿命（$e_{x,t}$），相应计算公式为：

$$e_{x,t} = T_{x,t}/l_{x,t} \qquad (4—21)$$

类似地，我们也可以构造基于出生队列的动态生命表，也称为队列生命表（Cohort Life Tables）。但限于可获得的中国人口历史死亡率数据的有限性，本章第四节的实证分析中并未给出中国人口的队列生命表。

（三）平均预期寿命的估计和预测

基于式（4—21），我们可以得到任意年份 t，全年龄人口的平均预期寿命（$e_{x,t}$）的点估计值和点预测值。此外，另一种计算 $e_{x,t}$ 的简单方法可以表示为：

$$e_{x,t} = \sum_{k=1}^{\hat{\omega}_t} {}_k\hat{p}_{x,t} = \sum_{k=1}^{\hat{\omega}_t} \hat{p}_{x,t}\hat{p}_{x+1,t}\cdots\hat{p}_{x+k-1,t} =$$

$$\sum_{k=1}^{\hat{\omega}_t} (1 - \hat{q}_{x,t})(1 - \hat{q}_{x+1,t})\cdots(1 - \hat{q}_{x+k-1,t}) \qquad (4—22)$$

其中，${}_k\hat{p}_{x,t}$ 表示第 t 年、x 岁的人活过 k 年的概率。在寿险精算中，式（4—22）计算的 $e_{x,t}$ 称为取整余命。

显然，这种计算方法仅使用了第 t 年 $0 \sim \hat{\omega}_t$ 岁的条件死亡概率 $\hat{q}_{x,t}$ 来计算 $\hat{e}_{x,t}$。在进一步考虑条件死亡概率随时间变化的情况下，相应的计算公式变为：

$$\hat{e}_{x,t} = \sum_{k=1}^{\hat{\omega}_t} (1 - \hat{q}_{x,t})(1 - \hat{q}_{x+1,t+1})\cdots(1 - \hat{q}_{x+k-1,t+k-1}) =$$

$$\sum_{k=1}^{\hat{\omega}_t} \prod_{j=0}^{k-1} (1 - \hat{q}_{x+j,t+j}) \qquad (4—23)$$

此外，相应的区间预测可以通过 Bootstrap 方法、MC 方法等随机模拟方法得到。

最后指出，这两种计算预期寿命的方法，都可以构造动态生命表。其中，式（4—22）所示的计算方法常用于构造时期生命表，式（4—23）所示的计算方法常用于构造队列生命表。显然，这两种构造方法都可以明显简化前面基于传统方法构造动态生命表的过程。

第四节 实证分析——以中国为例

一 数据来源及说明

针对第三节提出的全年龄人口动态死亡率分层模型,本节分别使用中国台湾地区和大陆地区人口死亡数据进行实证分析。其中,中国台湾地区数据来源于 HMD 中统计的 1970—2010 年中国台湾地区男性、女性和合计人口 0—109 岁的中心死亡率 $m_{x,t}$ 和条件死亡概率 $q_{x,t}$。大陆地区的死亡数据来源于 1995—2006 年《中国人口统计年鉴》、2007—2011 年《中国人口和就业统计年鉴》中全国分年龄、分性别的年平均人口和死亡人口数据,进而得到 1994—2010 年男性、女性和合计人口 0—99 岁的中心死亡率,其中,部分年份 90—99 岁、85—99 岁的中心死亡率采用式(4—13)所示的线性插值方法计算①。

二 最优分层模型选择、参数估计及检验诊断

(一)超参数初始值的选取

本章综合运用了 R 软件中的人口统计分析软件包 demography、非线性混合效应建模软件包 nlme、时间序列预测软件包 forecast 中的部分函数,在此基础上,对提出的全年龄人口动态死亡率分层模型的修匀、年龄外推和趋势预测进行了完整的编程实现,所有算法模块化且具有较高的灵活性和可移植性。

为了更好地比较不同分层模型的拟合效果,针对第三节提出的前三种分层结构,选取了相同的模型主要超参数初始值,即 $\{\mu_\theta(\theta), \mu_\gamma(\gamma)\} =$

---

① 实证分析的结果表明,删除存在缺失值的个案方法和五年内线性插值两种处理方法得到的中国 1994—2010 年男性和女性的最优分层模型都是仅含随机效应 θ 的分层模型,且五年内线性插值方法对应的最优分层模型的拟合效果最优。这一定程度上表明,采用线性插值方法在处理中国男性和女性超高龄老人死亡率的数据缺失问题中具有一定的普适性。限于篇幅所限,实验分析中仅给出了采用线性插值方法的完整的实验分析过程和结果。

{5.0914, -0.1940}。这些初始值的选取借鉴了段白鸽和孙佳美（2012）针对中国合计人口的模型参数的 MLE。

（二）各种分层模型的评价及选择

针对中国台湾地区男性、女性和合计人口死亡率数据，表4—1分别给出了在不放松过程方差假设和放松过程方差假设两种情况下，含随机效应变量的三种全年龄动态死亡率分层模型得到的检验统计量及最优门限年龄 N。类似地，表4—2给出了中国大陆地区男性、女性和合计人口死亡率的检验统计量及最优门限年龄 N。

表4—1 中国台湾地区全年龄动态死亡率分层模型的检验统计量及最优门限年龄的选取

含随机效应的动态死亡率分层模型			N	d	n	AIC 统计量	BIC 统计量	lnL 统计量
中国台湾地区男性	不放松过程方差假设	θ	95	4	4510	-43154.11	-43128.45	21581.05
		γ	95	4	4510	-42051.19	-42025.53	21029.59
		$\theta\gamma$	93	6	4510	-43656.64	-43618.16	21834.32
	放松过程方差假设	θ	93	5	4510	-48182.80	-48150.73	24096.40
		γ	95	5	4510	-47807.25	-47775.18	23908.63
		$\theta\gamma$	92	7	4510	-48307.43	-48262.53	24160.72
中国台湾地区女性	不放松过程方差假设	θ	98	4	4510	-48209.11	-48183.45	24108.55
		γ	98	4	4510	-47401.49	-47375.84	23704.75
		$\theta\gamma$	98	6	4510	-48604.90	-48566.41	24308.45
	放松过程方差假设	θ	98	5	4510	-53451.56	-53419.49	26730.78
		γ	98	5	4510	-53260.97	-53228.90	26635.48
		$\theta\gamma$	96	7	4510	-53450.77	-53405.88	26732.39
中国台湾地区合计人口	不放松过程方差假设	θ	98	4	4510	-46585.30	-46559.65	23296.65
		γ	98	4	4510	-45786.36	-45760.70	22897.18
		$\theta\gamma$	97	6	4510	-46955.78	-46917.30	23483.89
	放松过程方差假设	θ	98	5	4510	-51835.71	-51803.64	25922.85
		γ	98	5	4510	-51630.89	-51598.82	25820.44
		$\theta\gamma$	97	7	4510	-51912.49	-51867.59	25963.25

表4—2　中国大陆地区全年龄动态死亡率分层模型的检验统计量及
最优门限年龄的选取

含随机效应的动态死亡率分层模型			N	d	n	AIC统计量	BIC统计量	$\ln L$统计量
中国大陆地区男性	不放松过程方差假设	θ	96	4	1700	−15973.16	−15951.40	7990.579
		γ	94	4	1700	−15995.69	−15973.94	8001.844
		$\theta\gamma$	94	6	1700	−16009.58	−15976.95	8010.792
	放松过程方差假设	θ	96	5	1700	−17106.21	−17079.02	8558.106
		γ	94	5	1700	−17095.77	−17068.58	8552.887
		$\theta\gamma$	95	7	1700	−17103.29	−17065.22	8558.645
中国大陆地区女性	不放松过程方差假设	θ	88	4	1700	−16603.15	−16581.40	8305.577
		γ	86	4	1700	−16026.54	−16004.79	8017.270
		$\theta\gamma$	88	6	1700	−16599.52	−16566.89	8305.759
	放松过程方差假设	θ	88	5	1700	−17767.20	−17740.01	8888.599
		γ	86	5	1700	−17567.88	−17540.69	8788.939
		$\theta\gamma$	88	7	1700	−17764.31	−17726.24	8889.156
中国大陆地区合计人口	不放松过程方差假设	θ	88	4	1700	−16934.08	−16912.33	8471.042
		γ	86	4	1700	−16231.49	−16209.74	8119.745
		$\theta\gamma$	88	6	1700	−16940.19	−16907.56	8476.094
	放松过程方差假设	θ	88	5	1700	−18321.87	−18294.68	9165.935
		γ	86	5	1700	−18073.23	−18046.03	9041.613
		$\theta\gamma$	88	7	1700	−18317.28	−18279.21	9165.640

在表4—1和表4—2中，通过比较各种检验统计量发现，针对中国台湾和大陆地区男性、女性和合计人口的死亡率，放松过程方差假设下的分层模型都比不放松过程方差假设下的分层模型的拟合效果好。

具体来说，中国台湾地区男性和合计人口的最优模型是含随机效应变量 θ 和 γ 的分层模型；而中国台湾地区女性，大陆地区男性、女性和合计人口的最优模型都是仅含随机效应变量 θ 的分层模型。

下面进一步给出这六个最优模型的参数估计及结果分析。

（三）最优分层模型的参数估计

表4—3给出了六个最优分层模型得到的超参数估计值，对应于不含随

机效应变量的固定效应参数估计值。在此基础上，表4—4和表4—5分别给出了考虑随机效应变量之后，中国台湾和大陆地区的最优模型得到的最终参数估计值，以及利用这些参数估计值得到的极限年龄ω_t的点估计。

表4—3　分段形式的全年龄人口最优分层模型得到的超参数估计值

最优分层模型		$\hat{\mu}_\theta(\hat{\theta})$	$\hat{\mu}_\gamma(\hat{\gamma})$	$\hat{\sigma}_\theta$	$\hat{\sigma}_\gamma$	$\hat{\sigma}_{\theta,\gamma}$	$\hat{\sigma}$	$\hat{\zeta}$
中国台湾地区	男性	3.6006	−0.1210	0.4319	0.0192	−0.8570	0.0430	0.8351
	女性	2.5231	−0.0977	0.1075	—	—	0.0351	0.8302
	合计人口	2.7097	−0.1034	0.2408	0.0137	−0.9980	0.0349	0.8412
中国大陆地区	男性	3.9098	−0.2709	0.9563	—	—	0.0596	0.7590
	女性	5.5253	−0.1830	0.5043	—	—	0.0631	0.7462
	合计人口	5.2100	−0.1636	0.5066	—	—	0.0534	0.7804

表4—4　中国台湾地区最优动态死亡率分层模型得到的参数估计及ω_t的点估计

年份	中国台湾地区男性			中国台湾地区女性			中国台湾地区合计人口		
	$\hat{\theta}_t$	$\hat{\gamma}_t$	$\hat{\omega}_t$	$\hat{\theta}_t$	$\hat{\gamma}_t$	$\hat{\omega}_t$	$\hat{\theta}_t$	$\hat{\gamma}_t$	$\hat{\omega}_t$
1970	3.4413	−0.1055	124.6040	2.5404	−0.0977	123.9959	2.6860	−0.1019	123.3653
1971	3.7070	−0.1100	125.6896	2.4510	−0.0977	123.0813	2.5999	−0.0971	123.7878
1972	3.4345	−0.1058	124.4542	2.2794	−0.0977	121.3252	2.2921	−0.0797	125.7448
1973	2.9372	−0.0946	123.0348	2.2228	−0.0977	120.7455	2.1288	−0.0705	127.1780
1974	2.7634	−0.0878	123.4814	2.3384	−0.0977	121.9290	2.2652	−0.0781	125.9869
1975	3.6153	−0.1099	124.8978	2.4789	−0.0977	123.3661	2.6412	−0.0994	123.5808
1976	4.2551	−0.1229	126.6326	2.5125	−0.0977	123.7100	2.8259	−0.1098	122.7408
1977	3.8889	−0.1183	124.8755	2.5065	−0.0977	123.6485	2.7720	−0.1067	122.9676
1978	4.3147	−0.1264	126.1247	2.7602	−0.0977	126.2446	3.2810	−0.1354	121.2274
1979	3.8529	−0.1181	124.6271	2.4794	−0.0977	123.3721	2.7799	−0.1072	122.9245
1980	3.9276	−0.1209	124.4860	2.5287	−0.0977	123.8765	2.8793	−0.1128	122.5209
1981	3.3315	−0.1078	122.9130	2.5016	−0.0977	123.5984	2.6343	−0.0990	123.6116
1982	3.6479	−0.1180	122.9227	2.4655	−0.0977	123.2292	2.6813	−0.1017	123.3667
1983	3.3950	−0.1094	123.0303	2.4394	−0.0977	122.9621	2.5812	−0.0960	123.8851

续表

年份	中国台湾地区男性 $\hat{\theta}_t$	$\hat{\gamma}_t$	$\hat{\omega}_t$	中国台湾地区女性 $\hat{\theta}_t$	$\hat{\gamma}_t$	$\hat{\omega}_t$	中国台湾地区合计人口 $\hat{\theta}_t$	$\hat{\gamma}_t$	$\hat{\omega}_t$
1984	3.4650	-0.1152	122.0800	2.5165	-0.0977	123.7509	2.6844	-0.1019	123.3480
1985	3.4557	-0.1126	122.6853	2.5246	-0.0977	123.8338	2.6975	-0.1026	123.2939
1986	3.2353	-0.1067	122.3114	2.5281	-0.0977	123.8700	2.6278	-0.0987	123.6334
1987	3.3379	-0.1099	122.3747	2.5280	-0.0977	123.8687	2.6594	-0.1005	123.4693
1988	3.2016	-0.1030	123.0832	2.4082	-0.0977	122.6426	2.4786	-0.0903	124.4589
1989	3.1392	-0.1057	121.6905	2.5460	-0.0977	124.0529	2.6081	-0.0976	123.7283
1990	3.2498	-0.1088	121.8647	2.5190	-0.0977	123.7764	2.6191	-0.0982	123.6599
1991	3.4574	-0.1153	121.9758	2.5502	-0.0977	124.0964	2.7216	-0.1040	123.1583
1992	3.0796	-0.1037	121.6867	2.4539	-0.0977	123.1106	2.4829	-0.0906	124.4116
1993	3.5137	-0.1232	120.5175	2.5459	-0.0977	124.0521	2.6930	-0.1025	123.2840
1994	3.3201	-0.1112	121.8602	2.5501	-0.0977	124.0953	2.6922	-0.1024	123.2825
1995	3.3992	-0.1193	120.4888	2.4822	-0.0977	123.3999	2.5799	-0.0961	123.8461
1996	3.2025	-0.1111	120.8272	2.5412	-0.0977	124.0044	2.6146	-0.0980	123.6681
1997	3.4633	-0.1228	120.1949	2.5678	-0.0977	124.2758	2.7096	-0.1034	123.1931
1998	3.3309	-0.1173	120.3877	2.4813	-0.0977	123.3906	2.5708	-0.0957	123.8747
1999	3.3910	-0.1218	119.8357	2.4860	-0.0977	123.4396	2.5773	-0.0960	123.8351
2000	3.4546	-0.1249	119.6647	2.4990	-0.0977	123.5716	2.6139	-0.0982	123.6308
2001	3.6293	-0.1335	119.1824	2.5190	-0.0977	123.7766	2.6695	-0.1013	123.3497
2002	3.6104	-0.1290	119.9817	2.6002	-0.0977	124.6073	2.8047	-0.1089	122.7452
2003	3.6807	-0.1342	119.4318	2.5370	-0.0977	123.9606	2.7256	-0.1045	123.0752
2004	3.7689	-0.1369	119.5371	2.6068	-0.0977	124.6754	2.8445	-0.1112	122.5748
2005	3.8197	-0.1412	119.0543	2.5469	-0.0977	124.0623	2.7646	-0.1068	122.8968
2006	4.1209	-0.1505	119.3786	2.7186	-0.0977	125.8192	3.0957	-0.1255	121.6716
2007	4.2959	-0.1567	119.4214	2.6446	-0.0977	125.0619	3.0453	-0.1226	121.8325
2008	4.2454	-0.1544	119.5042	2.5981	-0.0977	124.5859	2.9783	-0.1189	122.0549
2009	4.6022	-0.1668	119.5893	2.7305	-0.0977	125.9408	3.2521	-0.1343	121.2101
2010	4.6416	-0.1679	119.6504	2.7114	-0.0977	125.7457	3.2386	-0.1336	121.2461

表 4—5　中国大陆地区最优动态死亡率分层模型得到的参数估计及 ω_t 的点估计

年份	中国大陆地区男性 $\hat{\theta}_t$	$\hat{\gamma}_t$	$\hat{\omega}_t$	中国大陆地区女性 $\hat{\theta}_t$	$\hat{\gamma}_t$	$\hat{\omega}_t$	中国大陆地区合计人口 $\hat{\theta}_t$	$\hat{\gamma}_t$	$\hat{\omega}_t$
1994	2.1311	-0.2709	103.8666	4.9466	-0.1830	115.0240	4.4512	-0.1636	115.2074
1995	2.3188	-0.2709	104.5595	4.9769	-0.1830	115.1895	4.5160	-0.1636	115.6032
1996	2.5583	-0.2709	105.4436	4.9955	-0.1830	115.2915	4.5973	-0.1636	116.1006
1997	2.8753	-0.2709	106.6136	5.1088	-0.1830	115.9103	4.7798	-0.1636	117.2161
1998	3.3150	-0.2709	108.2368	5.0892	-0.1830	115.6884	4.7912	-0.1636	117.2858
1999	3.9642	-0.2709	110.6331	5.0912	-0.1830	115.8139	4.8549	-0.1636	117.6748
2000	5.0064	-0.2709	114.4802	5.0752	-0.1830	115.7268	4.9698	-0.1636	118.3772
2001	4.6972	-0.2709	113.3388	5.2324	-0.1830	116.5854	5.0784	-0.1636	119.0410
2002	4.4271	-0.2709	112.3418	5.3687	-0.1830	117.3303	5.1754	-0.1636	119.6339
2003	4.1895	-0.2709	111.4648	5.5750	-0.1830	118.4575	5.2395	-0.1636	120.0258
2004	3.9792	-0.2709	110.6884	5.7532	-0.1830	119.4308	5.3802	-0.1636	120.8856
2005	3.7918	-0.2709	109.9968	5.9884	-0.1830	120.7159	5.5373	-0.1636	121.8460
2006	4.0189	-0.2709	110.8349	6.0589	-0.1830	121.1006	5.6410	-0.1636	122.4798
2007	4.2812	-0.2709	111.8031	6.1821	-0.1830	121.7738	5.8078	-0.1636	123.4997
2008	4.5871	-0.2709	112.9326	6.1382	-0.1830	121.5342	5.8309	-0.1636	123.6407
2009	4.9478	-0.2709	114.2659	6.1828	-0.1830	121.7779	5.9479	-0.1636	124.3560
2010	5.3778	-0.2709	115.8510	6.1886	-0.1830	121.8094	5.9714	-0.1636	124.4991

（四）最优模型的死亡率修匀和年龄外推效果

为了展示这六个最优模型的拟合效果，图4—3 至图4—5、图4—6 至图4—8 分别绘制了利用最优模型估计的中国台湾地区1970—2010 年、中国大陆地区1994—2010 年男性、女性和合计人口 $0 - \hat{\omega}_t$ 岁的全年龄人口的条件死亡概率 $\hat{q}_{x,t}$。[①]

为了进一步体现出最优分层模型对历史死亡率数据的拟合效果，图4—9

[①] 为了刻画数十年来中国台湾地区和大陆地区全年龄人口死亡率的动态演变规律，本章实证分析中的所有图形都采用 R 软件中的彩虹调色板（Rainbow Palette）来绘制，即随着时间的推移，依次绘制各个年份的死亡率。

至图4—11、图4—12至图4—14分别绘制了建模中使用的中国台湾地区1970年、1980年、1990年、2000年和2010年0—109岁男性、女性和合计人口，以及中国大陆地区1995年、2000年、2005年和2010年0—99岁男性、女性和合计人口的条件死亡概率$q_{x,t}$和最优分层模型估计的$0-\hat{\omega}_t$岁的$\hat{q}_{x,t}$。

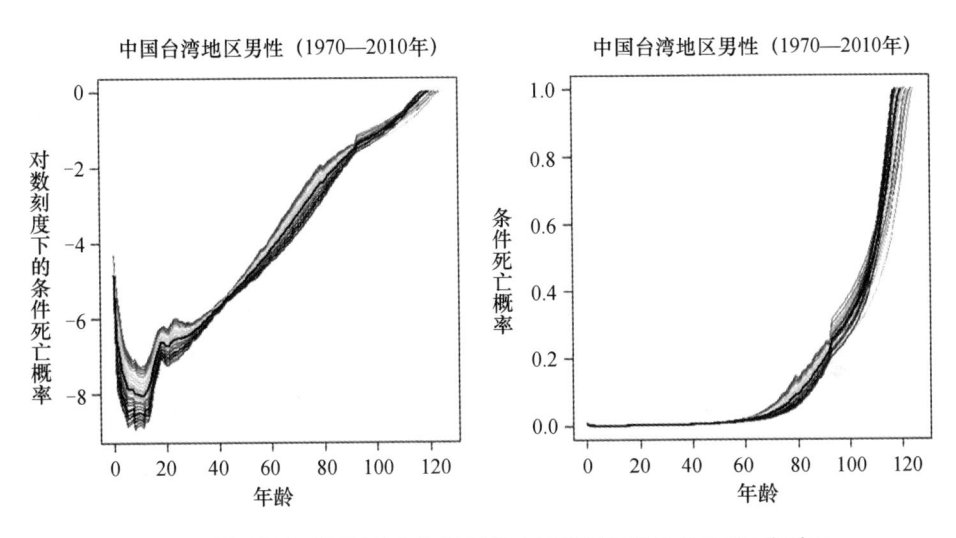

图4—3 中国台湾地区男性全年龄最优分层模型估计的条件死亡概率$\hat{q}_{x,t}$

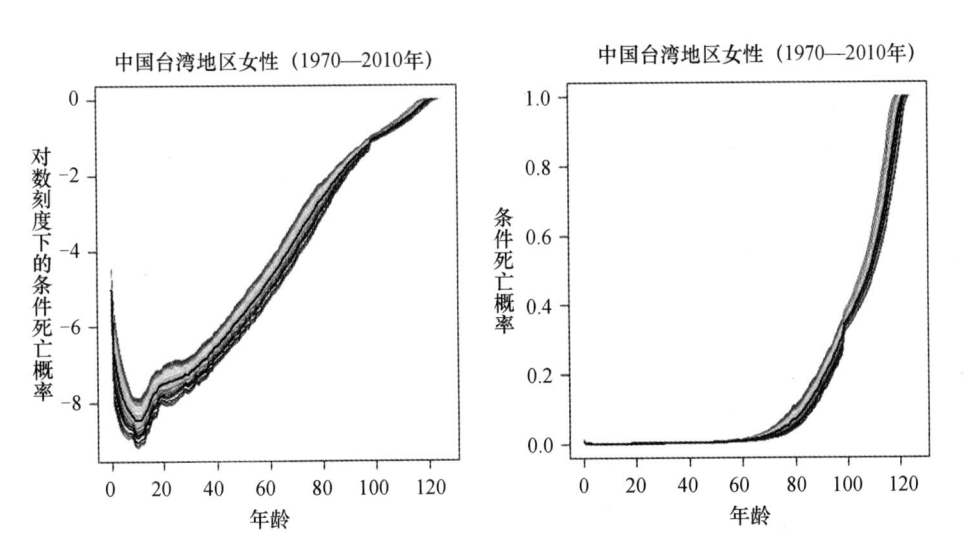

图4—4 中国台湾地区女性全年龄最优分层模型估计的条件死亡概率$\hat{q}_{x,t}$

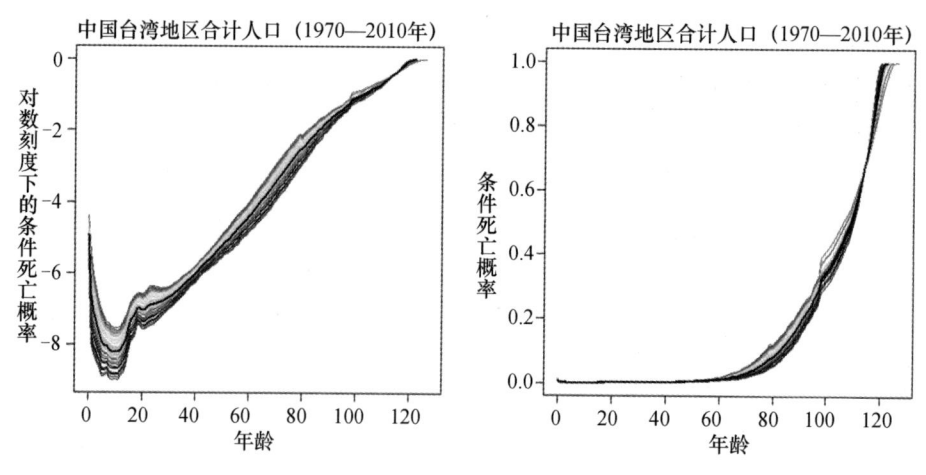

图4—5 中国台湾地区合计人口全年龄最优分层模型估计的条件死亡概率 $\hat{q}_{x,t}$

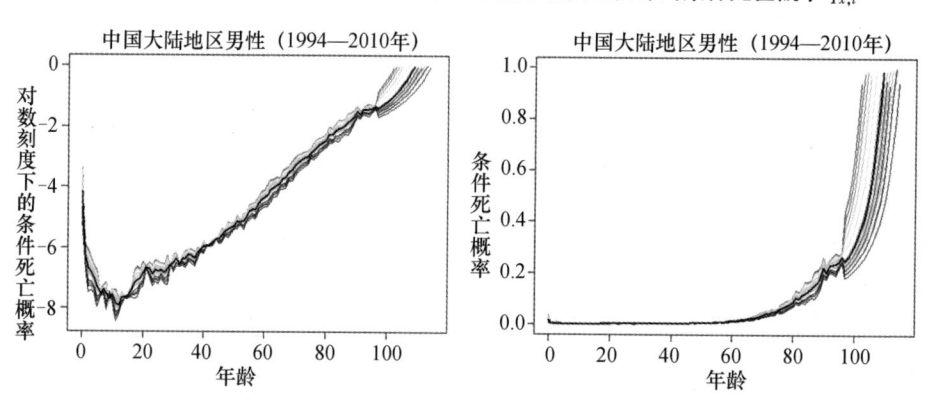

图4—6 中国大陆地区男性全年龄最优分层模型估计的条件死亡概率 $\hat{q}_{x,t}$

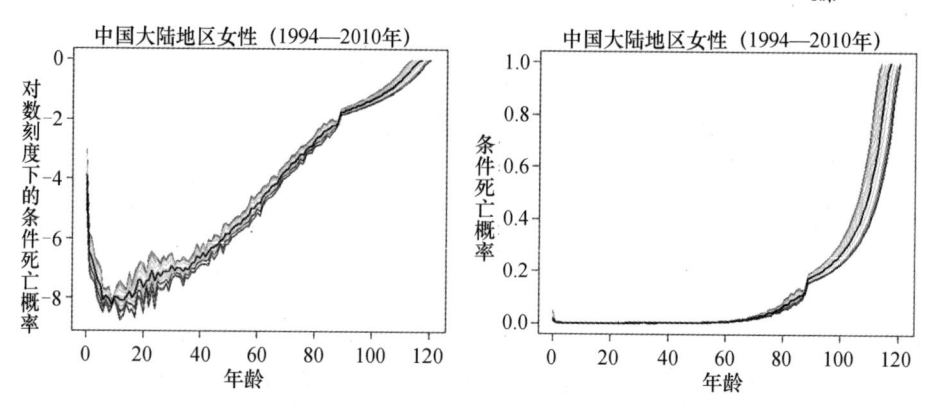

图4—7 中国大陆地区女性全年龄最优分层模型估计的条件死亡概率 $\hat{q}_{x,t}$

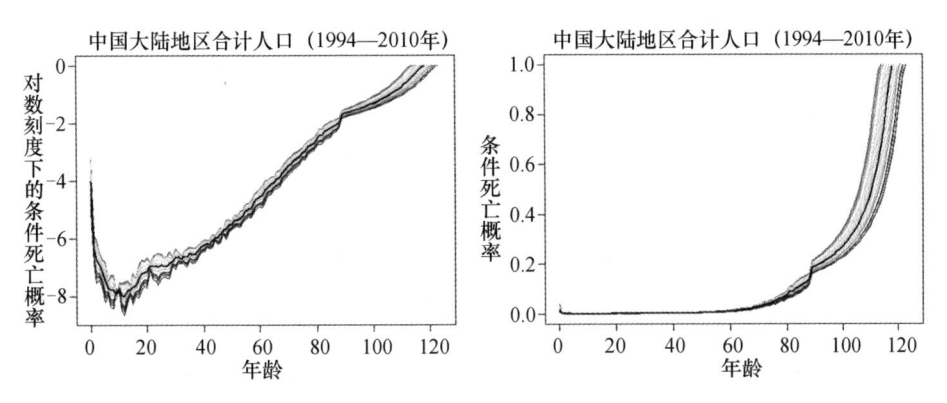

第四章 全年龄人口动态死亡率分层建模方法

图4—8 中国大陆地区合计人口全年龄最优分层模型估计的条件死亡概率 $\hat{q}_{x,t}$

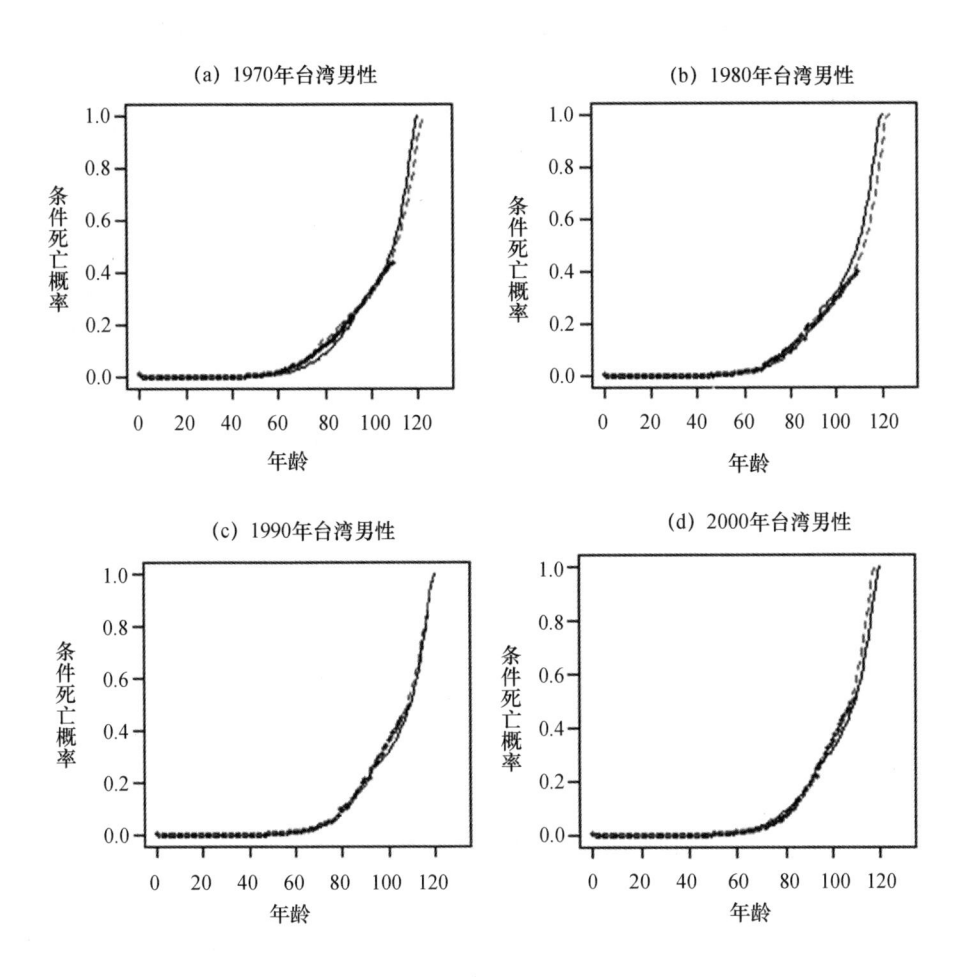

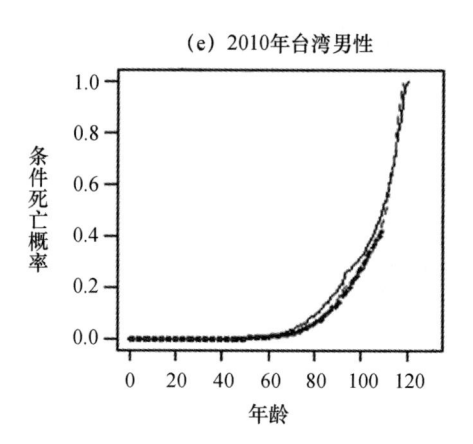

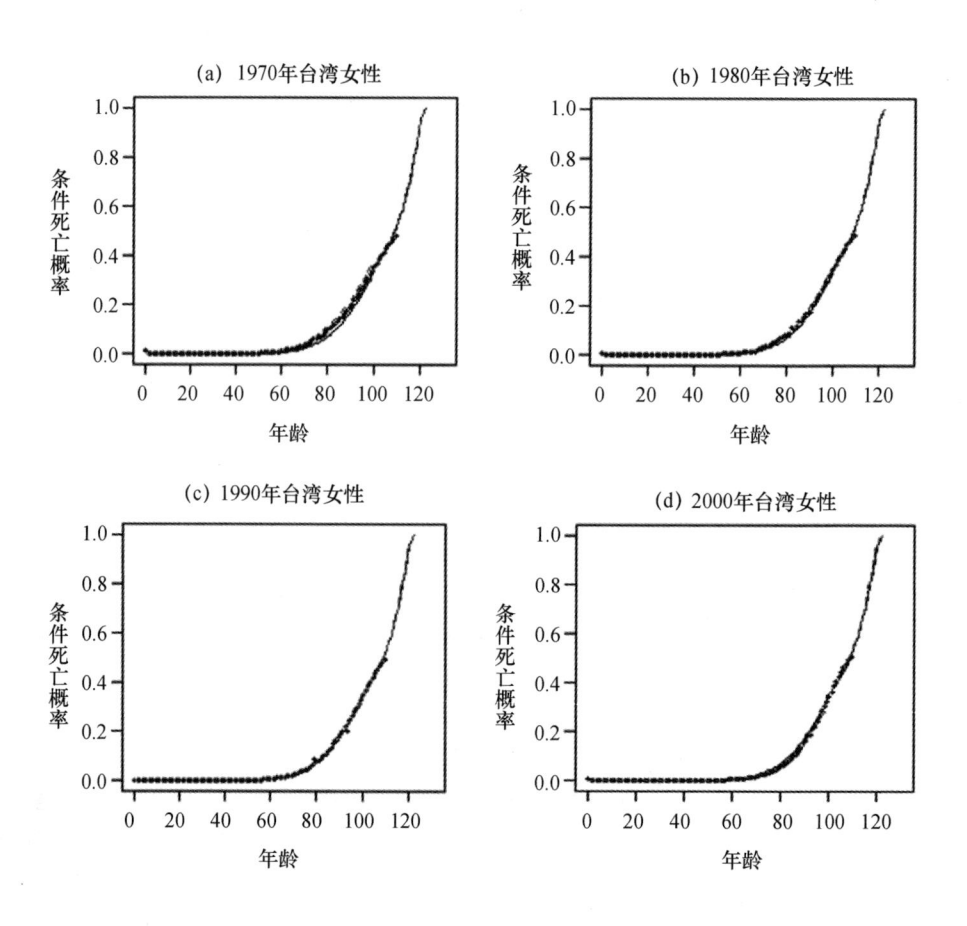

图4—9 中国台湾地区男性部分年份 0—109 岁的 $q_{x,t}$ 和最优分层模型估计的 $\hat{q}_{x,t}$

(e) 2010年台湾女性

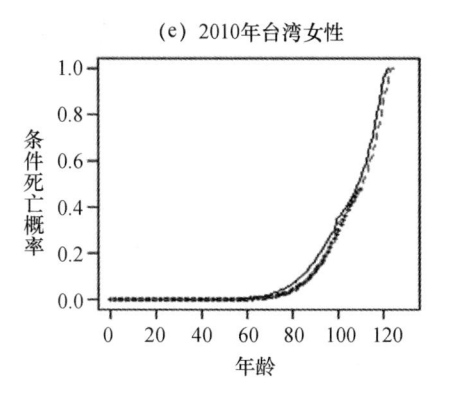

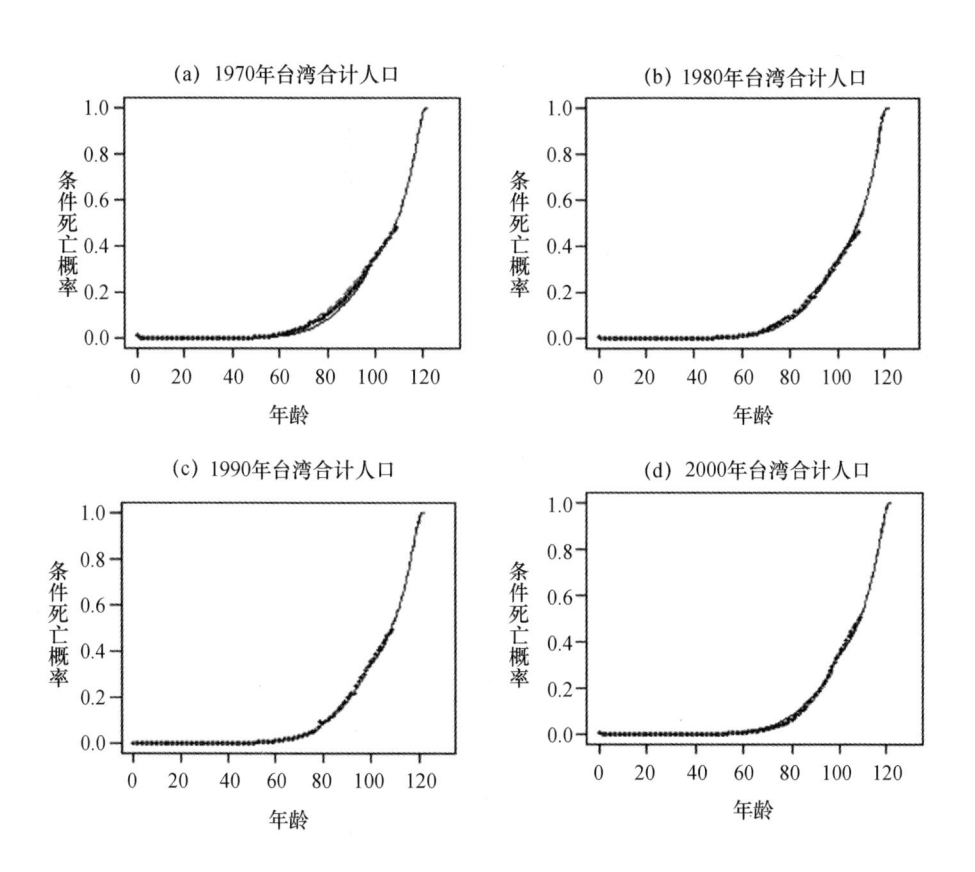

图 4—10 中国台湾地区女性部分年份 0—109 岁的 $q_{x,t}$ 和最优分层模型估计的 $\hat{q}_{x,t}$

(a) 1970年台湾合计人口

(b) 1980年台湾合计人口

(c) 1990年台湾合计人口

(d) 2000年台湾合计人口

(e) 2010年台湾合计人口

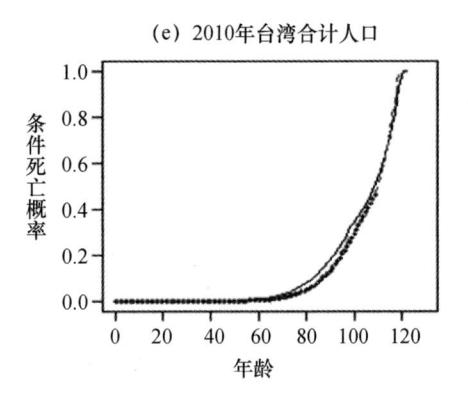

图4—11 中国台湾地区合计人口部分年份 0—109 岁的 $q_{x,t}$ 和最优分层模型估计的 $\hat{q}_{x,t}$

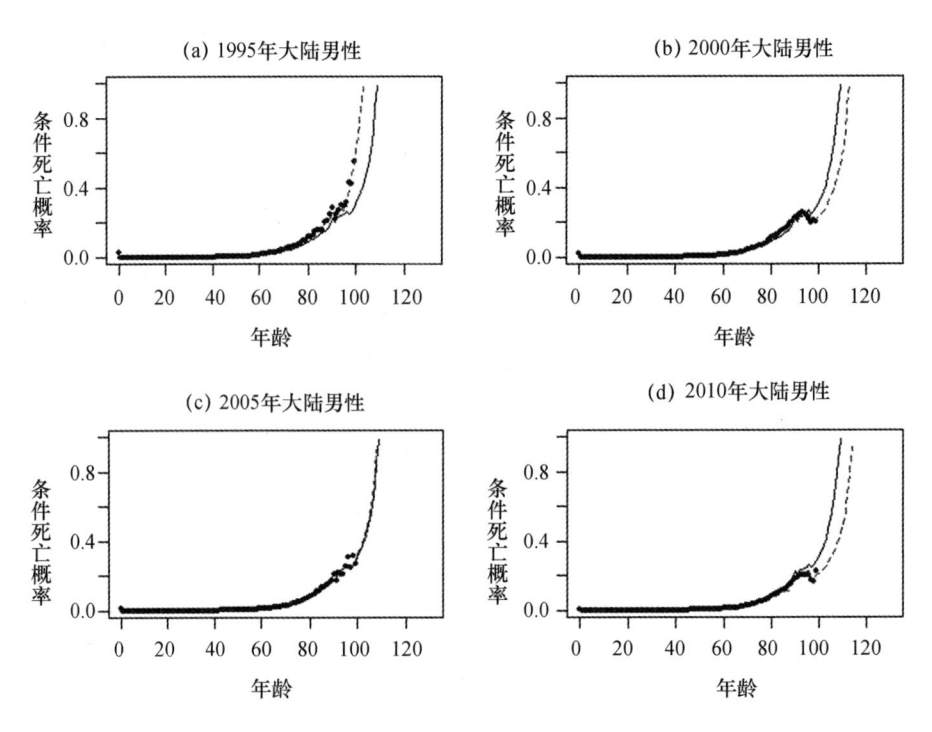

(a) 1995年大陆男性

(b) 2000年大陆男性

(c) 2005年大陆男性

(d) 2010年大陆男性

图4—12 中国大陆地区男性部分年份 0—99 岁的 $q_{x,t}$ 和最优分层模型估计的 $\hat{q}_{x,t}$

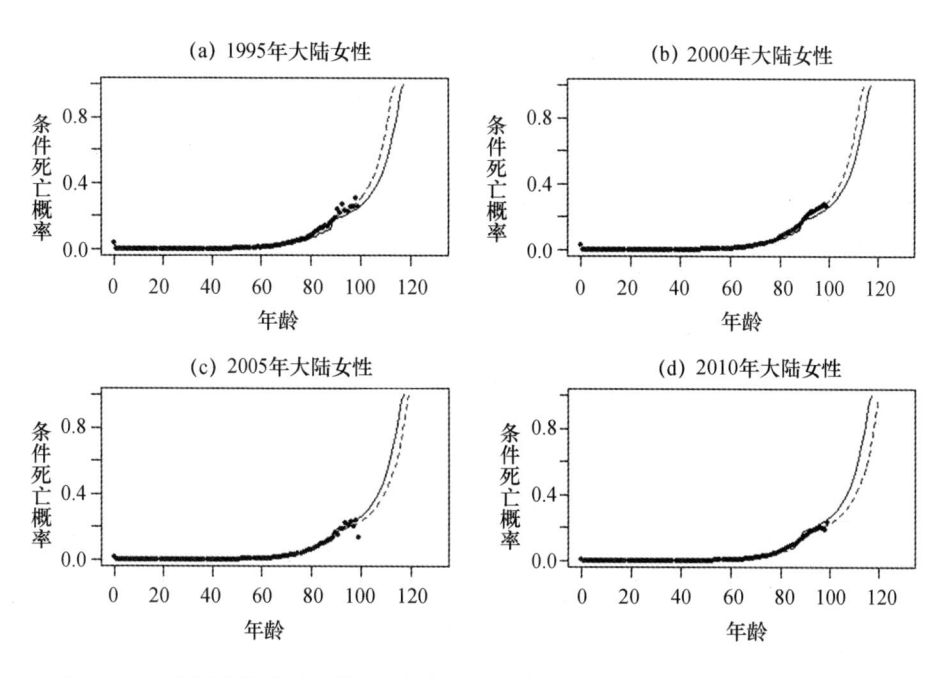

图 4—13　中国大陆地区女性部分年份 0—99 岁的 $q_{x,t}$ 和最优分层模型估计的 $\hat{q}_{x,t}$

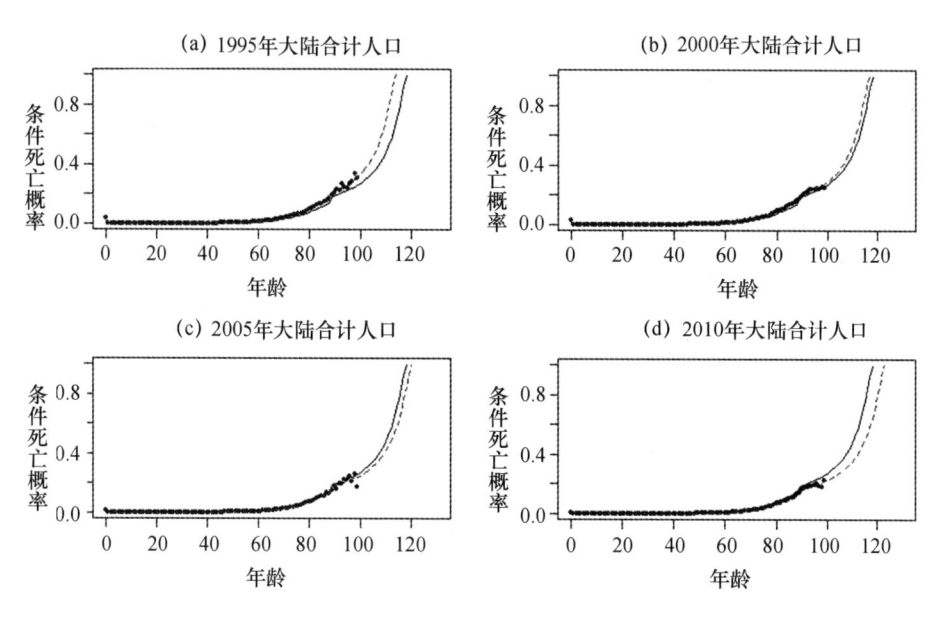

图 4—14　中国大陆地区合计人口部分年份 0—99 岁的 $q_{x,t}$ 和最优分层模型估计的 $\hat{q}_{x,t}$

在这些图中，黑点表示利用观测数据计算的 $q_{x,t}$。实线表示不考虑死亡率随时间的变化，仅由最优分层结构中 Lee-Carter 模型估计的 $\hat{a}_x$ 和 GP 分布估计的模型主要超参数 $\{\mu_\theta(\theta), \mu_\gamma(\gamma)\}$ 计算的 0 岁至平均极限年龄的平均死亡率（$\hat{q}'_{x,t}$），对应于不含随机效应变量的非分层模型的拟合结果，其计算公式为：

$$\hat{q}'_{x,t} = \begin{cases} \dfrac{\exp(\hat{a}_x)}{1 + (1-\alpha_x)\exp(\hat{a}_x)}, & x \leq N \\ 1 - \left[1 + \dfrac{\mu_\gamma}{\mu_\theta + \mu_\gamma(x-N)}\right]^{-1/\mu_\gamma}, & x > N \end{cases} \quad (4-24)$$

在计算 $\hat{q}'_{x,t}$ 时，中国台湾地区和大陆地区男性和合计人口选取 $\alpha_0 = 0.06$，$\alpha_x = 0.5(x \leq N)$，女性选取 $\alpha_0 = 0.07$，$\alpha_x = 0.5(x \leq N)$。虚线表示利用最优分层模型的参数估计得到的 $0 - \hat{\omega}_t$ 岁的条件死亡概率 $\hat{q}_{x,t}$。很明显可以看出，虚线所示的含随机效应变量的分层模型的拟合效果更好。

这些图从不同维度表明，本章构建的全年龄人口动态死亡率分层模型在死亡率修匀和各年份超高龄人口死亡率的年龄外推中都具有优良性能。

（五）最优模型估计的生存分布函数

利用式（4—17）所示的条件死亡概率 $q_{x,t}$ 与生存函数 $s(x,t)$ 之间的递推关系，在动态框架下，本节进一步绘制了中国台湾地区 1970—2010 年、中国大陆地区 1994—2010 年整个生命跨度的男性、女性和合计人口生存分布函数的动态演进，如图 4—15 至图 4—16 所示。

从这两图中展示的男性和女性人口生存分布函数的连续性和光滑性，也再次印证了本章构建的最优分层模型在死亡率修匀和各年份超高龄人口死亡率的年龄外推中具有优良性能。从某种程度上讲，也为在基于分段形式的死亡率建模中，不应拘泥于分段点处的连续性和光滑性，提供了新的佐证。

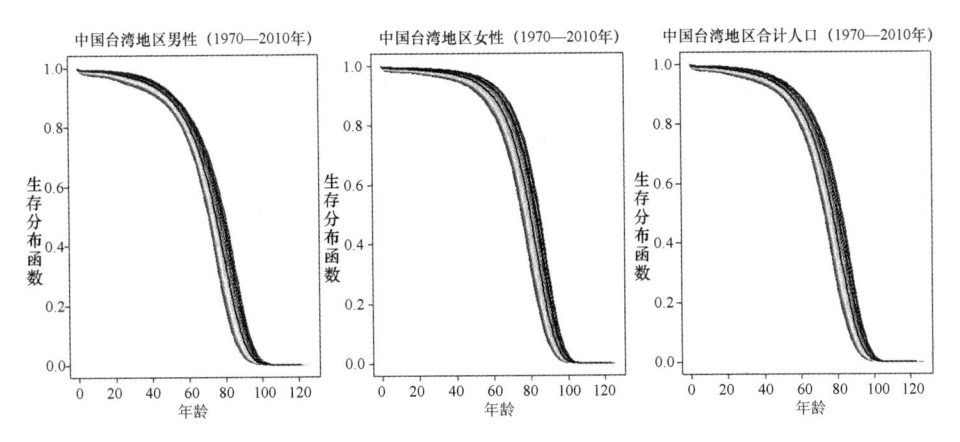

图 4—15　中国台湾地区男性、女性和合计人口 1970—2010 年生存函数的估计

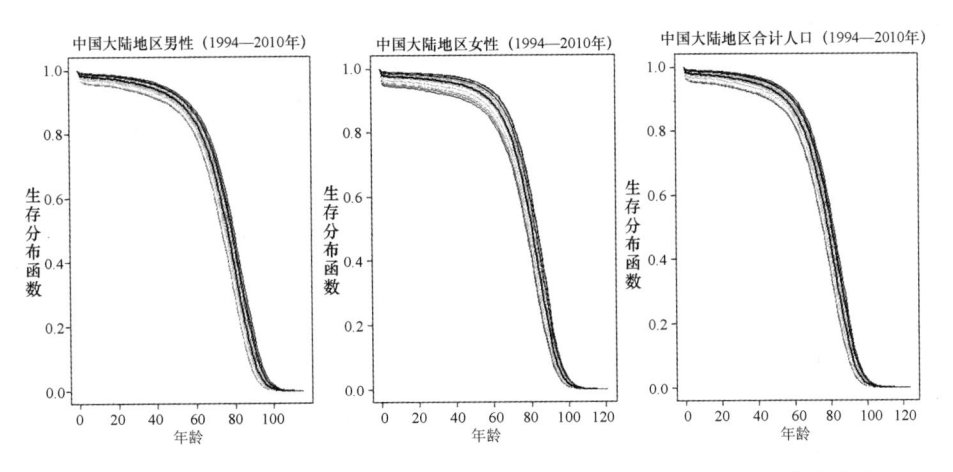

图 4—16　中国大陆地区男性、女性和合计人口 1994—2010 年生存函数的估计

（六）最优模型假设的检验诊断

基于式（4—15），图 4—17 至图 4—19、图 4—20 至图 4—22 分别绘制了利用最优分层模型得到的中国台湾地区 1970—2010 年 0—109 岁男性、女性和合计人口，以及中国大陆地区 1994—2010 年 0—99 岁男性、女性和合计人口的条件死亡概率 $q_{x,t}$ 的一系列残差诊断图，以进一步评估模型的充足性。

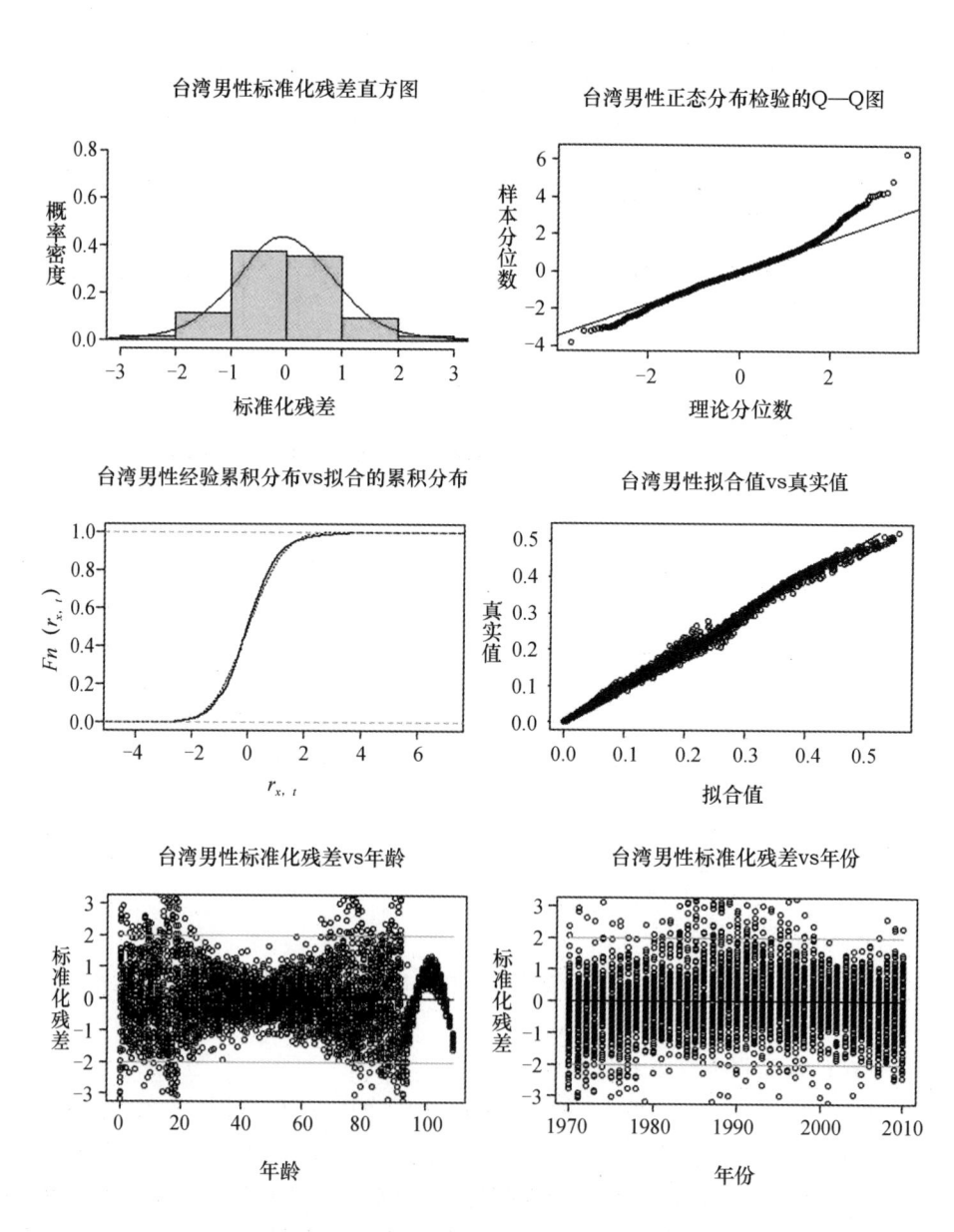

图 4—17　最优分层模型得到的中国台湾地区男性死亡率的 $r_{x,t}$ 和 $\hat{q}_{x,t}$ 的检验诊断

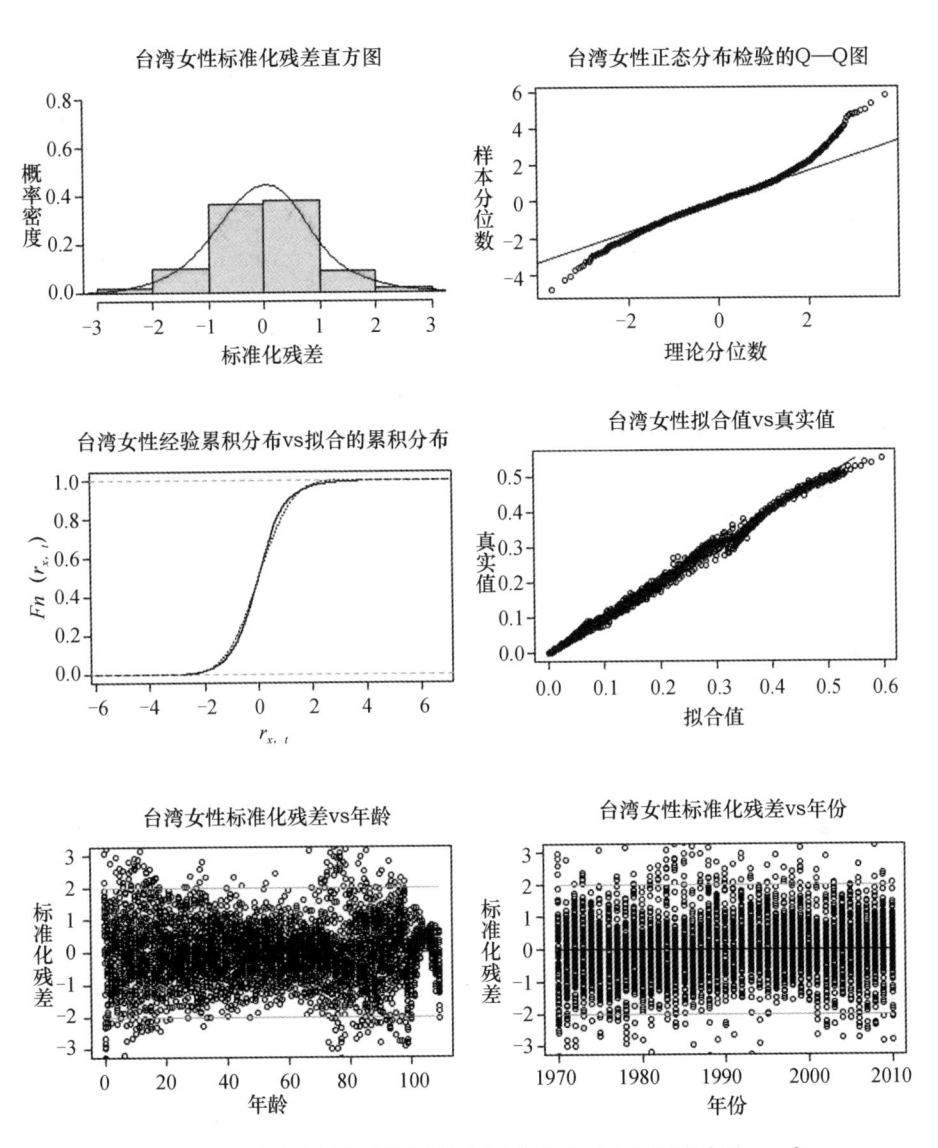

图4—18 最优分层模型得到的中国台湾地区女性死亡率的 $r_{x,t}$ 和 $\hat{q}_{x,t}$ 的检验诊断

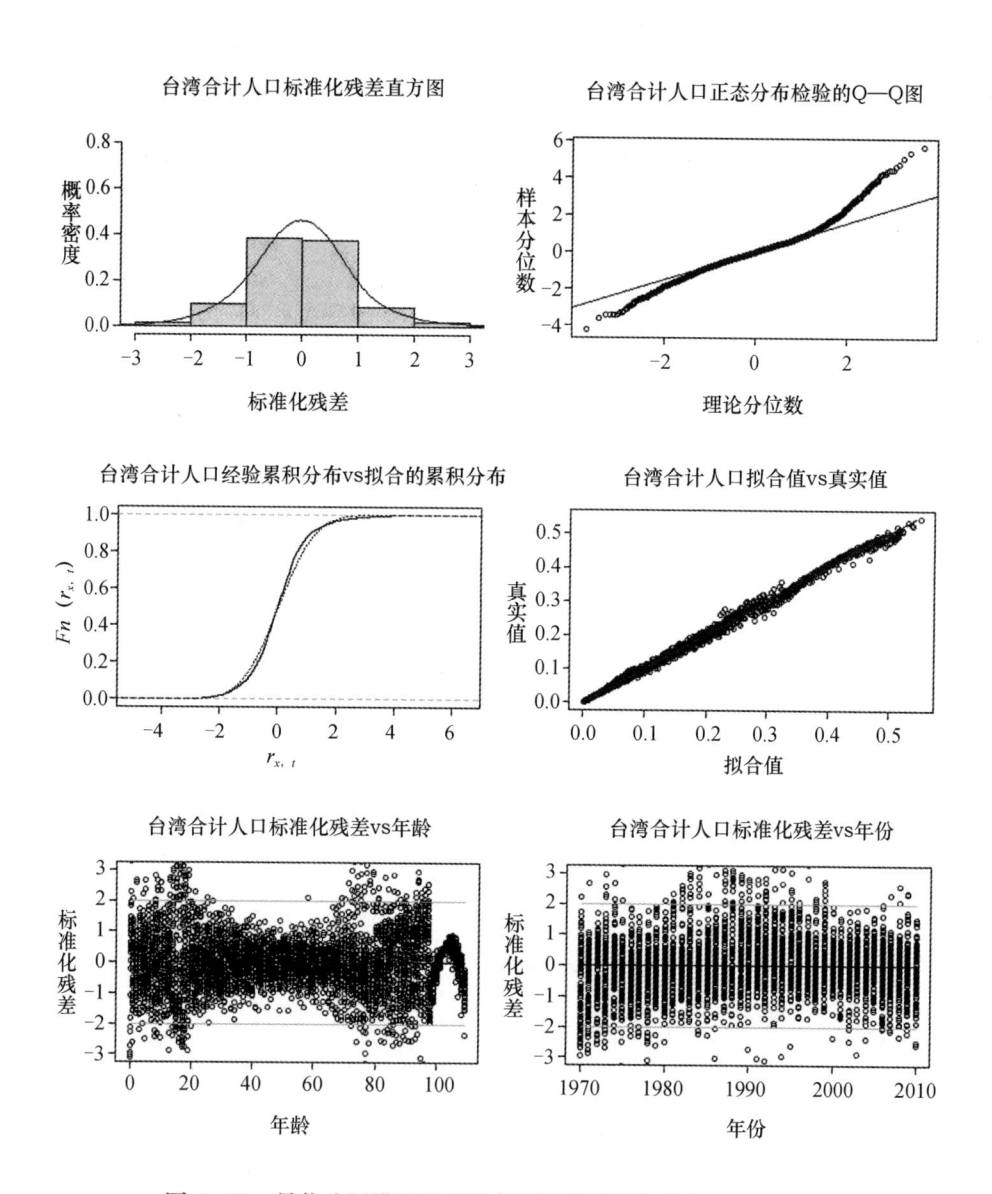

图4—19 最优分层模型得到的中国台湾地区合计人口死亡率的 $r_{x,t}$ 和 $\hat{q}_{x,t}$ 的检验诊断

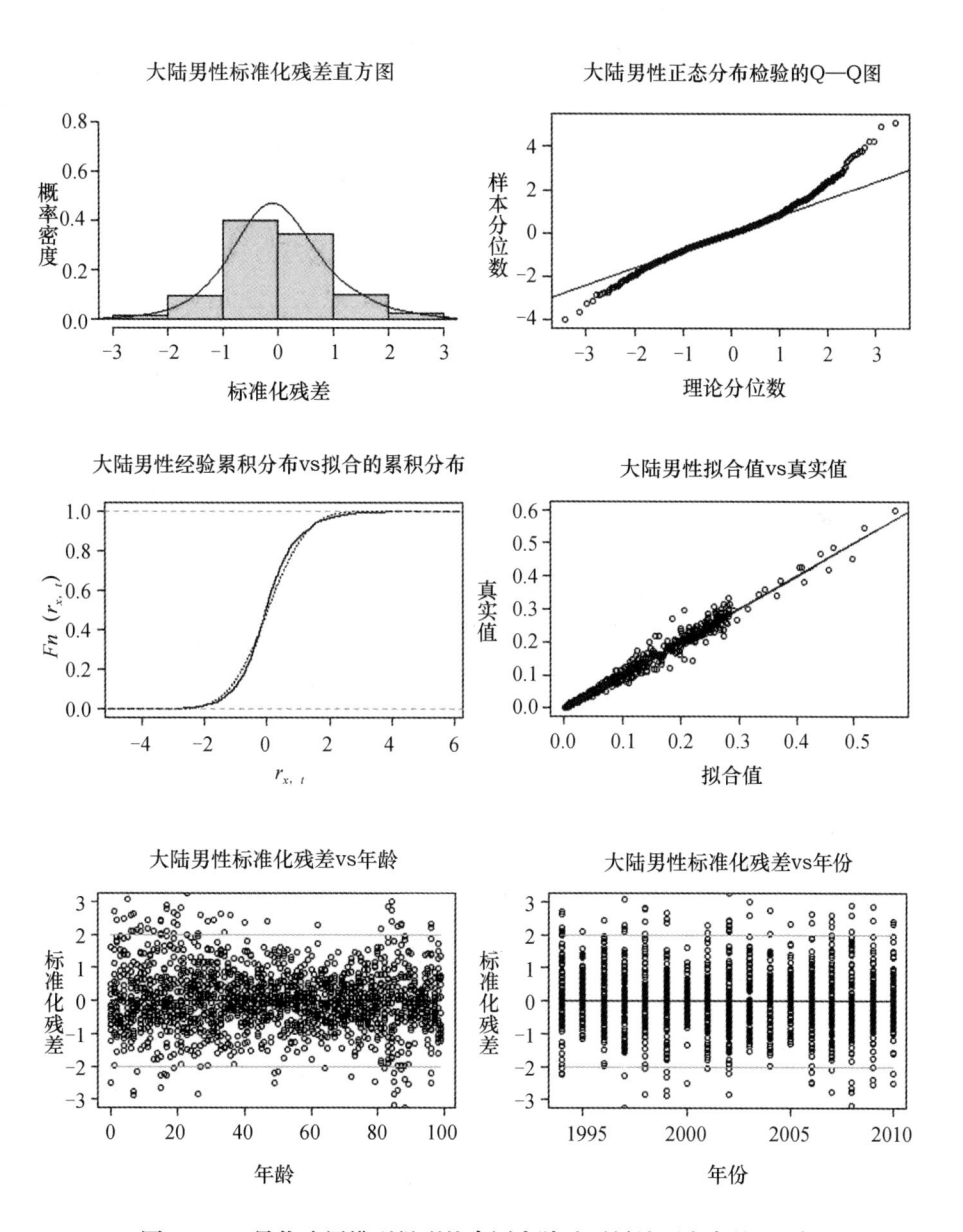

第四章 全年龄人口动态死亡率分层建模方法

图4—20 最优分层模型得到的中国大陆地区男性死亡率的 $r_{x,t}$ 和 $\hat{q}_{x,t}$ 的检验诊断

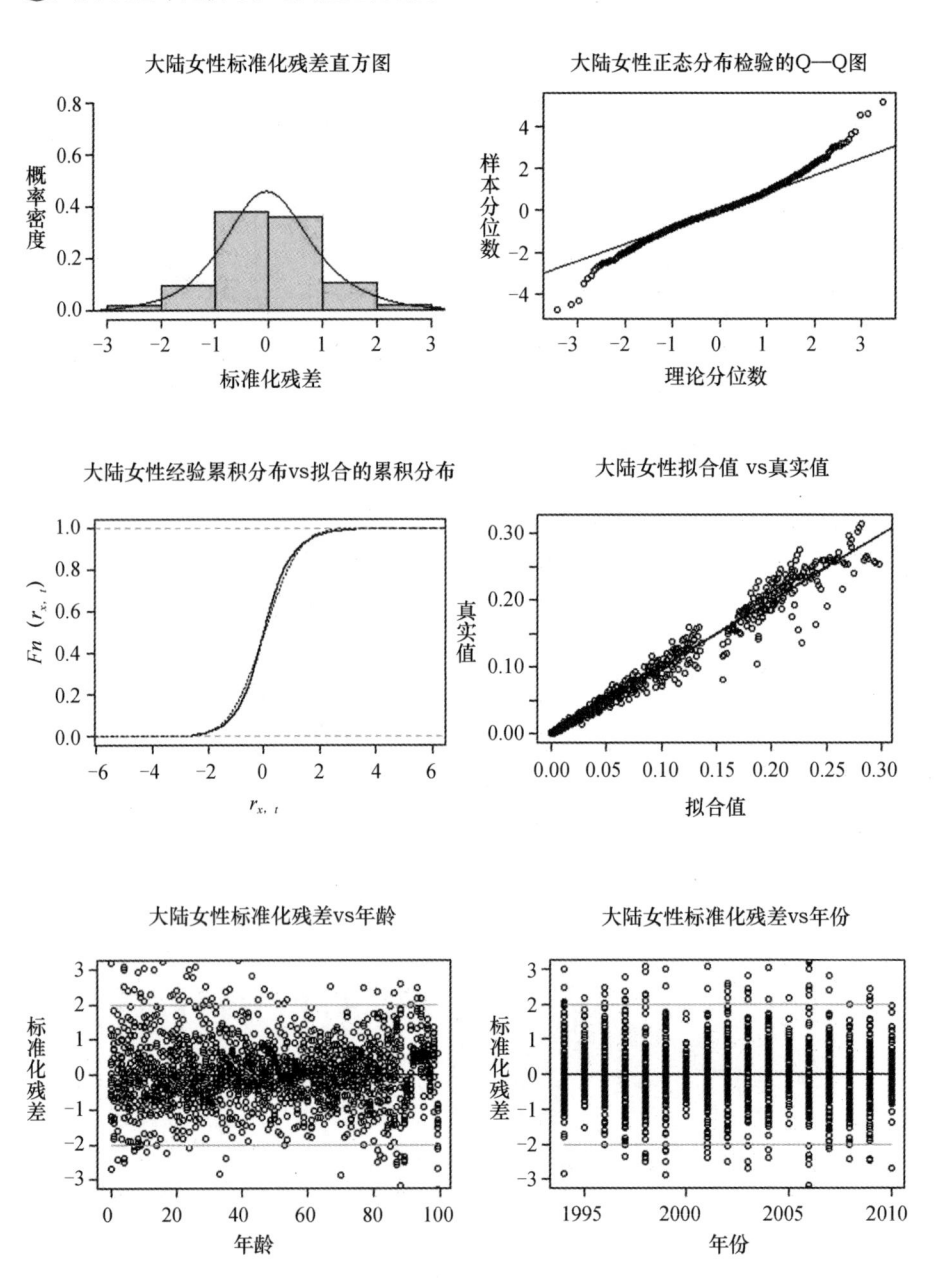

图4—21 最优分层模型得到的中国大陆地区女性死亡率的 $r_{x,t}$ 和 $\hat{q}_{x,t}$ 的检验诊断

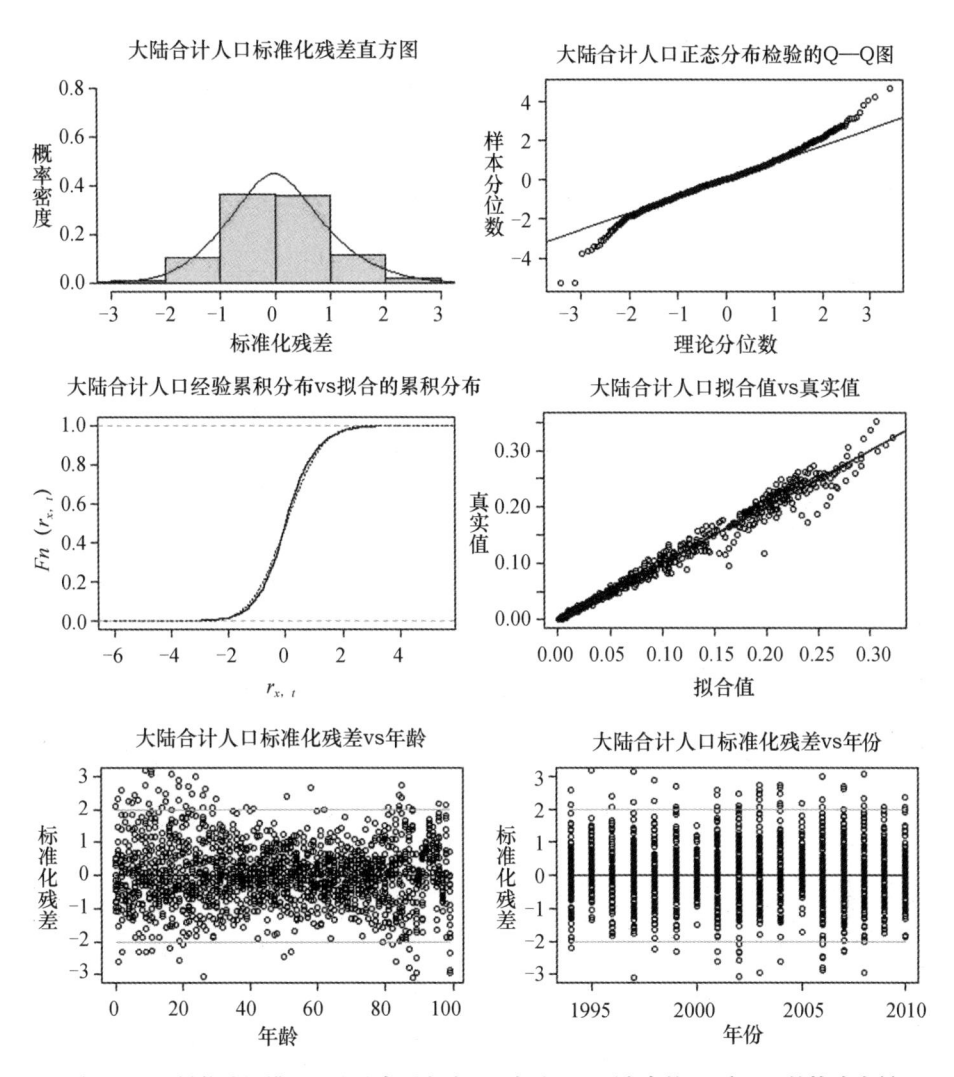

图 4—22　最优分层模型得到的中国大陆地区合计人口死亡率的 $r_{x,t}$ 和 $\hat{q}_{x,t}$ 的检验诊断

在这六个图中，前 3 个子图都表明 $q_{x,t}$ 的标准化残差 $r_{x,t}$ 近似服从正态分布，尤其是第 3 个子图中 $r_{x,t}$ 的经验累积分布图和正态分布拟合的累积分布图几乎完全重合；第 4 个子图表明最优分层模型的拟合效果非常好；最后两个子图分别对应于 $r_{x,t}$ 的年龄效应和年份效应，这些诊断图中几乎所有 $r_{x,t}$ 都在 [-2, 2] 范围内，且残差都随机散布在零线周围，也表明本章构建的分层模型的模型假设具有合理性。

表4—6 中国台湾地区最优动态死亡率分层模型中参数及 ω_t 的点预测值

年份	中国台湾地区男性					中国台湾地区女性					中国台湾地区合计人口			
	$\hat{k}_t$	$\hat{\theta}_t$	$\hat{\gamma}_t$	$\hat{\omega}_t$		$\hat{k}_t$	$\hat{\theta}_t$	$\hat{\omega}_t$		$\hat{k}_t$	$\hat{\theta}_t$	$\hat{\gamma}_t$	$\hat{\omega}_t$
2011	−2.0075	4.4255	−0.1649	118.8379		−2.5278	2.6328	124.9411		−2.1978	3.0903	−0.1253	121.6715
2012	−4.0149	4.2572	−0.1621	118.2560		−5.0556	2.5881	124.4839		−4.3956	2.9857	−0.1194	122.0153
2013	−6.0224	4.1261	−0.1596	117.8552		−7.5834	2.5627	124.2240		−6.5934	2.9120	−0.1152	122.2850
2014	−8.0299	4.0241	−0.1572	117.5958		−10.1112	2.5483	124.0763		−8.7912	2.8601	−0.1122	122.4918
2015	−10.0373	3.9447	−0.1550	117.4460		−12.6389	2.5401	123.9924		−10.9890	2.8235	−0.1101	122.6476
2016	−12.0448	3.8828	−0.1530	117.3804		−15.1667	2.5354	123.9447		−13.1868	2.7977	−0.1086	122.7635
2017	−14.0523	3.8346	−0.1511	117.3789		−17.6945	2.5328	123.9175		−15.3846	2.7795	−0.1075	122.8488
2018	−16.0598	3.7971	−0.1493	117.4254		−20.2223	2.5312	123.9021		−17.5824	2.7667	−0.1068	122.9112
2019	−18.0672	3.7679	−0.1477	117.5072		−22.7501	2.5304	123.8934		−19.7803	2.7576	−0.1062	122.9566
2020	−20.0747	3.7452	−0.1462	117.6144		−25.2779	2.5299	123.8884		−21.9781	2.7513	−0.1059	122.9895
2021	−22.0822	3.7275	−0.1448	117.7391		−27.8057	2.5296	123.8856		−24.1759	2.7468	−0.1056	123.0133
2022	−24.0896	3.7137	−0.1435	117.8752		−30.3335	2.5295	123.8840		−26.3737	2.7436	−0.1054	123.0305
2023	−26.0971	3.7029	−0.1423	118.0181		−32.8613	2.5294	123.8830		−28.5715	2.7414	−0.1053	123.0428
2024	−28.1046	3.6946	−0.1412	118.1640		−35.3890	2.5293	123.8825		−30.7693	2.7398	−0.1052	123.0517
2025	−30.1120	3.6881	−0.1402	118.3103		−37.9168	2.5293	123.8822		−32.9671	2.7387	−0.1051	123.0581
2026	−32.1195	3.6830	−0.1392	118.4548		−40.4446	2.5293	123.8821		−35.1649	2.7379	−0.1051	123.0627
2027	−34.1270	3.6790	−0.1383	118.5960		−42.9724	2.5293	123.8820		−37.3627	2.7374	−0.1050	123.0660
2028	−36.1344	3.6760	−0.1375	118.7329		−45.5002	2.5293	123.8819		−39.5605	2.7370	−0.1050	123.0684

续表

年份	中国台湾地区男性				中国台湾地区女性				中国台湾地区合计人口			
	$\hat{k}_t$	$\hat{\theta}_t$	$\hat{\gamma}_t$	$\hat{\omega}_t$	$\hat{k}_t$	$\hat{\theta}_t$	$\hat{\omega}_t$	$\hat{k}_t$	$\hat{\theta}_t$	$\hat{\gamma}_t$	$\hat{\omega}_t$
2029	−38.1419	3.6736	−0.1367	118.8646	−48.0280	2.5293	123.8819	−41.7583	2.7367	−0.1050	123.0701
2030	−40.1494	3.6717	−0.1360	118.9907	−50.5558	2.5293	123.8819	−43.9561	2.7365	−0.1050	123.0713
2031	−42.1569	3.6703	−0.1354	119.1108	−53.0836	2.5293	123.8819	−46.1539	2.7364	−0.1050	123.0722
2032	−44.1643	3.6691	−0.1348	119.2249	−55.6114	2.5293	123.8818	−48.3517	2.7363	−0.1049	123.0728
2033	−46.1718	3.6682	−0.1342	119.3328	−58.1391	2.5293	123.8818	−50.5495	2.7362	−0.1049	123.0732
2034	−48.1793	3.6676	−0.1337	119.4346	−60.6669	2.5293	123.8818	−52.7473	2.7362	−0.1049	123.0736
2035	−50.1867	3.6670	−0.1332	119.5306	−63.1947	2.5293	123.8818	−54.9451	2.7361	−0.1049	123.0738
2036	−52.1942	3.6666	−0.1327	119.6207	−65.7225	2.5293	123.8818	−57.1429	2.7361	−0.1049	123.0740
2037	−54.2017	3.6663	−0.1323	119.7054	−68.2503	2.5293	123.8818	−59.3407	2.7361	−0.1049	123.0741
2038	−56.2091	3.6660	−0.1319	119.7847	−70.7781	2.5293	123.8818	−61.5386	2.7361	−0.1049	123.0742
2039	−58.2166	3.6658	−0.1316	119.8590	−73.3059	2.5293	123.8818	−63.7364	2.7361	−0.1049	123.0742
2040	−60.2241	3.6657	−0.1313	119.9284	−75.8337	2.5293	123.8818	−65.9342	2.7361	−0.1049	123.0743
2041	−62.2315	3.6656	−0.1309	119.9933	−78.3615	2.5293	123.8818	−68.1320	2.7361	−0.1049	123.0743
2042	−64.2390	3.6655	−0.1307	120.0539	−80.8892	2.5293	123.8818	−70.3298	2.7361	−0.1049	123.0743
2043	−66.2465	3.6654	−0.1304	120.1104	−83.4170	2.5293	123.8818	−72.5276	2.7361	−0.1049	123.0743
2044	−68.2540	3.6654	−0.1301	120.1630	−85.9448	2.5293	123.8818	−74.7254	2.7361	−0.1049	123.0743
2045	−70.2614	3.6653	−0.1299	120.2121	−88.4726	2.5293	123.8818	−76.9232	2.7361	−0.1049	123.0744
2046	−72.2689	3.6653	−0.1297	120.2579	−91.0004	2.5293	123.8818	−79.1210	2.7361	−0.1049	123.0744

续表

年份	中国台湾地区男性 $\hat{k}_t$	$\hat{\theta}_t$	$\hat{\gamma}_t$	$\hat{\omega}_t$	中国台湾地区女性 $\hat{k}_t$	$\hat{\theta}_t$	$\hat{\omega}_t$	中国台湾地区合计人口 $\hat{k}_t$	$\hat{\theta}_t$	$\hat{\gamma}_t$	$\hat{\omega}_t$
2047	-74.2764	3.6652	-0.1295	120.3004	-93.5282	2.5293	123.8818	-81.3188	2.7361	-0.1049	123.0744
2048	-76.2838	3.6652	-0.1293	120.3401	-96.0560	2.5293	123.8818	-83.5166	2.7361	-0.1049	123.0744
2049	-78.2913	3.6652	-0.1292	120.3769	-98.5838	2.5293	123.8818	-85.7144	2.7361	-0.1049	123.0744
2050	-80.2988	3.6652	-0.1290	120.4112	-101.1116	2.5293	123.8818	-87.9122	2.7361	-0.1049	123.0744
2051	-82.3062	3.6652	-0.1289	120.4431	-103.6393	2.5293	123.8818	-90.1100	2.7361	-0.1049	123.0744
2052	-84.3137	3.6652	-0.1287	120.4728	-106.1671	2.5293	123.8818	-92.3078	2.7361	-0.1049	123.0744
2053	-86.3212	3.6652	-0.1286	120.5003	-108.6949	2.5293	123.8818	-94.5056	2.7361	-0.1049	123.0744
2054	-88.3286	3.6652	-0.1285	120.5259	-111.2227	2.5293	123.8818	-96.7034	2.7361	-0.1049	123.0744
2055	-90.3361	3.6652	-0.1284	120.5497	-113.7505	2.5293	123.8818	-98.9012	2.7361	-0.1049	123.0744
2056	-92.3436	3.6652	-0.1283	120.5718	-116.2783	2.5293	123.8818	-101.0991	2.7361	-0.1049	123.0744
2057	-94.3511	3.6652	-0.1282	120.5923	-118.8061	2.5293	123.8818	-103.2969	2.7361	-0.1049	123.0744
2058	-96.3585	3.6652	-0.1281	120.6114	-121.3339	2.5293	123.8818	-105.4947	2.7361	-0.1049	123.0744
2059	-98.3660	3.6652	-0.1280	120.6291	-123.8616	2.5293	123.8818	-107.6925	2.7361	-0.1049	123.0744
2060	-100.3735	3.6652	-0.1279	120.6455	-126.3894	2.5293	123.8818	-109.8903	2.7361	-0.1049	123.0744

三 预测中国台湾地区未来 50 年全年龄人口死亡率

（一）最优模型参数的点预测和区间预测

基于最优动态死亡率分层模型估计的参数 k_t、θ_t 和 γ_t（$t \in [1970, \cdots, 2010]$），表 4—6 给出了中国台湾地区 2011—2060 年男性、女性和合计人口中三个参数 k_t、θ_t 和 γ_t，以及极限年龄 ω_t 的点预测结果。

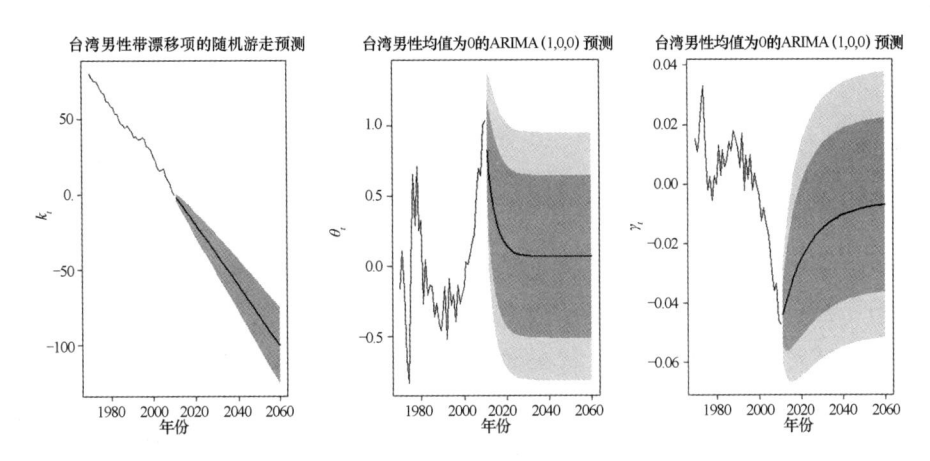

图 4—23 基于最优模型的中国台湾地区男性死亡率中参数 k_t、θ_t 和 γ_t 的点预测及区间预测

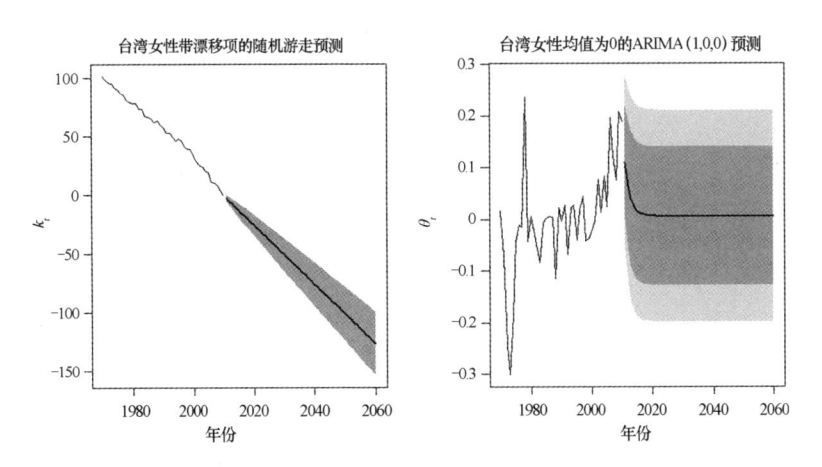

图 4—24 基于最优模型的中国台湾地区女性死亡率中参数 k_t 和 θ_t 的点预测及区间预测

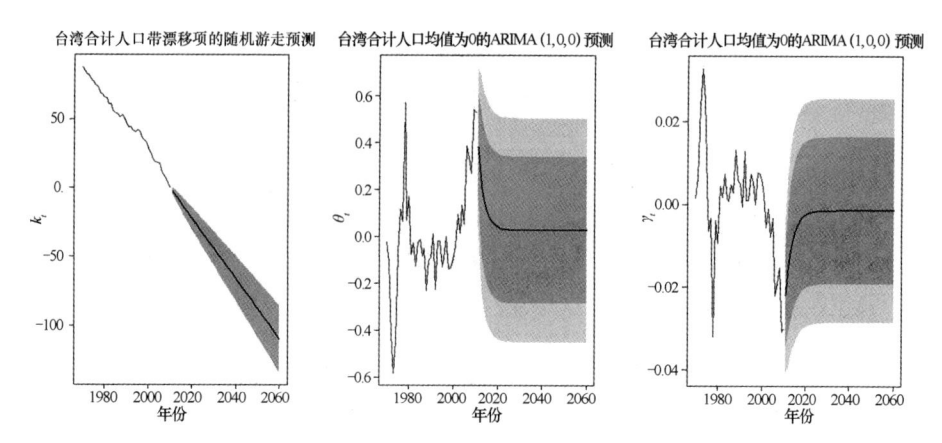

图 4—25　基于最优模型的中国台湾地区合计人口死亡率中参数 k_t、θ_t 和 γ_t 的点预测及区间预测

图 4—23 至图 4—25 进一步绘制了中国台湾地区男性、女性和合计人口中参数 k_t、θ_t 和 γ_t 两参数的随机效应变量的点预测及区间预测，其中 k_t 的置信区间仅为 80%，θ_t 和 γ_t 的置信区间都为 80% 和 95%。

（二）条件死亡概率的预测结果

在此基础上，图 4—26 至图 4—28 分别绘制了中国台湾地区 2011—2060 年男性、女性和合计人口 $0—\hat{\omega}_t$ 岁的点预测值 $\ln(\hat{q}_{x,t})$ 和 $\hat{q}_{x,t}$。为了与

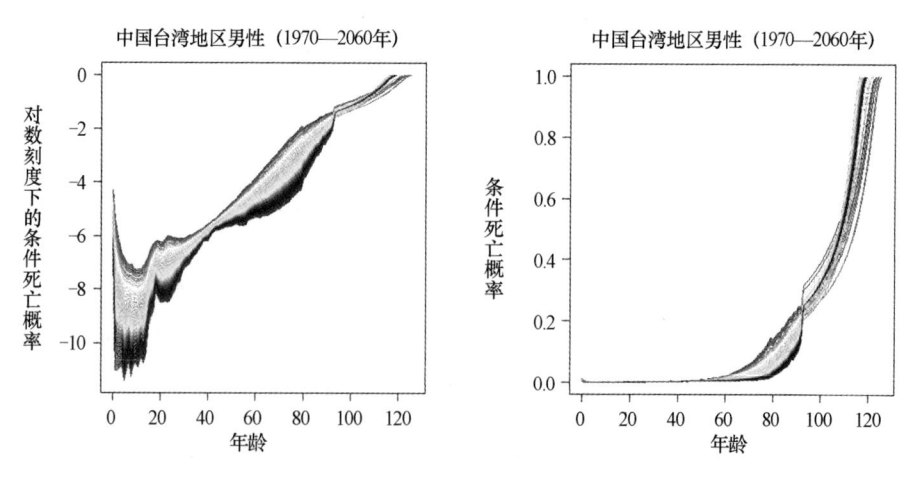

图 4—26　中国台湾地区男性 1970—2060 年 $0—\hat{\omega}_t$ 岁的 $\ln(q_{x,t})$ 和 $q_{x,t}$ 的估计值和点预测值

最优模型拟合的历史死亡率进行比较,这三个图中也给出了1970—2010年全年龄人口条件死亡概率的估计结果。从这三个图的左子图中每个年龄的垂直高度(宽度)可以看出,不同年龄对数死亡概率的改善程度存在差异,其中垂直高度越大的年龄区间的死亡率改善的绝对程度更大,垂直高度越小的年龄区间的死亡率改善的绝对程度较小。

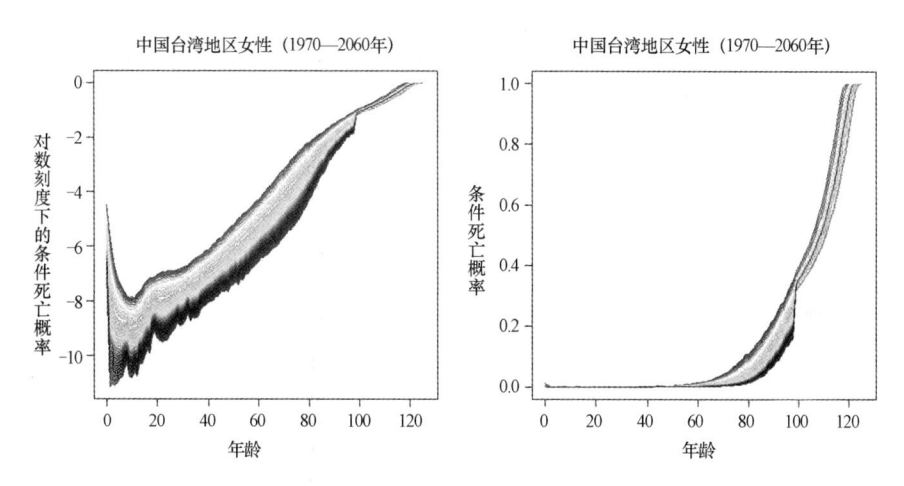

图4—27 中国台湾地区女性1970—2060年0—$\hat{\omega}_t$岁的$\ln(q_{x,t})$和$q_{x,t}$的估计值和点预测值

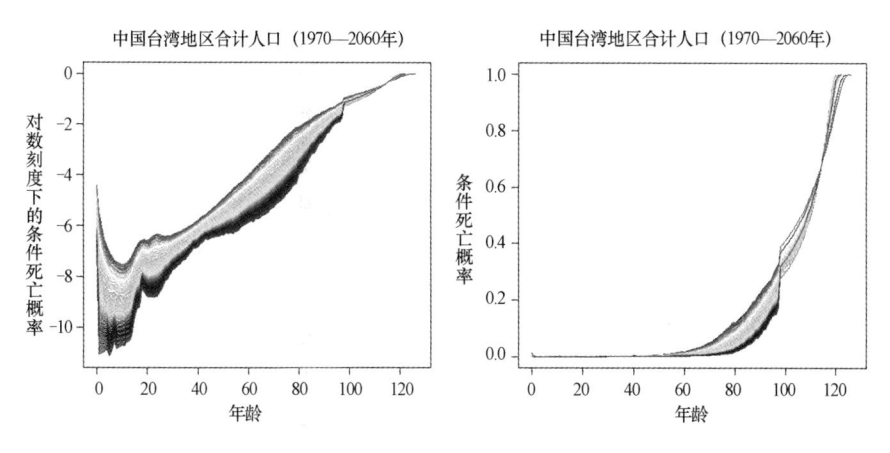

图4—28 中国台湾地区合计人口1970—2060年0—$\hat{\omega}_t$岁的$\ln(q_{x,t})$和$q_{x,t}$的估计值和点预测值

(三) 生存分布函数的预测结果

结合最优模型得到的 $q_{x,t}$ 的估计值和预测值，基于式（4—17），图4—29进一步绘制了中国台湾地区1970—2060年男性、女性和合计人口 0—$\hat{\omega}_t$ 岁的生存分布函数。

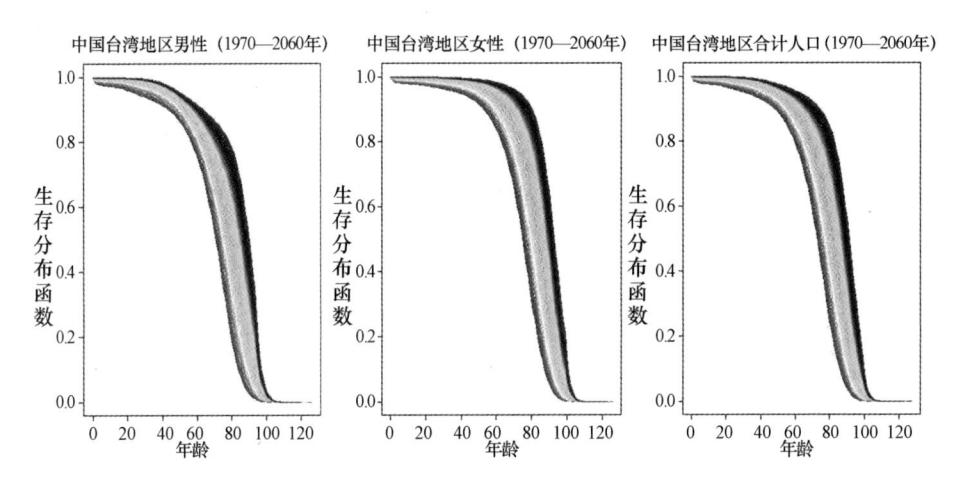

图4—29　中国台湾地区男性、女性和合计人口 1970—2060 年
生存函数的估计和预测

四 预测未来平均预期寿命及构造动态生命表

基于式（4—22），图4—30绘制了中国台湾地区男性、女性和合计人口1970—2060年 0—ω_t 岁的平均预期寿命（$e_{x,t}$）的三维图。

为了深层次剖析中国台湾地区平均预期寿命的动态演变，图4—31绘制了新生儿的平均预期寿命随时间的变化趋势，结果表明女性新生儿的平均预期寿命明显高于男性。图4—32绘制了各个年龄平均预期寿命随时间的变化趋势，结果表明年龄越高人群的平均预期寿命随时间的动态改善明显降低，这验证了已有研究得出的不同年龄死亡率改善情况存在差异性的结论。图4—33进一步绘制了每一年份全年龄人口平均预期寿命的变化特征。图4—33也可视为直接利用 $q_{x,t}$ 的估计值和点预测值编制的1970—2060年的时期生命表。随着计算技术的快速发展，这种构造生命表的方法比本章第三节描述的传统构造方法更简单直观。

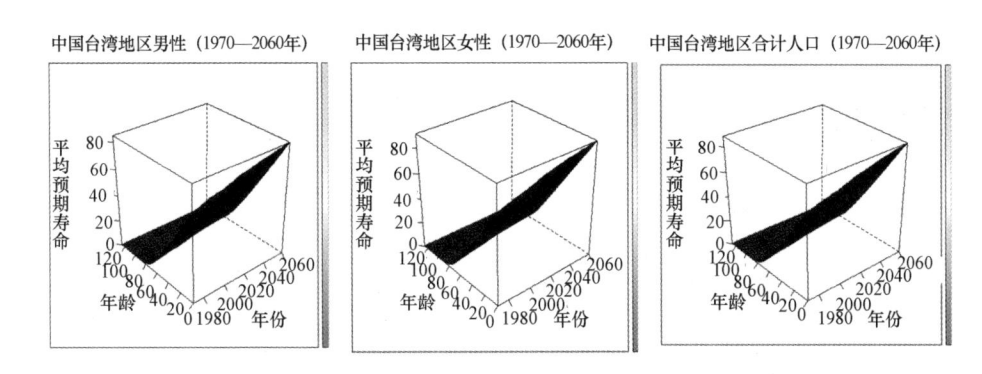

图4—30 中国台湾地区1970—2060年 0—$\hat{\omega}_t$ 岁的平均预期寿命

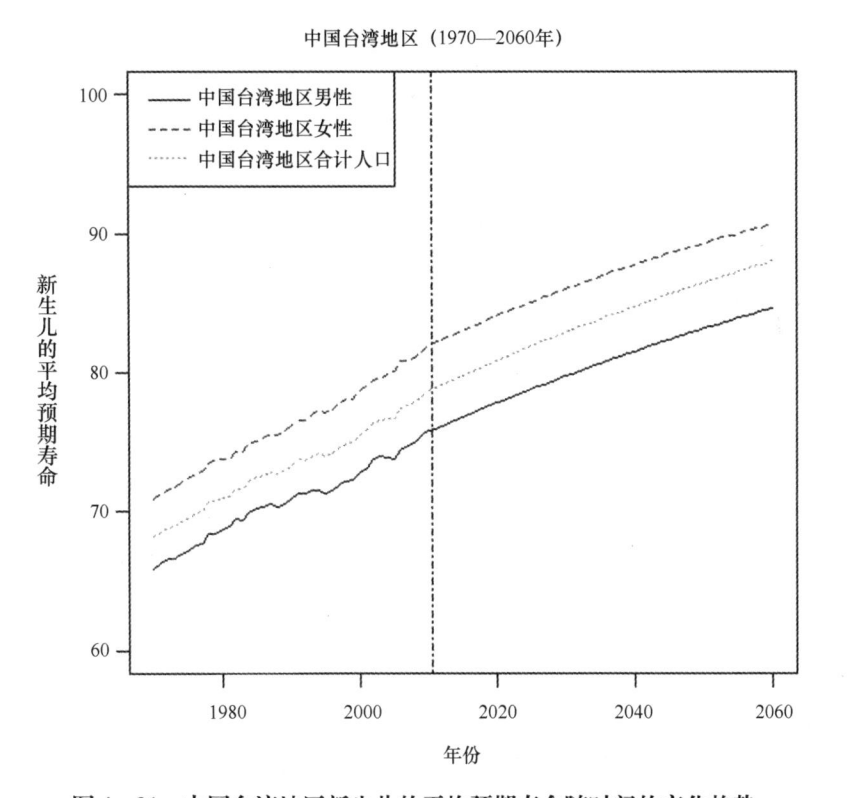

图4—31 中国台湾地区新生儿的平均预期寿命随时间的变化趋势

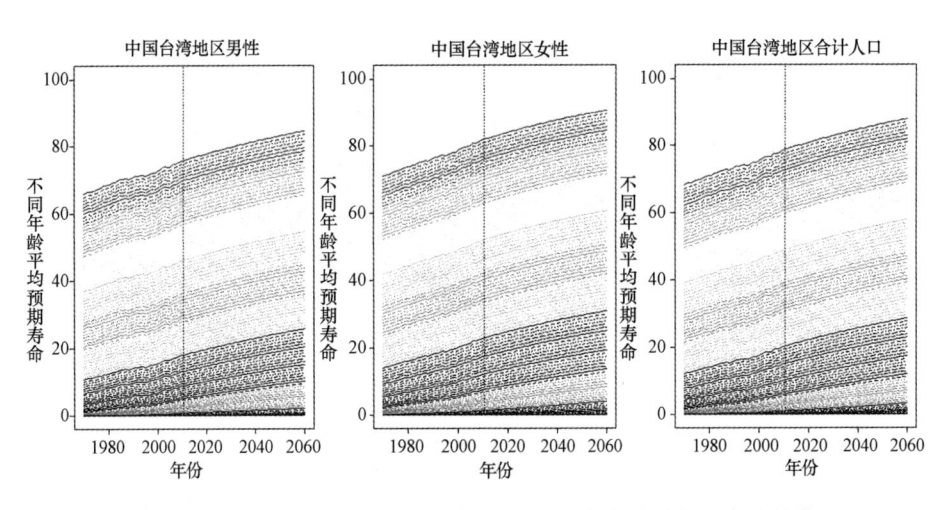

图4—32 中国台湾地区各个年龄平均预期寿命随时间的变化趋势

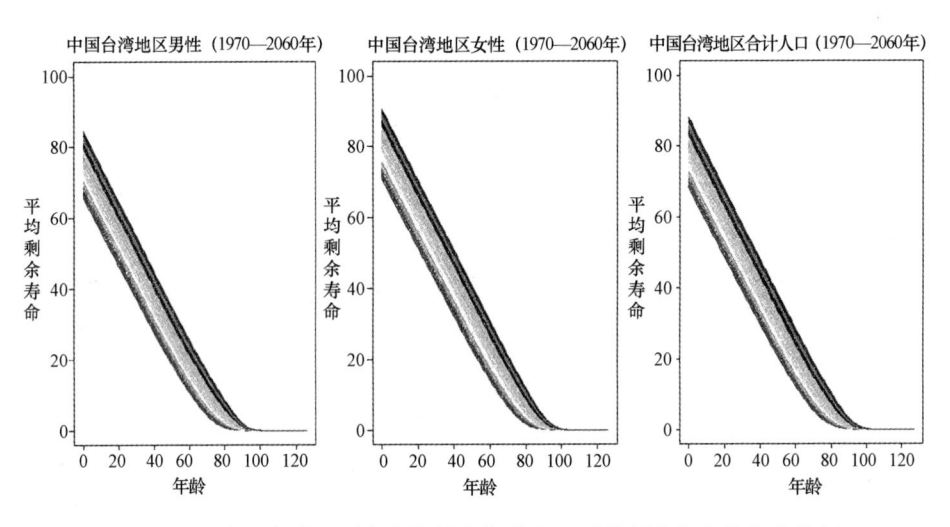

图4—33 中国台湾地区各个年份全年龄人口平均剩余寿命的变化特征

第五节 本章小结

本章通过构建基于扩展 Lee – Carter 模型和 GP 分布的分段形式的全年

龄人口动态死亡率分层模型，深度诠释了中国大陆地区1994—2010年、中国台湾地区1970—2010年整个生命周期的男性、女性和合计人口死亡率、生存分布的动态演变规律。在此基础上，对中国台湾地区2011—2060年全年龄人口死亡率、生存分布、未来平均预期寿命进行了预测，并通过一种更简单的方法构造了中国台湾地区1970—2060年的动态生命表。这种预测未来全年龄人口死亡率、生存分布、平均预期寿命，以及构造动态生命表的方法也适用于中国大陆地区。

　　本章提出的全年龄人口动态死亡率分层模型具有很多优势。这主要表现在，第一，将极值建模方法引入超高龄人口动态死亡率分析中，有效解决了已有的全年龄人口动态死亡率模型在超高龄年龄外推中存在的缺陷，合理量化了人口寿命分布的尾部特征。第二，探讨了中国大陆地区和中国台湾地区人口寿命分布有限上界的存在性问题，得出中国人口寿命分布的有限上界是存在的，并揭示了极限年龄的点估计随时间的动态演变。我们认为，该演变过程也可视为极限年龄趋于稳态的收敛过程。更进一步讲，当人类寿命分布的有限上界存在时，可以探讨极限年龄的点估计和区间估计，进而可以拓展关于世界各国人口发展规律的已有研究。第三，深度剖析了随着时间的推移，全年龄人口条件死亡概率、生存分布、平均预期寿命的动态演变规律，并全面解读了不同年龄死亡率性别差异的变化趋势。第四，这种建模方法简化并扩展了已有的生命表的编制工作，不但可以构造静态生命表，而且可以构造时期生命表和队列生命表两种动态生命表。第五，构建的全年龄人口动态死亡率分层模型可以编制适合中国人口特征的死亡率指数，更全面有效地量化了中国的长寿风险，研究方法可以直接应用于中国养老保险计划的三支柱中的长寿风险量化与管理，以期为中国长寿风险定量评估体系的构建和管理工具的发展提供理论和技术支撑。最后指出，构建的全年龄人口动态死亡率分层模型也适用于HMD中所有国家的死亡率数据，保证了模型的适用性。同时，针对HMD中的死亡率数据，模型的稳健性及在中长期预测中的有效性都比较好。目前，我们已经对提出的全年龄人口动态死亡率分层模型的修匀、年龄外推和趋势预测进行了完整的编程实现，所有算法模块化，保证了算法的灵活性和可移植性。

　　综上所述，本章的主要贡献在于，将高龄扩展到整个生命跨度，将静态模型扩展到动态模型，将非线性模型扩展到分层模型，全方位地拓展了

第二、第三章的研究工作。

作为进一步的研究方向，就建模方法而言，探讨本章提出的全年龄人口动态死亡率分层模型的变形、扩展及改进，如在分层结构中直接考虑性别差异，全面考虑模型误差项的异质性，扩展考虑出生年效应等，也可以考虑基于 GLM 和 GP 分布的全年龄人口动态死亡率分层模型。就模型的实际应用而言，针对中国有限的死亡率统计数据，有待进一步探讨一些合理的解决思路和方法。比如，研究各种全年龄人口动态死亡率模型在中长期预测中的适用性、模型的比较与选择问题等。此外，中国人口普查等宏观统计的死亡率数据可能并不适合于中国养老保险体系和商业保险公司参保人群的死亡率。目前，我们很难获得中国社会保障体系、商业保险公司参保人群的死亡率数据。就全世界范围而言，除英国以外的大部分国家都没有收集商业保险公司的死亡率数据，我们可以借助 CMIB 提供的保险行业中被保险人的死亡率数据集进行分析，以期为中国社会保障体系、商业保险公司提供借鉴。总之，这些探索研究都有望为中国长寿风险的量化和管理工作提供理论依据和实践参考。

最后指出，本章提出的全年龄人口动态死亡率建模方法可以视为中国人寿保险行业、社会保障体系应对长寿风险的最基础且最核心的量化研究工作。其中，对寿险行业来说，寿险公司经营的两大核心问题是定价和准备金评估，影响这两大核心问题的三个关键因素是死亡率、利息率和费用率，其中死亡率在寿险行业经营中有着绝对重要的作用，这也是寿险行业区别于其他金融服务业的最大特征。随着科技进步、医疗卫生事业的发展，人类寿命不断延长，未来死亡率改善已不容忽视，本章构建的最优分层模型同样适用于寿险公司参保人群的死亡率经验分析，进而可以在动态框架下，更精确地量化整个生命跨度参保人群的死亡率演变的客观规律，有望改进寿险公司的精算技术，提升寿险行业对长寿风险的认识，在合理量化年金产品中蕴含的长寿风险的基础上，进行有效的管理。此外，我们认为，死亡率的精确估计对整个寿险行业经营的稳定性有着重要影响。但考虑到寿险公司险种多样化，有传统保障型产品，也有新型兼有保障功能和投资功能的产品，简单地考虑这种更精确的死亡率估计方法对整个寿险行业的影响，这个问题未免太大。我们未来将对这一问题进行专项深入研究，希望能取得具有实务操作价值的研究成果。对中国养老保险体系、老龄化进程与相关公共政策的制定来说，高龄乃至超高龄死亡率的精确估计对改进老年人口规模和死亡率预测也至关重要。因此，我们以后的工作重心是：在对死亡率进行精确估计的基础上，重新诠释中国基本养老保险体系蕴含的长寿风险。同时，在精确量化死亡率的客观规律的基础上，为中国人口老龄化进程提供新的更深层次的认识，也希望能为老龄化背景下相关公共政策的制定提供更为精准且更为科学的理论依据。

第五章 长寿风险对保险公司寿险和年金产品定价的影响

第一节 长寿风险量化研究简介

老龄社会主要是源于人口生育率和死亡率下降共同作用的结果。这种共同作用的结果导致了人口年龄结构趋于老化，老龄人口占比逐渐上升，人类变得越来越长寿。长寿对个人来说本身是件好事，但长寿同时也会对经济和社会的稳定、和谐和可持续发展提出一些新的要求和挑战。所以，我们从量化的角度来讲，也将长寿视为一种风险，也称为长寿风险。这也是近二十年来，公共养老金领域和人寿保险公司关注的一个热点问题。

通常，我们把长寿风险定义为个人或总体人群未来的平均实际寿命高于预期寿命而产生的风险。其中，个人面临的长寿风险称为个体长寿风险，总体人群面临的长寿风险称为聚合长寿风险。个体长寿风险是指个人死亡率围绕死亡率最佳估计的基础假设的正常波动，是可以分散的非系统性风险或特定风险；而聚合长寿风险是指源于死亡率与死亡率改善水平的不正确的基础假设导致的风险，是无法根据大数法则进行分散的系统性风险，对人寿保险公司和公共养老金计划的影响非常显著，需要在合理量化的基础上，进行有效的管理。也就是说，在实际中，我们并不畏惧个体长寿风险，而担心或害怕聚合长寿风险对经济社会发展的影响。如无特别说明，下文中的长寿风险均指聚合长寿风险。

对我国而言，这种持续的人口死亡率动态改善，不但会影响政府宏观政策的制定、社会资源的再分配政策，而且也带来了个人退休计划中的长寿风险问题。年金作为一种转移长寿风险的重要管理工具，无论是我国基

第五章 长寿风险对保险公司寿险和年金产品定价的影响

于社会统筹和个人账户相结合的基本养老保险制度模式下的现行计发办法，还是商业保险公司开发的各种应对养老的年金产品，都会受到这种聚合性、系统性长寿风险的影响。一方面，目前我国基本养老保险在个人账户中仍采用固定的计发月数计算养老金待遇，并没有考虑长寿风险对未来养老金待遇模式的影响。另一方面，目前我国保险公司在开发年金产品时，仍采用中国人身保险业经验生命表中的固定死亡率精算假设对年金产品进行定价。从理论上讲，参保人群死亡率的动态改善会导致保险公司年金产品价格被低估，进而导致责任准备金提取不足，势必会增加保险公司在年金产品上的经营风险。因此，长寿风险对基本养老保险体系的财务可持续性和保险公司年金产品的偿付能力都有着显著影响，合理量化我国基本养老保险体系、保险公司年金产品中蕴含的长寿风险已变得越来越重要。为此，在前四章的基础上，第五、第六章将集中量化聚合长寿风险对寿险公司产品定价和责任准备金评估的影响。

实际上，长寿风险量化与管理专题研究最初就是从寿险行业引发出来的，主要是源于寿险行业参保人群的死亡率持续下降，平均预期寿命不断延长引发的寿险公司年金产品定价的风险问题，通常是低估了年金产品的价格。相反，这种动态的死亡率改善同样会引发保障类寿险产品定价的高估问题。从直觉上讲，寿险产品定价的高估与年金产品定价的低估之间存在一种天然的自然对冲（Natural Hedge）现象。那么，一些值得思考的问题是，这种自然对冲的弹性到底有多大？这种对冲弹性随时间的动态演变如何？从长期来看，保险公司是否可以依靠保障类产品与年金类产品的自然对冲有效地管理这种系统性长寿风险？此外，由于死亡率存在性别差异，男性和女性的死亡率动态改善程度不同，那么男性投保者的自然对冲效果大，还是女性投保者的自然对冲效果大？通常来说，由于女性比男性更长寿，那么女性人口蕴含的长寿风险更大？这种认识是否正确？

从现实角度来看，目前我国保险公司开发的年金产品仍采用固定死亡率精算假设进行定价，没有考虑未来参保人群的系统性死亡率改善引发的聚合长寿风险对年金产品定价的影响。尽管如此，中国人身保险业经验生命表的两次修订恰恰体现了参保人群的系统性死亡率改善蕴含的聚合长寿风险的变化，这为前述第一个问题的解答提供了一次完美的自然实验。对于第二、第三个问题来说，由于目前寿险行业只有三套经验生命表（CL 1990—1993、CL 2000—2003 和 CL 2010—2013），故我们无法量化这种对冲弹性随时间的动态演变规律，进而很难探讨自然对冲工具在管理长寿风险中的长期效果。相比之下，我国已经历了1953年、1964年、1982年、1990年、2000年和2010年六次全国人口普查，尤其是20世纪90年代之后每年1%或1‰的人口抽样调查，这些全国层面的普查或抽样调查的死亡人口状况数据相对比较充足。我们能否利用这些数据编制国民生命表并计算相应的对冲弹性，这与经验生命表计算的对冲弹性是否具有可比性？或者说，在多大程度上具有可比性？如果具有可比性，那么基于国民生命表计算的对冲弹性的动态演变将可以为寿险业提供借鉴，也有望为以后中国银保监会经验生命表的修订工作提供启示和建议。

有鉴于此，本章首先以递延年金为例，基于CL 1990—1993和CL 2000—2003来定量分析个人年金产品中蕴含的长寿风险。其次分别基于经验生命表修订后的死亡率动态改善，第四章提出的全年龄人口动态死亡率的最优分层模型，探讨了终身寿险与终身年金、两全保险与定期年金、递延寿险与递延年金的对冲弹性。这些研究基于性别、养老金业务和非养老金业务、投保年龄、保险期限、递延期限和利率假设等多层次视角，对中国寿险业承担的长寿风险进行了系统全面的诠释。最后为保险监管机构和寿险公司合理量化中国寿险业的长寿风险提出了几点建议，并指出了未来中国长寿风险的量化与管理的研究重点和发展方向。这些探索研究有望为费率市场化环境下保险产品精算定价及监管机制研究提供借鉴。

第二节 年金产品定价中蕴含的长寿风险分析

一 经验生命表死亡率改善率比较

Friedman和Warshawsky（1988），Brown等（2000）定性探讨了长寿风险对年金产品定价的影响，指出年金产品定价时需要考虑死亡率改善因素。Khalaf-Allah等（2006）研究了不同性别、年龄和利率下死亡率改善因素对年金产品的影响。结合这些文献可以看出，合理量化死亡率改善程度对改进年金产品的精算定价技术非常重要。在实际中，我们通常采用对

第五章 长寿风险对保险公司寿险和年金产品定价的影响

数死亡率改善率①作为度量死亡率改善程度的指标。具体来说，五年平均的对数死亡率改善率的计算公式为：

$$-\frac{1}{5}\ln\left(\frac{q_{t,x}}{q_{t-5,x}}\right) = \frac{\left(\ln q_{t-5,x} - \ln q_{t-4,x}\right) + \cdots + \left(\ln q_{t-1,x} - \ln q_{t,x}\right)}{5} \quad (5—1)$$

显然，上式大于 0。该数值越大表示死亡率改善程度越高。

在此基础上，我们绘制了 CL 1990—1993 和 CL 2000—2003 两套生命表中的养老金业务和非养老金业务男性和女性的对数死亡率改善率，如图 5—1 所示。

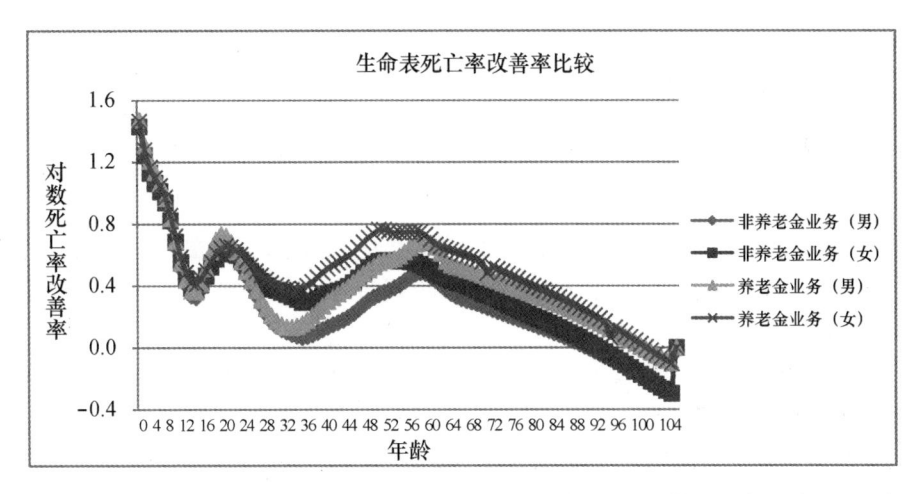

图 5—1 CL 1990—1993 和 CL 2000—2003 两套生命表对数死亡率改善情况

从图 5—1 中可以看出，第一，无论是男性还是女性，16 岁以下养老金业务和非养老金业务的死亡率改善程度差异不大，16 岁以上的养老金业务的死亡率改善程度明显大于非养老金业务。第二，无论是养老金业务还是非养老金业务，16 岁以下男性和女性的死亡率改善程度差异不大，16 岁以上女性的死亡率改善程度明显高于男性，且这种死亡率改善程度的性别差异随着年龄的增长明显减小。

---

① 由于死亡率的取值在 [0，1] 之间，故一般来说，男性和女性的死亡率改善程度的绝对差异并不大。为了量化死亡率改善的性别差异，我们通常在对数刻度下描述分性别的死亡率改善程度。

表5—1进一步绘制了利用两套生命表计算的养老金业务和非养老金业务男性和女性新生儿的平均预期寿命（即0岁平均余命）及相对增长率。

表5—1　　　　　　　　　新生儿的平均预期寿命

经验生命表	非养老金业务		养老金业务	
	男性	女性	男性	女性
CL 1990—1993	73.64	77.76	74.91	78.94
CL 2000—2003	76.71	80.89	79.74	83.67
相对增长率（%）	4.17	4.02	6.45	5.99

从表5—1可以看出，第一，无论是男性还是女性，养老金业务下新生儿的平均预期寿命明显高于非养老金业务，且这种差异在 CL 2000—2003 生命表下更明显。第二，无论是养老金业务还是非养老金业务，女性的平均预期寿命都明显高于男性。第三，从平均预期寿命的相对增长率来看，养老金业务和非养老金业务中，女性的增长率反而低于男性，表明男性平均预期寿命延长的速度高于女性。这意味着男性和女性整体死亡率改善程度的差异正逐步收窄。

最后指出，与平均预期寿命相比，男性和女性死亡率的动态改善对寿险和年金产品价格是否会产生类似的影响？显然，众所周知，影响平均预期寿命的因素是死亡率，而影响寿险和年金产品定价的因素除了死亡率之外，还有利率和费用率。为此，我们有必要在不同预定利率和费用率下细致量化这种影响。由于不同公司的费用情况不同，下面仅考虑死亡率和预定利率对产品定价的影响。

二　递延年金产品价格变动的定量分析

（一）年金产品选取

一方面，由于纯保障型年金产品的主要功能是为了增加被保险人退休后的收入来源，以满足退休后的生活需求，故被保险人通常会选择在工作期间有储蓄积累的情况下购买递延年金产品。为此，本小节考虑递延年金产品具有现实意义。另一方面，为了深度诠释经验生命表修订对递延年金产品价格变动的影响，下面从性别、投保年龄、保单期限、递延期限和利率假设等不同维度进行量化分析。

(二) 生命表修订导致的价格变动分析

具体来说，本小节考虑的递延年金产品信息如下。假设投保年龄为 x 岁，则延期到 60 岁、70 岁开始给付的单位保额、期初付递延终身年金的精算现值 (Actuarial Present Value，APV)，也称趸缴净保费的计算公式为：

$$_{60-x|}\ddot{a}_x = \sum_{k=60-x}^{105-x} v^k {}_k p_x = \frac{v^{60} {}_{60} p_0}{v^x {}_x p_0} \ddot{a}_{60}$$

$$_{70-x|}\ddot{a}_x = \sum_{k=70-x}^{105-x} v^k {}_k p_x = \frac{v^{70} {}_{70} p_0}{v^x {}_x p_0} \ddot{a}_{70}$$

(5—2)

这里，生命表的终点年龄为 105 岁，即将 105 岁及以上年龄合并为 1 个分组，严格讲，写成 105+ 更合适。显然，从式 (5—2) 可以看出，$_{60-x|}\ddot{a}_x > {}_{70-x|}\ddot{a}_x$。

为了便于表述，我们将基于 CL 1990—1993、CL 2000—2003 生命表计算的递延年金的趸缴净保费分别记为 P_0 和 P_1，将生命表修订导致的趸缴净保费的变化幅度和相对变化率分别记为 ΔP 和 $\Delta P/P_0$，即：

$$\Delta P = P_1 - P_0, \Delta P/P_0 = (P_1 - P_0)/P_0 \quad (5—3)$$

基于式 (5—2) 和式 (5—3)，下面考察不同情景下，生命表修订导致的趸缴净保费的变化率。

1. $_{60-x|}\ddot{a}_x$ 的相对增长率。图 5—2 和图 5—3 分别给出了在不同预定利率假设下，起始给付年龄为 60 岁的男性和女性被保险人购买的期初付递延终身年金趸缴净保费的相对增长率。

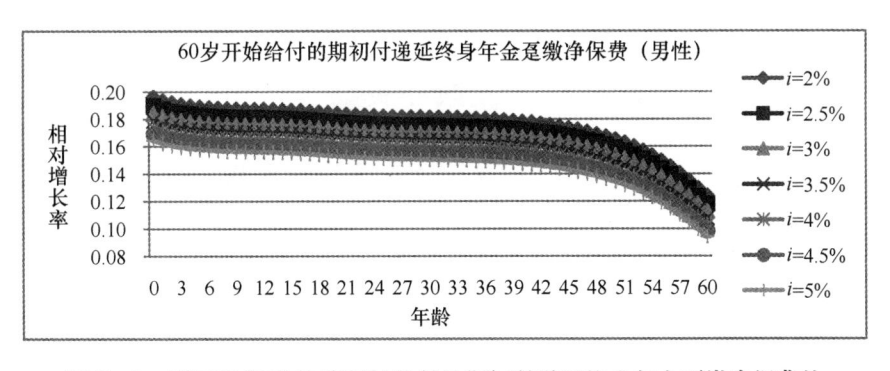

图 5—2 不同利率下 60 岁开始给付的期初付递延终身年金趸缴净保费的相对增长率 (男性)

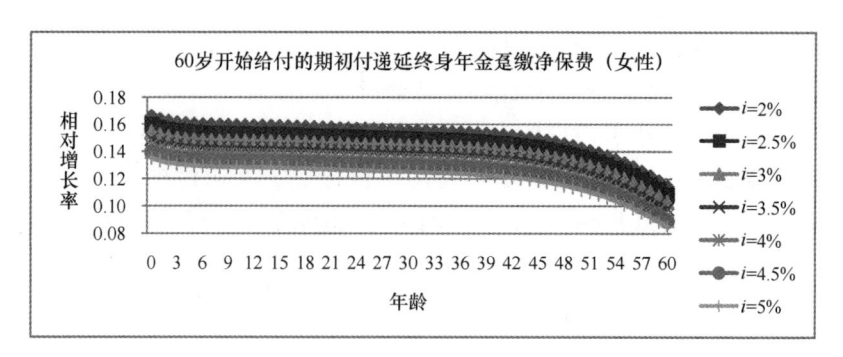

图5—3　不同利率下60岁开始给付的期初付递延终身年金趸缴净保费的相对增长率（女性）

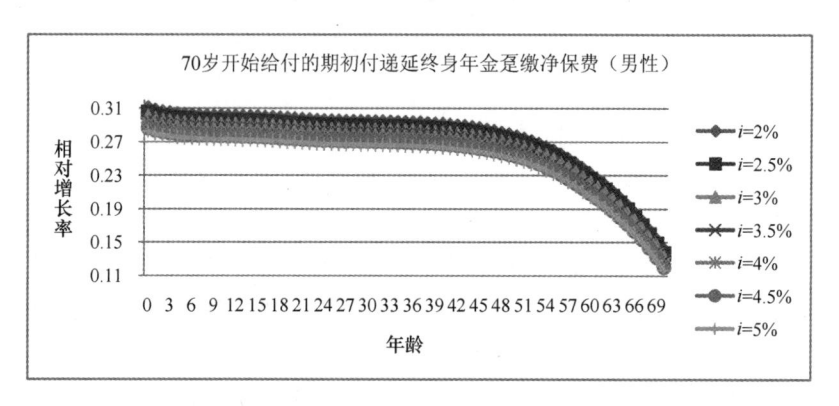

图5—4　不同利率下70岁开始给付的期初付递延终身年金趸缴净保费的相对增长率（男性）

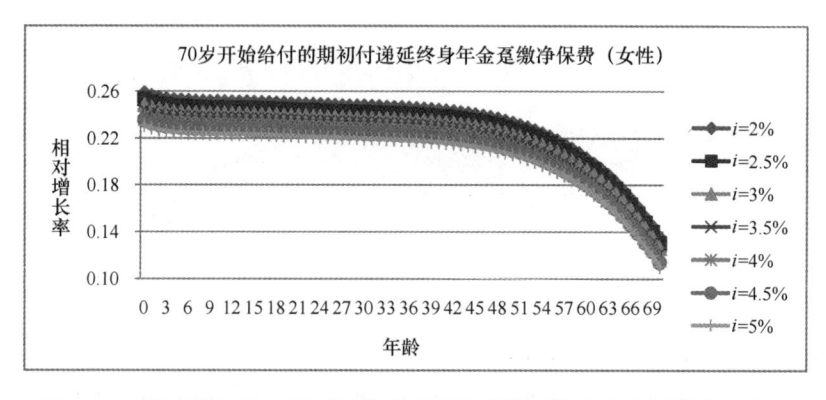

图5—5　不同利率下70岁开始给付的期初付递延终身年金趸缴净保费的相对增长率（女性）

2. $_{70-x|}\ddot{a}_x$ 的相对增长率。图 5—4 和图 5—5 分别给出了在不同预定利率假设下，起始给付年龄为 70 岁的男性和女性被保险人购买的期初付递延终身年金趸缴净保费的相对增长率。

3. 不同情景的比较。在此基础上，图 5—6 进一步绘制了不同预定利率、男性和女性、60 岁和 70 岁两个起始给付年龄八种不同情景假设下，期初付递延终身年金趸缴净保费的相对增长率的对比。

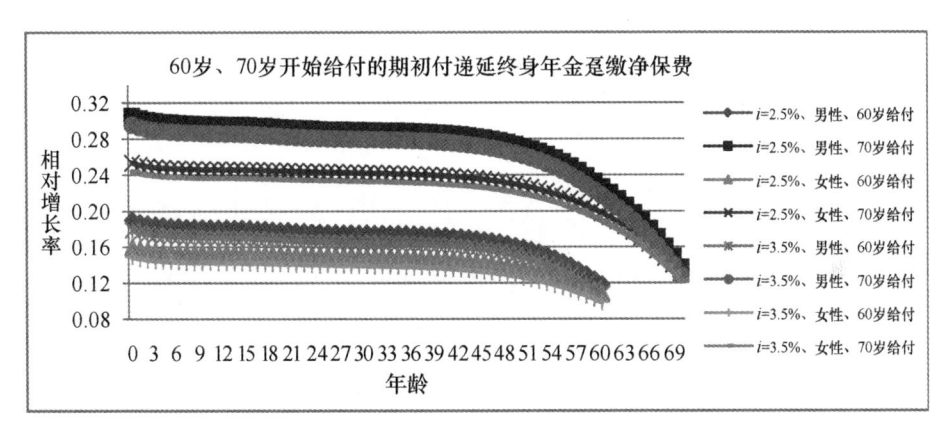

图 5—6 不同利率、性别、投保年龄、保单期限和递延期限下相对增长率的对比

为了从不同维度更清晰地比较不同情景下的计算结果，表 5—2 和表 5—3 详细给出了各种情景下，趸缴净保费的增长幅度和相对增长率的变化区间。

表 5—2　　　　不同情景下趸缴净保费的增长幅度的变化范围

性别	递延年金	不同预定利率情景						
		$i=2\%$	$i=2.5\%$	$i=3\%$	$i=3.5\%$	$i=4\%$	$i=4.5\%$	$i=5\%$
男性	$_{60-x|}\ddot{a}_x$	[0.8396, 2.0906]	[0.5773, 1.8689]	[0.3985, 1.6816]	[0.2762, 1.5215]	[0.1921, 1.3831]	[0.1341, 1.2628]	[0.0940, 1.1578]
	$_{70-x|}\ddot{a}_x$	[0.6274, 1.7787]	[0.4228, 1.6241]	[0.2858, 1.4926]	[0.1938, 1.3791]	[0.1318, 1.2793]	[0.0899, 1.1912]	[0.0615, 1.1123]

续表

性别	递延年金	不同预定利率情景					
		$i=2\%$	$i=2.5\%$	$i=3\%$	$i=3.5\%$	$i=4\%$	$i=4.5\%$	$i=5\%$
女性	$_{60-x\|}\ddot{a}_x$	[0.8262, 2.0668]	[0.5628, 1.8449]	[0.3849, 1.6590]	[0.2643, 1.5000]	[0.1822, 1.3596]	[0.1261, 1.2350]	[0.0876, 1.1242]
	$_{70-x\|}\ddot{a}_x$	[0.6592, 1.8718]	[0.4412, 1.6989]	[0.2962, 1.5529]	[0.1995, 1.4275]	[0.1348, 1.3185]	[0.0914, 1.2243]	[0.0621, 1.1420]

表5—3　不同情景下趸缴净保费的相对增长率的变化范围

性别	递延年金	不同预定利率情景					
		$i=2\%$	$i=2.5\%$	$i=3\%$	$i=3.5\%$	$i=4\%$	$i=4.5\%$	$i=5\%$
男性	$_{60-x\|}\ddot{a}_x$	[0.1237, 0.1960]	[0.1181, 0.1901]	[0.1128, 0.1844]	[0.1077, 0.1791]	[0.1030, 0.1740]	[0.0984, 0.1692]	[0.0942, 0.1647]
	$_{70-x\|}\ddot{a}_x$	[0.1412, 0.3103]	[0.1368, 0.3052]	[0.1325, 0.3003]	[0.1284, 0.2956]	[0.1244, 0.2910]	[0.1206, 0.2867]	[0.1170, 0.2825]
女性	$_{60-x\|}\ddot{a}_x$	[0.1140, 0.1657]	[0.1085, 0.1598]	[0.1032, 0.1543]	[0.0982, 0.1491]	[0.0935, 0.1441]	[0.0890, 0.1395]	[0.0848, 0.1351]
	$_{70-x\|}\ddot{a}_x$	[0.1352, 0.2585]	[0.1306, 0.2534]	[0.1262, 0.2486]	[0.1220, 0.2439]	[0.1180, 0.2394]	[0.1141, 0.2352]	[0.1104, 0.2310]

如图5—2至图5—6、表5—2至表5—3所示，总体来看，在各种情景假设下，递延年金趸缴净保费的相对增长率都为正，这表明由于死亡率的动态改善，使得修订后递延年金趸缴净保费呈现出明显上升的变化趋势。具体来看，这些特征主要表现在以下四个方面。

（1）在其他条件不变的情况下，随着投保年龄x的增加，如式（5—2）所示，递延年金趸缴净保费（$_{60-x\|}\ddot{a}_x$和$_{70-x\|}\ddot{a}_x$）都会增加，生命表修订也会导致趸缴净保费的增长幅度大体上增加，且较高年龄增长幅度有回落趋势，但趸缴净保费的相对增长率反而下降。导致增长率下降的原因在于，随着投保年龄x的增加，增长幅度的上升趋势低于趸缴净保费的上升趋势。

（2）在其他条件不变的情况下，随着起始给付年龄的增加，如式

(5—2) 所示，由于 $_{60-x|}\ddot{a}_x > _{70-x|}\ddot{a}_x$，故递延年金趸缴净保费会降低；如表 5—2 所示，生命表修订也会导致趸缴净保费的增长幅度降低，但如表 5—3 所示，趸缴净保费的相对增长率反而上升。增长率反而上升的原因在于，随着投保年龄 x 的增加，增长幅度的下降趋势低于趸缴净保费的下降趋势。换句话说，投保年龄的变化对净保费的影响大于对增长幅度的影响。

（3）在其他条件不变的情况下，随着预定利率的增加，如式（5—2）所示，递延年金趸缴净保费显然会降低；如表 5—2 所示，生命表修订导致趸缴净保费的增长幅度也会降低，且如表 5—3 所示，趸缴净保费的相对增长率同样会下降。导致增长率下降的原因在于，随着利率上升，增长幅度的下降趋势大于趸缴净保费的下降趋势。换句话说，利率变化对增长幅度的影响大于对趸缴净保费本身的影响。

（4）在其他条件不变的情况下，由于通常每一年龄男性的死亡概率高于女性，换句话说，男性的生存概率更低，故男性被保险人的趸缴净保费低于女性；但如表 5—2 所示，生命表修订导致的 60 岁开始给付的男性的趸缴净保费的增长幅度略高于女性，70 岁开始给付的男性的趸缴净保费的增长幅度略低于女性；如表 5—3 所示，由于男性趸缴净保费明显低于女性，最终导致男性的趸缴净保费的相对增长率明显高于女性。

最后，我们将各种情景下趸缴净保费及其增长幅度和相对增长率的变化情况进行了汇总，如表 5—4 所示。

表 5—4　不同情景下趸缴净保费及其增长幅度和相对增长率的变化情况

不同情景	P_0	ΔP	$\Delta P/P_0$
$x\uparrow$	↑	↑	↓
$i\uparrow$	↓	↓	↓
60→70 岁	↓	↓	↑
男→女	↑	不确定	↓

（三）价格变动的利率弹性

由于任何保险产品的价格都取决于死亡率和利率的共同作用，递延年金产品价格也不例外。结合前一节讨论的不同情景下生命表修订导致的递延年金价格的变动分析，我们不难看出，利率变动对递延年金趸缴净保费的相对增长率的变动也有着显著影响。为了进一步量化这种影响，在前述各种情景下，图5—7绘制了递延年金趸缴净保费相对增长率的利率弹性与投保年龄变动的关系；图5—8绘制了不同利率下，递延年金趸缴净保费相对增长率的利率弹性与利率变动的关系。

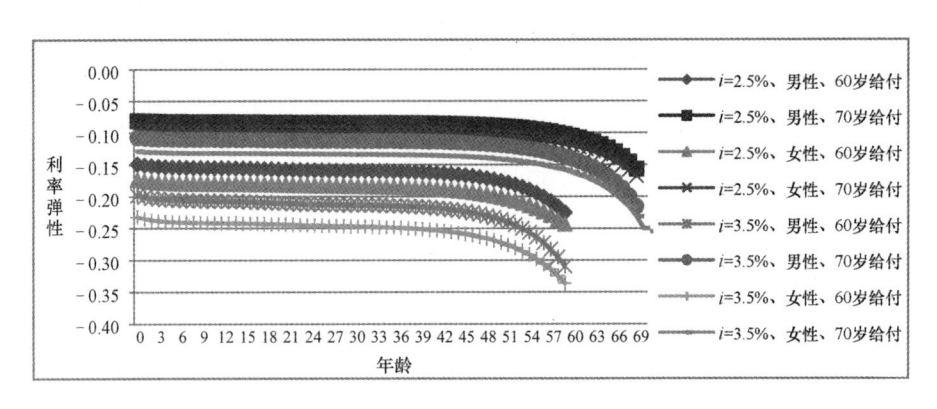

图5—7　递延年金趸缴净保费相对增长率的利率弹性（不同投保年龄）

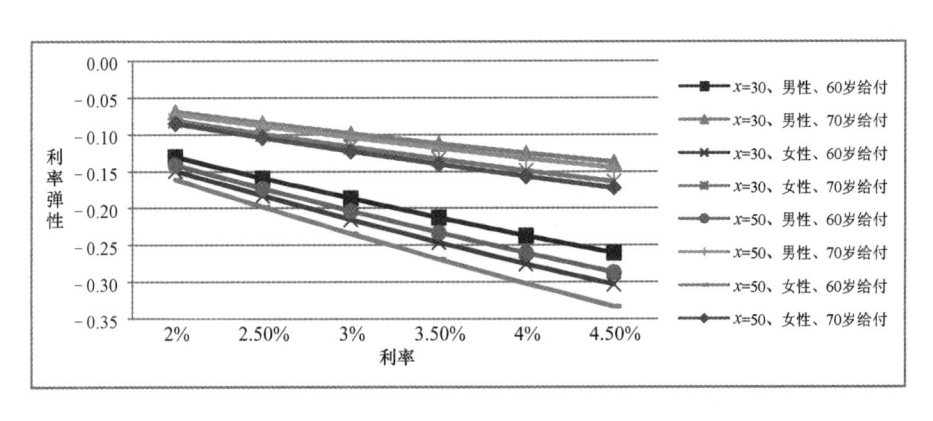

图5—8　递延年金趸缴净保费相对增长率的利率弹性（不同利率）

从图5—7至图5—8可以看出，各种情景下递延年金趸缴净保费相对增长率的利率弹性都为负，这与表5—4中利率与增长率呈反相关变化一致。具体来说，利率弹性的变化特征体现在：第一，随着投保年龄的增加，利率弹性的绝对值增大。第二，随着预定利率的增加，利率弹性的绝对值也增大。这表明利率越高，净保费增长率下降效果越明显。也就是说，利率上升能部分抵消或对冲长寿风险对净保费上涨的压力，且利率越高，这种对冲效果越明显。因此，在高利率环境下，长寿风险对净保费的影响变小，长寿风险并不显著。第三，随着起始给付年龄的增加，利率弹性的绝对值反而减小。第四，女性对应的利率弹性的绝对值大于男性。这表明，当其他条件相同时，女性的对冲效果明显高于男性。

最后，我们将这些结论汇总于表5—5中。

表5—5　　　　　不同情景下趸缴净保费相对增长率的利率弹性

不同情景	利率弹性的绝对值	利率上升对冲长寿风险的效果
$x\uparrow$	↑	↑（越显著）
$i\uparrow$	↑	↑（越显著）
60→70 岁	↓	↓（越不显著）
男→女	↑	↑（越显著）

三　主要结论

与 CL 1990—1993 生命表相比，CL 2000—2003 生命表中的中国人身保险业参保人群的死亡率有着明显的改善，这种系统性的死亡率改善引发的聚合长寿风险是不容忽视的。本节以递延年金为例，运用精算定价方法，量化了长寿风险对个人年金产品定价的影响。本节的研究结论主要包括以下三点。

第一，利用修订后的 CL 2000—2003 生命表计算的递延年金趸缴净保费明显增加。从表5—3所示的趸缴净保费的相对增长率的变化范围来看，在各种情景下，增长率的最小值为 8.48%，最大值达到 31.03%，这表明长寿风险对年金价格的影响是显著的。

第二，如表5—4所示，投保年龄越小、起始给付年金越高，递延年金趸缴净保费的相对增长率越大，相应的长寿风险就越显著；男性投保人群的递延年金趸缴净保费的相对增长率大于女性，这表明目前中国寿险公司承担的单位递延年金中男性投保人群的长寿风险大于女性。

第三，如表5—4所示，利率越低，递延年金趸缴净保费的相对增长率越大，相应的长寿风险越显著。这表明低利率环境下，长寿风险显著；高利率环境下，长寿风险不太显著。在费率市场化环境下，各家寿险公司出于竞争的目的，在产品定价时的预定利率往往不会过低，这一定程度上可以降低长寿风险对产品定价的影响。也就是说，虽然长寿风险和利率风险同属于系统性风险，且两者通常不相关，但保险产品的精算定价取决于两者的共同作用，这种共同作用对产品定价还是有着一定的此消彼长的影响。

第三节 寿险和年金产品定价的自然对冲

一 寿险和年金产品价格自然对冲的定量分析

（一）寿险和年金产品选取

从寿险精算学的理论上讲，死亡率改善对以两全保险、终身寿险为代表的保障类险种和以定期年金、终身年金为代表的年金类产品的影响是反向的。对保障类险种而言，在保险费率不变的情况下，死亡率改善将导致保费被高估；而对年金类产品而言，在保险费率不变的情况下，死亡率改善将导致保费被低估。我们将这种反向变动称为寿险和年金产品价格的自然对冲。那么这种自然对冲的效果到底有多大？男性的对冲效果大还是女性的对冲效果大？寿险公司能否利用自然对冲工具完全规避掉长寿风险的负面影响？

为此，本节以终身寿险与终身年金、两全保险与定期年金、递延寿险与递延年金三类产品组合为例，分别探讨了每类产品组合内部存在的潜在的自然对冲问题。为了深度诠释经验生命表修订对每类产品组合的价格成对地反向变动的影响，下面从性别、投保年龄、保单期限、递延期限和利率假设等不同维度进行多层次量化分析。

（二）产品基本信息

具体来说，本节考虑的三类产品组合的信息如下。

1. 终身年金与终身寿险。假设投保年龄为 x 岁，则期初付单位保额的终身年金的精算现值（APV），也称趸缴净保费的计算公式为：

$$\ddot{a}_x = \sum_{k=0}^{105-x} v^k {}_k p_x = \frac{\sum_{k=x}^{105} v^k {}_k p_0}{v^x {}_x p_0} \quad (5\text{—}4)$$

假设投保年龄为 x 岁，则死亡年末给付单位保额的终身寿险的 APV，也称趸缴净保费的计算公式为：

$$A_x = \sum_{k=0}^{105-x} v^{k+1} {}_k p_x q_{x+k} = 1 - d\ddot{a}_x \quad (5\text{—}5)$$

其中，$d = \dfrac{i}{1+i}$。

2. 定期年金与两全保险。假设投保年龄为 x 岁，则保险期限为 n 年的期初付单位保额的定期年金的 APV，也称趸缴净保费的计算公式为：

$$\ddot{a}_{x:\overline{n}|} = \sum_{k=0}^{n-1} v^k {}_k p_x = \frac{\sum_{k=0}^{n-1} v^{x+k} {}_{x+k} p_0}{v^x {}_x p_0} \quad (5\text{—}6)$$

假设投保年龄为 x 岁，则保险期限为 n 年的期末付单位保额的两全保险的 APV，也称趸缴净保费的计算公式为：

$$A_{x:\overline{n}|} = A^1_{x:\overline{n}|} + A_{x:\overline{n}|}^{\ 1} = \sum_{k=0}^{n-1} v^{k+1} {}_k p_x q_{x+k} + v^n {}_n p_x = 1 - d\ddot{a}_{x:\overline{n}|} \quad (5\text{—}7)$$

3. 递延年金与递延寿险。假设投保年龄为 x 岁，则延期到 60 岁、70 岁开始给付的单位保额、期初付递延终身年金的 APV，也称趸缴净保费的计算公式分别为：

$${}_{60-x|}\ddot{a}_x = \sum_{k=60-x}^{105-x} v^k {}_k p_x = \frac{v^{60} {}_{60} p_0}{v^x {}_x p_0} \ddot{a}_{60}$$

$${}_{70-x|}\ddot{a}_x = \sum_{k=70-x}^{105-x} v^k {}_k p_x = \frac{v^{70} {}_{70} p_0}{v^x {}_x p_0} \ddot{a}_{70} \quad (5\text{—}8)$$

假设投保年龄为 x 岁，则延期到 60 岁、70 岁开始给付的单位保额、期末付递延终身寿险的 APV，也称趸缴净保费的计算公式分别为：

$${}_{60-x|}A_x = \sum_{k=60-x}^{105-x} v^{k+1} {}_k p_x q_{x+k} = v^{60-x} {}_{60-x} p_x - d \cdot {}_{60-x|}\ddot{a}_x = \frac{v^{60} {}_{60} p_0}{v^x {}_x p_0} - d \cdot {}_{60-x|}\ddot{a}_x$$

$$(5\text{—}9)$$

$${}_{70-x|}A_x = \sum_{k=70-x}^{105-x} v^{k+1} {}_k p_x q_{x+k} = v^{70-x} {}_{70-x} p_x - d \cdot {}_{70-x|}\ddot{a}_x = \frac{v^{70} {}_{70} p_0}{v^x {}_x p_0} - d \cdot {}_{70-x|}\ddot{a}_x$$

$$(5\text{—}10)$$

最后指出，上述三种寿险产品的趸缴净保费的计算使用了寿险与年金的APV之间的换算关系，这种换算关系成立的条件是在计算中，两者应使用相同的死亡率。然而，保险公司在实际经营过程中，计算寿险产品往往采用非养老金业务男表和女表对应的死亡率，计算年金产品往往采用养老金业务男表和女表对应的死亡率。故在实际操作中，我们要根据需要合理选择各个生命表中的死亡率。

（三）生命表修订导致的价格反向变动分析

沿用式（5—3）的符号表示，下面考察不同情景下，生命表修订导致的三类产品组合的趸缴净保费的变化率，以及每类产品组合内部的对冲弹性。

1. 三类产品组合的相对变化率。

（1）$\ddot{a}_x$和A_x的相对变化率。图5—9和图5—10分别给出了在不同预定利率假设下，基于养老金业务男表和女表计算的期初付终身年金趸缴净保

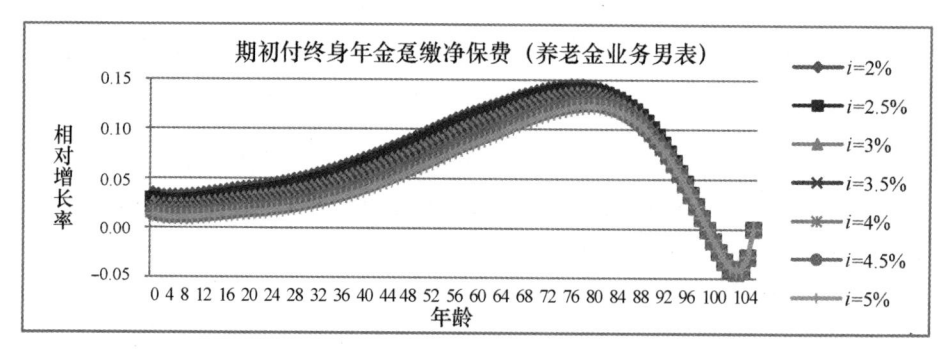

图5—9 不同利率下期初付终身年金趸缴净保费的相对增长率（男性）

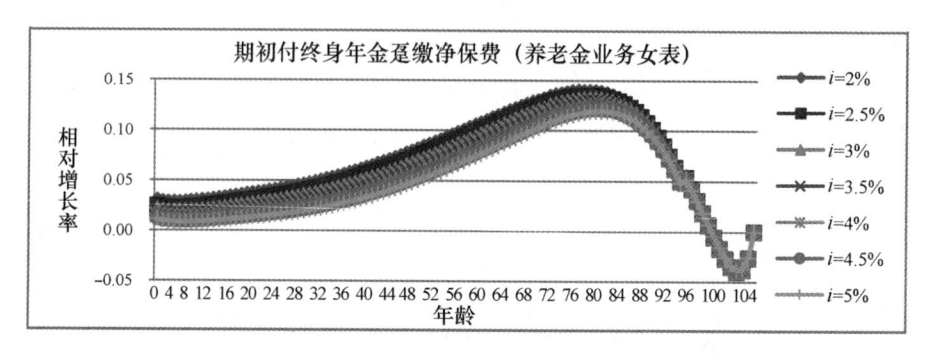

图5—10 不同利率下期初付终身年金趸缴净保费的相对增长率（女性）

费的相对增长率。图5—11和图5—12分别给出了在不同预定利率假设下，采用与终身年金相同的养老金业务男表和女表计算的期末付终身寿险趸缴净保费的相对下降率。图5—13和图5—14分别给出了在不同预定利率假设下，采用与终身年金不同的非养老金业务男表和女表计算的期末付终身寿险趸缴净保费的相对下降率。

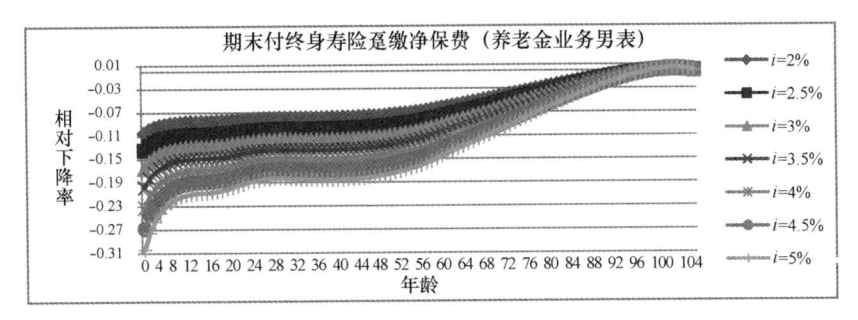

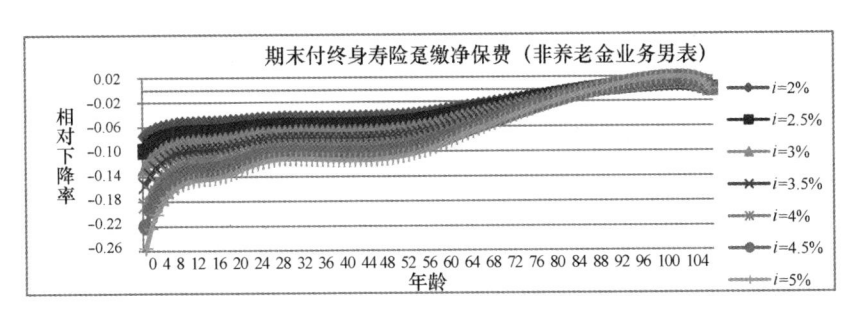

图5—11 不同利率下期末付终身寿险趸缴净保费的相对下降率（男性）

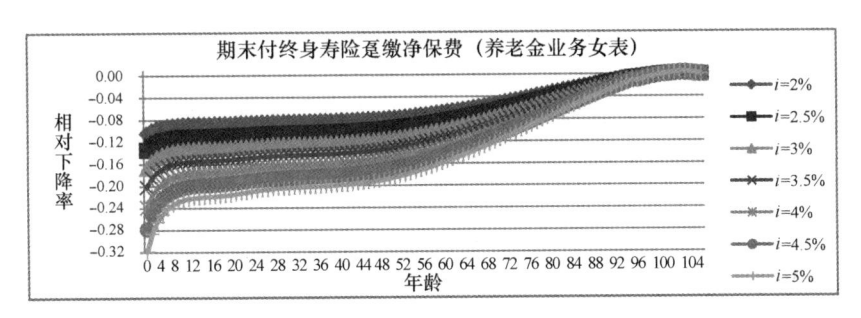

图5—12 不同利率下期末付终身寿险趸缴净保费的相对下降率（女性）

图5—13 不同利率下期末付终身寿险趸缴净保费的相对下降率（男性）

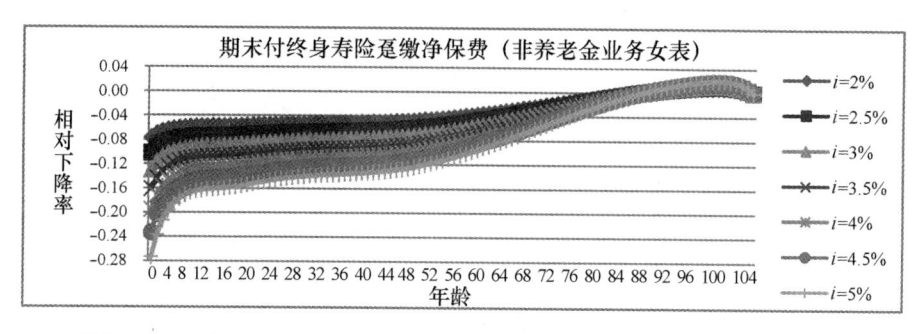

[图表：期末付终身寿险趸缴净保费（非养老金业务女表），纵轴为相对下降率，范围0.04至-0.28，横轴为年龄0至104，曲线对应 $i=2\%, 2.5\%, 3\%, 3.5\%, 4\%, 4.5\%, 5\%$]

图5—14 不同利率下期末付终身寿险趸缴净保费的相对下降率（女性）

（2）$\ddot{a}_{x:\overline{n}|}$ 和 $A_{x:\overline{n}|}$ 的相对变化率。图5—15和图5—16分别给出了在不同预定利率假设下，基于养老金业务男表和女表计算的期初付 n 年期定期年金趸缴净保费的相对增长率。图5—17和图5—18分别给出了在不同预定利率假设下，采用与定期年金相同的养老金业务男表和女表计算的期末付 n 年期两全保险趸缴净保费的相对下降率。图5—19和图5—20分别给出了在不同预定利率假设下，采用与定期年金不同的非养老金业务男表和女表计算的期末付 n 年期两全保险趸缴净保费的相对下降率。这里，选取 $n=30$。

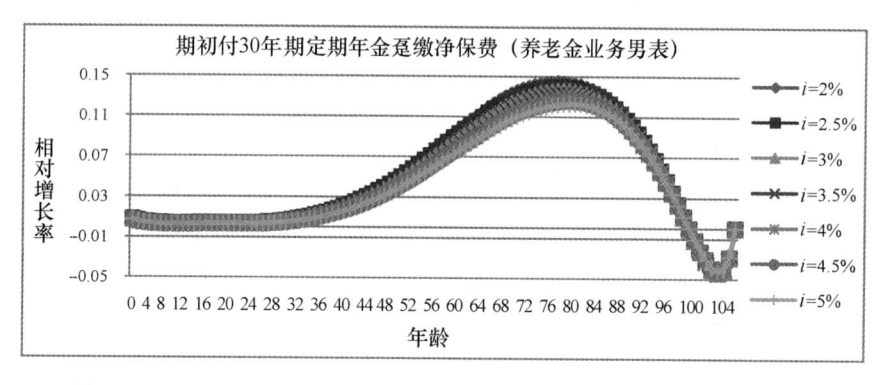

[图表：期初付30年期定期年金趸缴净保费（养老金业务男表），纵轴为相对增长率，范围0.15至-0.05，横轴为年龄0至104，曲线对应 $i=2\%, 2.5\%, 3\%, 3.5\%, 4\%, 4.5\%, 5\%$]

图5—15 不同利率下期初付30年期定期年金趸缴净保费的相对增长率（男性）

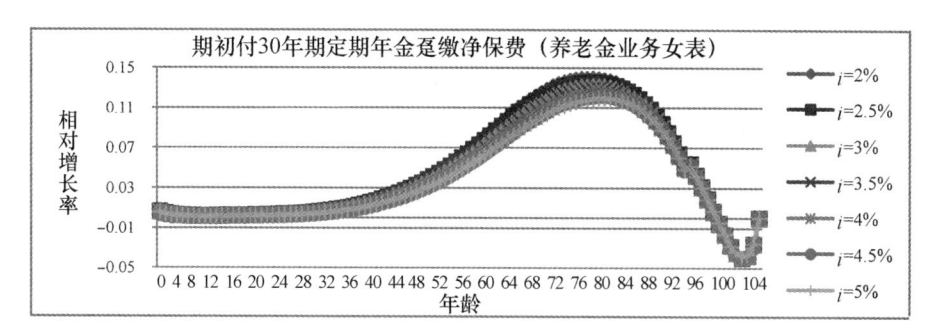

第五章 长寿风险对保险公司寿险和年金产品定价的影响

图5—16 不同利率下期初付30年期定期年金趸缴净保费的相对增长率（女性）

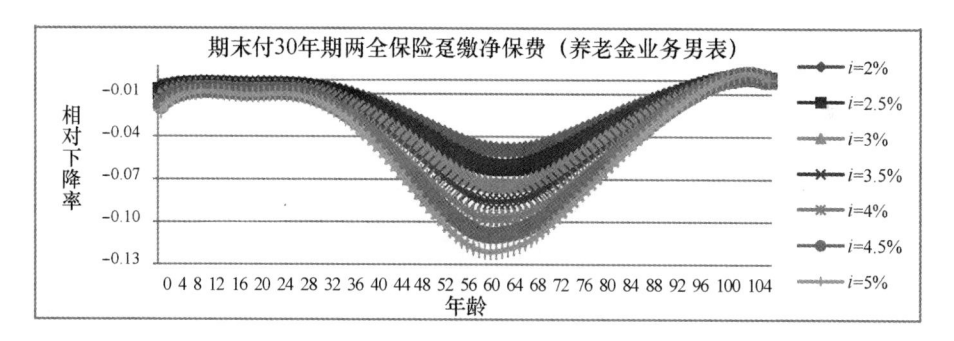

图5—17 不同利率下期末付30年期两全保险趸缴净保费的相对下降率（男性）

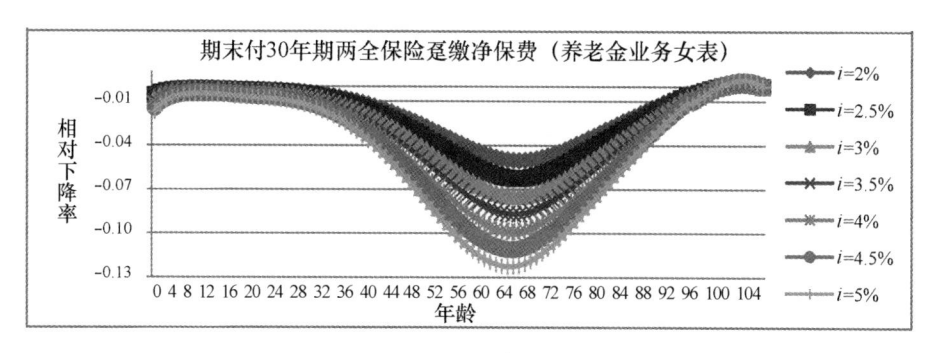

图5—18 不同利率下期末付30年期两全保险趸缴净保费的相对下降率（女性）

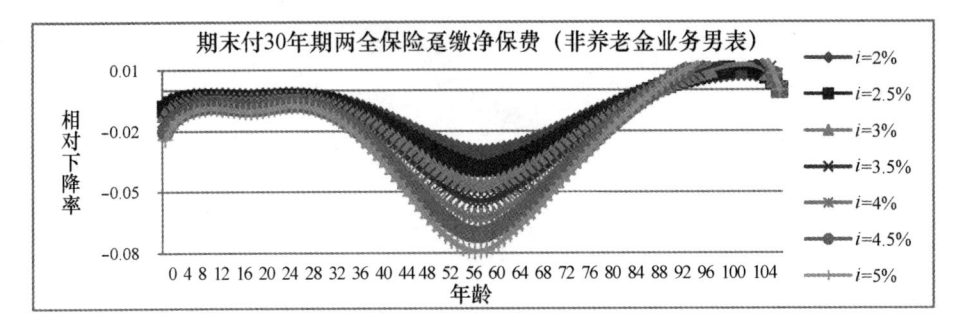

图 5—19　不同利率下期末付 30 年期两全保险趸缴净保费的相对下降率
（男性）

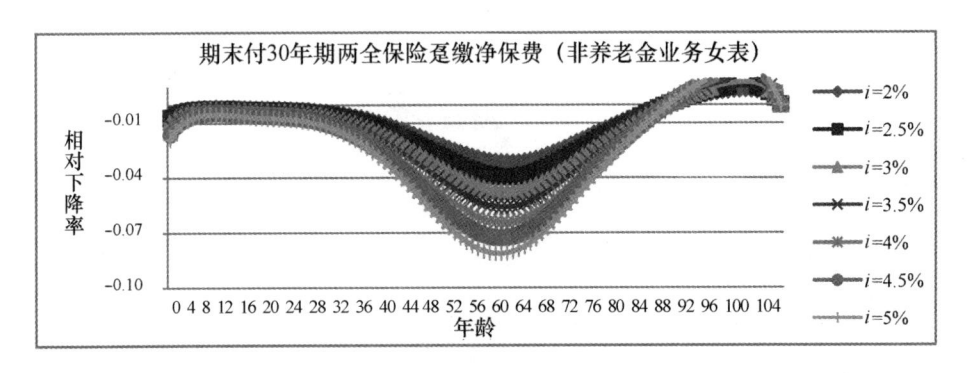

图 5—20　不同利率下期末付 30 年期两全保险趸缴净保费的相对下降率
（女性）

（3）$_{60-x|}\ddot{a}_x$ 和 $_{60-x|}A_x$ 的相对变化率。图 5—21 和图 5—22 分别给出了在不同预定利率假设下，基于养老金业务男表和女表计算的延期到 60 岁开始给付的期初付递延终身年金趸缴净保费的相对增长率。图 5—23 和图 5—24 分别给出了在不同预定利率假设下，采用与递延终身年金相同的养老金业务男表和女表计算的延期到 60 岁开始给付的期末付递延终身寿险趸缴净保费的相对下降率。图 5—25 和图 5—26 分别给出了在不同预定利率假设下，采用与递延终身年金不同的非养老金业务男表和女表计算的延期到 60 岁开始给付的期末付递延终身寿险趸缴净保费的相对下降率。

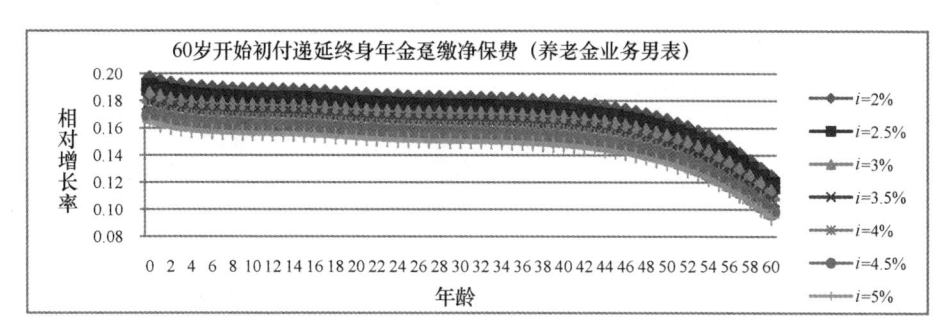

第五章　长寿风险对保险公司寿险和年金产品定价的影响

图5—21　不同利率下60岁开始期初付递延终身年金趸缴净保费的相对增长率（男性）

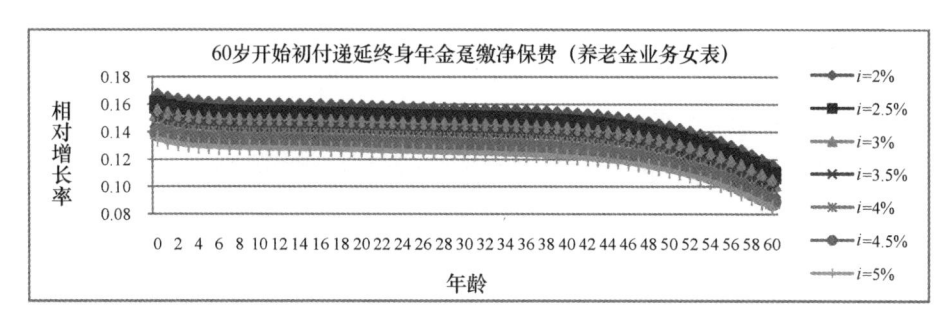

图5—22　不同利率下60岁开始期初付递延终身年金趸缴净保费的相对增长率（女性）

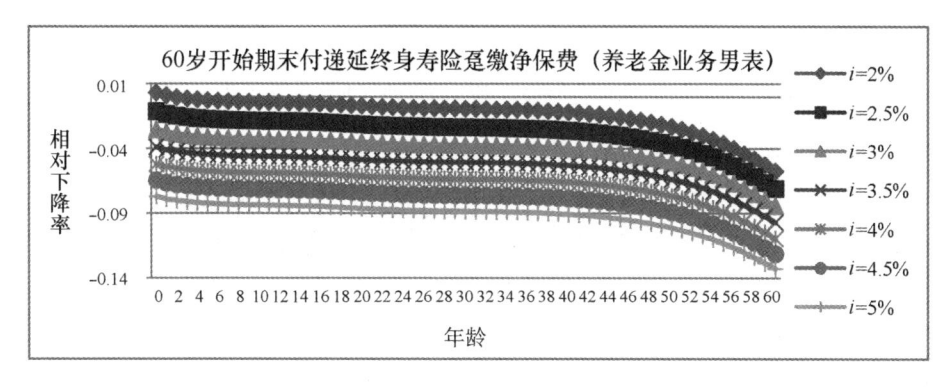

图5—23　不同利率下60岁开始期末付递延终身寿险趸缴净保费的相对下降率（男性）

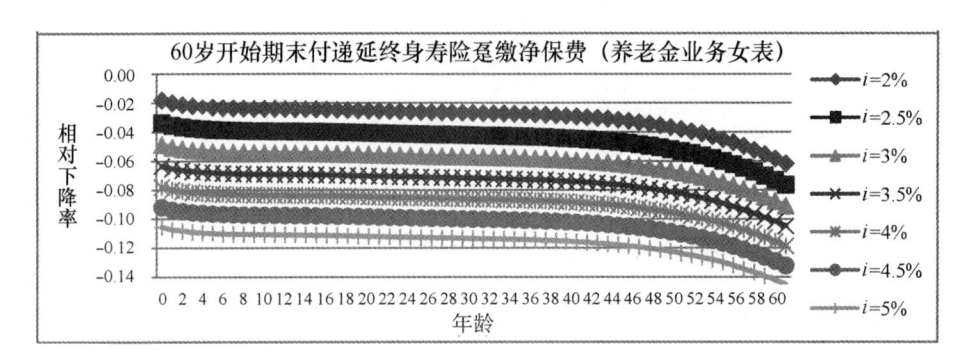

图 5—24　不同利率下 60 岁开始期末付递延终身寿险趸缴净保费的
相对下降率（女性）

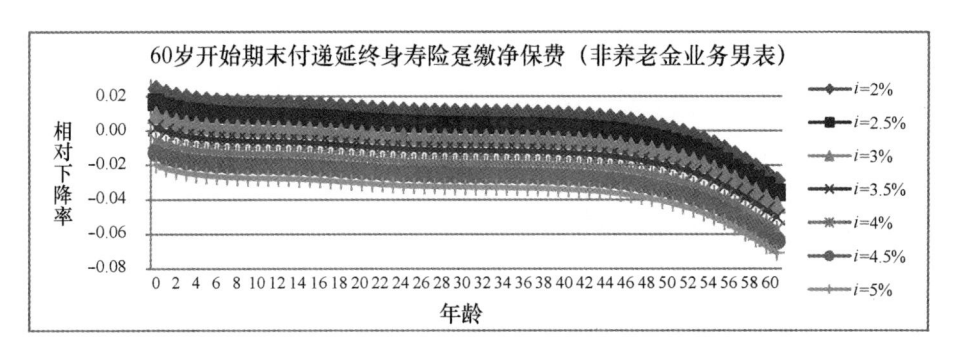

图 5—25　不同利率下 60 岁开始期末付递延终身寿险趸缴净保费的
相对下降率（男性）

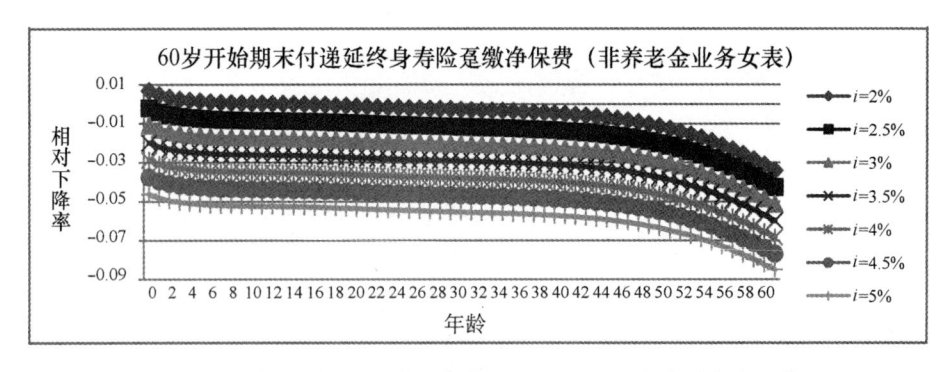

图 5—26　不同利率下 60 岁开始期末付递延终身寿险趸缴净保费的
相对下降率（女性）

2. 不同情景下三类产品组合的比较。为了从不同维度更清晰地比较不同情景下三类产品组合的计算结果，表5—6和表5—7详细给出了各种情景下，趸缴净保费的变化幅度和相对变化率的区间。这里，$\ddot{a}_x$和A_x、$\ddot{a}_{x:\overline{30}|}$和$A_{x:\overline{30}|}$中年龄$x$的取值范围都为$[0,105+]$，$_{60-x|}\ddot{a}_x$和$_{60-x|}A_x$中年龄$x$的取值范围为$[0,60]$。

表5—6 不同情景下三类产品组合的趸缴净保费的变化幅度区间

性别	产品组合	生命表	$i=2\%$	$i=2.5\%$	$i=3\%$	$i=3.5\%$	$i=4\%$	$i=4.5\%$	$i=5\%$
男性	$\ddot{a}_x$	养老金	[−0.0941, 2.1518]	[−0.0931, 1.9090]	[−0.0922, 1.7064]	[−0.0913, 1.5347]	[−0.0904, 1.3882]	[−0.0895, 1.2628]	[−0.0886, 1.1636]
男性	A_x	养老金	[−0.0422, 0.0018]	[−0.0466, 0.0023]	[−0.0497, 0.0027]	[−0.0519, 0.0031]	[−0.0534, 0.0035]	[−0.0544, 0.0039]	[−0.0554, 0.0042]
男性	A_x	非养老金	[−0.0245, 0.0080]	[−0.0272, 0.0098]	[−0.0292, 0.0115]	[−0.0306, 0.0132]	[−0.0316, 0.0148]	[−0.0322, 0.0163]	[−0.0326, 0.0178]
女性	$\ddot{a}_x$	养老金	[−0.0887, 2.0898]	[−0.0878, 1.8506]	[−0.0869, 1.6590]	[−0.0860, 1.5016]	[−0.0851, 1.3682]	[−0.0843, 1.2546]	[−0.0834, 1.1560]
女性	A_x	养老金	[−0.0410, 0.0017]	[−0.0451, 0.0021]	[−0.0483, 0.0025]	[−0.0508, 0.0029]	[−0.0526, 0.0033]	[−0.0540, 0.0036]	[−0.0550, 0.0040]
女性	A_x	非养老金	[−0.0251, 0.0080]	[−0.0276, 0.0098]	[−0.0294, 0.0115]	[−0.0307, 0.0132]	[−0.0316, 0.0148]	[−0.0323, 0.0163]	[−0.0327, 0.0178]
男性	$\ddot{a}_{x:\overline{30}|}$	养老金	[−0.0941, 1.7755]	[−0.0931, 1.6355]	[−0.0922, 1.5112]	[−0.0913, 1.3987]	[−0.0904, 1.2972]	[−0.0895, 1.2063]	[−0.0886, 1.1233]
男性	$A_{x:\overline{30}|}$	养老金	[−0.0348, 0.0018]	[−0.0399, 0.0023]	[−0.0440, 0.0027]	[−0.0473, 0.0031]	[−0.0499, 0.0035]	[−0.0519, 0.0039]	[−0.0535, 0.0042]
男性	$A_{x:\overline{30}|}$	非养老金	[−0.0201, 0.0080]	[−0.0230, 0.0098]	[−0.0253, 0.0115]	[−0.0270, 0.0132]	[−0.0284, 0.0148]	[−0.0294, 0.0163]	[−0.0301, 0.0178]
女性	$\ddot{a}_{x:\overline{30}|}$	养老金	[−0.0887, 1.7802]	[−0.0878, 1.6391]	[−0.0869, 1.5125]	[−0.0860, 1.3977]	[−0.0851, 1.2959]	[−0.0843, 1.2070]	[−0.0834, 1.1271]
女性	$A_{x:\overline{30}|}$	养老金	[−0.0349, 0.0017]	[−0.0400, 0.0021]	[−0.0441, 0.0025]	[−0.0473, 0.0029]	[−0.0498, 0.0033]	[−0.0520, 0.0036]	[−0.0537, 0.0040]
女性	$A_{x:\overline{30}|}$	非养老金	[−0.0208, 0.0080]	[−0.0238, 0.0098]	[−0.0262, 0.0115]	[−0.0281, 0.0132]	[−0.0295, 0.0148]	[−0.0306, 0.0163]	[−0.0315, 0.0178]

续表

性别	产品组合	生命表	不同预定利率情景					
			$i=2\%$	$i=2.5\%$	$i=3\%$	$i=3.5\%$	$i=4\%$	$i=4.5\%$	$i=5\%$
男性	$_{60-x\rceil}\ddot{a}_x$	养老金	[0.8396, 2.0906]	[0.5773, 1.8689]	[0.3985, 1.6816]	[0.2762, 1.5215]	[0.1921, 1.3831]	[0.1341, 1.2628]	[0.0940, 1.1578]
	$_{60-x\rceil}A_x$	养老金	[−0.0393, 0.0006]	[−0.0444, −0.0014]	[−0.0482, −0.0021]	[−0.0510, −0.0023]	[−0.0530, −0.0021]	[−0.0544, −0.0018]	[−0.0551, −0.0015]
		非养老金	[−0.0200, 0.0044]	[−0.0229, 0.0021]	[−0.0253, 0.0008]	[−0.0271, 0.0001]	[−0.0286, −0.0002]	[−0.0297, −0.0004]	[−0.0305, −0.0004]
女性	$_{60-x\rceil}\ddot{a}_x$	养老金	[0.8262, 2.0668]	[0.5628, 1.8449]	[0.3849, 1.6590]	[0.2643, 1.5000]	[0.1822, 1.3596]	[0.1261, 1.2350]	[0.0876, 1.1242]
	$_{60-x\rceil}A_x$	养老金	[−0.0400, −0.0033]	[−0.0448, −0.0041]	[−0.0483, −0.0040]	[−0.0507, −0.0036]	[−0.0523, −0.0030]	[−0.0532, −0.0024]	[−0.0535, −0.0019]
		非养老金	[−0.0225, 0.0013]	[−0.0255, −0.0002]	[−0.0279, −0.0009]	[−0.0297, −0.0011]	[−0.0311, −0.0011]	[−0.0320, −0.0010]	[−0.0326, −0.0009]

表 5—7　不同情景下三类产品组合的趸缴净保费的相对变化率区间

性别	产品组合	生命表	不同预定利率情景					
			$i=2\%$	$i=2.5\%$	$i=3\%$	$i=3.5\%$	$i=4\%$	$i=4.5\%$	$i=5\%$
男性	$\ddot{a}_x$	养老金	[−0.0440, 0.1433]	[−0.0438, 0.1394]	[−0.0435, 0.1359]	[−0.0433, 0.1324]	[−0.0430, 0.1292]	[−0.0428, 0.1261]	[−0.0425, 0.1231]
	A_x	养老金	[−0.1046, 0.0019]	[−0.1341, 0.0024]	[−0.1652, 0.0029]	[−0.1980, 0.0033]	[−0.2323, 0.0038]	[−0.2679, 0.0042]	[−0.3041, 0.0047]
		非养老金	[−0.0744, 0.0084]	[−0.0982, 0.0104]	[−0.1246, 0.0124]	[−0.1537, 0.0143]	[−0.1854, 0.0163]	[−0.2195, 0.0182]	[−0.2554, 0.0200]
女性	$\ddot{a}_x$	养老金	[−0.0396, 0.1390]	[−0.0394, 0.1354]	[−0.0392, 0.1319]	[−0.0390, 0.1286]	[−0.0387, 0.1255]	[−0.0385, 0.1224]	[−0.0383, 0.1196]
	A_x	养老金	[−0.1041, 0.0018]	[−0.1343, 0.0023]	[−0.1667, 0.0027]	[−0.2014, 0.0031]	[−0.2385, 0.0036]	[−0.2777, 0.0040]	[−0.3183, 0.0044]
		非养老金	[−0.0765, 0.0084]	[0.1014, 0.0105]	[−0.1294, 0.0125]	[−0.1607, 0.0144]	[−0.1953, 0.0164]	[−0.2331, 0.0183]	[−0.2733, 0.0202]

续表

性别	产品组合	生命表	不同预定利率情景						
			$i=2\%$	$i=2.5\%$	$i=3\%$	$i=3.5\%$	$i=4\%$	$i=4.5\%$	$i=5\%$
男性	$\ddot{a}_{x:\overline{30}|}$	养老金	[-0.0440, 0.1432]	[-0.0438, 0.1394]	[-0.0435, 0.1358]	[-0.0433, 0.1324]	[-0.0430, 0.1292]	[-0.0428, 0.1261]	[-0.0425, 0.1231]
	$A_{x:\overline{30}|}$	养老金	[-0.0494, 0.0019]	[-0.0616, 0.0024]	[-0.0736, 0.0029]	[-0.0856, 0.0033]	[-0.0976, 0.0038]	[-0.1094, 0.0042]	[-0.1212, 0.0047]
		非养老金	[-0.0305, 0.0084]	[-0.0384, 0.0104]	[-0.0465, 0.0124]	[-0.0546, 0.0143]	[-0.0628, 0.0163]	[-0.0710, 0.0182]	[-0.0794, 0.0200]
女性	$\ddot{a}_{x:\overline{30}|}$	养老金	[-0.0396, 0.1390]	[-0.0394, 0.1354]	[-0.0392, 0.1319]	[-0.0390, 0.1286]	[-0.0387, 0.1255]	[-0.0385, 0.1224]	[-0.0383, 0.1196]
	$A_{x:\overline{30}|}$	养老金	[-0.0502, 0.0018]	[-0.0625, 0.0023]	[-0.0747, 0.0027]	[-0.0869, 0.0031]	[-0.0989, 0.0036]	[-0.1108, 0.0040]	[-0.1226, 0.0044]
		非养老金	[-0.0313, 0.0084]	[-0.0394, 0.0105]	[-0.0476, 0.0125]	[-0.0559, 0.0144]	[-0.0643, 0.0164]	[-0.0728, 0.0183]	[-0.0813, 0.0202]
男性	$_{60-x|}\ddot{a}_x$	养老金	[0.1237, 0.1960]	[0.1181, 0.1901]	[0.1128, 0.1844]	[0.1077, 0.1791]	[0.1030, 0.1740]	[0.0984, 0.1692]	[0.0942, 0.1647]
	$_{60-x|}A_x$	养老金	[-0.0576, 0.0031]	[-0.0711, -0.0113]	[-0.0843, -0.0253]	[-0.0970, -0.0389]	[-0.1094, -0.0520]	[-0.1214, -0.0648]	[-0.1330, -0.0771]
		非养老金	[-0.0288, 0.0243]	[-0.0360, 0.0168]	[-0.0431, 0.0093]	[-0.0501, 0.0019]	[-0.0571, -0.0055]	[-0.0640, -0.0127]	[-0.0707, -0.0199]
女性	$_{60-x|}\ddot{a}_x$	养老金	[0.1140, 0.1657]	[0.1085, 0.1598]	[0.1032, 0.1543]	[0.0982, 0.1491]	[0.0935, 0.1441]	[0.0890, 0.1395]	[0.0848, 0.1351]
	$_{60-x|}A_x$	养老金	[-0.0617, -0.0182]	[-0.0764, -0.0336]	[-0.0908, -0.0487]	[-0.1049, -0.0635]	[-0.1187, -0.0779]	[-0.1321, -0.0919]	[-0.1452, -0.1056]
		非养老金	[-0.0340, 0.0070]	[-0.0426, -0.0020]	[-0.0512, -0.0109]	[-0.0597, -0.0199]	[-0.0682, -0.0287]	[-0.0767, -0.0375]	[-0.0850, -0.0462]

如图 5—9 至图 5—26、表 5—6 至表 5—7 所示，总体来看，在各种情景假设下，除极端超高龄之外，终身年金 $\ddot{a}_x$、定期年金 $\ddot{a}_{x:\overline{30}|}$ 和递延年金 $_{60-x|}\ddot{a}_x$ 的趸缴净保费的相对变化率都为正，终身寿险 A_x、两全保险 $A_{x:\overline{30}|}$ 和递延寿险 $_{60-x|}A_x$ 的趸缴净保费的相对变化率都为负。这表明，由于死亡率

存在动态改善，使得修订后三类年金产品趸缴净保费呈现出明显上升趋势，三类寿险产品趸缴净保费呈现出明显下降趋势，且采用与年金产品相同的养老金业务表计算的寿险产品趸缴净保费的下降趋势更显著。但随着投保年龄 x 的增加，三类产品组合的趸缴净保费的变化模式存在差异，这种差异主要表现在以下三个方面。

第一，在其他条件不变的情况下，一方面，随着投保年龄 x 的增加，$\ddot{a}_x$、$\ddot{a}_{x:\overline{30|}}$ 下降且 $_{60-x|}\ddot{a}_x$ 增加；生命表修订导致的 $\ddot{a}_x$ 和 $\ddot{a}_{x:\overline{30|}}$ 的增长幅度和相对增长率都呈现出先增后减的趋势，$_{60-x|}\ddot{a}_x$ 的增长幅度大体上会增加，但相对增长率反而下降。另一方面，随着投保年龄 x 的增加，A_x、$A_{x:\overline{30|}}$ 和 $_{60-x|}A_x$ 都会增加；生命表修订导致的 A_x 的下降幅度的绝对值呈现出先增后减趋势，而相对下降率的绝对值大体上逐渐减小，$A_{x:\overline{30|}}$ 的下降幅度和相对下降率的绝对值都呈现出先增后减趋势，$_{60-x|}A_x$ 的下降幅度和相对下降率的绝对值都持续增加。

第二，在其他条件不变的情况下，随着预定利率的增加，$\ddot{a}_x$、$\ddot{a}_{x:\overline{30|}}$ 和 $_{60-x|}\ddot{a}_x$ 以及 A_x、$A_{x:\overline{30|}}$ 和 $_{60-x|}A_x$ 显然都会下降；如表5—6至表5—7所示，生命表修订导致的 $\ddot{a}_x$、$\ddot{a}_{x:\overline{30|}}$ 和 $_{60-x|}\ddot{a}_x$ 的增长幅度和相对增长率对应的区间都会收窄，A_x、$A_{x:\overline{30|}}$ 和 $_{60-x|}A_x$ 的增长幅度和相对增长率对应的区间都会增大。

第三，在其他条件不变的情况下，由于通常每一年龄男性的死亡概率高于女性，男性的生存概率低于女性，故男性被保险人购买的年金产品的趸缴净保费 $\ddot{a}_x$、$\ddot{a}_{x:\overline{30|}}$ 和 $_{60-x|}\ddot{a}_x$ 低于女性，而男性被保险人购买的寿险产品的趸缴净保费 A_x、$A_{x:\overline{30|}}$ 和 $_{60-x|}A_x$ 却高于女性；但如表5—6至表5—7所示，生命表修订导致的三种年金产品中男性趸缴净保费的增长幅度和相对增长率明显高于女性，三种寿险产品中男性趸缴净保费的下降幅度和相对下降率的绝对值略低于女性。

最后，我们将各种情景下三种产品组合的趸缴净保费及其相对变化情况进行了汇总，如表5—8所示。

表5—8　　　　　　不同情景下趸缴净保费及其相对变化情况

不同情景	产品	P_0	$|\Delta P|$	$|\Delta P|/P_0$
$x\uparrow$	$\ddot{a}_x$	↓	先增后减	先增后减
	$\ddot{a}_{x:\overline{30|}}$	↓	先增后减	先增后减

续表

不同情景	产品	P_0	$|\Delta P|$	$|\Delta P|/P_0$
$x \uparrow$	$_{60-x|}\ddot{a}_x$	↑	↑	↓
	A_x	↑	先增后减	↓
	$A_{x:\overline{30|}}$	↑	先增后减	先增后减
	$_{60-x|}A_x$	↑	↑	↑
$i \uparrow$	$\ddot{a}_x$	↓	↓	↓
	$\ddot{a}_{x:\overline{30|}}$	↓	↓	↓
	$_{60-x|}\ddot{a}_x$	↓	↓	↓
	A_x	↓	↑	↑
	$A_{x:\overline{30|}}$	↓	↑	↑
	$_{60-x|}A_x$	↓	↑	↑
男 → 女	$\ddot{a}_x$	↑	↓	↓
	$\ddot{a}_{x:\overline{30|}}$	↑	↓	↓
	$_{60-x|}\ddot{a}_x$	↑	↓	↓
	A_x	↓	↑	↑
	$A_{x:\overline{30|}}$	↓	↑	↑
	$_{60-x|}A_x$	↓	↑	↑

二 三类产品组合内部的对冲弹性

（一）对冲弹性的计算公式

为了研究死亡率变化引起的寿险产品对冲年金产品的弹性大小，我们进一步假设预定利率为固定常数，且假设三类年金产品和寿险产品在定价时使用同样的死亡率生命表。

对于任意投保年龄 x，由 $A_x = 1 - d\ddot{a}_x$ 可得，生命表修订导致的终身寿险 A_x 对终身年金 $\ddot{a}_x$ 的对冲弹性 e_{x1} 的计算公式为：

$$e_{x1} = \frac{\Delta A_x / A_x}{\Delta \ddot{a}_x / \ddot{a}_x} = \frac{\Delta A_x}{\Delta \ddot{a}_x} \times \frac{\ddot{a}_x}{A_x} = -d \times \frac{1 - A_x}{dA_x} = 1 - \frac{1}{A_x} \quad (5—11)$$

显然，由于 $0 < A_x < 1$，故 $e_{x1} < 0$。从式（5—11）可以看出，生命表修订导致 $\ddot{a}_x$ 上涨 1%，A_x 就会下降 $|e_{x1}|$%。

对于任意投保年龄 x，由 $A_{x:\overline{n}|} = A^1_{x:\overline{n}|} + A_{x:\overline{n}|}^{\ 1} = 1 - d\ddot{a}_{x:\overline{n}|}$ 可得，生命表修订导致的两全保险 $A_{x:\overline{n}|}$ 对定期年金 $\ddot{a}_{x:\overline{n}|}$ 的对冲弹性 e_{x2} 的计算公式为：

$$e_{x2} = \frac{\Delta A_{x:\overline{n}|}/A_{x:\overline{n}|}}{\Delta \ddot{a}_{x:\overline{n}|}/\ddot{a}_{x:\overline{n}|}} = \frac{\Delta A_{x:\overline{n}|}}{\Delta \ddot{a}_{x:\overline{n}|}} \times \frac{\ddot{a}_{x:\overline{n}|}}{A_{x:\overline{n}|}} = -d \times \frac{1 - A_{x:\overline{n}|}}{dA_{x:\overline{n}|}} = 1 - \frac{1}{A_{x:\overline{n}|}}$$

(5—12)

类似地，由于 $0 < A_{x:\overline{n}|} < 1$，故 $e_{x2} < 0$。显然，由于 $\ddot{a}_x > \ddot{a}_{x:\overline{n}|}$，故 $A_x < A_{x:\overline{n}|}$，进而得到 $e_{x1} < e_{x2} < 0$。从式（5—12）可以看出，生命表修订导致 $\ddot{a}_{x:\overline{n}|}$ 上涨1%，$A_{x:\overline{n}|}$ 就会下降 $|e_{x2}|\%$。

对于任意投保年龄 x，由 $_{60-x|}A_x = v^{60-x} {}_{60-x}p_x A_{60}$，$_{60-x|}\ddot{a}_x = v^{60-x} {}_{60-x}p_x \ddot{a}_{60}$ 可得 $_{60-x|}A_x = \frac{A_{60}}{\ddot{a}_{60}} {}_{60-x|}\ddot{a}_x$，进而生命表修订导致的递延寿险 $_{60-x|}A_x$ 对递延年金 $_{60-x|}\ddot{a}_x$ 的对冲弹性 e_{x3} 的计算公式为：

$$e_{x3} = \frac{\Delta_{60-x|}A_x/_{60-x|}A_x}{\Delta_{60-x|}\ddot{a}_x/_{60-x|}\ddot{a}_x}$$

(5—13)

需要指出，由于 $\frac{A_{60}}{\ddot{a}_{60}}$ 随死亡率变化而变化，也就是说，$\frac{A_{60}}{\ddot{a}_{60}}$ 并不是常数，从而 $\frac{\Delta_{60-x|}A_x}{\Delta_{60-x|}\ddot{a}_x} \neq \frac{A_{60}}{\ddot{a}_{60}}$。故这里无法给出显示形式下 e_{x3} 的解析公式。在后续分析中，我们直接采用式（5—13）计算 e_{x3}。

此外，由于：

$$\begin{aligned}{}_{60-x|}A_x &= v^{60-x} {}_{60-x}p_x A_{60} = v^{60-x} {}_{60-x}p_x (1 - d\ddot{a}_{60}) \\ &= v^{60-x} {}_{60-x}p_x \left(1 - d\frac{{}_{60-x|}\ddot{a}_x}{v^{60-x} {}_{60-x}p_x}\right) = v^{60-x} {}_{60-x}p_x - d {}_{60-x|}\ddot{a}_x\end{aligned}$$

(5—14)

从式（5—14）可以看出，生命表修订后，$v^{60-x} {}_{60-x}p_x$ 和 $_{60-x|}\ddot{a}_x$ 都会上升，使得 $_{60-x|}A_x$ 可能出现增加，也可能出现减少，即 $\Delta_{60-x|}\ddot{a}_x > 0$，而 $\Delta_{60-x|}A_x$ 可正可负。因此，e_{x3} 的正负是不确定的。也就是说，生命表修订导致 $_{60-x|}\ddot{a}_x$ 上涨1%，$_{60-x|}A_x$ 就会变化 $e_{x3}\%$。

（二）对冲弹性的理论解和实际解

我们将三类产品组合在定价时使用相同生命表（即养老金业务表）计算的 e_{x1}、e_{x2} 和 e_{x3} 称为对冲弹性的理论解。

然而，在保险公司的经营实务中，年金产品购买者的死亡概率往往低于寿险产品购买者，保险公司为了规避死亡率风险，通常在年金产品的定价中使用养老金业务表，在寿险产品的定价中使用非养老金业务表。为了比较实际的对冲弹性，我们将三类产品组合在定价时使用不同生命表计算的对冲结果（记为 e'_{x1}、e'_{x2} 和 e'_{x3}）称为对冲弹性的实际解。

从直觉上讲，基于相同生命表的对冲效果要比基于不同生命表的对冲效果明显。也就是说，相同生命表下对冲弹性的绝对值大于不同生命表下对冲弹性的绝对值，即 $e_{x1} < e'_{x1} < 0$，$e_{x2} < e'_{x2} < 0$，$e_{x3} < e'_{x3} < 0$。下面通过量化三种产品组合的对冲弹性的数值解，来检验这种认识是否正确。

（三）各种情景下的对冲弹性

对于任意投保年龄 x，为了比较三种产品组合的对冲弹性的理论解（e_{x1}、e_{x2} 和 e_{x3}）和实际解（e'_{x1}、e'_{x2} 和 e'_{x3}），在前述各种情景下，图5—27和图5—28分别给出了在各种预定利率假设下，采用相同生命表计算的男性和女性的对冲弹性 e_{x1}。图5—29和图5—30分别给出了在各种预定利率假设下，采用不同生命表计算的男性和女性的对冲弹性 e'_{x1}。类似地，图5—31和图5—32分别给出了在各种预定利率假设下，采用相同生命表计算的男性和女性的对冲弹性 e_{x2}。图5—33和图5—34分别给出了在各种预定利率假设下，采用不同生命表计算的男性和女性的对冲弹性 e'_{x2}。图5—35和图5—36分别给出了在各种预定利率假设下，采用相同生命表计算的男性和女性的对冲弹性 e_{x3}。图5—37和图5—38分别给出了在各种预定利率假设下，采用不同生命表计算的男性和女性的对冲弹性 e'_{x3}。

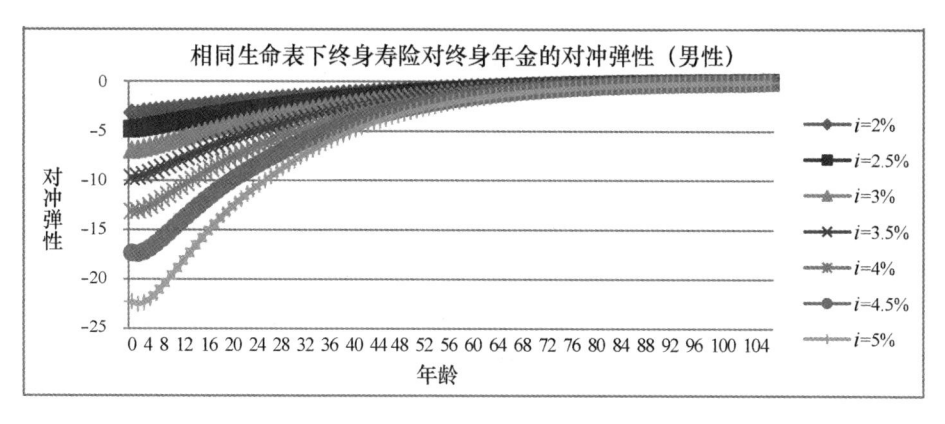

图5—27 相同生命表下终身寿险对终身年金的对冲弹性 e_{x1}（男性）

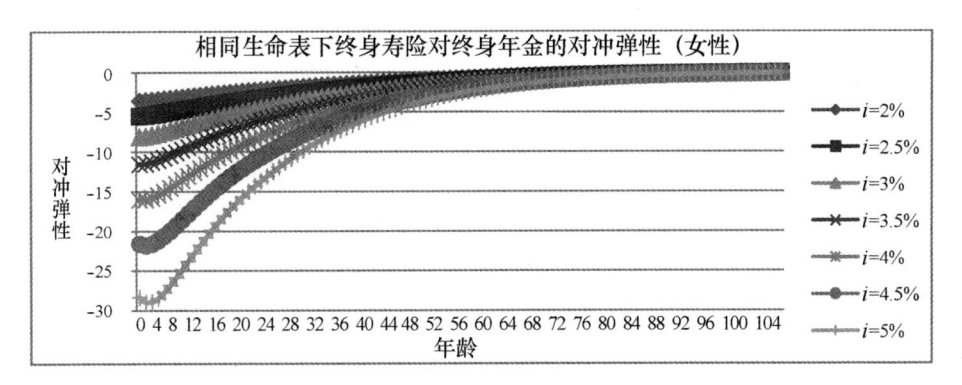

图 5—28　相同生命表下终身寿险对终身年金的对冲弹性 e_{x1}（女性）

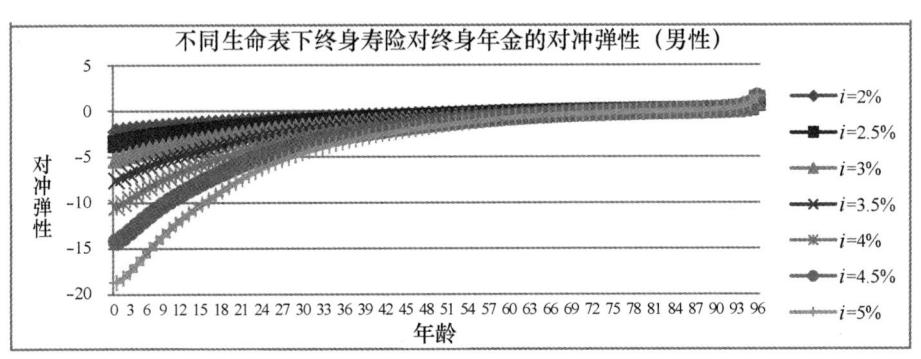

图 5—29　不同生命表下终身寿险对终身年金的对冲弹性 e'_{x1}（男性）①

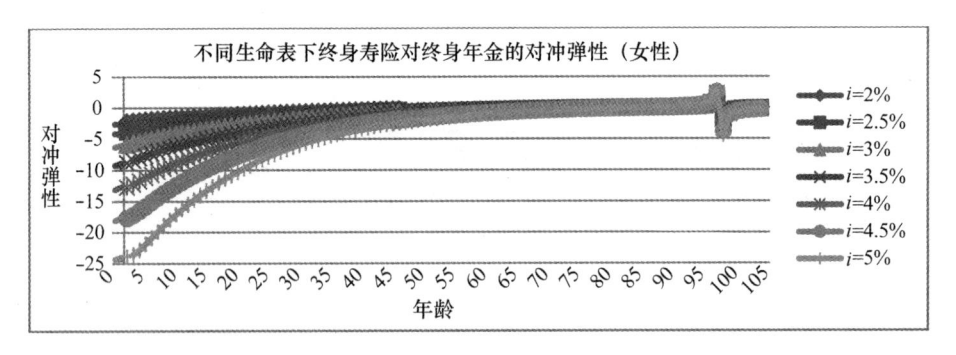

图 5—30　不同生命表下终身寿险对终身年金的对冲弹性 e'_{x1}（女性）

---

① 由于终身寿险使用的是非养老金业务男表，终身年金使用的是养老金业务男表，使得计算的 97 岁的对冲弹性 $|e'_{97,1}|$ 异常大，故这里仅绘制了 0—96 岁的对冲弹性。

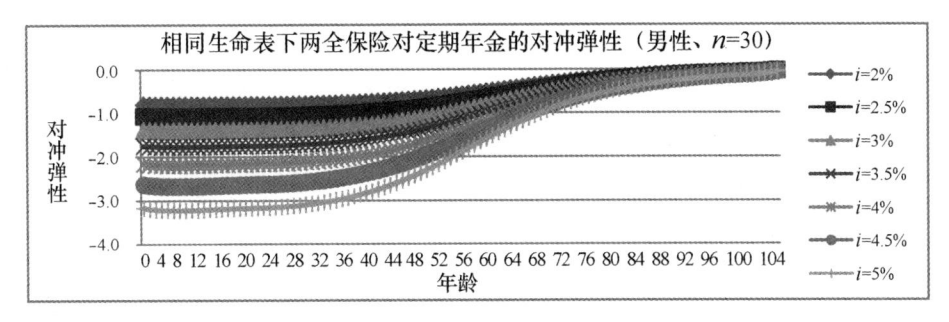

第五章 长寿风险对保险公司寿险和年金产品定价的影响

图 5—31 相同生命表下两全保险对定期年金的对冲弹性 e_{x2}（男性）

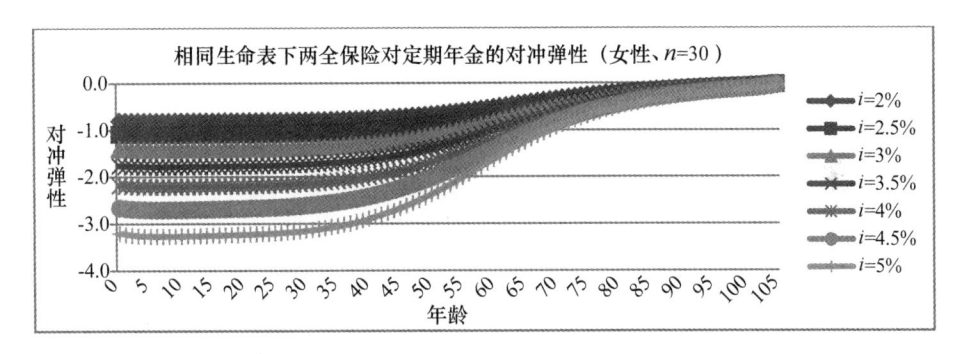

图 5—32 相同生命表下两全保险对定期年金的对冲弹性 e'_{x2}（女性）

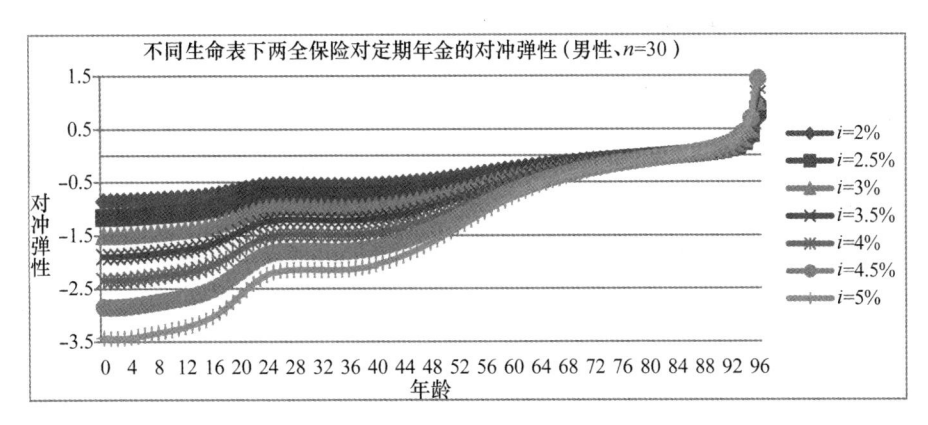

图 5—33 不同生命表下两全保险对定期年金的对冲弹性 e'_{x2}（男性）①

---

① 由于两全保险使用的是非养老金业务男表，定期年金使用的是养老金业务男表，使得计算的 97 岁的对冲弹性 $|e'_{97,2}|$ 异常大，故这里仅绘制了 0—96 岁的对冲弹性。

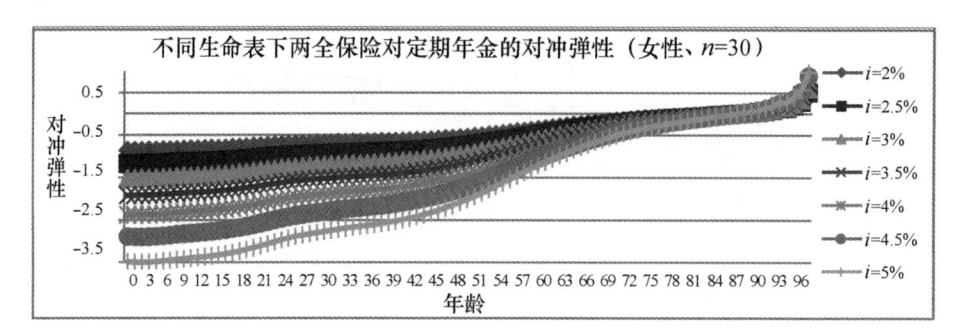

图 5—34　不同生命表下两全保险对定期年金的对冲弹性 e'_{x2}（女性）①

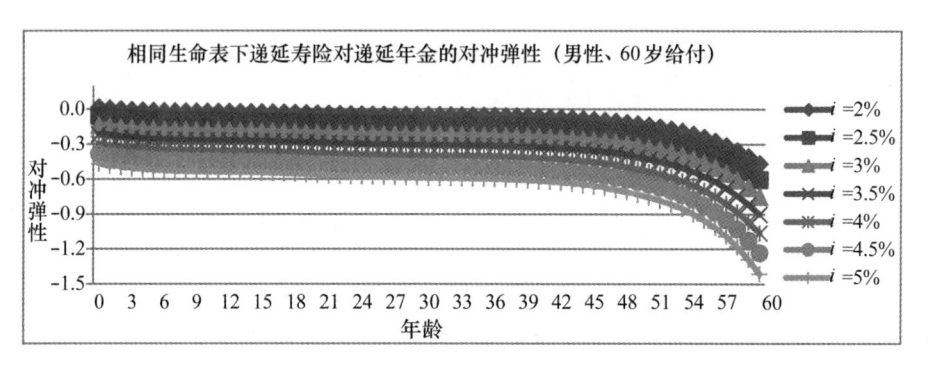

图 5—35　相同生命表下递延寿险对递延年金的对冲弹性 e_{x3}（男性）

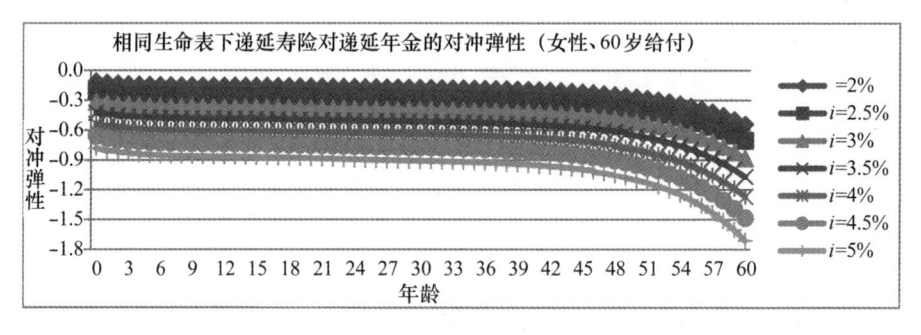

图 5—36　相同生命表下递延寿险对递延年金的对冲弹性 e_{x3}（女性）

---

① 由于两全保险使用的是非养老金业务女表，定期年金使用的是养老金业务女表，使得计算的97岁的对冲弹性 $|e'_{97,2}|$ 异常大，故这里仅绘制了0—96岁的对冲弹性。

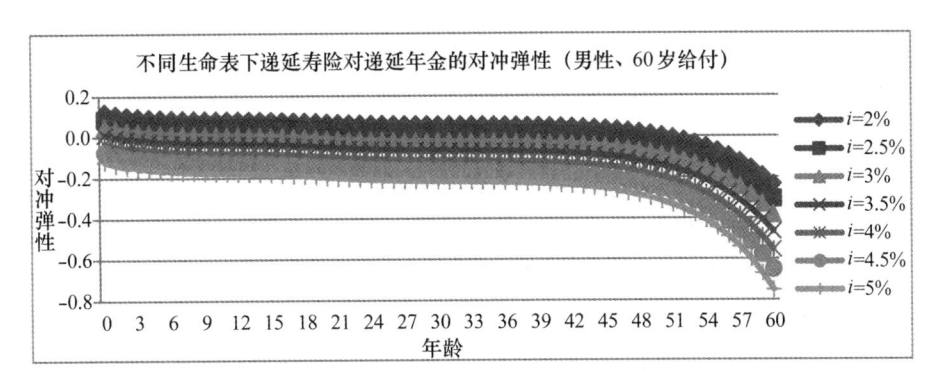

第五章 长寿风险对保险公司寿险和年金产品定价的影响

图5—37 不同生命表下递延寿险对递延年金的对冲弹性 e'_{x3}（男性）

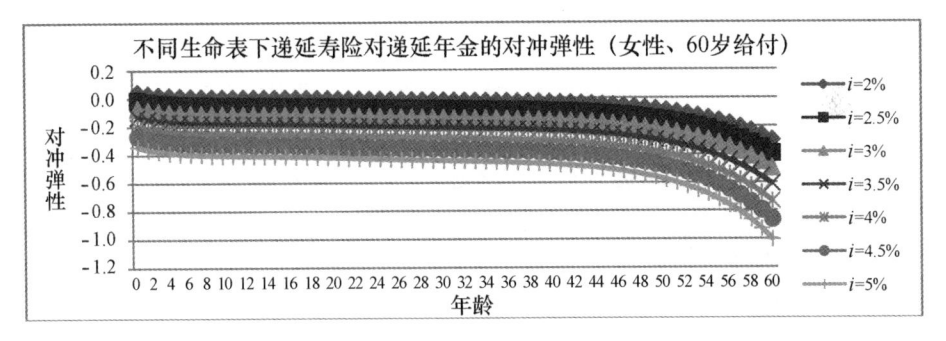

图5—38 不同生命表下递延寿险对递延年金的对冲弹性 e'_{x3}（女性）

从图5—27至图5—38可以看出，第一，无论是男性还是女性，基于相同生命表的三种产品组合的对冲弹性（e_{x1}、e_{x2}和e_{x3}）都为负，且三种产品组合的对冲弹性的变化区间依次递减；除极端超高龄之外，基于不同生命表的三种产品组合的对冲弹性（e'_{x1}、e'_{x2}和e'_{x3}）也都为负，且三种产品组合的对冲弹性的变化区间也依次递减。第二，整体上看，除极端超高龄之外，基于相同生命表的三种产品组合的对冲弹性的绝对值更大，即对冲效果更明显。换句话说，由于保险公司在实际经营中通常会根据养老金业务和非养老金业务选择不同的生命表，故寿险产品对年金产品的实际对冲效果要明显更低。第三，随着预定利率的增加，所有对冲弹性的绝对值都增大。这表明，高利率环境下，生命表修订导致的寿险产品价格下降对年金产品价格的上涨的对冲能力越强，此时长寿风险对保险公司产品定价的影响并不显著。

为了更细致地比较三种产品组合中对冲弹性的性别差异，以及这种差异随投保年龄、预定利率的变化情况，我们进一步绘制了基于相同生命表和不同生命表、分性别的三种产品组合的对冲弹性，如图5—39至图5—44所示。

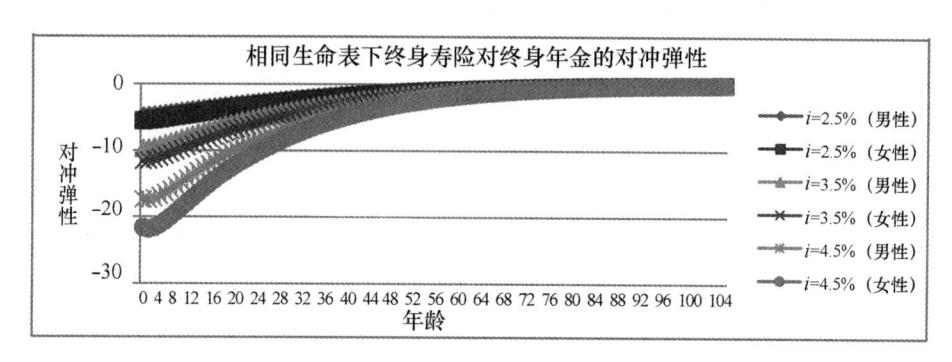

图5—39　相同生命表下终身寿险对终身年金的对冲弹性 e_{x1}

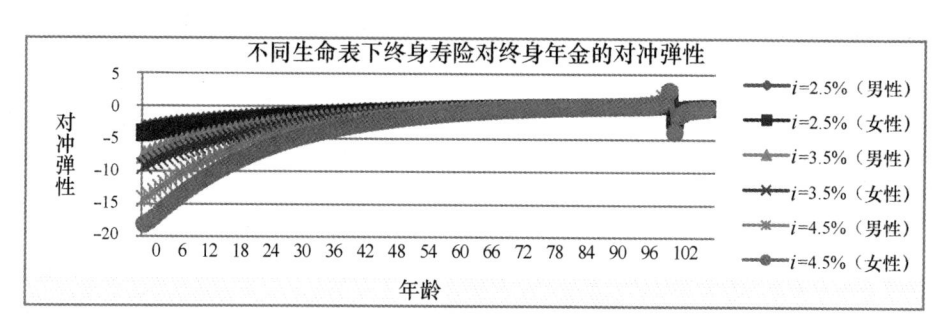

图5—40　不同生命表下终身寿险对终身年金的对冲弹性 e'_{x1}

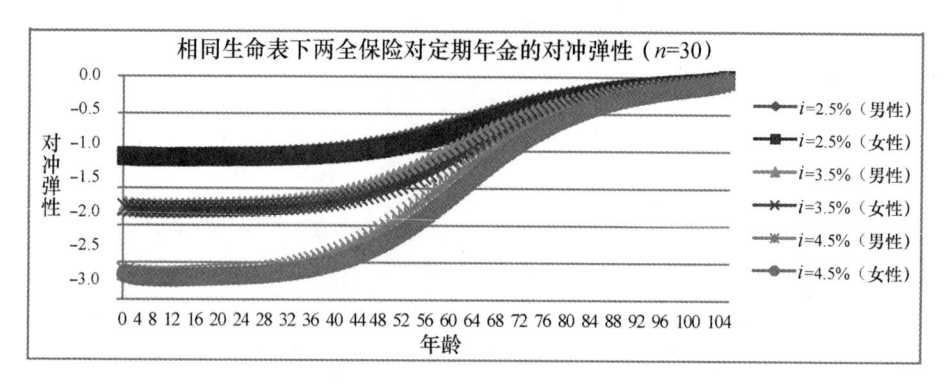

图5—41　相同生命表下两全保险对定期年金的对冲弹性 e_{x2}

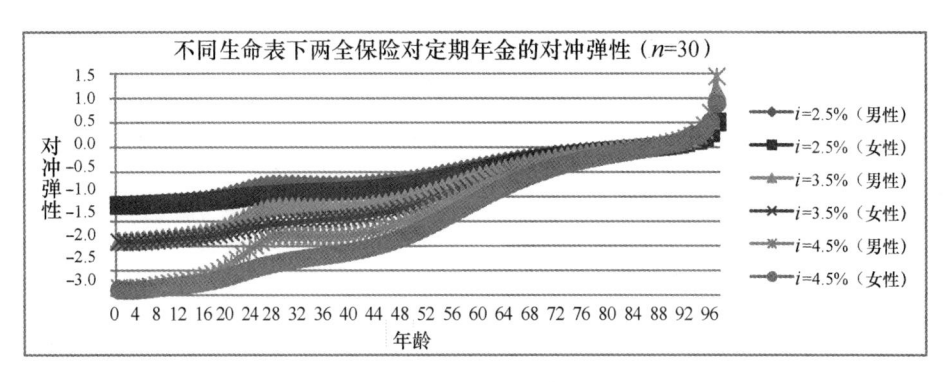

图 5—42　不同生命表下两全保险对定期年金的对冲弹性 e'_{x2}

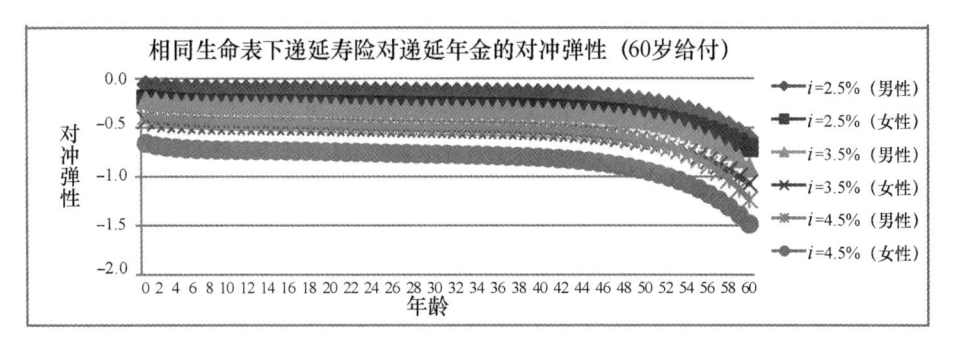

图 5—43　相同生命表下递延寿险对递延年金的对冲弹性 e_{x3}

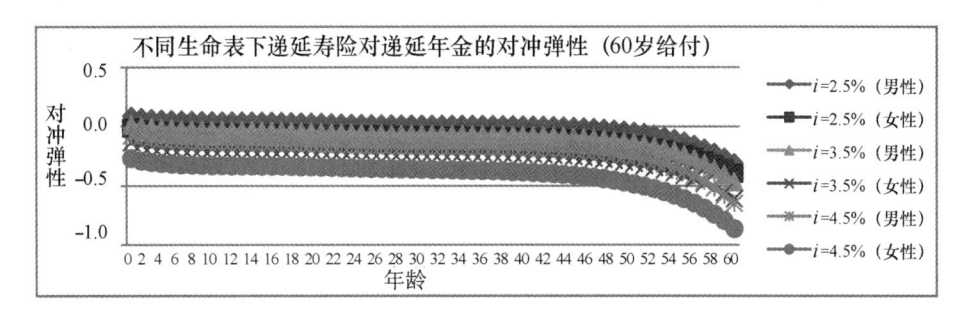

图 5—44　不同生命表下递延寿险对递延年金的对冲弹性 e'_{x3}

为了进一步比较三种产品组合中对冲弹性的理论值和实际值的差异，我们进一步绘制了基于相同生命表和不同生命表的三种产品组合的对冲弹性，如图 5—45 至图 5—47 所示。

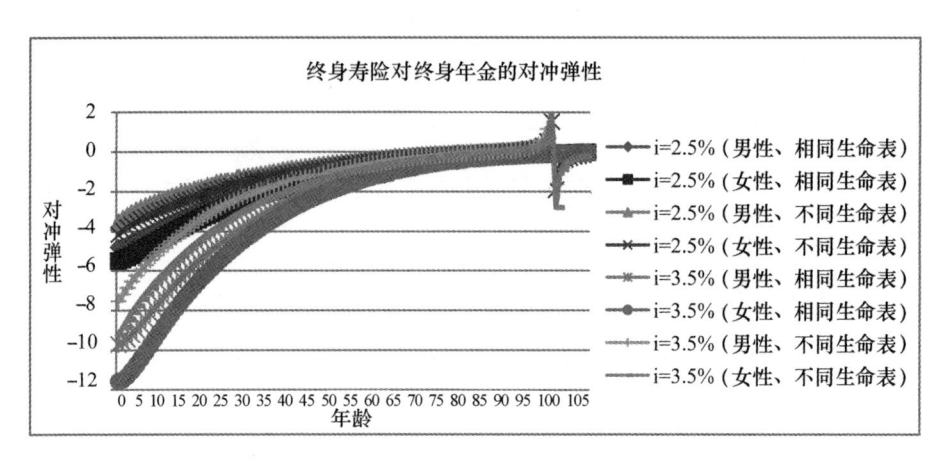

图5—45　不同情景下终身寿险对终身年金的对冲弹性

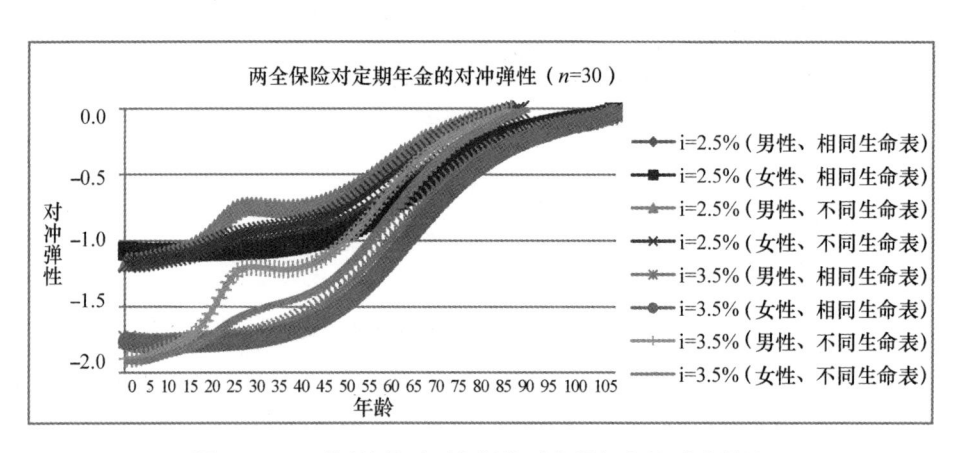

图5—46　不同情景下两全保险对定期年金的对冲弹性

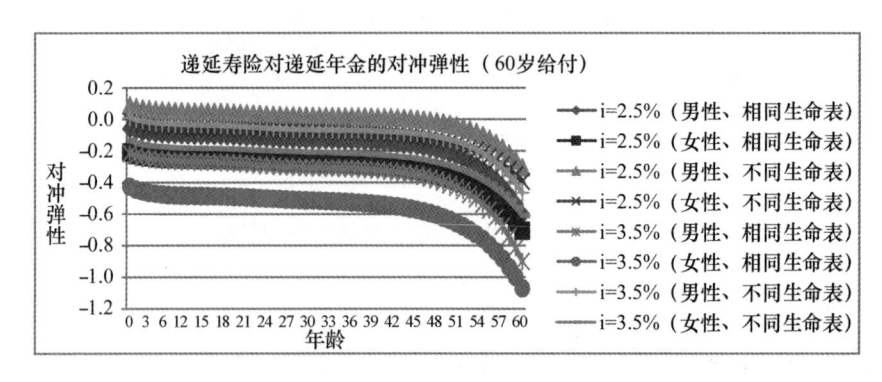

图5—47　不同情景下递延寿险对递延年金的对冲弹性

三 主要结论

由于生命表修订往往会导致年金产品价格上涨,同时也会导致寿险产品价格下跌,为了刻画生命表修订对同时经营寿险业务和年金业务的保险公司的净影响,本节在第二节研究的基础上,以终身年金与终身寿险、定期年金与两全保险、递延年金与递延寿险三类产品组合为例,运用精算定价方法,通过度量三类产品组合内部的对冲弹性来量化生命表修订对保险公司整体业务价格的净影响。本节的研究结论主要包括以下四点。

第一,对于三种产品组合来说,在各种不同情景下,使用相同生命表计算的对冲弹性的绝对值都明显大于使用不同生命表计算的对冲弹性的绝对值。这表明,在保险业经营实务中,由于年金产品通常采用养老金业务男表和女表中的死亡率,寿险产品通常采用非养老金业务男表和女表中的死亡率,两类产品使用的生命表不同,导致实际的对冲效果低于理论的对冲效果。

第二,对于三种产品组合来说,在其他条件不变的情况下,随着投保年龄 x 的增加,利用相同生命表计算的对冲弹性的绝对值 $|e_{x1}|$、$|e_{x2}|$ 和利用不同生命表计算的对冲弹性的绝对值 $|e'_{x1}|$、$|e'_{x2}|$ 都下降,而利用相同生命表和不同生命表计算的对冲弹性的绝对值 $|e_{x3}|$ 和 $|e'_{x3}|$ 反而增加。

第三,对于三种产品组合来说,在其他条件不变的情况下,随着预定利率的增加,利用相同生命表计算的对冲弹性的绝对值 $|e_{x1}|$、$|e_{x2}|$ 和 $|e_{x3}|$,以及利用不同生命表计算的对冲弹性的绝对值 $|e'_{x1}|$、$|e'_{x2}|$ 和 $|e'_{x3}|$ 都上升。这表明,利率越高,保险公司年金产品和寿险产品价格之间的对冲效果更明显,保险公司面临的长寿风险变得越不显著。反之,利率越低,保险公司面临的长寿风险越显著。

第四,对于三种产品组合来说,各种不同情景下,女性的对冲弹性的绝对值更大。这表明,从单位产品组合的净对冲效果来看,保险公司面临的男性投保人群的长寿风险更显著。

最后,我们将这些结论汇总于表5—9中。

表 5—9　　　　　不同情景下三种产品组合的对冲弹性比较

不同情景	理论上对冲弹性的绝对值	实际上对冲弹性的绝对值	理论与实际比较
$x\uparrow$	$\mid e_{x1}\mid\downarrow\mid e_{x2}\mid\downarrow\mid e_{x3}\mid\uparrow$	$\mid e'_{x1}\mid\downarrow\mid e'_{x2}\mid\downarrow\mid e'_{x3}\mid\uparrow$	$\mid e_{x1}\mid>\mid e'_{x1}\mid$
$i\uparrow$	$\mid e_{x1}\mid\uparrow\mid e_{x2}\mid\uparrow\mid e_{x3}\mid\uparrow$	$\mid e'_{x1}\mid\uparrow\mid e'_{x2}\mid\uparrow\mid e'_{x3}\mid\uparrow$	$\mid e_{x2}\mid>\mid e'_{x2}\mid$
男 → 女	$\mid e_{x1}\mid\uparrow\mid e_{x2}\mid\uparrow\mid e_{x3}\mid\uparrow$	$\mid e'_{x1}\mid\uparrow\mid e'_{x2}\mid\uparrow\mid e'_{x3}\mid\uparrow$	$\mid e_{x3}\mid>\mid e'_{x3}\mid$

第四节　基于最优分层模型的长寿风险定量分析[①]

一　长寿风险对保险产品价格变动的定量分析

（一）寿险和年金产品选取

本节仍沿用第三节考虑的终身寿险与终身年金、两全保险与定期年金、递延寿险与递延年金三类产品组合，结合第四章提出的基于 Lee – Carter 模型和 GP 分布的最优分层模型得到的 1994—2060 年分年龄、分性别的死亡率拟合和预测结果，深入探讨这三类保障型寿险产品和三类养老型年金产品价格（这里采用净保费代替）[②]、净保费变化幅度及变化率、净保费变化率的利率弹性、每类产品组合内部的对冲弹性随时间的动态演变。

（二）产品基本信息

具体来说，本节考虑的三类产品组合的信息如下。

1. 终身年金与终身寿险。令 $\ddot{a}_{x,t}$（ $x\in[0,\dot{\omega}_t]$，$t\in[1994,2060]$ ）表示第 t 年、投保年龄为 x 岁的期初付单位保额终身年金的精算现值（APV），也称趸缴净保费。则在时期（Period）数据下，相应的计算公式可以表示为：

---

① 段白鸽：《长寿风险对寿险和年金产品定价的对冲效应研究》，《保险研究》2019 年第 4 期。
② 实际上，保险产品的价格是由净保费和附加保费两部分组成的，其中，附加保费包括费用附加和利润附加。由于附加保费因公司而异，本节在量化长寿风险对保险产品定价的影响研究中暂时不考虑附加保费，直接采用长寿风险对净保费的影响代替对定价的影响。

第五章 长寿风险对保险公司寿险和年金产品定价的影响

$$\ddot{a}_{x,t} = \sum_{k=0}^{\dot{\omega}_t-x} v^k{}_k p_{x,t} = \frac{\sum_{k=x}^{\dot{\omega}_t} v^k{}_k p_{0,t}}{v^x{}_x p_{0,t}} \qquad (5\text{—}15)$$

令 $A_{x,t}$（$x \in [0, \dot{\omega}_t]$，$t \in [1994, 2060]$）表示第 t 年、投保年龄为 x 岁的期末付单位保额终身寿险的 APV，也称趸缴净保费。则在时期（Period）数据下，相应的计算公式可以表示为：

$$A_{x,t} = \sum_{k=0}^{\dot{\omega}_t-x} v^{k+1}{}_k p_{x,t} q_{x+k,t} = 1 - d\ddot{a}_{x,t} \qquad (5\text{—}16)$$

其中，$d = \dfrac{i}{1+i}$。

2. 定期年金与两全保险。令 $\ddot{a}_{x:\overline{n}|,t}$（$x \in [0, \dot{\omega}_t]$，$t \in [1994, 2060]$）表示第 t 年、投保年龄为 x 岁、保险期限为 n 年的期初付单位保额定期年金的 APV，也称趸缴净保费。则在时期（Period）数据下，相应的计算公式可以表示为：

$$\ddot{a}_{x:\overline{n}|,t} = \sum_{k=0}^{n-1} v^k{}_k p_{x,t} = \frac{\sum_{k=0}^{n-1} v^{x+k}{}_{x+k} p_{0,t}}{v^x{}_x p_{0,t}} \qquad (5\text{—}17)$$

令 $A_{x:\overline{n}|,t}$、$A^1_{x:\overline{n}|,t}$ 和 $A_{x:\overline{n}|,t}^{1}$（$x \in [0, \dot{\omega}_t]$，$t \in [1994, 2060]$）分别表示第 t 年、投保年龄为 x 岁、保险期限为 n 年的期末付单位保额两全保险、定期寿险和纯生保险的 APV，也称趸缴净保费。则在时期（Period）数据下，相应的计算公式可以表示为：

$$A_{x:\overline{n}|,t} = A^1_{x:\overline{n}|,t} + A_{x:\overline{n}|,t}^{1} = \sum_{k=0}^{n-1} v^{k+1}{}_k p_{x,t} q_{x+k,t} + v^n{}_n p_{x,t} = 1 - d\ddot{a}_{x:\overline{n}|,t}$$

$$(5\text{—}18)$$

3. 递延年金与递延寿险。令 $_{60-x|}\ddot{a}_{x,t}$（$x \in [0, 60]$，$t \in [1994, 2060]$）表示第 t 年、投保年龄为 x 岁、延期到 60 岁开始给付的单位保额期初付递延终身年金的 APV，也称趸缴净保费。则在时期（Period）数据下，相应的计算公式可以表示为：

$$_{60-x|}\ddot{a}_{x,t} = \sum_{k=60-x}^{\dot{\omega}_t-x} v^k{}_k p_{x,t} = \frac{v^{60}{}_{60} p_{0,t}}{v^x{}_x p_{0,t}} \ddot{a}_{60,t} \qquad (5\text{—}19)$$

令 $_{60-x|}A_{x,t}$（$x \in [0, 60]$，$t \in [1994, 2060]$）表示第 t 年、投保年龄为 x 岁、延期到 60 岁开始给付的单位保额期末付递延终身寿险的 APV，也称趸缴净保费。则在时期（Period）数据下，相应的计算公式可以表示为：

$$_{60-x|}A_{x,t} = \sum_{k=60-x}^{\hat{\omega}_t-x} v^{k+1} {}_k p_{x,t} q_{x+k,t} = v^{60-x} {}_{60-x}p_{x,t} - d_{60-x|}\ddot{a}_{x,t} = \frac{v^{60} {}_{60}p_{0,t}}{v^x {}_x p_{0,t}} - d_{60-x|}\ddot{a}_{x,t}$$

(5—20)

(三) 价格反向变动的定量分析

1. 三类产品组合净保费的动态演变。

(1) 终身年金与终身寿险。在2.5%、3.5%和4.5%的预定利率假设下,图5—48至图5—50、图5—51至图5—53分别绘制了1994—2060年各个年龄男性和女性人口购买的终身年金和终身寿险的精算现值(即趸缴净保费)的三维图。从中可以看出,第一,无论是男性还是女性,随着预定利率的增加,终身年金精算现值明显下降,终身寿险精算现值略有下降。第二,无论是男性还是女性,随着年龄的增加,各个年份的终身年金精算现值呈下降趋势,同时,各个年份的终身寿险精算现值呈上升趋势。

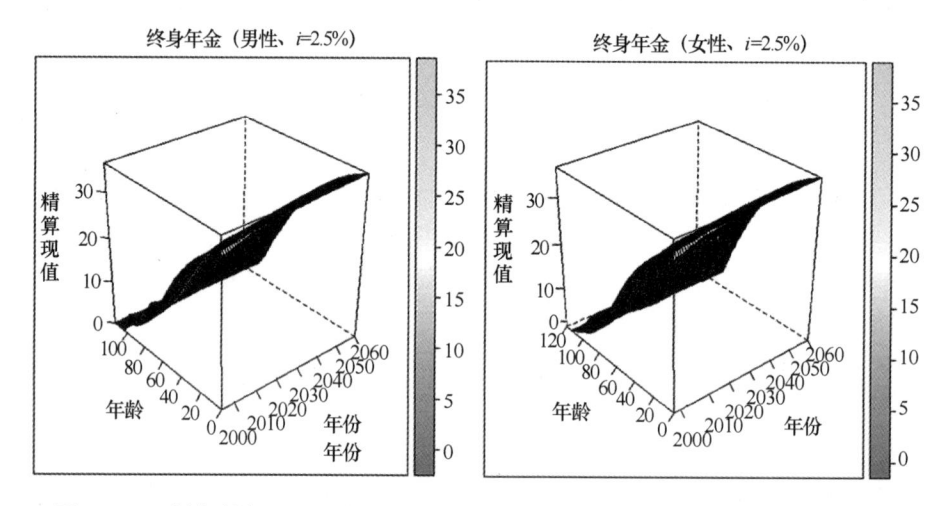

图5—48 预定利率2.5%下1994—2060年男性和女性终身年金精算现值的三维图

为了细致描述两种产品精算现值的变化趋势及性别差异,图5—54至图5—56、图5—57至图5—59分别绘制了三种预定利率假设下,全年龄男性和女性人口终身年金和终身寿险的精算现值随时间的动态演变[①]。从

[①] 需要指出的是,本节在定量分析中的所有动态演变图形都采用R软件中的彩虹调色板(Rainbow Palette)来绘制,即随着时间的推移,依次绘制各个年份的净保费、净保费变化幅度和变化率、变化率的利率弹性和寿险与年金产品的对冲弹性。

第五章　长寿风险对保险公司寿险和年金产品定价的影响

中可以看出，第一，从1994到2060年的67年间，男性人口终身年金精算现值的上涨幅度明显大于女性人口，与此同时，男性人口终身寿险精算现值的下降幅度也明显大于女性人口。第二，超高龄男性人口死亡率的波动性明显大于女性。

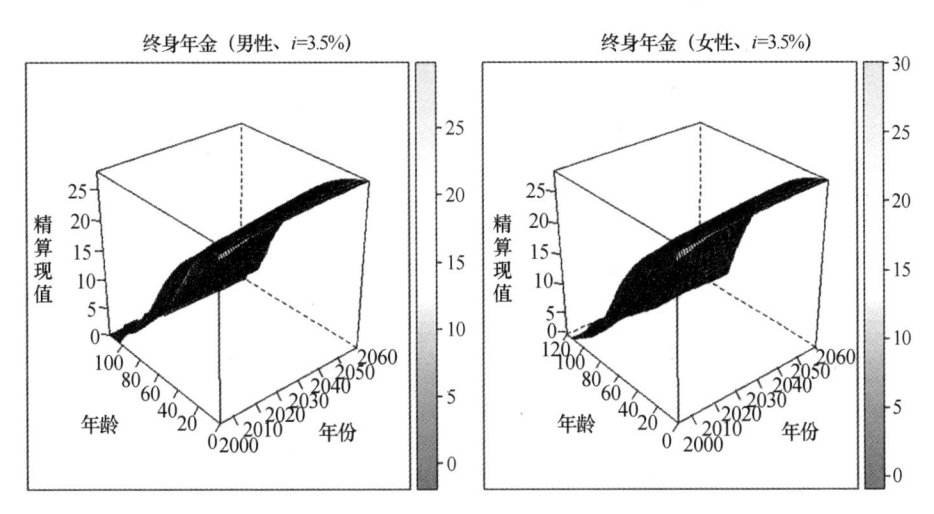

图5—49　预定利率3.5%下1994—2060年男性和女性终身年金精算现值的三维图

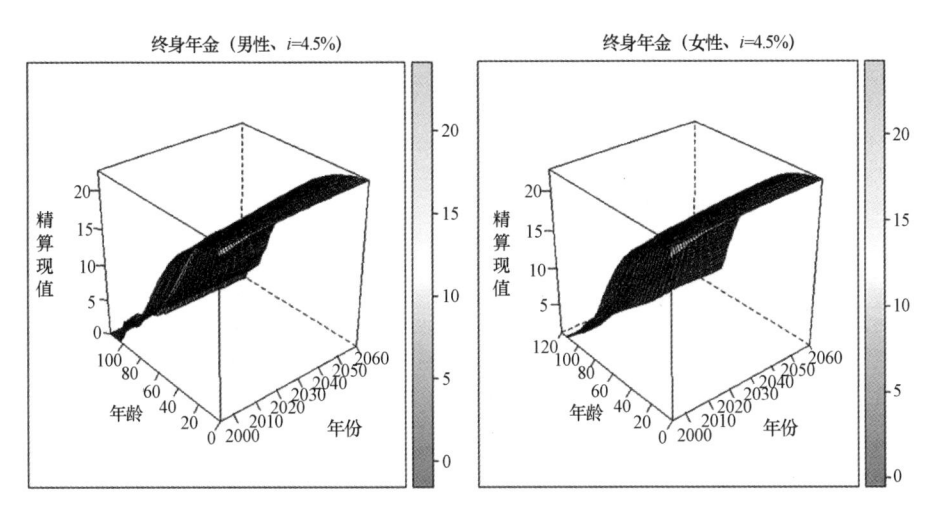

图5—50　预定利率4.5%下1994—2060年男性和女性终身年金精算现值的三维图

· 163 ·

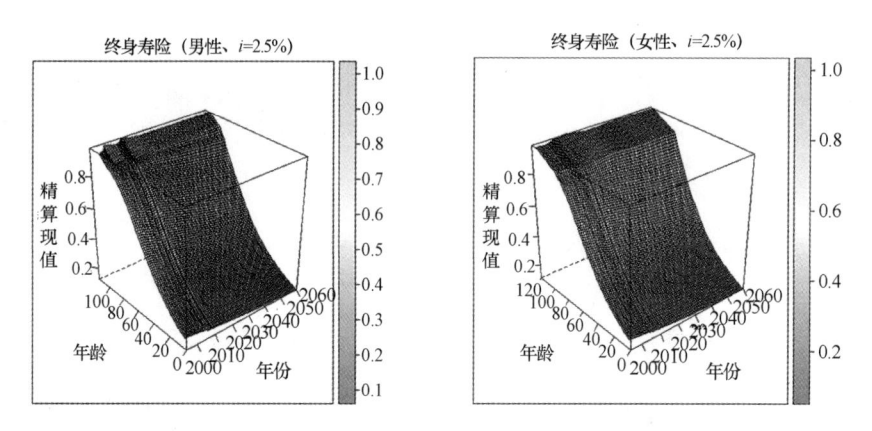

图5—51 预定利率2.5%下1994—2060年男性和女性终身寿险精算现值的三维图

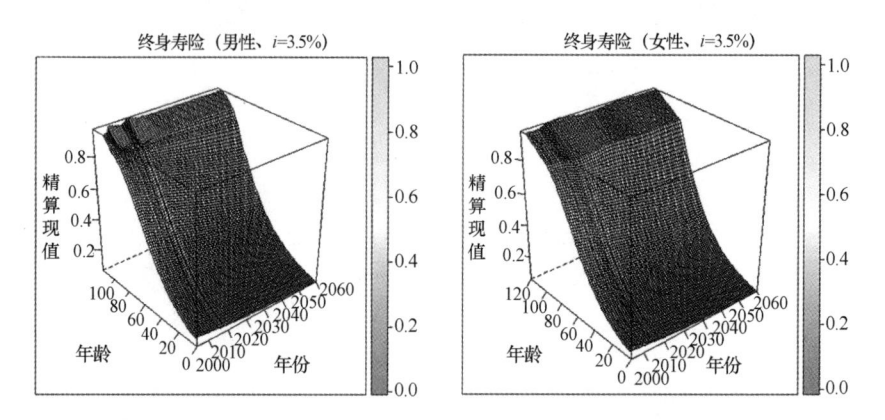

图5—52 预定利率3.5%下1994—2060年男性和女性终身寿险精算现值的三维图

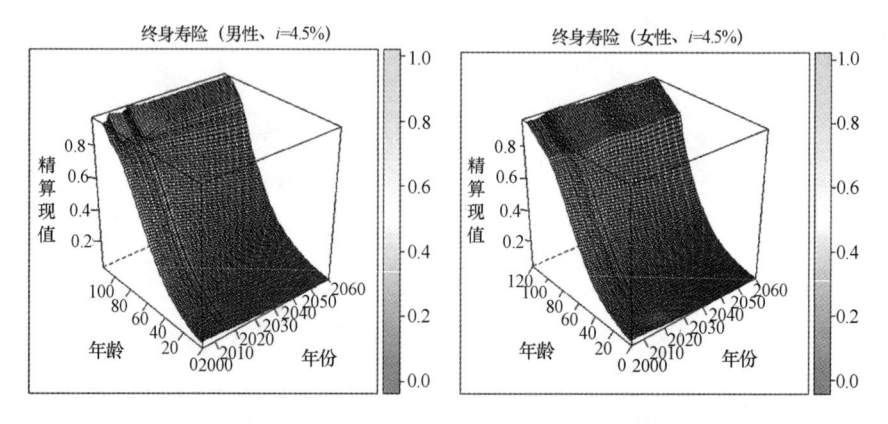

图5—53 预定利率4.5%下1994—2060年男性和女性终身寿险精算现值的三维图

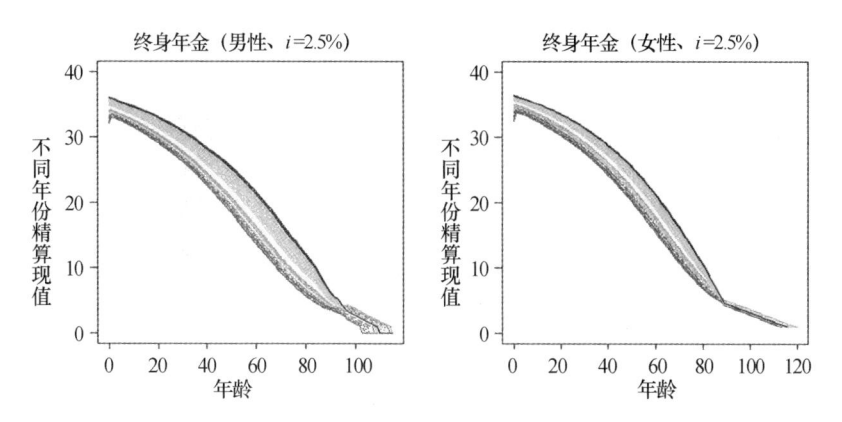

第五章 长寿风险对保险公司寿险和年金产品定价的影响

图 5—54 预定利率 2.5％下全年龄男性和女性终身年金精算现值的动态演变

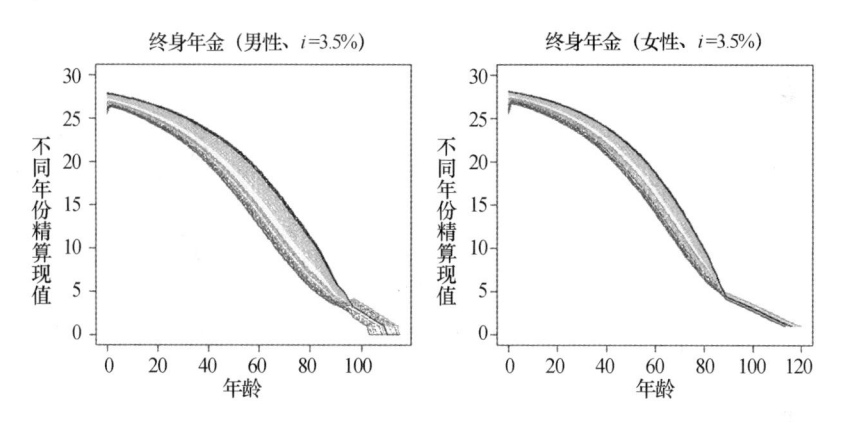

图 5—55 预定利率 3.5％下全年龄男性和女性终身年金精算现值的动态演变

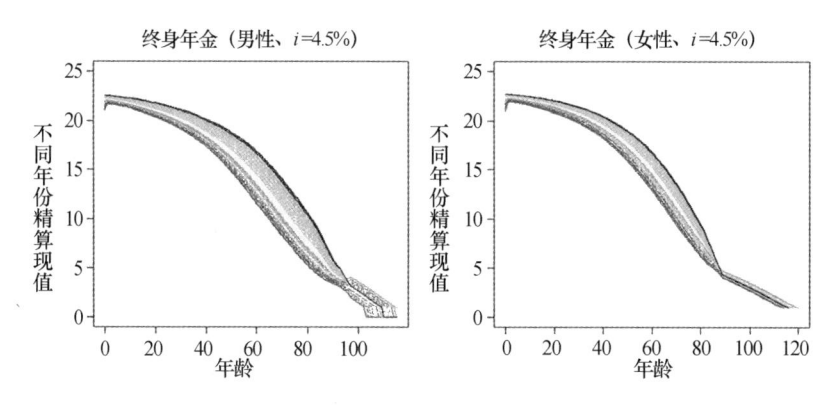

图 5—56 预定利率 4.5％下全年龄男性和女性终身年金精算现值的动态演变

· 165 ·

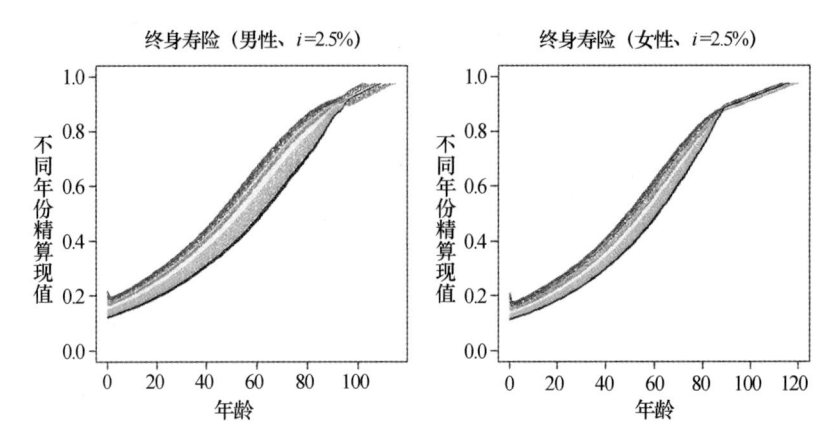

图5—57 预定利率2.5%下全年龄男性和女性终身寿险精算现值的动态演变

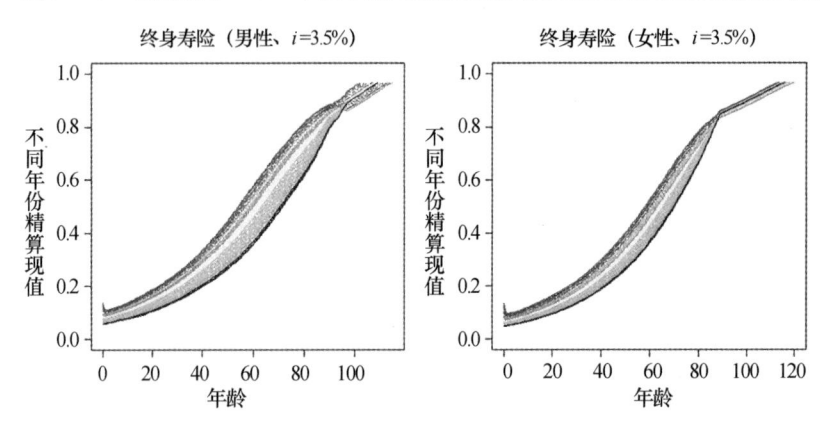

图5—58 预定利率3.5%下全年龄男性和女性终身寿险精算现值的动态演变

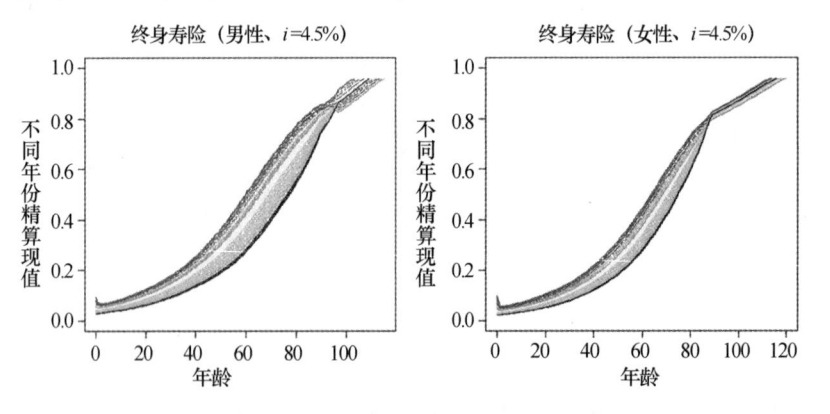

图5—59 预定利率4.5%下全年龄男性和女性终身寿险精算现值的动态演变

第五章 长寿风险对保险公司寿险和年金产品定价的影响

（2）定期年金与两全保险。在2.5%、3.5%和4.5%的预定利率假设下，图5—60至图5—62、图5—63至图5—65分别绘制了1994—2060年各个年龄男性和女性人口购买的30年期定期年金和两全保险的精算现值（即趸缴净保费）的三维图。从中可以看出，第一，无论是男性还是女性，随着预定利率的增加，定期年金精算现值明显下降，两全保险精算现值略有下降。第二，无论是男性还是女性，随着年龄的增加，各个年份的定期年金精算现值呈下降趋势，同时，各个年份的两全保险精算现值呈上升趋势。

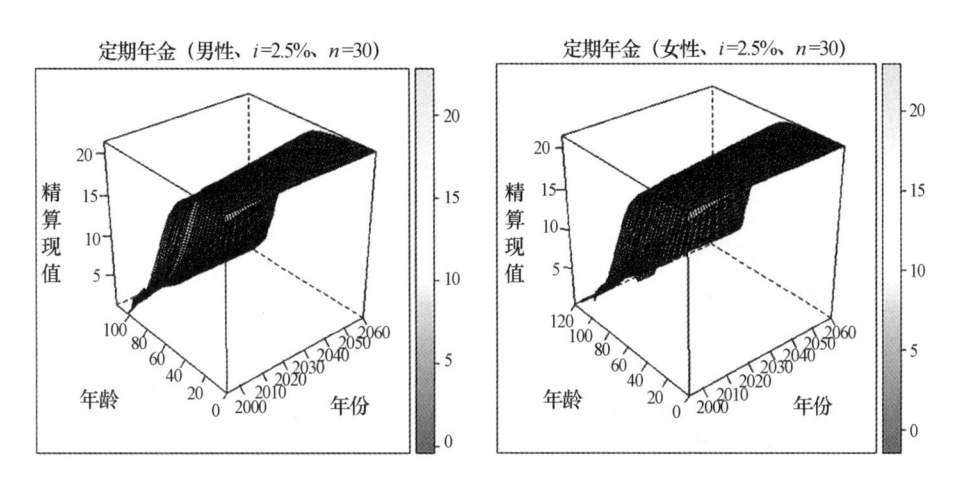

图5—60 预定利率2.5%下1994—2060年男性和女性定期年金精算现值的三维图

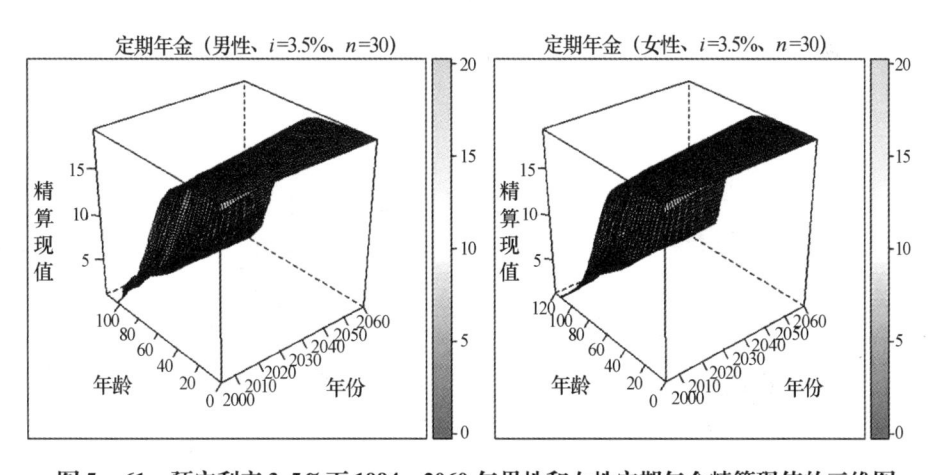

图5—61 预定利率3.5%下1994—2060年男性和女性定期年金精算现值的三维图

· 167 ·

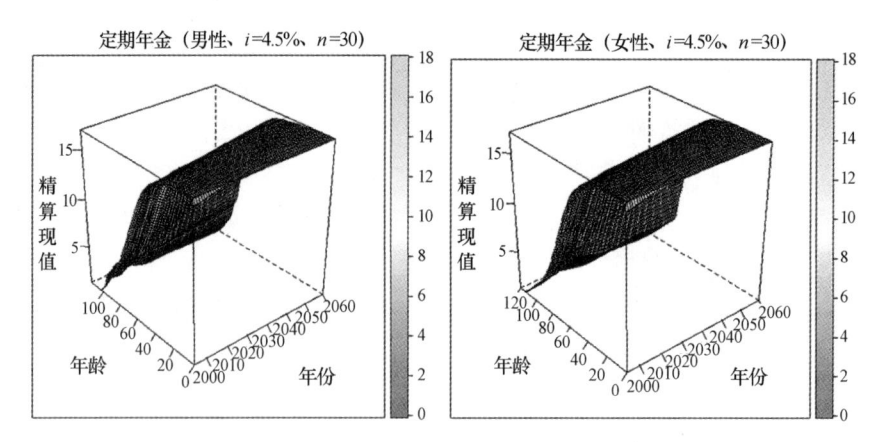

图 5—62　预定利率 4.5% 下 1994—2060 年男性和女性定期年金精算现值的三维图

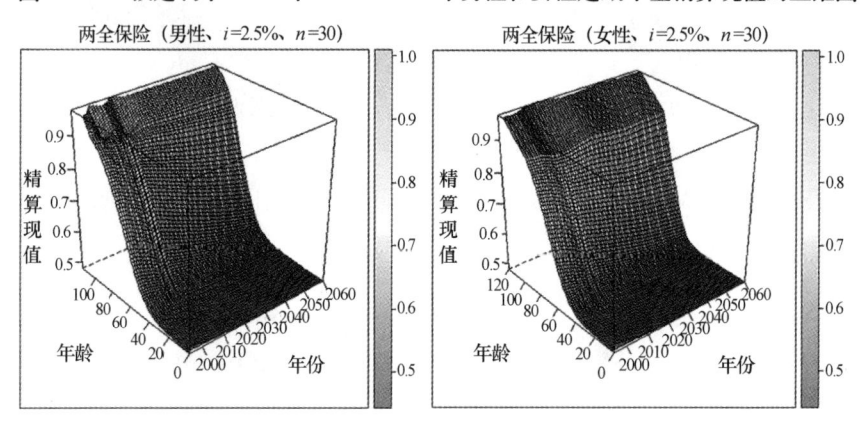

图 5—63　预定利率 2.5% 下 1994—2060 年男性和女性两全保险精算现值的三维图

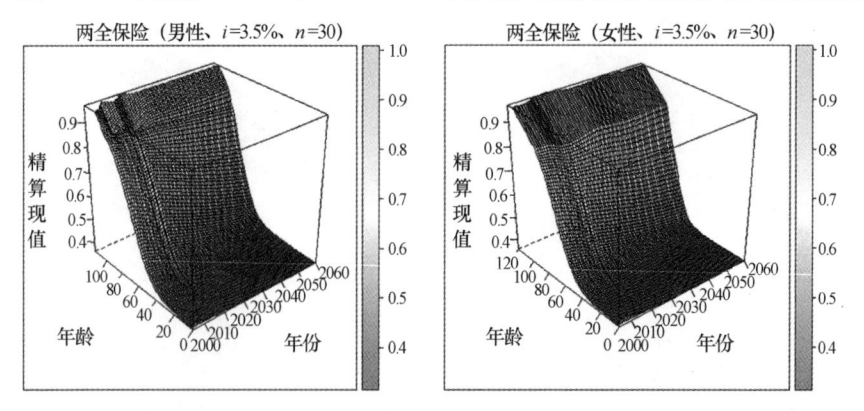

图 5—64　预定利率 3.5% 下 1994—2060 年男性和女性两全保险精算现值的三维图

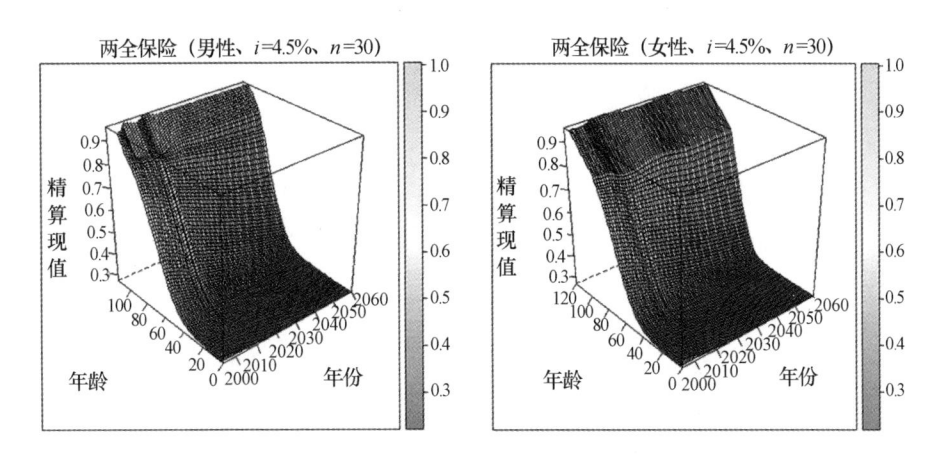

第五章 长寿风险对保险公司寿险和年金产品定价的影响

图5—65 预定利率4.5%下1994—2060年男性和女性两全保险精算现值的三维图

为了细致描述两种产品精算现值的变化趋势及性别差异，图5—66至图5—68、图5—69至图5—71分别绘制了三种预定利率假设下，全年龄男性和女性人口30年期定期年金和两全保险的精算现值随时间的动态演变。[①]

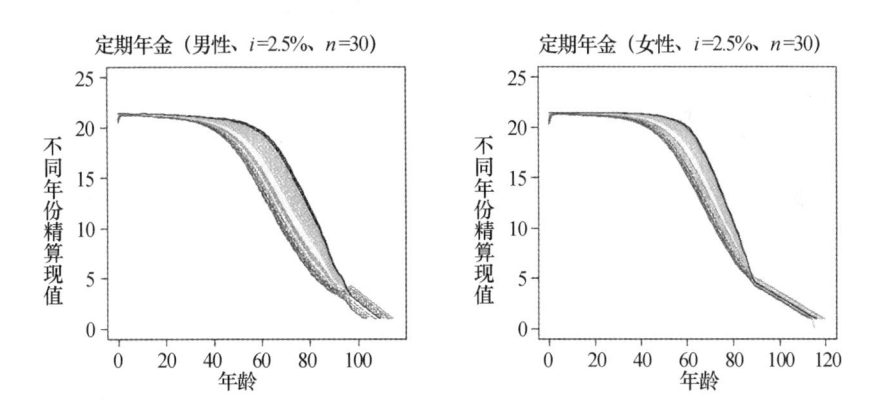

图5—66 预定利率2.5%下全年龄男性和女性定期年金精算现值的动态演变

---

① 需要指出的是，本节在定量分析中的所有动态演变图形都采用R软件中的彩虹调色板（Rainbow Palette）来绘制，即随着时间的推移，依次绘制各个年份的净保费、净保费增长幅度和增长率、增长率的利率弹性和寿险与年金产品的对冲弹性。

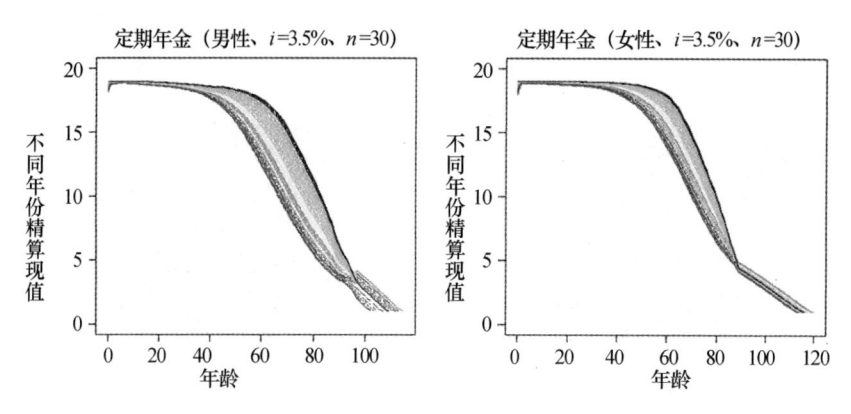

图5—67 预定利率3.5%下全年龄男性和女性定期年金精算现值的动态演变

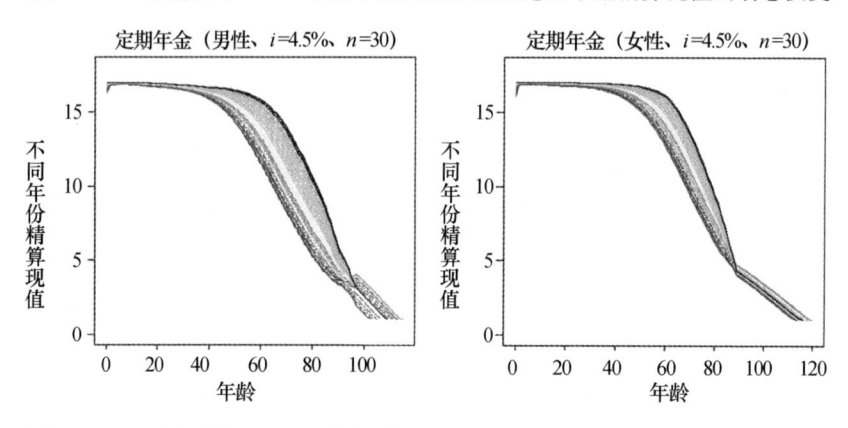

图5—68 预定利率4.5%下全年龄男性和女性定期年金精算现值的动态演变

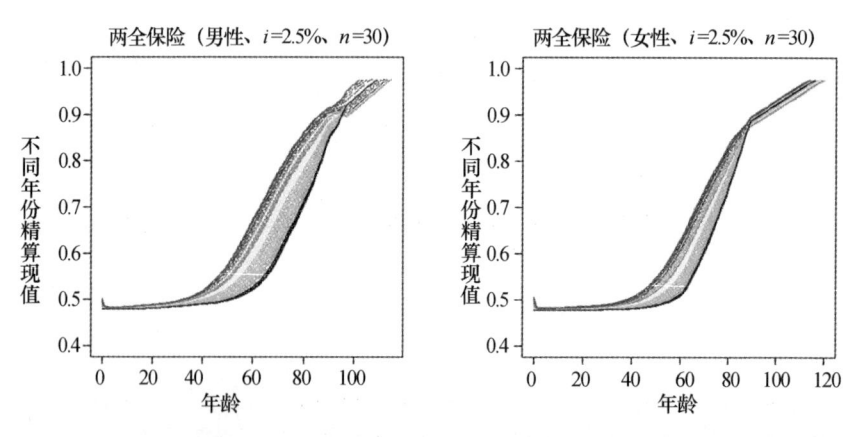

图5—69 预定利率2.5%下全年龄男性和女性两全保险精算现值的动态演变

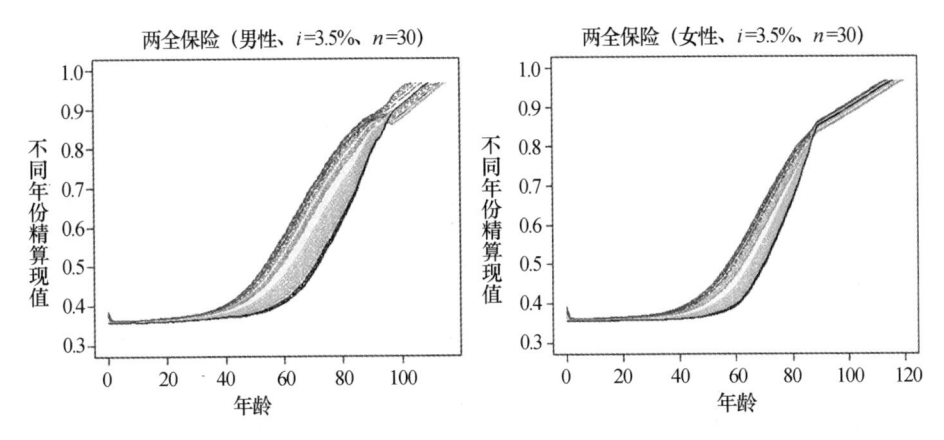

图 5—70　预定利率 3.5% 下全年龄男性和女性两全保险精算现值的动态演变

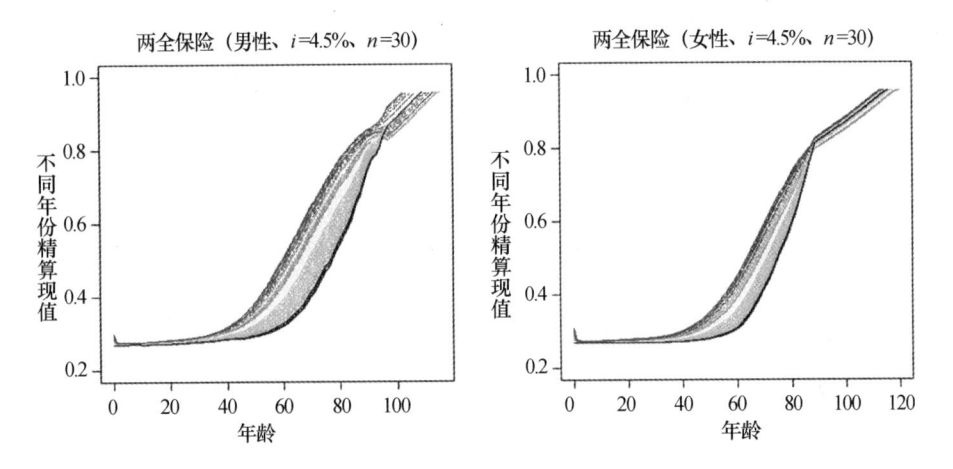

图 5—71　预定利率 4.5% 下全年龄男性和女性两全保险精算现值的动态演变

从中可以看出，第一，从 1994 到 2060 年的 67 年间，男性人口定期年金精算现值的上涨幅度明显大于女性人口，与此同时，男性人口两全保险精算现值的下降幅度也明显大于女性人口。第二，超高龄男性人口死亡率的波动性明显大于女性。综上所述，这些结论和终身年金与终身寿险的结论完全一致。

（3）递延年金与递延寿险。在 2.5%、3.5% 和 4.5% 的预定利率假设下，图 5—72 至图 5—74、图 5—75 至图 5—77 分别绘制了 1994—2060 年 0—60 岁男性和女性人口购买的延期到 60 岁给付的递延年金和递延寿险的精算现值（即趸缴净保费）的三维图。从中可以看出，第一，无论是男性还是女性，随着预定利率的增加，递延年金和递延寿险的精算现值都明显下降。第二，无论是男性还是女性，随着年龄的增加，各个年份的递延年金和递延寿险的精算现值都呈现出上升趋势，但随着年份的增加，各个年龄的递延年金的精算现值明显增加，而各个年龄的递延寿险的精算现值明显下降。

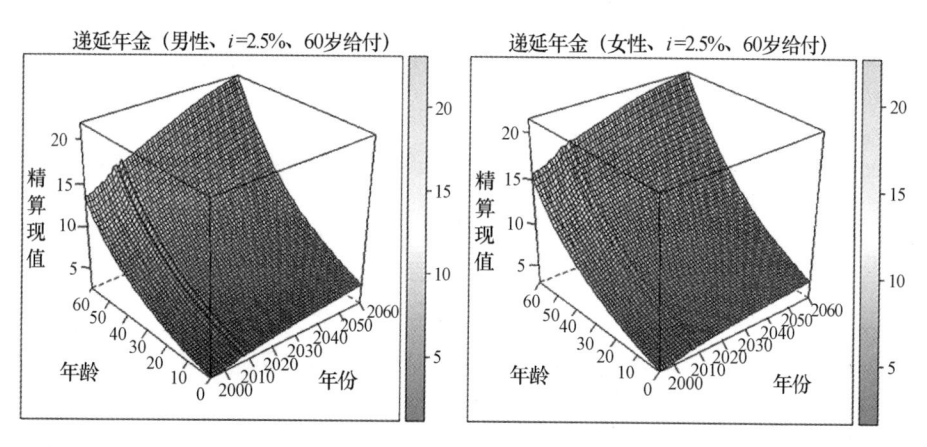

图5—72 预定利率2.5%下1994—2060年男性和女性递延年金精算现值的三维图

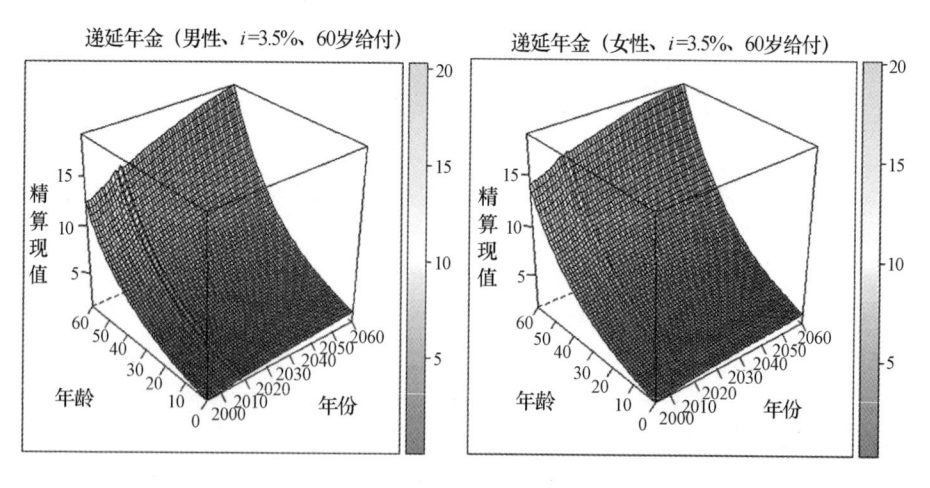

图5—73 预定利率3.5%下1994—2060年男性和女性递延年金精算现值的三维图

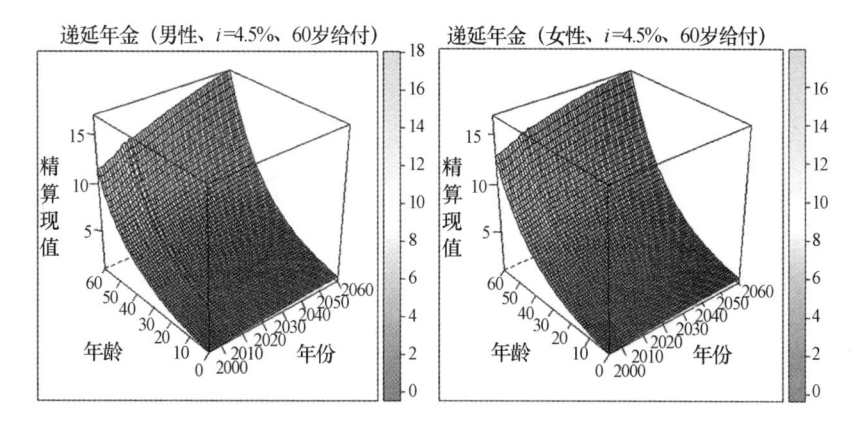

第五章 长寿风险对保险公司寿险和年金产品定价的影响

图 5—74 预定利率 4.5% 下 1994—2060 年男性和女性递延年金精算现值的三维图

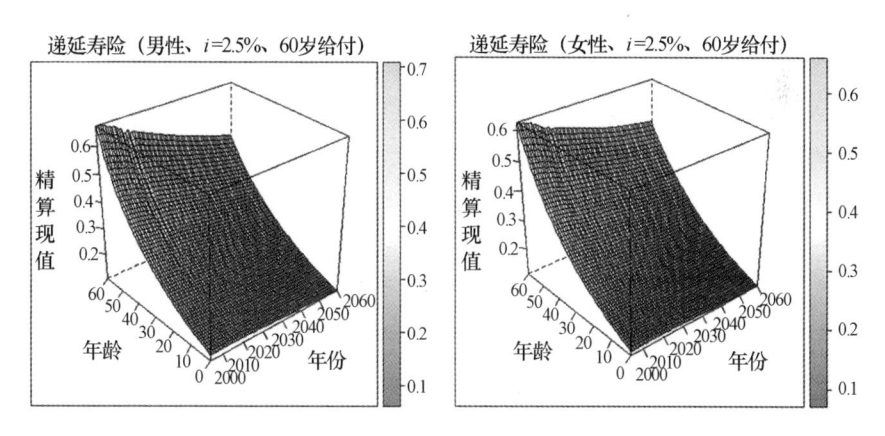

图 5—75 预定利率 2.5% 下 1994—2060 年男性和女性递延寿险精算现值的三维图

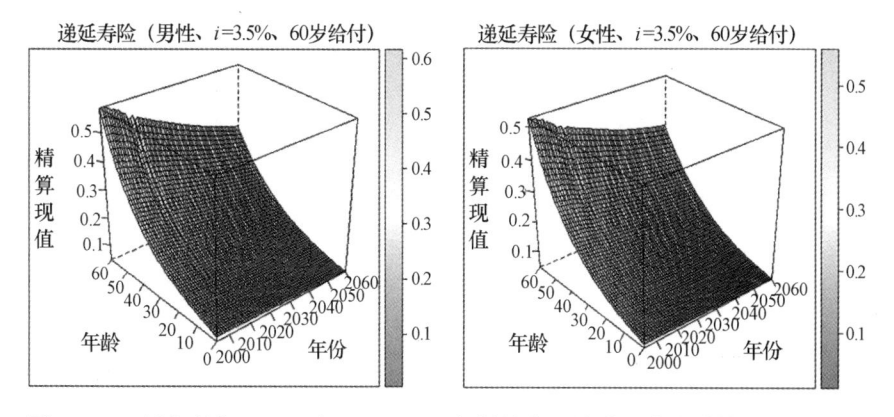

图 5—76 预定利率 3.5% 下 1994—2060 年男性和女性递延寿险精算现值的三维图

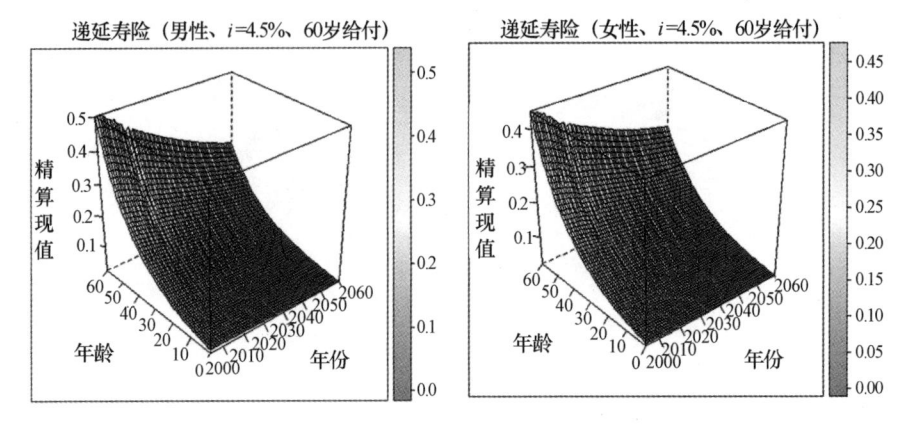

图5—77 预定利率4.5%下1994—2060年男性和女性递延寿险精算现值的三维图

为了细致描述两种产品精算现值的变化趋势及性别差异，图5—78至图5—80、图5—81至图5—83分别绘制了三种预定利率假设下，0—60岁男性和女性人口购买的延期到60岁给付的递延年金和递延寿险的精算现值随时间的动态演变[①]。从中可以看出，从1994到2060年的67年间，男性人口递延年金精算现值的上涨幅度明显大于女性人口，与此同时，男性人口递延寿险精算现值的下降幅度也明显大于女性人口。显然，这些结论与前两种产品组合的结论保持一致，但递延寿险的精算现值随投保年龄的变化略有不同。

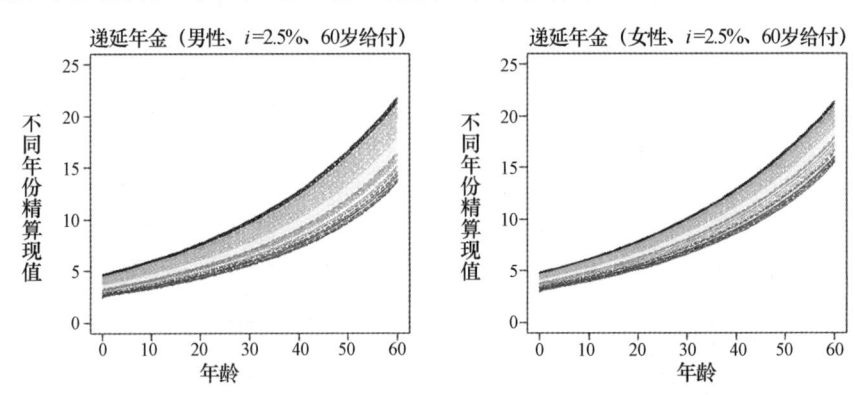

图5—78 预定利率2.5%下0—60岁男性和女性递延年金精算现值的动态演变

[①] 需要指出的是，本节在定量分析中的所有动态演变图形都采用R软件中的彩虹调色板（Rainbow Palette）来绘制，即随着时间的推移，依次绘制各个年份的净保费、净保费增长幅度和增长率、增长率的利率弹性和寿险与年金产品的对冲弹性。

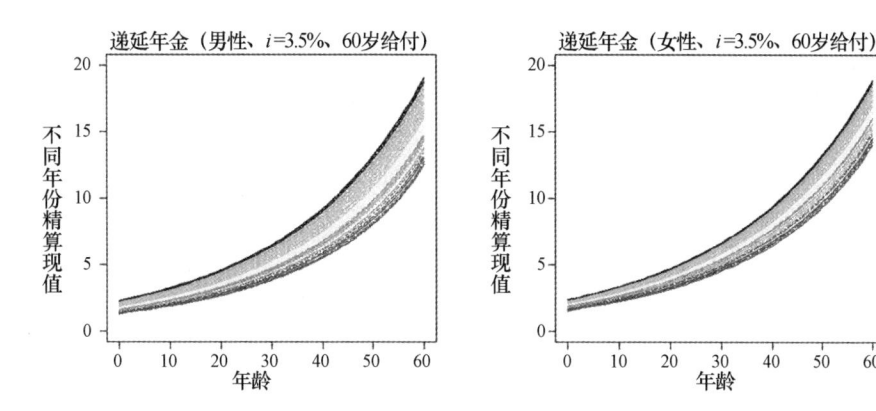

图 5—79　预定利率 3.5% 下 0—60 岁男性和女性递延年金精算现值的动态演变

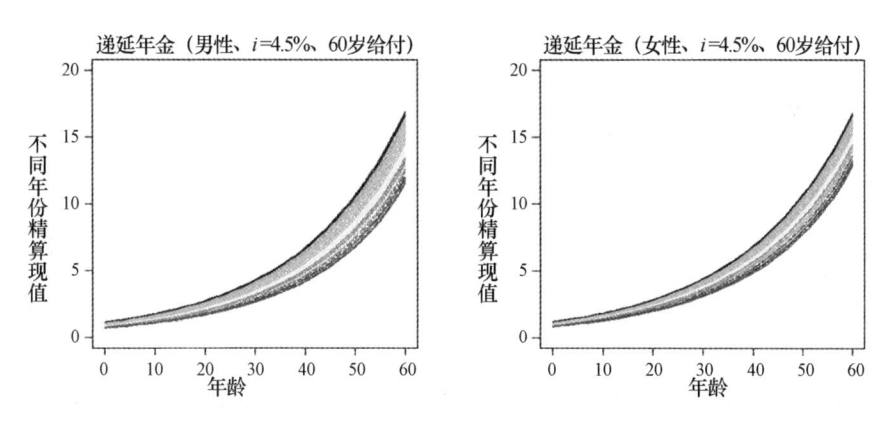

图 5—80　预定利率 4.5% 下 0—60 岁男性和女性递延年金精算现值的动态演变

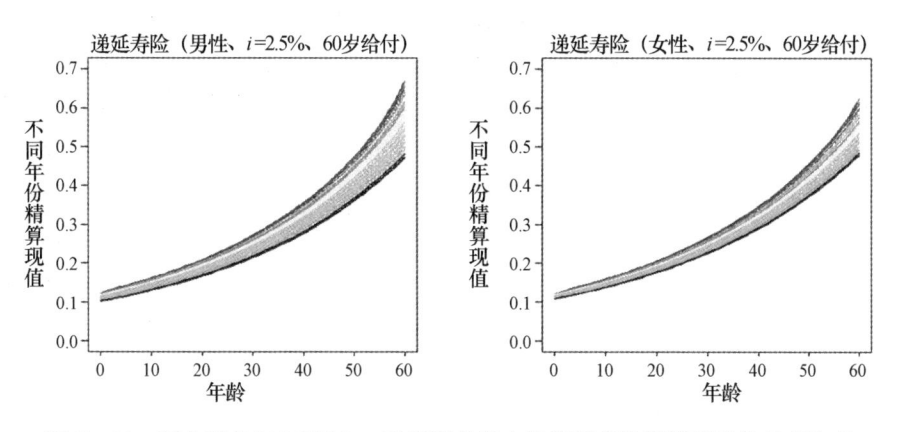

图 5—81　预定利率 2.5% 下 0—60 岁男性和女性递延寿险精算现值的动态演变

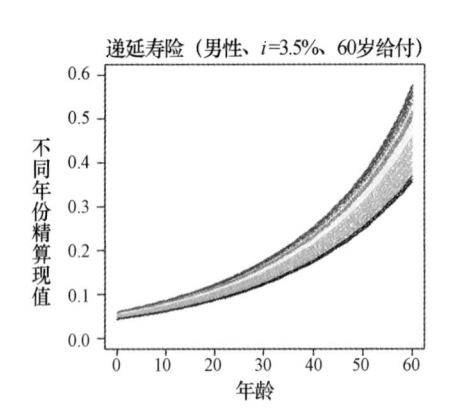

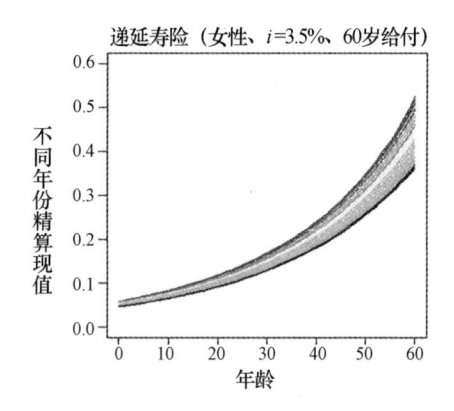

图 5—82　预定利率 3.5% 下 0—60 岁男性和女性递延寿险精算现值的动态演变

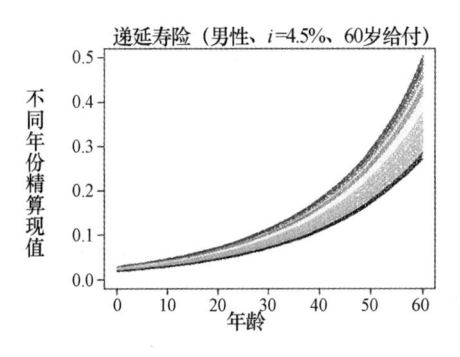

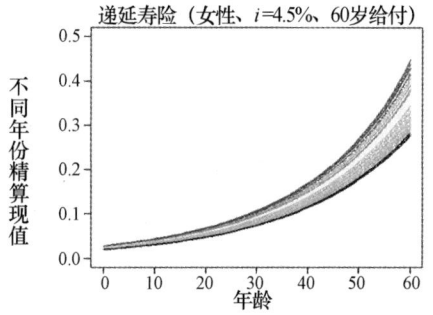

图 5—83　预定利率 4.5% 下 0—60 岁男性和女性递延寿险精算现值的动态演变

2. 三类产品组合净保费变化幅度的动态演变①。

（1）终身年金与终身寿险。当预定利率为 3.5% 时，图 5—84 和图 5—85 分别绘制了全年龄男性和女性人口终身年金和终身寿险精算现值的变化幅度随时间的动态演变。从中可以看出，第一，从 1995 年到 2060 年的 66 年间，男性人口终身年金精算现值的增长幅度明显大于女性人口，且随着年龄的增长，男性和女性增长幅度都呈现出先增后减的变化趋势，增长幅度最大的年龄区间都为 50—70 岁。第二，66 年间，男性人口终身

---

① 值得注意的是，这里绘制的变化幅度的动态演变是指 1995—2060 年每一年的净保费相对于基期 1994 年的净保费的变化幅度随时间推移的变化趋势。由于目前保险行业仍采用固定死亡率的精算假设为各种保险产品进行定价，这种相对于基期的量化方法比相对于上一期的量化方法更适宜刻画实际中长寿风险对保险产品定价的影响。故这里采用相对于基期的量化方法。

第五章 长寿风险对保险公司寿险和年金产品定价的影响

寿险精算现值的下降幅度也明显大于女性人口，且随着年龄的增长，男性和女性下降幅度也呈现出先增后减的变化趋势，下降幅度最大的年龄区间也大致为50—70岁。第三，超高龄男性人口对应的精算现值的变化幅度明显大于女性，这验证了超高龄男性人口死亡率的波动性更大的经验证据。

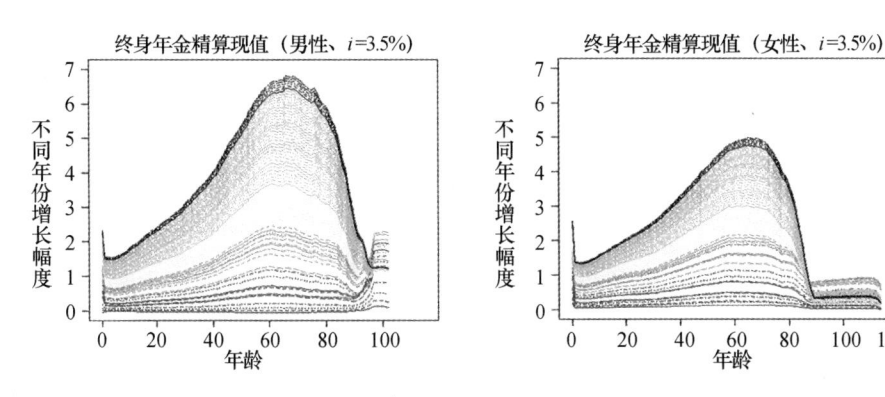

图5—84 预定利率3.5%下全年龄男性和女性终身年金精算现值增长幅度的动态演变

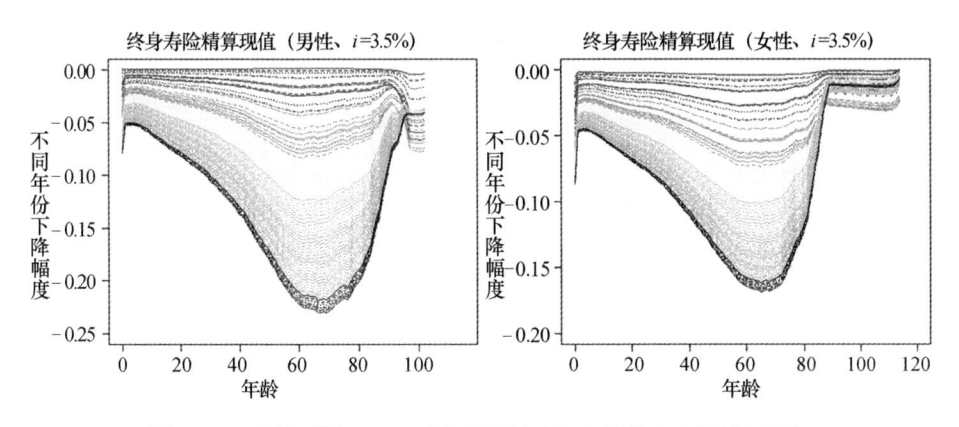

图5—85 预定利率3.5%下全年龄男性和女性终身寿险精算现值下降幅度的动态演变

（2）定期年金与两全保险。当预定利率为3.5%时，图5—86和图5—87分别绘制了全年龄男性和女性人口购买的30年期定期年金和两全保险精算现值的变化幅度随时间的动态演变。从中可以看出，第一，从1995年到

· 177 ·

2060年的66年间，男性人口定期年金精算现值的增长幅度明显大于女性人口，且随着年龄的增长，男性和女性增长幅度都呈现出先增后减的变化趋势，增长幅度最大的年龄区间都为60—80岁。第二，66年间，男性人口两全保险精算现值的下降幅度也明显大于女性人口，且随着年龄的增长，男性和女性下降幅度也呈现出先增后减的变化趋势，下降幅度最大的年龄区间也大致为60—80岁。第三，超高龄男性人口对应的精算现值的变化幅度明显大于女性，这也验证了超高龄男性人口死亡率的波动性更大的经验证据。总之，这些结论和终身年金与终身寿险的结论保持一致。

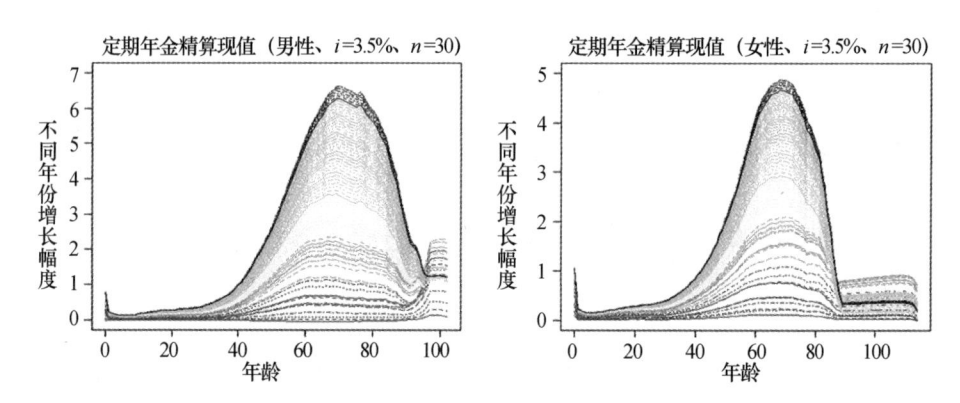

图5—86 预定利率3.5%下全年龄男性和女性定期年金精算现值增长幅度的动态演变

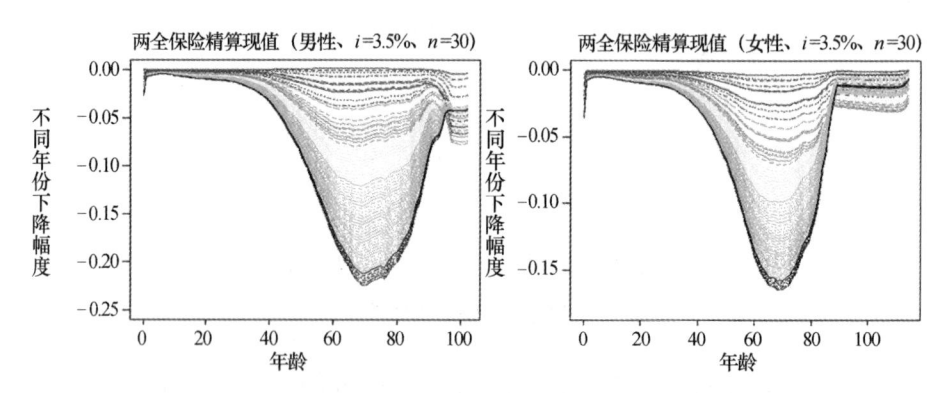

图5—87 预定利率3.5%下全年龄男性和女性两全保险精算现值下降幅度的动态演变

第五章 长寿风险对保险公司寿险和年金产品定价的影响

（3）递延年金与递延寿险。当预定利率为3.5%时，图5—88和图5—89分别绘制了0—60岁男性和女性人口购买的延期到60岁给付的递延年金和递延寿险精算现值的变化幅度随时间的动态演变。从中可以看出，第一，从1995年到2060年的66年间，男性人口递延年金精算现值的增长幅度明显大于女性人口，且随着年龄的增长，男性和女性增长幅度都明显增加，增长幅度最大的年龄都为60岁。第二，66年间，男性人口递延寿险精算现值的下降幅度也明显大于女性人口，且男性和女性下降幅度最大的年龄也都为60岁。

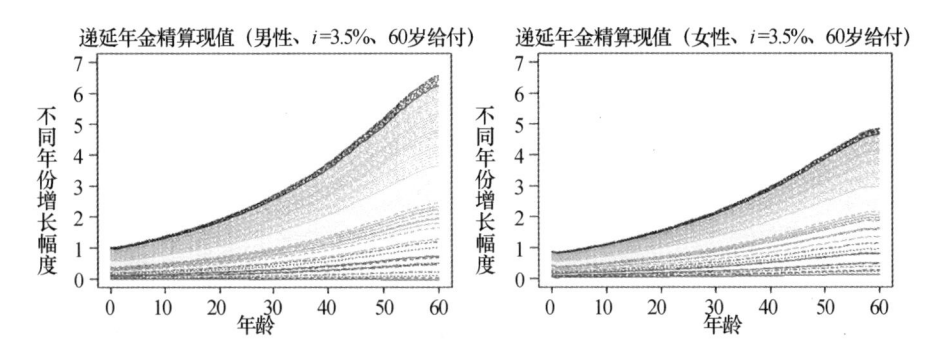

图5—88 预定利率3.5%下0—60岁男性和女性递延年金精算现值增长幅度的动态演变

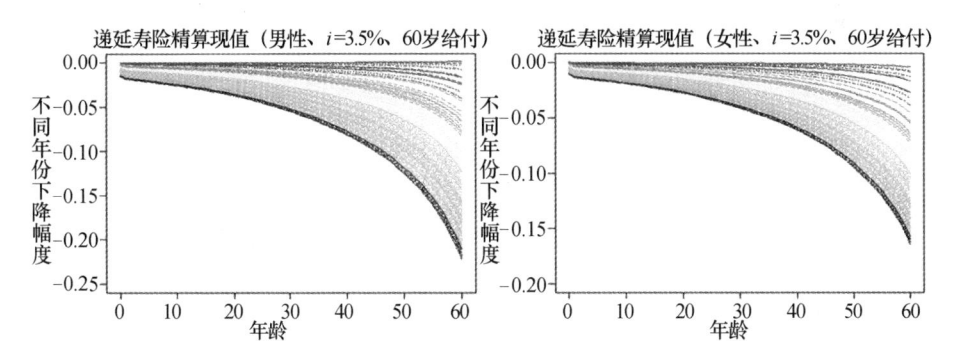

图5—89 预定利率3.5%下0—60岁男性和女性递延寿险精算现值下降幅度的动态演变

· 179 ·

3. 三类产品组合净保费变化率的动态演变①。

（1）终身年金与终身寿险。当预定利率为3.5%时，图5—90和图5—91分别绘制了全年龄男性和女性人口终身年金和终身寿险精算现值的变化率随时间的动态演变。从中可以看出，第一，从1995年到2060年的66年间，男性人口终身年金精算现值的增长率明显大于女性人口，且除超高龄之外，随着年龄的增长，男性和女性增长率都呈现出先增后减的变化趋势，增长率最大的年龄大致位于80岁左右。第二，整体来看，66年间，男性人口终身寿

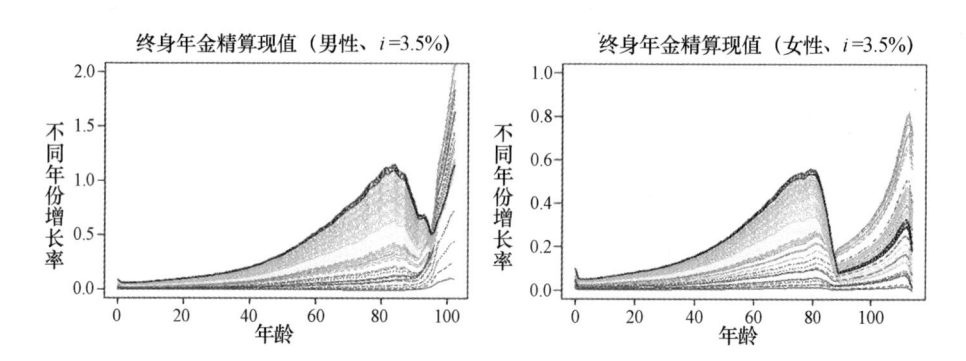

图5—90 预定利率3.5%下全年龄男性和女性终身年金精算现值增长率的动态演变

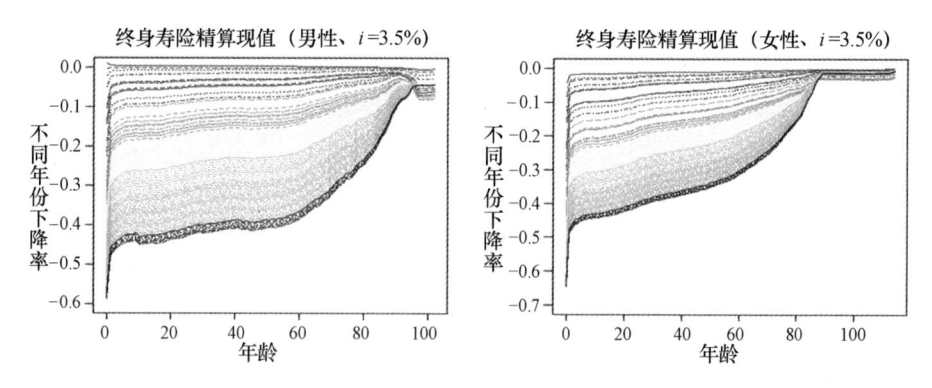

图5—91 预定利率3.5%下全年龄男性和女性终身寿险精算现值下降率的动态演变

---

① 类似地，这里绘制的变化率的动态演变是指1995—2060年每一年的净保费相对于基期1994年的净保费的变化率随时间推移的变化趋势。由于目前保险行业仍采用固定死亡率的精算假设为各种保险产品进行定价，这种相对于基期的量化方法比相对于上一期的量化方法更适宜刻画实际中长寿风险对保险产品定价的影响。故这里采用相对于基期的量化方法。

险精算现值的下降率略高于女性人口，且随着年龄的增长，男性和女性下降率都明显减少，故下降率最大的年龄都为0岁。第三，超高龄男性人口对应的精算现值的变化率明显大于女性，这表明超高龄男性人口死亡率的波动性更大。

（2）定期年金与两全保险。当预定利率为3.5%时，图5—92和图5—93分别绘制了全年龄男性和女性人口定期年金和两全保险精算现值的变化率随时间的动态演变。从中可以看出，第一，从1995年到2060年的66年间，男性人口定期年金精算现值的增长率明显大于女性人口，且除超高龄之外，随着年龄的增长，男性和女性增长率都呈现出先增后减的变化趋势，增长率最大的年龄都大致位于80岁左右。第二，整体来看，66年间，男性人口两全保险精算现值的下降率略高于女性人口，且随着年龄的增长，男性和女性下降率都呈现出先增后减趋势，下降率最大的年龄区间大致都位于60—70岁。第三，超高龄男性人口对应的精

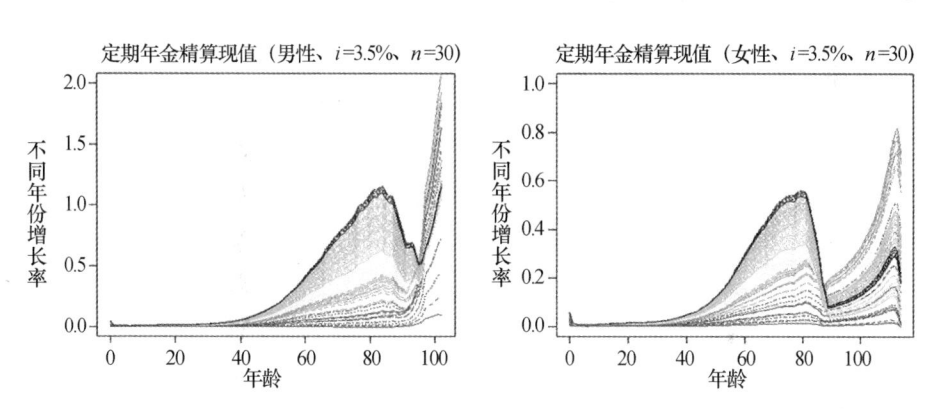

图5—92　预定利率3.5%下全年龄男性和女性定期年金精算现值增长率的动态演变

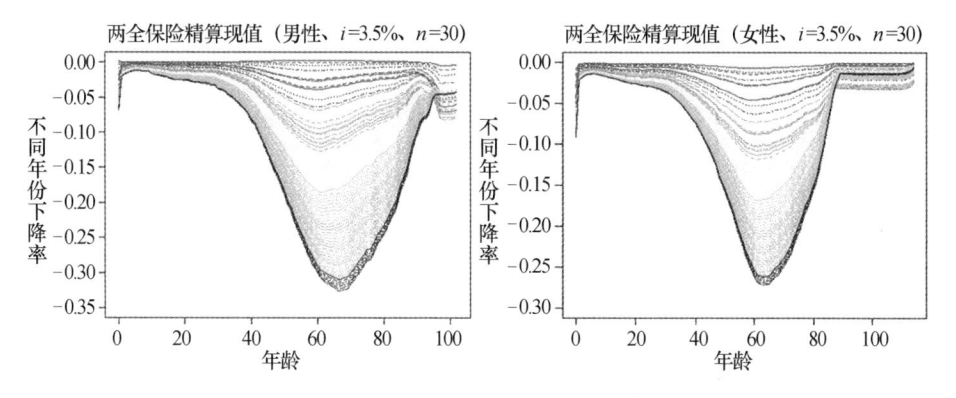

图5—93　预定利率3.5%下全年龄男性和女性两全保险精算现值下降率的动态演变

算现值的变化率明显大于女性，这表明超高龄男性人口死亡率的波动性更大。

（3）递延年金与递延寿险。当预定利率为3.5%时，图5—94和图5—95分别绘制了全年龄男性和女性人口递延年金和递延寿险精算现值的变化率随时间的动态演变。从中可以看出，第一，从1995年到2060年的66年间，男性人口递延年金精算现值的增长率明显大于女性人口，且随着年龄的增长，男性和女性增长率呈现出递减趋势，故增长率最大的年龄都为0岁。第二，整体来看，66年间，男性人口递延寿险精算现值的下降率略高于女性人口，且随着年龄的增长，男性和女性下降率呈现出递增趋势，故下降率最大的年龄都为60岁。

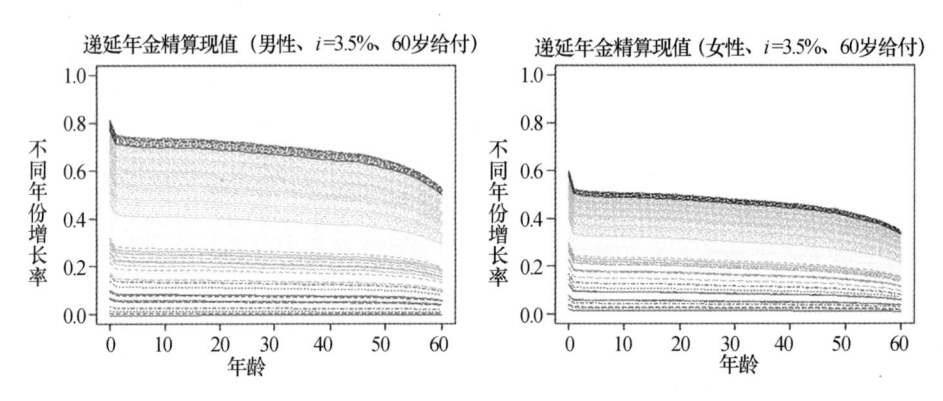

图5—94 预定利率3.5%下全年龄男性和女性递延年金精算现值增长率的动态演变

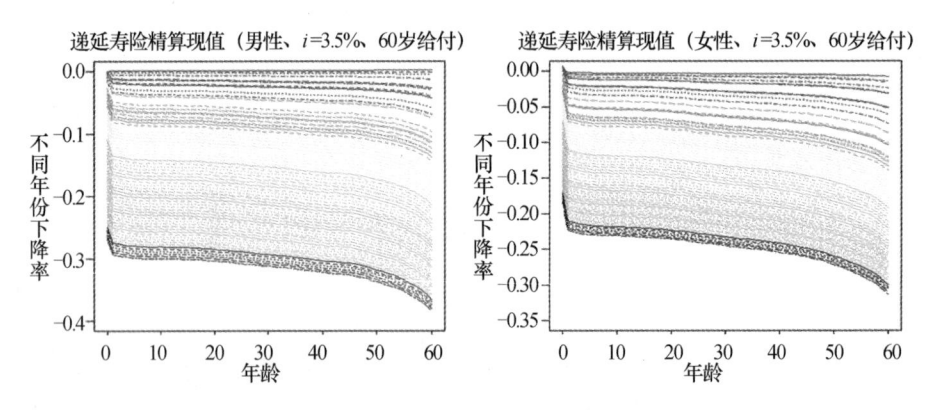

图5—95 预定利率3.5%下全年龄男性和女性递延寿险精算现值下降率的动态演变

第五章 长寿风险对保险公司寿险和年金产品定价的影响

4. 三类产品组合净保费变化率的利率弹性的动态演变①。

（1）终身年金与终身寿险。当预定利率为 3.5% 时，图 5—96 和图 5—97 分别绘制了全年龄男性和女性人口终身年金和终身寿险精算现值变

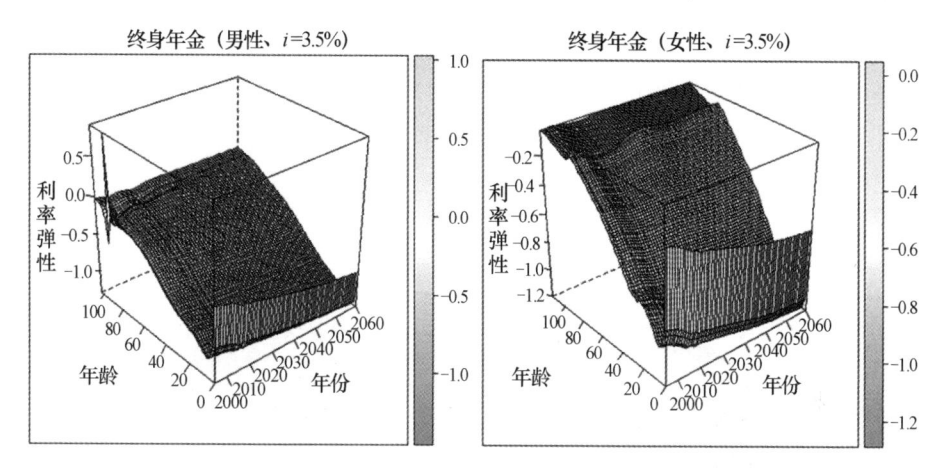

图 5—96 预定利率 3.5% 下全年龄男性和女性终身年金精算现值增长率的利率弹性

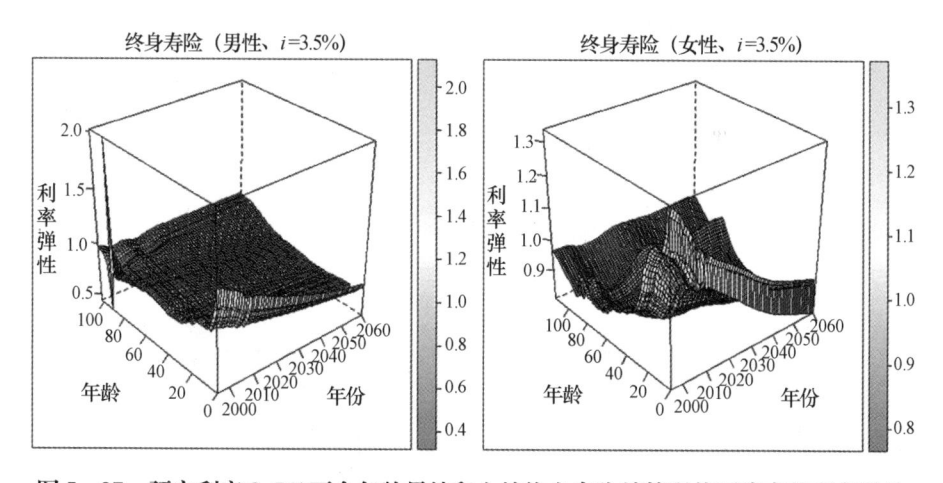

图 5—97 预定利率 3.5% 下全年龄男性和女性终身寿险精算现值下降率的利率弹性

---

① 类似地，这里绘制的利率弹性的动态演变是指 1995—2060 年每一年的净保费增长率相对于基期 1994 年净保费增长率随时间推移的变化趋势。由于目前保险行业仍采用固定死亡率的精算假设为各种保险产品进行定价，这种相对于基期的量化方法比相对于上一期的量化方法更适宜刻画实际中长寿风险对保险产品定价的影响。故这里采用相对于基期的量化方法。

· 183 ·

化率的利率弹性随时间的动态演变。从中可以看出，整体来看，66年间，男性和女性终身年金对应的利率弹性都为负，终身寿险对应的利率弹性都为正，且部分超高龄男性人口对应的利率弹性出现离群值，这也可以归因于超高龄男性人口死亡率的波动性更大的缘故。

（2）定期年金与两全保险。当预定利率为3.5%时，图5—98和图5—99分别绘制了全年龄男性和女性人口定期年金和两全保险精算现值变化率的利率弹性随时间的动态演变。从中可以看出，整体来看，66年间，

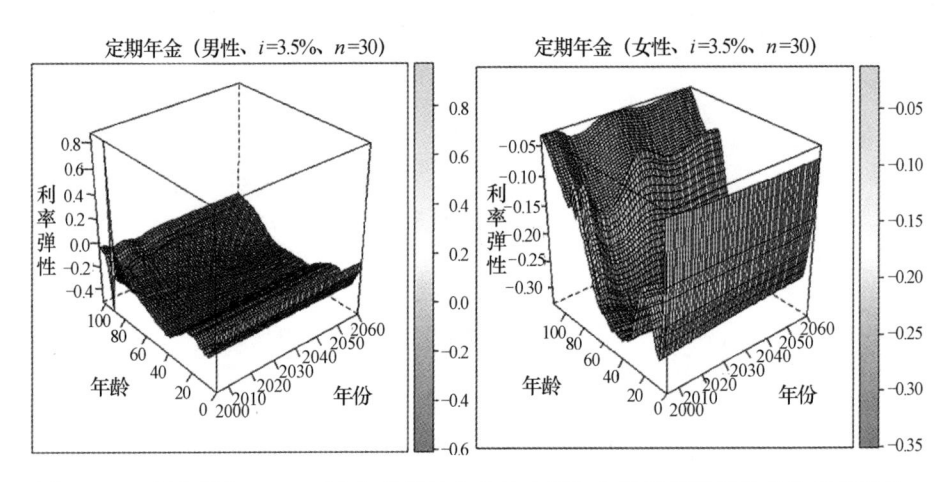

图5—98 预定利率3.5%下全年龄男性和女性定期年金精算现值增长率的利率弹性

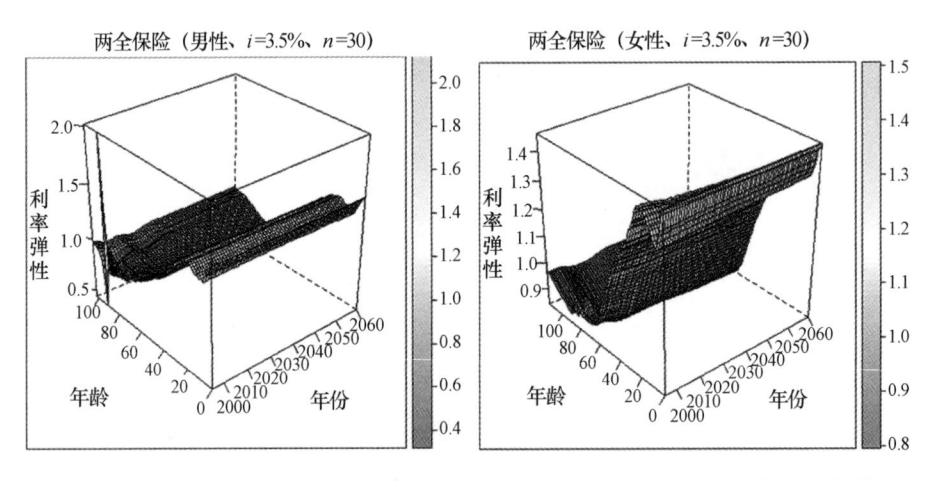

图5—99 预定利率3.5%下全年龄男性和女性两全保险精算现值下降率的利率弹性

男性和女性定期年金对应的利率弹性都为负,两全保险对应的利率弹性都为正,且部分超高龄男性人口对应的利率弹性出现离群值,这也可以归因于超高龄男性人口死亡率的波动性更大的缘故。

(3)递延年金与递延寿险。当预定利率为 3.5% 时,图 5—100 和图 5—101 分别绘制了 0—60 岁男性和女性人口递延年金和递延寿险精算现值变化率的利率弹性随时间的动态演变。从中可以看出,整体来看,66 年

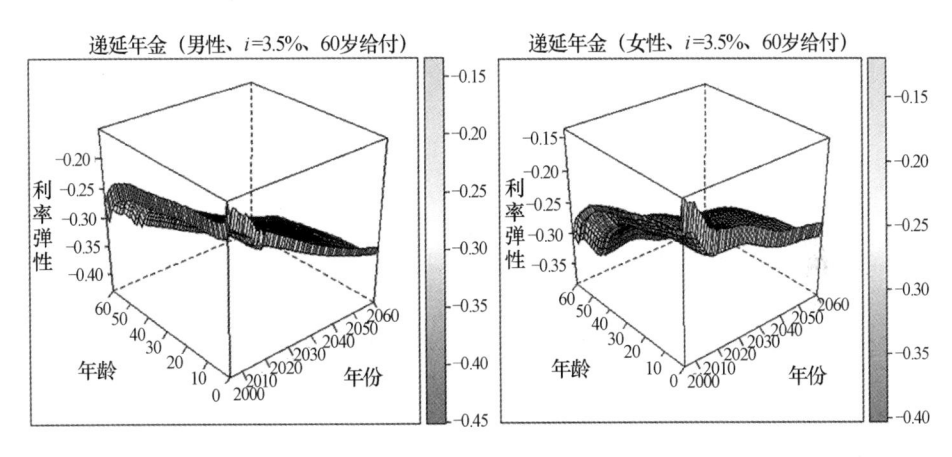

图 5—100　预定利率 3.5% 下全年龄男性和女性递延年金精算现值增长率的利率弹性

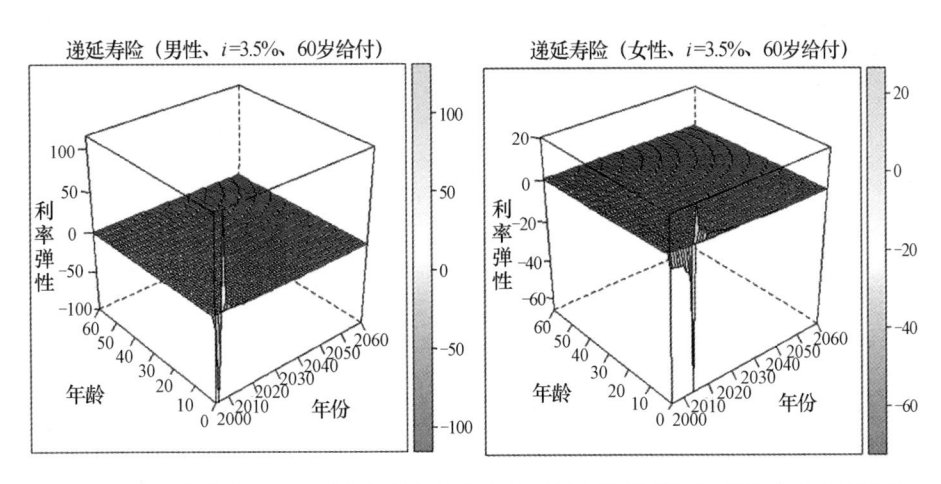

图 5—101　预定利率 3.5% 下全年龄男性和女性递延寿险精算现值下降率的利率弹性

间,男性和女性递延年金对应的利率弹性都为负,除 0 岁外,递延寿险对应的利率弹性都为正,且 0 岁男性和女性人口对应的利率弹性都出现离群值,这归因于婴幼儿死亡率的波动性通常都比较大。

汇总来看,未来三类年金产品的净保费都呈现出显著的上涨趋势,且男性人口的增长幅度和增长率都明显高于女性人口。这表明,在现行固定死亡率精算假设下,基于人口普查数据得到的中国男性人口年金产品价格被低估的程度更大,未来男性人口面临的长寿风险更显著。与此同时,未来三类保障型寿险产品的净保费都呈现出持续下降趋势,且男性人口的下降幅度和下降率都略大于女性人口。这表明,在现行固定死亡率精算假设下,基于人口普查数据得到的中国男性人口保障型寿险产品价格被高估的程度略大于女性。这些结论与第二、第三节基于人身保险业参保人群的经验生命表修订得出的结论基本一致。

综上所述,在现行固定死亡率精算假设下,保障型寿险产品价格的高估能部分对冲养老型年金产品价格的低估。换句话说,对于同时经营保障型寿险业务和养老型年金业务的寿险公司来说,这种价格的反向变动能一定程度上抵消长寿风险对公司稳健经营的影响。那么,从公司经营的整体业务角度讲,这种相互对冲效果到底有多大?对冲作用后男性人口面临的净长寿风险是否还显著高于女性?哪些年龄的对冲程度低,或者说哪些年龄的长寿风险更显著?通常来说,作为系统性风险,利率风险与长寿风险往往是相互独立的,那么这两种系统性风险对保险公司经营的影响到底孰轻孰重?不同利率环境下,长寿风险的显著性如何?利率风险能否抵消长寿风险对保险公司经营的影响?为了解答这些疑问,我们有必要从动态视角来探讨寿险产品与年金产品定价的自然对冲效应。

二 寿险产品与年金产品定价的对冲效应研究

在上一部分探讨的分年龄、分性别的三类产品组合的净保费、净保费增长幅度、增长率和增长率的利率弹性的基础上,这部分集中探讨三类产品组合内部的自然对冲效应。

(一)对冲效应的定量分析

1. 终身寿险与终身年金。在 2.5%、3.5% 和 4.5% 的预定利率假设下,图 5—102 至图 5—104 分别绘制了全年龄男性和女性人口购买的终身寿险产品价格下降率与终身年金产品价格增长率的对冲弹性①。从中可以看出，第一，在三种利率下，男性和女性的对冲弹性都为负，这与终身寿险和终身年金的价格反向变动一致。第二，无论是男性还是女性，随着年龄的增长，对冲弹性的绝对值减小。这表明，低年龄人群的对冲效果明显，相应的长寿风险越不显著；高年龄人群的对冲效果不明显，相应的长寿风险更显著。第三，三种利率下，女性的对冲弹性的绝对值更大，这表明女性的对冲效果更明显，从而女性人口面临的长寿风险在对冲效果上低于男性人口。第四，随着利率上升，男性和女性的对冲弹性的绝对值明显增大。这表明，高利率环境下，对冲效果更明显，相应的长寿风险显著性降低。第五，无论是男性还是女性，随时间推移，各年龄的对冲弹性保持不变。由于这里考虑的对冲弹性是1995—2060年未来各年相当于基期1994年的对冲弹性，故按照第三节式（5—11）所示的对冲弹性的计算公式可知，各年龄的对冲弹性不随时间变化而变化。

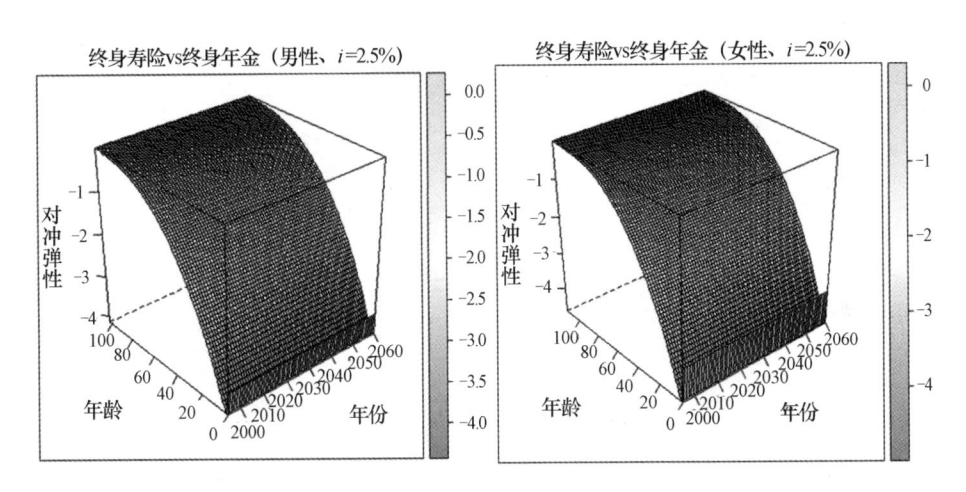

图5—102　预定利率2.5%下终身寿险对冲终身年金的弹性

---

① 如前所述，这里绘制的对冲弹性的动态演变是指1995—2060年每一年寿险产品与年金产品净保费相对于基期1994年的净保费的变化率之比随时间推移的变化趋势。由于目前保险行业仍采用固定死亡率的精算假设为各种保险产品进行定价，这种相对于基期的量化方法比相对于上一期的量化方法更适宜刻画实际中寿险产品与年金产品的对冲效应。故这里采用相对于基期的量化方法。

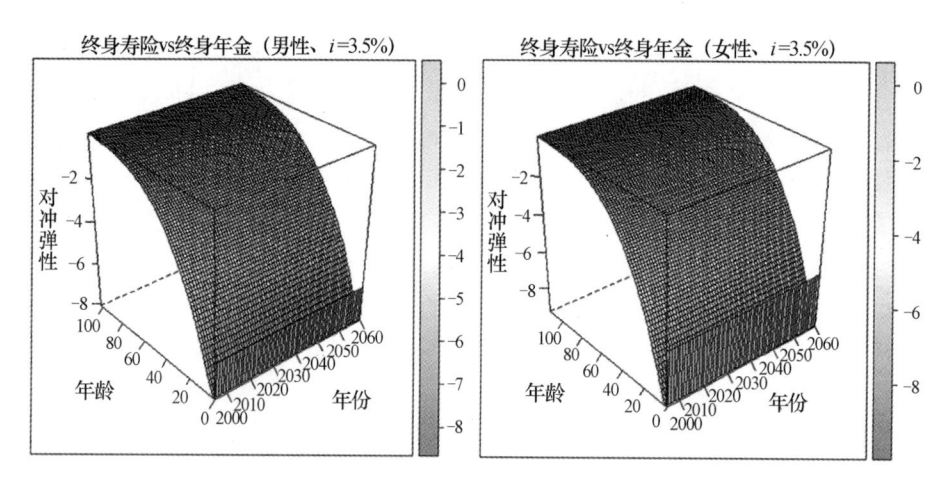

图5—103　预定利率3.5%下终身寿险对冲终身年金的弹性

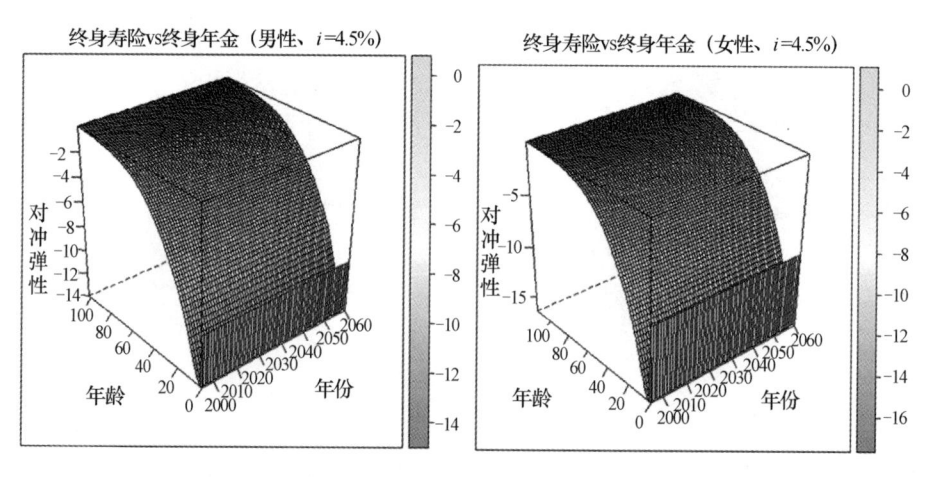

图5—104　预定利率4.5%下终身寿险对冲终身年金的弹性

2. 两全保险与定期年金。在2.5%、3.5%和4.5%的预定利率假设下，图5—105至图5—107分别绘制了全年龄男性和女性人口购买的两全

第五章　长寿风险对保险公司寿险和年金产品定价的影响

保险产品价格下降率与定期年金产品价格增长率的对冲弹性①。从中可以看出，第一，在三种利率下，男性和女性的对冲弹性都为负，这与两全保险和定期年金的价格反向变动一致。第二，无论是男性还是女性，随着年龄的增长，对冲弹性的绝对值减小。这表明，低年龄人群的对冲效果明显，相应的长寿风险越不显著；高年龄人群的对冲效果不明显，相应的长寿风险更显著。第三，三种利率下，对于30年期定期年金和两全保险来说，女性和男性的对冲弹性差异不大，这表明女性人口与男性人口面临的长寿风险差距不大。第四，随着利率上升，男性和女性的对冲弹性的绝对值明显增大。这表明，高利率环境下，对冲效果更明显，相应的长寿风险显著性降低。第五，无论是男性还是女性，随时间推移，各年龄的对冲弹性保持不变。由于这里考虑的对冲弹性是1995—2060年未来各年相当于基期1994年的对冲弹性，故按照第三节式（5—12）所示的对冲弹性的计算公式可知，各年龄的对冲弹性不随时间变化而变化。

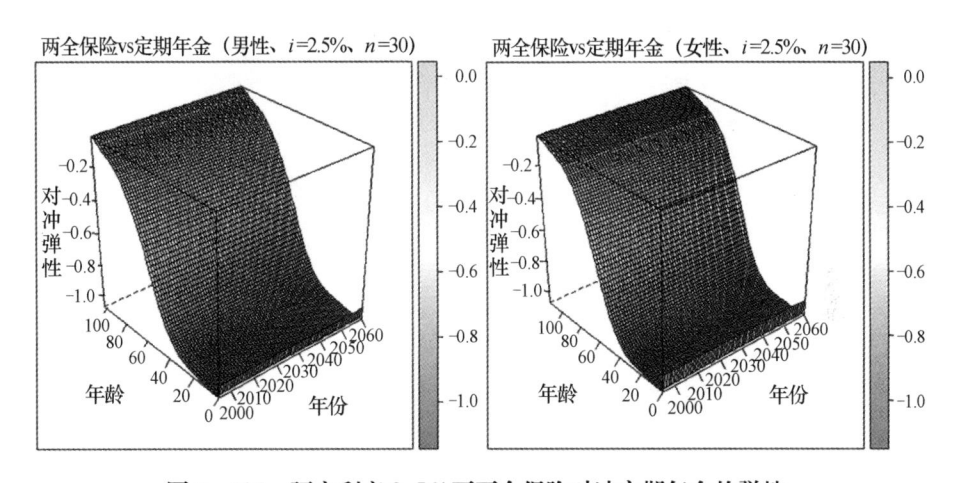

图5—105　预定利率2.5%下两全保险对冲定期年金的弹性

---

① 如前所述，这里绘制的对冲弹性的动态演变是指1995—2060年每一年寿险产品与年金产品净保费相对于基期1994年的净保费的变化率之比随时间推移的变化趋势。由于目前保险行业仍采用固定死亡率的精算假设为各种保险产品进行定价，这种相对于基期的量化方法比相对于上一期的量化方法更适宜刻画实际中寿险产品与年金产品的对冲效应。故这里采用相对于基期的量化方法。

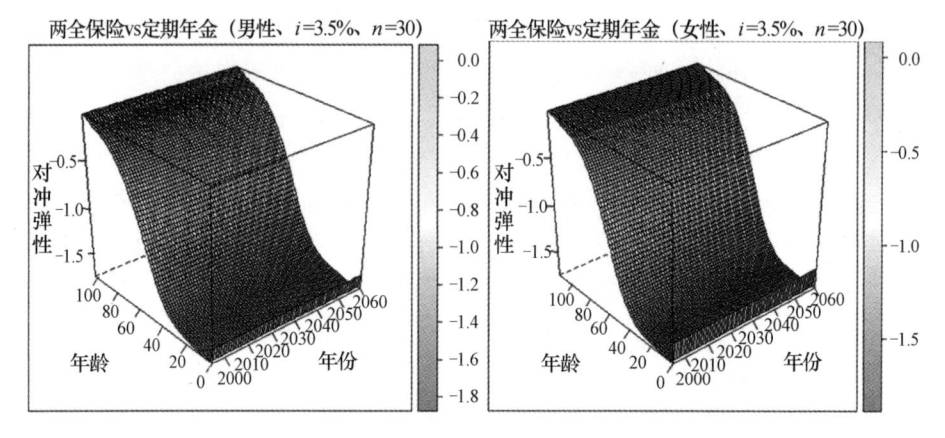

图 5—106　预定利率 3.5% 下两全保险对冲定期年金的弹性

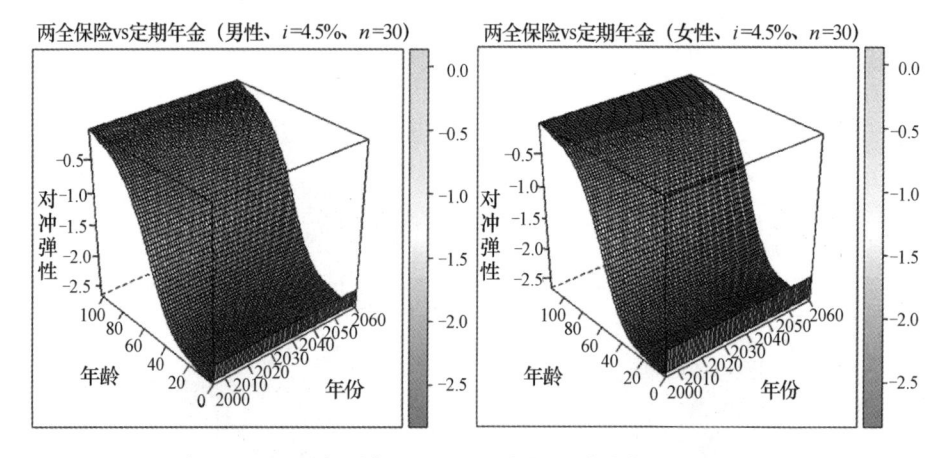

图 5—107　预定利率 4.5% 下两全保险对冲定期年金的弹性

3. 递延寿险与递延年金。在 2.5%、3.5% 和 4.5% 的预定利率假设下，图 5—108 至图 5—110 分别绘制了 0—60 岁男性和女性人口购买的递延寿险产品价格下降率与递延年金产品价格增长率的对冲弹性[①]。从

---

① 如前所述，这里绘制的对冲弹性的动态演变是指 1995—2060 年每一年寿险产品与年金产品净保费相对于基期 1994 年的净保费的变化率之比随时间推移的变化趋势。由于目前保险行业仍采用固定死亡率的精算假设为各种保险产品进行定价，这种相对于基期的量化方法比相对于上一期的量化方法更适宜刻画实际中寿险产品与年金产品的对冲效应。故这里采用相对于基期的量化方法。

第五章　长寿风险对保险公司寿险和年金产品定价的影响

中可以看出，第一，在2.5%的预定利率下，对于0—60岁年龄区间来说，高年龄男性和女性的对冲弹性为负，低年龄男性和女性的对冲弹性反而为正[①]，且随着预定利率的增加，当预定利率为4.5%时，各年龄男性和女性的对冲弹性都全部变为负数。这表明，低利率环境下，在死亡率和利率双重作用下，递延寿险和递延年金的价格同向变化，这种叠加作用恶化了低年龄人口的长寿风险，即低年龄人口面临的长寿风险更显著。第二，无论是男性还是女性，随着年龄的增长，对冲弹性的绝对值增大。这表明，高年龄人群的对冲效果明显，相应的长寿风险越不显著；低年龄人群的对冲效果不明显，相应的长寿风险更显著。第三，三种利率下，对于延期到60岁给付的递延年金和递延寿险来说，女性的对冲弹性略高于男性，这表明女性人口面临的长寿风险在对冲效果上略低于男性，但两者差异并不大。第四，随着利率上升，男性和女性的对冲弹性的绝对值明显增大。这表明，高利率环境下，对冲效果更明显，相应的长寿风险显著性降低。第五，无论是男性还是女性，随时间推移，各年龄的对冲弹性的绝对值增大。由于这里考虑的对冲弹性是1995—2060年未来各年相当于基期1994年的对冲弹性，故按照第三节式（5—13）所示的对冲弹性的计算公式可知，各年龄的对冲弹性随时间变化而

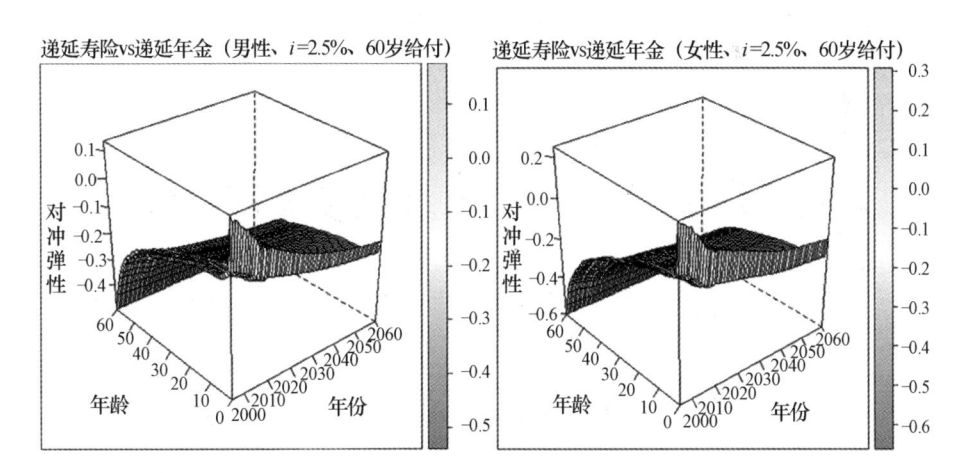

图5—108　预定利率2.5%下递延寿险对冲递延年金的弹性

[①] 该结果也可以从本章第三节对式（5—14）的解释中得到验证。

变化。为了展示这种变化，在3.5%的预定利率下，我们进一步绘制了递延寿险对冲递延年金的弹性随时间的动态演变，如图5—111所示。从中可以很明显看出，随着时间的推移，各年龄的对冲弹性的绝对值都明显增大，且年龄越低对冲弹性下移程度越大。

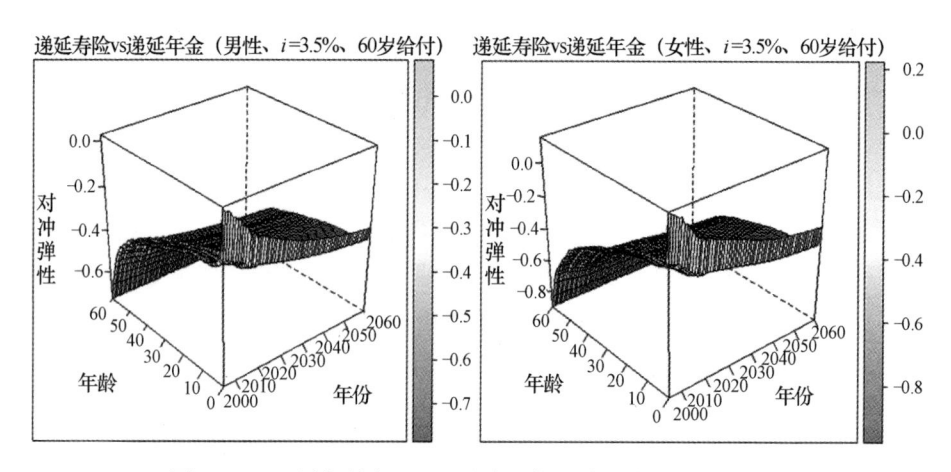

图5—109 预定利率3.5%下递延寿险对冲递延年金的弹性

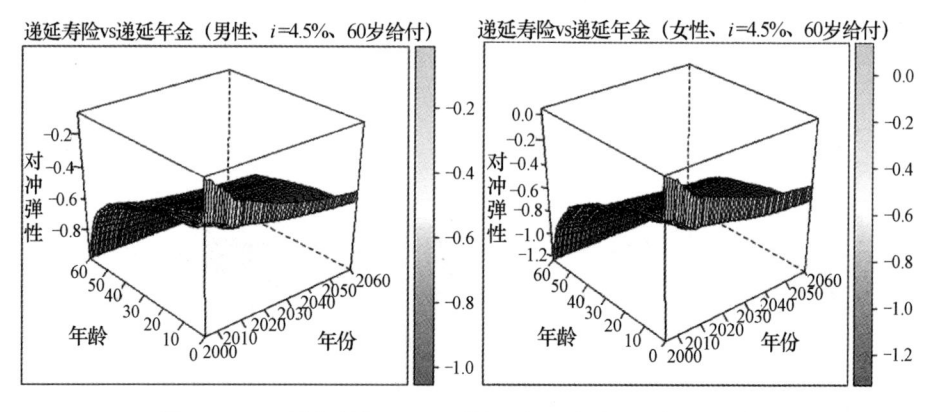

图5—110 预定利率4.5%下递延寿险对冲递延年金的弹性

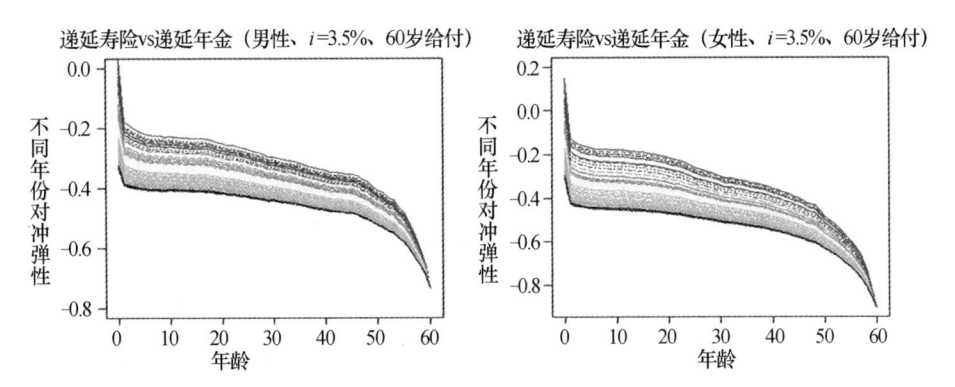

图5—111 预定利率3.5%下递延寿险对冲递延年金的弹性的动态演变

(二) 不同利率下对冲弹性的比较

在此基础上，我们进一步绘制了2%、2.5%、3%、3.5%、4%、4.5%和5%七种不同预定利率下，分年龄、分性别的三类产品组合的对冲弹性的比较，如图5—112至图5—114所示。

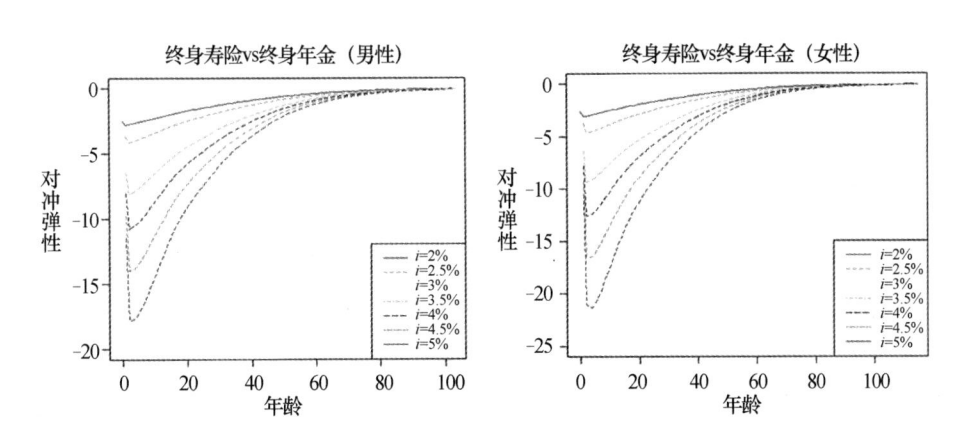

图5—112 不同利率下终身寿险与终身年金的对冲弹性的比较

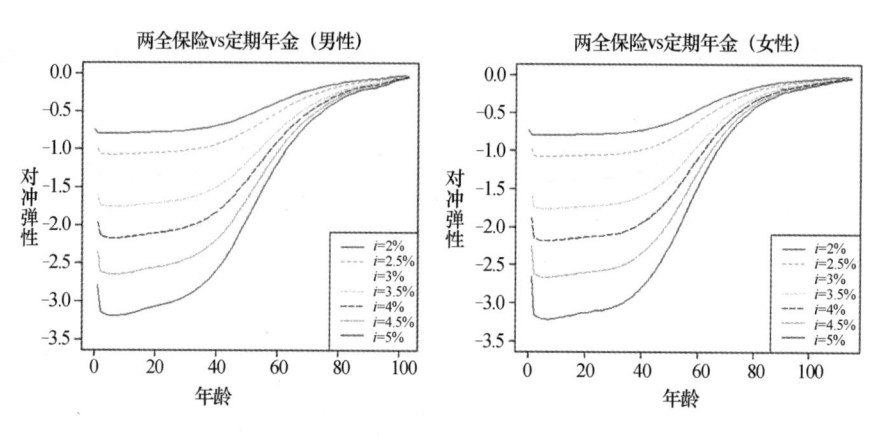

图5—113 不同利率下两全保险与定期年金的对冲弹性的比较

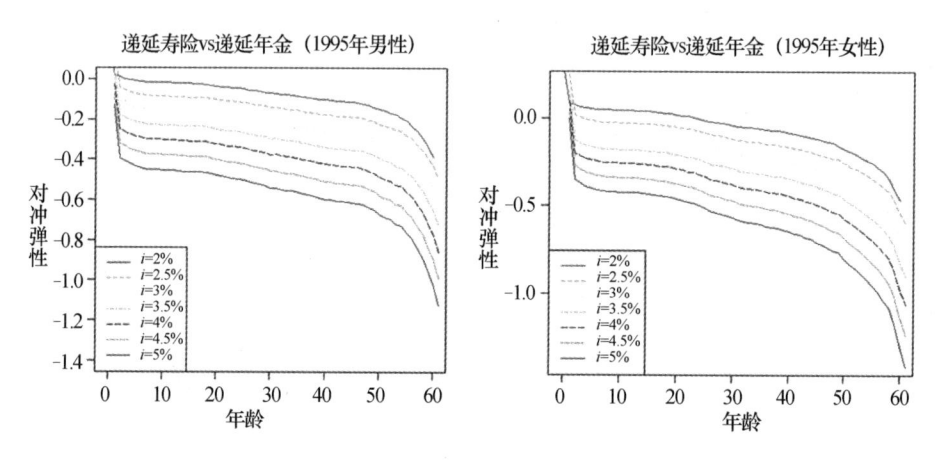

图5—114 不同利率下递延寿险与递延年金的对冲弹性的比较

汇总这三个图可以看出，第一，终身寿险对终身年金的对冲效果最大，两全保险对定期年金的对冲效果次之，递延寿险对递延年金的对冲效果最低。第二，对于三种产品组合来说，利率越高，对冲效果越明显，从而长寿风险越不显著。换句话说，低利率环境下，长寿风险显著。第三，对于终身寿险和终身年金产品组合来说，女性的对冲效果明显高于男性。也就是说，从单位产品组合的净对冲效果来看，男性人口面临的长寿风险更显著。对于其他两类产品组合来说，男性和女性的对冲效果差异不大。第四，对于前两类产品组合来说，除婴幼儿之外，随着年龄的增长，对冲效果降低。也就是说，年龄越高人群的长寿风险越显著。对于第三类产品组合来说，随着年龄的增长，贴现期限变短，导致对冲效果变得越明显，相应的长寿风险越不明显。也就是说，年龄越低人群的长寿风险反而越显著。

三 主要结论

在第三节探讨的基于生命表修订导致的年金产品和寿险产品价格反向变动的量化研究基础上，为了进一步量化长寿风险对保险公司产品定价的长期影响，本节在中国全年龄人口最优动态死亡率分层模型框架下，基于人口普查数据，量化了三类保障型寿险产品和养老型年金产品价格的动态演变规律，在此基础上，从性别、投保年龄、保单期限、递延期限等不同测度，探讨了三类寿险产品对年金产品的自然对冲效应。本节的研究结论主要包括以下三点。

第一，现实中，人们普遍认为女性比男性更长寿，从而女性人群面临的长寿风险更显著。目前，国内不少学者都支持这种观点。实际上，长寿风险对产品价格的影响应为含长寿风险情况下的产品精算定价与不含长寿风险情况下的产品精算定价之差，也称为长寿风险的风险溢价，或长寿风险的市场价格。而目前国内学者大多采用含长寿风险情况下，男性和女性购买的年金产品价格的高低来衡量男性和女性人口蕴含的长寿风险。本书以三类保障型寿险业务和养老型年金业务为例，对这种观点进行了澄清。研究结果表明，从单位产品价格对冲的净效果来看，中国男性人口比女性人口蕴含的长寿风险更显著。

第二，对于同时经营保障型寿险业务和养老型年金业务的保险公司来说，理论上，在考虑对冲效应后，男性人口面临的聚合长寿风险仍然更显著。实际上，一方面，由于各家保险公司在经营中，寿险业务使用的是非养老金业务表，年金业务使用的是养老金业务表，使得理论上这种对冲效应大打折扣。也就是说，实际中保险行业男性人口面临的聚合长寿风险比理论上面临的长寿风险要高得多。另一方面，由于各家保险公司的开业期限、业务结构、经营策略等各不相同，导致实际中各家保险公司面临的聚合长寿风险差异很大。保险公司可以结合自身的经营数据，采用本节提出的方法，将公司的寿险业务和年金业务进行分组，在此基础上，量化自身的长寿风险。

第三，与保险公司不同，各国基本养老保险体系承担着养老金覆盖人群未来退休后的养老金给付。也就是说，在该体系中，只存在养老年金产品，而没有相应的保障型寿险产品与之对冲。因此，与保险公司相比，各国养老保险体系在应对长寿风险时，处于更加不利的局面。这对养老金体系的财务可持续性有着显著影响。我们需要采取更为积极有效的措施来适时调整养老金体系的筹资模式和待遇模式，采用合理的量化方法来探讨相应的调整机制和对策。总之，伴随着人口老龄化进程的加剧，量化长寿风险对养老金财务可持续性的影响变得越来越重要。

第五节 本章小结

本章分别基于经验生命表修订后的死亡率动态改善，以及第四章提出的全年龄人口动态死亡率的最优分层模型，量化了长寿风险对中国寿险业的整体影响。本章的研究结果表明，死亡率变动导致的保费变动受利率变动的影响很大。通常在低利率环境下，长寿风险更显著。因此，未来在长寿风险量化研究中，需要对利率假设进行扩展，通过引入随机利率模型来研究长寿风险对中国寿险业的影响，即通过同时考虑死亡率和利率双随机模型，探讨基于随机利率和动态死亡率建模的长寿风险量化研究。

结合本章的研究，我们认为我国保险监管机构和寿险公司应充分重视长寿风险对行业的健康、稳定与可持续发展的影响。其中，对于保险监管机构来说，在制定相关精算规定时，应充分考虑长寿风险对寿险产品和年金产品定价和准备金评估的影响，特别是对期限较长的年金产品，各年龄死亡率的微小变动的累加结果就会导致严重的聚合长寿风险。因此，我们建议银保监会在未来下发有关精算规定的通知中应包含死亡率动态改善因子，如英国持续死亡率调查局（CMIB）在1990年和1999年生命表编制中都使用了如下死亡率缩减指数模型：

$$q_{x,t} = q_{x,0} RF(x,t) \qquad (5—21)$$

其中，$q_{x,0}$表示基期生命表中x岁的人在一年内的死亡概率；$q_{x,t}$表示基期后的第t年x岁的人的死亡概率；$RF(x,t)$为缩减因子，其表达式为：

$$RF(x,t) = \alpha(x) + [1 - \alpha(x)][1 - f_n(x)]^{t/n} \quad (5-22)$$

其中，$n = 20$，$\alpha(x)$ 和 $f_{20}(x)$ 为 x 的确定函数，且有 $0 < \alpha(x) < 1$，$0 < f_{20}(x) < 1$。可以看出，$RF(x,t)$ 随时间推移而下降，$q_{x,t}$ 也会逐渐下降。

对于寿险公司来说，从理论上讲，死亡率改善对以定期寿险、终身寿险为代表的保障类产品和以递延年金、终身年金为代表的年金类产品的影响是不同的。对保障类产品而言，在保险费率不变的情况下，死亡率改善将导致保费被高估，进而导致责任准备金提取过多；而对年金类产品而言，在保险费率不变的情况下，死亡率改善将导致保费被低估，进而导致责任准备金提取不足，从而增加寿险公司的经营风险。因此，寿险公司应充分重视长寿风险对公司经营业务的影响，运用各种风险管理工具规避长寿风险的负面影响。具体建议包括：第一，无论是年金产品，还是寿险产品，在定价时应量化死亡率动态改善的影响。根据本章的分析结果，生命表修订后，死亡率有明显改善，且对个人年金产品价格影响突出。实际上，死亡率的动态改善是未来人口发展的长期趋势，且是连续变化的过程。如果不充分考虑死亡率改善的影响，寿险公司在年金产品定价过程中将始终面临保费被低估的问题，相反，在寿险产品定价过程中将始终面临保费被高估的问题。因此，寿险公司在保单定价时，应充分重视这一问题，改进产品的精算定价技术。第二，作为保险公司转移风险的一种重要手段，利用再保险这种传统工具转移长寿风险的影响。第三，由于分红型产品包含三差损（益）因素，即死差、费差和利差，通过这些因素的相互调整可以使投保人分担长寿风险。因此，扩大分红型年金产品的业务规模也可以在一定程度上使投保人和寿险公司共担长寿风险。第四，通过保单设计，延迟年金投保人的投保年龄，也可以降低长寿风险的影响。第五，如前所述，保险公司可以利用死亡保障类产品和年金类产品之间存在的天然的自然对冲机制，来降低长寿风险的影响。随着死亡率的动态改善，养老年金类产品的保费会上升，而死亡保障类产品的保费则会下降，故两者在一定程度上会将长寿风险自然对冲掉。因此，保险公司可以运用养老年金类产品和死亡保障类产品的组合来对冲长寿风险的影响。然而，在现实中，由于基本养老保险体系通常不提供死亡保障类产品，故无法实现上述这种对冲。在这种情况下，基本养老保险体系面临长寿风险时，就会处于更加不利的局面。

综上所述，基于大数定律的传统风险管理工具适用于管理死亡率、利率等指标的随机波动所产生的特定风险，或称非系统性风险，而在管理系统性风险中则存在一定的局限性。非传统风险转移（Alternative Risk Transfer，ART）工具则可以弥补上述这些不足。聚合长寿风险本质上属于死亡率的动态改善导致的系统性风险，因此寿险公司应积极探索 ART 工具的可用性，如长寿风险证券化产品的应用。诸如 Blake 和 Burrows（2001），Blake 等（2006a，2006b），MacMinn 等（2006）学者都指出，与传统风险管理工具相比，长寿风险证券化具有交易成本低，可以实现在期限上的完全匹配，对长寿风险规避更有针对性，使用灵活等优点，目前已成为长寿风险管理的研究热点，并已开始应用于长寿风险的管理实践中。在这方面，国内较早的文献如：李冰清等（2007），黄晓艳等（2007）曾借鉴利率风险管理中的免疫测度，提出了死亡率持续期概念，并用于死亡风险的度量，但该方法假设各年龄的死亡率变动率相同，这与死亡率变动的实际情况相差很多。因此，该方法很难直接应用于长寿风险的度量和管理。针对这一问题，基于 Wang 转换的风险中性定价方法可以为长寿风险的度量和管理提供另一种思路。运用该方法可以度量长寿风险的市场价格，并对长寿风险证券化的衍生产品进行定价。

第六章 长寿风险对寿险和年金产品准备金评估的对冲效应

第一节 保险产品责任准备金评估背景简介

经验生命表是人身保险业的基石和核心基础设施。自2005年年底我国保险业发布第二套经验生命表以来，十多年来我国保险业参保人群死亡率发生了显著变化，加之日益多元化的保险产品类型，使得原有非养老金业务表和养老金业务表难以满足产品精准定价和审慎评估的需要。为此，2014年中国人身保险业启动了第三套经验生命表的编制工作，由中国人寿等10家人身保险公司和再保险公司组成项目组，历时两年多完成了第三套经验生命表的编制工作。2016年12月28日原中国保监会发布了《中国人身保险业经验生命表（2010—2013）》（保监发〔2016〕107号）和使用《中国人身保险业经验生命表（2010—2013）》有关事项的通知（保监发〔2016〕108号）。这套新生命表包括非养老类业务男女一表、非养老类业务男女二表和养老类业务男女表共六张，自2017年1月1日起实施，这是落实保险业分类风险数据库建设，服务国家治理体系和治理能力现代化建设的现实需要，也是贯彻落实新"国十条"的重要举措。

保监发〔2016〕108号文件明确要求，保险公司在计提责任准备金时应采用新生命表评估死亡率。保险公司选择适用的生命表时，应按照审慎性原则整体考虑同一产品或产品组合的全部保单。具体包括：第一，定期寿险、终身寿险、健康保险应采用非养老类业务一表；第二，保险期间内

（不含满期）没有生存金给付责任的两全保险或含有生存金给付责任但生存责任较低的两全保险、长寿风险较低的年金保险应采用非养老类业务二表；第三，保险期间内（不含满期）含有生存金给付责任且生存责任较高的两全保险、长寿风险较高的年金保险应采用养老类业务表；第四，保险公司应根据产品特征综合分析，按照精算原理和审慎性原则判断生存责任和长寿风险的高低。这充分体现出我国保险业对长寿风险的日益重视。结合实务经验来看，目前市场上开发的各类保障型寿险产品和养老型年金产品，通常都是采用经验生命表中固定死亡率精算假设进行定价和责任准备金评估，很难量化未来参保人群的系统性死亡率改善引发的长寿风险[①]对产品定价和责任准备金评估的影响。

理论上讲，对于同时经营寿险和年金产品的保险公司来说，参保人群死亡率的动态改善会导致寿险产品价格被高估，年金产品价格被低估，进而可能会导致保单有效期内寿险产品责任准备金提取过多，年金产品责任准备金提取不足。显然，寿险和年金产品在定价和责任准备金评估结果上的反向变动存在一种潜在的自然对冲（Natural Hedge）现象，这促发了对长寿风险感兴趣的国内外学者的广泛关注。早期的文献主要集中于探讨这种完全自发的自然对冲在各国公共养老金领域和保险公司实施中的可行性及存在的问题，大致可以追溯到 Milevsk 和 Promislow（2001），Blake 和 Burrows（2001）。近年来的研究则更多关注于如何构建合理的自然对冲模型，并有效量化长寿风险的对冲效应（Hedge Effectiveness）。就定价的自然对冲而言，Tsai 等（2010）通过最小化损失相对变化率的条件在险价值（CVaR）来确定保险公司寿险和年金产品的最优结构。黄顺林和王晓军（2011）基于在险价值（VaR）方法给出了实现自然对冲所需的寿险和年金产品的最优结构。Wang 等（2013）基于经验死亡率数据为保险公司提供了一种应对长寿风险的自然对冲模型。金博轶（2013）基于常见的 7 种随机死亡率模型、固定利率和 CIR 随机利率模型构建了长寿风险的自然对冲模型。魏华林和宋平凡（2014）提出基于死亡率和利率双随机的长寿风险自然对冲模型。曾燕等（2015）提出基于价格调整的长寿风险自然对冲模型。Li 和 Haberman（2015）基于英国参保人群、养老金领取者和全国人口死亡数据，提供了一种评估寿险和年金产品对冲有效性的方法。研究

---

① 如无特别说明，本书中的长寿风险均指聚合长寿风险，其定义参考了段白鸽（2015b）。

第六章 长寿风险对寿险和年金产品准备金评估的对冲效应

发现，对于保险公司和养老金计划来说，自然对冲是一种可行的降低长寿风险的方法，平均可以降低大约60%的长寿风险。就责任准备金评估而言，谢漫锜和王晓军（2013）基于我国人口普查及抽样调查死亡数据探讨了死亡率改善对定期寿险和定期年金的修正责任准备金的变动影响。孙佳美和刘志鹏（2014）基于蒙特卡洛随机模拟方法度量了固定和随机死亡率下定期寿险、即期年金和递延年金的责任准备金分布的变化。

汇总来看，已有研究更多关注于寿险和年金产品定价的自然对冲，较少涉及准备金评估的自然对冲。这主要是源于寿险和年金产品的长期性和负债经营的特点，使得责任准备金的自然对冲问题要比定价复杂得多。然而，我们认为，在费率市场化环境下，相比定价的自然对冲来说，度量责任准备金的对冲效应对保险公司的稳健经营及监管意义更大[①]。从现实角度来看，中国人身保险业经验生命表的两次修订恰恰体现了参保人群的系统性死亡率改善蕴含的聚合长寿风险的变化，这为量化聚合长寿风险对寿险和年金产品定价和责任准备金评估的对冲效应提供了一次完美的自然实验。伴随着中国人身保险业第三套经验生命表的发布与实施，本章基于经验生命表两次修订，探讨了期限缴费情况下，终身寿险与终身年金、递延寿险与递延年金在整个保单生命周期中责任准备金的对冲效应。这些研究基于性别、投保年龄、养老金业务和非养老金业务、保险期限、缴费期限、递延期限和利率假设等多维度视角，对中国寿险业传统保障型业务和养老年金型业务在整个保单生命周期中承担的长寿风险进行了较全面的诠释和量化分析。

本章的主要创新和贡献体现在以下五个方面。第一，创新性地提出对冲弹性的概念。对冲弹性取值越负，对冲效应越明显，从而长寿风险越不显著。第二，将终身型、定期型和延期型寿险和年金产品定价之间的定量关系扩展到责任准备金，降低了责任准备金评估的复杂程度。第三，将长寿风险对寿险和年金产品定价的对冲效应研究扩展到责任准备金评估，将寿险和年金产品细分为终身型和递延型两类组合，通过量化两类组合内部寿险和年金产品之间的对冲效应，为保险公司提供了一种基于保单生命周期视角分组量化自身长寿风险的方法。这种分组方法能更细致地捕捉不同产品组合内部的对冲效应，适用于同时经营保障型寿

---

① 这与近年来原中国保监会确立的"放开前端、管住后端"的监管改革的总体思路一致。

险产品和养老型年金产品的保险公司整体业务结构特征，且对冲效应分析与实务中产品精算定价和责任准备金评估方法具有一致性，为保险公司基于微观视角更有效地识别和量化自身长寿风险提供启示。第四，对现实中长寿风险的不同主体政府和保险公司承担的长寿风险的性别差异提供了更清晰的认识。第五，通过引入对冲效应的利率弹性，诠释了利率风险和长寿风险两大系统性风险的相互作用，即利率越高对冲效应越强，长寿风险对保险公司的影响越小。这些探索研究结合我国人身保险业三套经验生命表进行量化与对比分析，有望为费率市场化环境下保险公司稳健经营及监管创新提供借鉴。

第二节 保险产品责任准备金的定量关系

一 寿险和年金产品的精算现值

（一）终身年金与终身寿险

假设投保年龄为 x 岁，则单位保额、期初付终身年金的精算现值（APV），也称趸缴净保费的计算公式为：

$$\ddot{a}_x = \sum_{k=0}^{105-x} v^k {}_k p_x = \frac{\sum_{k=x}^{105} v^k {}_k p_0}{v^x {}_x p_0} \tag{6—1}$$

假设投保年龄为 x 岁，则死亡年末给付单位保额的终身寿险的 APV，也称趸缴净保费的计算公式为：

$$A_x = \sum_{k=0}^{105-x} v^{k+1} {}_k p_x q_{x+k} = 1 - d\ddot{a}_x \tag{6—2}$$

其中，折现率 $d = \frac{i}{1+i}$。这里，生命表的终点年龄为 105 岁，即将 105 岁及以上年龄合并为 1 个分组。严格讲，写成 105+ 更合适。

（二）递延年金与递延寿险

假设投保年龄为 x 岁，则延期 n 年的单位保额、期初付递延终身年金的 APV，也称趸缴净保费的计算公式为：

第六章　长寿风险对寿险和年金产品准备金评估的对冲效应

$$_n|\ddot{a}_x = \sum_{k=n}^{105-x} v^k {}_kp_x = v^n {}_np_x \ddot{a}_{x+n} = \frac{v^{x+n}{}_{x+n}p_0}{v^x{}_xp_0}\ddot{a}_{x+n} \quad (6—3)$$

假设投保年龄为 x 岁，则延期 n 年的单位保额、期末付递延终身寿险的 APV，也称趸缴净保费的计算公式为：

$$_n|A_x = \sum_{k=n}^{105-x} v^{k+1} {}_kp_x q_{x+k} = v^n {}_np_x - d {}_n|\ddot{a}_x = \frac{v^{x+n}{}_{x+n}p_0}{v^x{}_xp_0} - d {}_n|\ddot{a}_x \quad (6—4)$$

（三）定期年金与两全保险

假设投保年龄为 x 岁，则保险期限为 n 年的单位保额、期初付定期年金的 APV，也称趸缴净保费的计算公式为：

$$\ddot{a}_{x:\overline{n}|} = \sum_{k=0}^{n-1} v^k {}_kp_x = \frac{\sum_{k=0}^{n-1} v^{x+k}{}_{x+k}p_0}{v^x{}_xp_0} = \ddot{a}_x - {}_n|\ddot{a}_x \quad (6—5)$$

假设投保年龄为 x 岁，则保险期限为 n 年的单位保额、期末付两全保险的 APV，也称趸缴净保费的计算公式为：

$$A_{x:\overline{n}|} = A^1_{x:\overline{n}|} + A_{x:\overline{n}|}^{\ 1} = \sum_{k=0}^{n-1} v^{k+1} {}_kp_x q_{x+k} + v^n {}_np_x = 1 - d\ddot{a}_{x:\overline{n}|} \quad (6—6)$$

值得注意的是，上述三种寿险产品的趸缴净保费的计算使用了寿险与年金的 APV 之间的换算关系，这种换算关系成立的条件是在计算中，两者应使用相同的死亡率。然而，保险公司在实际经营过程中，计算寿险产品往往采用非养老金业务男表和女表对应的死亡率，计算年金产品往往采用养老金业务男表和女表对应的死亡率。故在实际操作中，我们要根据需要合理选择各个生命表中的死亡率。

二　寿险和年金产品的责任准备金

显然，终身寿险、定期寿险和递延寿险精算现值之间存在定量关系，即 $A_x = A^1_{x:\overline{n}|} + {}_n|A_x$，终身年金、定期年金和递延年金精算现值之间也存在定量关系，即 $\ddot{a}_x = \ddot{a}_{x:\overline{n}|} + {}_n|\ddot{a}_x$。那么，这种关系是否可以推广到责任准备金评估？若可以推广，则势必会降低责任准备金评估的复杂程度，对未来寿险精算的理论研究大有益处。

为此，下面在限期缴费①情况下，给出三类单位保额的寿险和年金产品第 k 年末的责任准备金及其相应的定量关系。

1. 终身寿险、定期寿险和递延寿险。限期 h 年缴费的期末付终身寿险在第 k 年末的责任准备金的未来法公式可以表示为：

$$_k^hV_x = \begin{cases} 0 & k=0 \\ A_{x+k} - {}_hP_x \ddot{a}_{x+k:\overline{h-k}|} & 0<k<h \\ A_{x+k} & k \geq h \end{cases}$$

$$= A_{x+k} - {}_hP_x \ddot{a}_{x+k:\overline{h-k}|} \quad (6\text{—}7)$$

其中，${}_hP_x = \dfrac{A_x}{\ddot{a}_{x:\overline{h}|}}$。

限期 h 年缴费的 n 年期期末付定期寿险在第 k 年末的责任准备金的未来法公式可以表示为：

$$_k^hV_{x:\overline{n}|}^1 = \begin{cases} 0 & k=0 \\ A_{x+k:\overline{h-k}|}^1 - {}_hP_{x:\overline{n}|}^1 \ddot{a}_{x+k:\overline{h-k}|} & 0<k<h \\ A_{x+k:\overline{n-k}|}^1 & h \leq k < n \\ 0 & k=n \end{cases}$$

$$= A_{x+k:\overline{n-k}|}^1 - {}_hP_{x:\overline{n}|}^1 \ddot{a}_{x+k:\overline{h-k}|} (0 \leq k \leq n) \quad (6\text{—}8)$$

其中，$h \leq n$，${}_hP_{x:\overline{n}|}^1 = \dfrac{A_{x:\overline{n}|}^1}{\ddot{a}_{x:\overline{h}|}}$。

限期 h 年缴费的延期 n 年的期末付递延终身寿险在第 k 年末的责任准备金的未来法公式可以表示为：

$$_k^hV({}_{n|}A_x) = \begin{cases} 0 & k=0 \\ {}_{n-k|}A_{x+k} - {}_hP({}_{n|}A_x)\ddot{a}_{x+k:\overline{h-k}|} & 0<k<h \\ {}_{n-k|}A_{x+k} & h \leq k < n \\ A_{x+k} & k \geq n \end{cases} \quad (6\text{—}9)$$

---

① 在保险公司经营实务中，寿险和年金产品可以采用一次性趸缴保费、均衡期缴保费、限期 h 年期缴保费等多种方式。通常来说，趸缴保费最简单，期缴保费较常见，限期 h 年期缴保费比均衡期缴保费略复杂，均衡期缴方式一定程度上也可视为限期 h 年期缴方式的一种特例，且限期缴费方式能体现出投保人在年轻工作期内有充足保费支付能力的实际情况，有一定代表性。因此，为了更具一般性，本章基于限期缴费方式进行理论和实证分析。

其中，$h \leqslant n$，${}_hP({}_{n|}A_x) = \dfrac{{}_{n|}A_x}{\ddot{a}_{x:\overline{h}|}}$。

显然，由 $A_{x+k} = A^1_{x+k:\overline{n-k}|} + {}_{n-k|}A_{x+k}$，${}_hP_x = {}_hP^1_{x:\overline{n}|} + {}_hP({}_{n|}A_x)$ 可得：

$$ {}^h_kV_x = {}^h_kV^1_{x:\overline{n}|} + {}^h_kV({}_{n|}A_x) \tag{6—10}$$

特别地，当 $h = n$ 时，式（6—10）可以简化为 ${}^n_kV_x = {}_kV^1_{x:\overline{n}|} + {}_kV({}_{n|}A_x)$。

2. 终身年金、定期年金和递延年金。限期 h 年缴费的期初付终身年金在第 k 年末的责任准备金的未来法公式可以表示为：

$$ {}^h_kV(\ddot{a}_x) = \begin{cases} 0 & k = 0 \\ \ddot{a}_{x+k} - {}_hP(\ddot{a}_x)\ddot{a}_{x+k:\overline{n-k}|} & 0 < k < h \\ \ddot{a}_{x+k} & k \geqslant h \end{cases} $$

$$ = \ddot{a}_{x+k} - {}_hP(\ddot{a}_x)\ddot{a}_{x+k:\overline{h-k}|} \tag{6—11}$$

其中，${}_hP(\ddot{a}_x) = \dfrac{\ddot{a}_x}{\ddot{a}_{x:\overline{h}|}}$。

限期 h 年缴费的 n 年期期初付定期年金在第 k 年末的责任准备金的未来法公式可以表示为：

$$ {}^h_kV(\ddot{a}_{x:\overline{n}|}) = \begin{cases} 0 & k = 0 \\ \ddot{a}_{x+k:\overline{n-k}|} - {}_hP(\ddot{a}_{x:\overline{n}|})\ddot{a}_{x+k:\overline{h-k}|} & 0 < k < h \\ \ddot{a}_{x+k:\overline{n-k}|} & h \leqslant k < n \\ 0 & k = n \end{cases} \tag{6—12}$$

其中，$h \leqslant n$，${}_hP(\ddot{a}_{x:\overline{n}|}) = \dfrac{\ddot{a}_{x:\overline{n}|}}{\ddot{a}_{x:\overline{h}|}}$。

限期 h 年缴费的延期 n 年的期初付递延终身年金在第 k 年末的责任准备金的未来法公式可以表示为：

$$ {}^h_kV({}_{n|}\ddot{a}_x) = \begin{cases} 0 & k = 0 \\ {}_{n-k|}\ddot{a}_{x+k} - {}_hP({}_{n|}\ddot{a}_x)\ddot{a}_{x+k:\overline{h-k}|} & 0 < k < h \\ {}_{n-k|}\ddot{a}_{x+k} & h \leqslant k < n \\ \ddot{a}_{x+k} & k \geqslant n \end{cases} \tag{6—13}$$

其中，$h \leqslant n$，${}_hP({}_{n|}\ddot{a}_x) = \dfrac{{}_{n|}\ddot{a}_x}{\ddot{a}_{x:\overline{h}|}}$。

显然，由 $\ddot{a}_{x+k} = \ddot{a}_{x+k:\overline{n-k}|} + {}_{n-k|}\ddot{a}_{x+k}$，${}_hP(\ddot{a}_x) = {}_hP(\ddot{a}_{x:\overline{n}|}) + {}_hP({}_{n|}\ddot{a}_x)$ 可得：

$$ {}^h_kV(\ddot{a}_x) = {}^h_kV(\ddot{a}_{x:\overline{n}|}) + {}^h_kV({}_{n|}\ddot{a}_x) \tag{6—14}$$

特别地，当 $h = n$ 时，式（6—14）可以简化为 ${}_k^n V(\ddot{a}_x) = {}_k V(\ddot{a}_{x:\overline{n}|}) + {}_k V({}_n|\ddot{a}_x)$。这里，${}_k V(\ddot{a}_{x:\overline{n}|}) = 0$，即 ${}_k^n V(\ddot{a}_x) = {}_k V({}_n|\ddot{a}_x)$。

第三节 责任准备金的对冲效应模型

一 责任准备金对冲效应的度量指标

（一）对冲弹性的定义

为了度量保单有效期内寿险责任准备金与年金责任准备金变化的对冲效应，本章创新性地引入对冲弹性的概念。按照弹性的定义，理论上准备金的对冲弹性可以表示为：

$$e = \frac{dV_A/V_A}{dV_a/V_a} \tag{6—15}$$

其中，V_A 和 V_a 分别表示寿险与年金的初始准备金，dV_A 和 dV_a 分别表示长寿风险引发的寿险与年金准备金的变化量。显然，对冲弹性 e 可以衡量寿险与年金产品准备金变化的对冲程度。当 $e > 0$ 时，表明两类产品的准备金变化方向相同，寿险产品没有起到对冲效应，反而放大了长寿风险。当 $e < 0$ 时，表明两类产品的准备金变化方向相反，存在对冲效应，即寿险准备金的高估可以对冲年金准备金的低估；且 e 值越小，两者的对冲效应越强，从而长寿风险对同时经营寿险和年金业务的保险公司的影响越小。

（二）对冲弹性的计算公式

为了便于表述，针对第二节给出的单位保额寿险和年金产品组合，我们将基于经验生命表 CL 1990—1993、CL 2000—2003 和 CL 2010—2013 计算的第 k 年末的责任准备金记为 ${}_k V^{(i)}$（$i = 1,2,3$）；以第二、第三套生命表为例，将生命表修订导致的第 k 年末的责任准备金的变化量和变化率分别记为 $\Delta_k V^{(2)}$ 和 $\Delta_k V^{(2)}/{}_k V^{(2)}$，即有：

$$\begin{cases} \Delta_k V^{(2)} = {}_k V^{(3)} - {}_k V^{(2)} \\ \Delta_k V^{(2)}/{}_k V^{(2)} = ({}_k V^{(3)} - {}_k V^{(2)})/{}_k V^{(2)} \end{cases} \tag{6—16}$$

则在限期 h 年缴费情况下，第 k 年末终身寿险的责任准备金 ${}_k^h V_x$ 对终身

年金的责任准备金 $_k^h V(\ddot{a}_x)$ 的对冲弹性 $_k e_{x1}$ 的计算公式为：

$$_k e_{x1} = \frac{\Delta_k^h V_x^{(2)} / _k^h V_x^{(2)}}{\Delta_k^h V^{(2)}(\ddot{a}_x) / _k^h V^{(2)}(\ddot{a}_x)} = \frac{[_k^h V_x^{(3)} - _k^h V_x^{(2)}] / _k^h V_x^{(2)}}{[_k^h V^{(3)}(\ddot{a}_x) - _k^h V^{(2)}(\ddot{a}_x)] / _k^h V^{(2)}(\ddot{a}_x)}$$

(6—17)

类似地，在限期 h 年缴费情况下，第 k 年末递延寿险的责任准备金 $_k V(_n|A_x)$ 对递延年金的责任准备金 $_k V(_n|\ddot{a}_x)$ 的对冲弹性 $_k e_{x2}$ 的计算公式为：

$$_k e_{x2} = \frac{\Delta_k V^{(2)}(_h|A_x) / _k V^{(2)}(_h|A_x)}{\Delta_k V^{(2)}(_h|\ddot{a}_x) / _k V^{(2)}(_h|\ddot{a}_x)} = \frac{[_k^h V^{(3)}(_h|A_x) - _k^h V^{(2)}(_h|A_x)] / _k^h V^{(2)}(_h|A_x)}{[_k^h V^{(3)}(_h|\ddot{a}_x) - _k^h V^{(2)}(_h|\ddot{a}_x)] / _k^h V^{(2)}(_h|\ddot{a}_x)}$$

(6—18)

二 对冲效应的性别差异

将式（6—15）中男性和女性的对冲弹性分别记为 e^m 和 e^f。显然，我们可以采用 $e^m - e^f$ 来度量男性和女性对冲效应的性别差异。当 $e^m - e^f > 0$，即 $e^m > e^f$ 时，女性的对冲效应更强；反之，当 $e^m - e^f < 0$，即 $e^m < e^f$ 时，男性的对冲效应更强。

三 对冲效应的利率弹性

由于实际中寿险和年金产品的定价和准备金评估同时受死亡率、利率两大因素的影响，故我们有必要探讨利率变化对对冲效应的净影响。为此，引入对冲效应的利率弹性：

$$e_i = \frac{de/e}{di/i} = \frac{[e^{(i_2)} - e^{(i_1)}]/e^{(i_1)}}{(i_2 - i_1)/i_1}$$

(6—19)

其中 $e^{(i_1)}$ 和 $e^{(i_2)}$ 分别表示在利率 i_1 和 i_2 下的对冲弹性。显然利率弹性 e_i 可以衡量利率变化对对冲结果的影响。不失一般性，下面进一步假设 $i_1 < i_2$。理论上讲，当 $e_i > 0$ 时，利率增加1%，对冲弹性 e 变化 e_i%。此时，若 $e^{(i_1)} < 0$，则 $e^{(i_2)} < e^{(i_1)} < 0$，表明利率升高，对冲效应增强，长寿风险对保险公司的影响变小。若 $e^{(i_1)} > 0$，则 $e^{(i_2)} > e^{(i_1)} > 0$，表明利率升高，对冲效应减弱，长寿风险对保险公司的影响变大。反之，当 $e_i < 0$

时，利率增加1%，对冲弹性 e 变化 e_i%。此时，若 $e^{(i_1)} < 0$，则 $e^{(i_2)} > e^{(i_1)}$，表明利率升高，对冲效应减弱，长寿风险对保险公司的影响变大。若 $e^{(i_1)} > 0$，则 $e^{(i_2)} < e^{(i_1)}$，表明利率升高，对冲效应增强，长寿风险对保险公司的影响变小。

综上所述，对于保单有效期内存在对冲效应的区域，[即 $e^{(i_1)} < 0$ 时]，利率弹性为正时利率升高能对冲长寿风险的影响，利率弹性为负时利率降低能对冲长寿风险的影响；对于保单有效期内不存在对冲效应的区域，[即 $e^{(i_1)} > 0$ 时]，利率弹性为正时利率降低能对冲长寿风险的影响，利率弹性为负时利率升高能对冲长寿风险的影响。

第四节 基于中国寿险业经验生命表的实证分析[①]

一 数据来源及产品信息说明

本节实证分析中使用的死亡率数据来源于中国人身保险业经验生命表 CL 1990—1993、CL 2000—2003 和 CL 2010—2013。

如前所述，长寿风险对寿险和年金产品准备金评估的影响涉及整个保单生命周期，与定价相比，这种影响更复杂。此外，通常来说，与终身型、递延型寿险和年金产品相比，由于定期型寿险和年金产品期限短、即期给付的特点，使得长寿风险对定期型产品的影响相对较弱。有鉴于此，本节实证分析中仅考虑终身型和递延型产品组合的对冲效应。

为了细致量化保单生命周期中长寿风险对终身型和递延型寿险和年金产品准备金评估的对冲效应，本节基于经验生命表的两次修订，结合第二、第三节给出的理论模型，从性别、投保年龄、养老金和非养老金业务、保险期限、缴费期限、递延期限和利率假设等多维度视角，在限期缴费情况下探讨整个保单生命周期中单位保额终身寿险与终身年金、递延寿险与递延年金的责任准备金的对冲效应。下面仅以缴费期限 $h = 30$、递延期限 $n = 30$ 为例

---

① 段白鸽、栾杰：《长寿风险对寿险和年金产品准备金评估的对冲效应研究——基于中国人身保险业经验生命表两次修订视角》，《保险研究》2017年第4期。

进行分析说明，具体产品信息如表6—1所示。

表6—1　　　　　　　终身型和递延型寿险和年金产品信息

产品信息	终身型		递延型	
	终身年金	终身寿险	递延年金	递延寿险
性别	男性、女性	男性、女性	男性、女性	男性、女性
投保年龄范围	$x \in [0, 65]$	$x \in [0, 65]$	$x \in [0, 65]$	$x \in [0, 65]$
保险期限	$[x, 105]$	$[x, 105]$	$[x+30, 105]$	$[x+30, 105]$
递延期限	无	无	$n = 30$	$n = 30$
缴费期限	$[x, x+29]$	$[x, x+29]$	$[x, x+29]$	$[x, x+29]$
保险金额	单位保额	单位保额	单位保额	单位保额

二　对冲效应的定量分析

（一）对冲效应举例

表6—2和表6—3分别给出了在2.5%评估利率假设下，30岁男性和女性投保者、限期30年缴费的单位保额终身寿险与终身年金、限期30年缴费且延期30年给付的单位保额递延寿险与递延年金在整个保单有效期内责任准备金的对冲结果。

从中可以看出，第一，无论是男性还是女性，采用一、二套生命表和二、三套生命表两种情形下，整个保单有效期内终身年金和递延年金的准备金增长率都相同，这与第二部分给出的结论 $[{}^{n}_{k}V(\ddot{a}_x) = {}_kV({}_n\ddot{a}_x)]$ 相吻合。第二，无论是终身年金还是递延年金，采用一、二套生命表情形下整个保单有效期内男性准备金增长率普遍高于女性，但保单期限的尾部略有反常，而采用二、三套生命表情形下整个保单有效期内男性准备金增长率全部低于女性。第三，无论是终身寿险还是递延寿险，两种情形下整个保单有效期内男性准备金下降率普遍低于女性。值得注意的是，采用二、三套生命表情形下前58个保单期限内男性终身寿险准备金没降反升，这种"反常"现象将大大弱化男性准备金的对冲效应[①]。第四，无论是终身型

[①] 如果三套经验生命表的死亡率估计很精确，那么这种"反常"现象意味着，与第一次生命表修订相比，第二次生命表修订的10年我国男性参保人群死亡率改善很有限。当然，可能也存在第二套经验生命表低估男性死亡率、第三套经验生命表高估男性死亡率的可能。总之，引起这种"反常"现象的原因有待进一步深入研究。

表6—2 限期缴费情况下终身寿险与终身年金的责任准备金对冲效应示例

保险期限	终身年金 男性准备金增长率 一、二套生命表	终身年金 男性准备金增长率 三套生命表	终身年金 女性准备金增长率 一、二套生命表	终身年金 女性准备金增长率 三套生命表	终身寿险 男性准备金下降率 一、二套生命表	终身寿险 男性准备金下降率 三套生命表	终身寿险 女性准备金下降率 一、二套生命表	终身寿险 女性准备金下降率 三套生命表	终身寿险对冲终身年金 男性准备金对冲弹性 一、二套生命表	终身寿险对冲终身年金 男性准备金对冲弹性 三套生命表	终身寿险对冲终身年金 女性准备金对冲弹性 一、二套生命表	终身寿险对冲终身年金 女性准备金对冲弹性 三套生命表
1	0.1648	0.1017	0.1410	0.1193	−0.0622	0.0167	−0.0641	−0.0177	−0.3772	0.1641	−0.4548	−0.1485
2	0.1647	0.1015	0.1409	0.1192	−0.0625	0.0167	−0.0642	−0.0174	−0.3794	0.1646	−0.4561	−0.1460
3	0.1646	0.1013	0.1408	0.1191	−0.0628	0.0168	−0.0644	−0.0170	−0.3815	0.1662	−0.4574	−0.1427
4	0.1645	0.1011	0.1406	0.1190	−0.0629	0.0169	−0.0644	−0.0167	−0.3823	0.1668	−0.4578	−0.1403
5	0.1643	0.1009	0.1405	0.1189	−0.0628	0.0168	−0.0643	−0.0165	−0.3822	0.1668	−0.4575	−0.1385
6	0.1641	0.1007	0.1403	0.1188	−0.0626	0.0168	−0.0640	−0.0163	−0.3813	0.1667	−0.4564	−0.1371
7	0.1639	0.1005	0.1401	0.1187	−0.0623	0.0167	−0.0637	−0.0162	−0.3798	0.1663	−0.4547	−0.1362
8	0.1636	0.1003	0.1398	0.1186	−0.0618	0.0166	−0.0633	−0.0161	−0.3781	0.1661	−0.4526	−0.1354
9	0.1632	0.1001	0.1395	0.1185	−0.0614	0.0166	−0.0628	−0.0160	−0.3761	0.1660	−0.4504	−0.1347
10	0.1628	0.0999	0.1392	0.1183	−0.0609	0.0165	−0.0624	−0.0159	−0.3740	0.1659	−0.4480	−0.1339
11	0.1623	0.0996	0.1388	0.1182	−0.0603	0.0163	−0.0618	−0.0158	−0.3717	0.1655	−0.4455	−0.1333
12	0.1617	0.0993	0.1384	0.1181	−0.0597	0.0161	−0.0613	−0.0157	−0.3690	0.1644	−0.4427	−0.1329
13	0.1610	0.0991	0.1379	0.1179	−0.0589	0.0161	−0.0606	−0.0157	−0.3659	0.1621	−0.4395	−0.1332
14	0.1602	0.0988	0.1373	0.1178	−0.0581	0.0156	−0.0598	−0.0158	−0.3623	0.1584	−0.4357	−0.1341
15	0.1593	0.0985	0.1366	0.1176	−0.0570	0.0151	−0.0589	−0.0160	−0.3581	0.1530	−0.4313	−0.1359
16	0.1582	0.0982	0.1358	0.1174	−0.0559	0.0144	−0.0579	−0.0162	−0.3535	0.1462	−0.4265	−0.1383

续表

第六章 长寿风险对寿险和年金产品准备金评估的对冲效应

保险期限	终身年金 男性准备金增长率 一、二套生命表	终身年金 男性准备金增长率 二、三套生命表	终身年金 女性准备金增长率 一、二套生命表	终身年金 女性准备金增长率 二、三套生命表	终身寿险 男性准备金下降率 一、二套生命表	终身寿险 男性准备金下降率 二、三套生命表	终身寿险 女性准备金下降率 一、二套生命表	终身寿险 女性准备金下降率 二、三套生命表	终身寿险对冲终身年金 男性准备金对冲弹性 一、二套生命表	终身寿险对冲终身年金 男性准备金对冲弹性 二、三套生命表	终身寿险对冲终身年金 女性准备金对冲弹性 一、二套生命表	终身寿险对冲终身年金 女性准备金对冲弹性 二、三套生命表
17	0.1570	0.0979	0.1349	0.1173	−0.0547	0.0135	−0.0568	−0.0166	−0.3486	0.1383	−0.4214	−0.1413
18	0.1556	0.0977	0.1338	0.1171	−0.0535	0.0127	−0.0557	−0.0169	−0.3438	0.1296	−0.4163	−0.1443
19	0.1541	0.0974	0.1327	0.1168	−0.0522	0.0117	−0.0546	−0.0172	−0.3389	0.1204	−0.4113	−0.1474
20	0.1523	0.0970	0.1314	0.1165	−0.0509	0.0108	−0.0534	−0.0175	−0.3341	0.1109	−0.4066	−0.1502
21	0.1504	0.0966	0.1300	0.1161	−0.0495	0.0098	−0.0523	−0.0177	−0.3293	0.1012	−0.4020	−0.1527
22	0.1482	0.0962	0.1284	0.1157	−0.0481	0.0088	−0.0511	−0.0179	−0.3244	0.0912	−0.3979	−0.1549
23	0.1457	0.0958	0.1267	0.1151	−0.0465	0.0078	−0.0499	−0.0181	−0.3195	0.0809	−0.3941	−0.1568
24	0.1428	0.0954	0.1248	0.1145	−0.0449	0.0067	−0.0488	−0.0181	−0.3145	0.0705	−0.3908	−0.1582
25	0.1396	0.0950	0.1226	0.1138	−0.0432	0.0058	−0.0476	−0.0181	−0.3097	0.0606	−0.3882	−0.1591
26	0.1359	0.0945	0.1202	0.1130	−0.0415	0.0049	−0.0465	−0.0180	−0.3055	0.0518	−0.3865	−0.1590
27	0.1319	0.0939	0.1176	0.1120	−0.0399	0.0042	−0.0454	−0.0177	−0.3024	0.0451	−0.3861	−0.1580
28	0.1275	0.0931	0.1148	0.1108	−0.0384	0.0038	−0.0444	−0.0173	−0.3010	0.0412	−0.3868	−0.1561
29	0.1229	0.0919	0.1117	0.1094	−0.0371	0.0037	−0.0435	−0.0168	−0.3018	0.0403	−0.3889	−0.1535
30	0.1181	0.0902	0.1085	0.1077	−0.0360	0.0038	−0.0426	−0.0162	−0.3049	0.0423	−0.3930	−0.1504
31	0.1203	0.0932	0.1109	0.1115	−0.0343	0.0040	−0.0410	−0.0154	−0.2849	0.0425	−0.3698	−0.1378
32	0.1227	0.0960	0.1134	0.1155	−0.0326	0.0043	−0.0394	−0.0145	−0.2659	0.0445	−0.3475	−0.1253

· 211 ·

续表

保险期限	终身年金 男性准备金增长率 一、二套生命表	终身年金 男性准备金增长率 三套生命表	终身年金 女性准备金增长率 一、二套生命表	终身年金 女性准备金增长率 三套生命表	终身寿险 男性准备金下降率 一、二套生命表	终身寿险 男性准备金下降率 三套生命表	终身寿险 女性准备金下降率 一、二套生命表	终身寿险 女性准备金下降率 三套生命表	终身寿险对冲终身年金 男性准备金对冲弹性 生命表	终身寿险对冲终身年金 男性准备金对冲弹性 三套生命表	终身寿险对冲终身年金 女性准备金对冲弹性 一、二套生命表	终身寿险对冲终身年金 女性准备金对冲弹性 三套生命表
33	0.1249	0.0986	0.1158	0.1195	−0.0310	0.0047	−0.0377	−0.0135	−0.2480	0.0475	−0.3259	−0.1131
34	0.1270	0.1011	0.1181	0.1236	−0.0293	0.0052	−0.0360	−0.0125	−0.2309	0.0509	−0.3050	−0.1015
35	0.1290	0.1034	0.1203	0.1278	−0.0277	0.0056	−0.0343	−0.0116	−0.2146	0.0545	−0.2848	−0.0904
36	0.1309	0.1054	0.1224	0.1319	−0.0260	0.0061	−0.0325	−0.0106	−0.1988	0.0581	−0.2653	−0.0800
37	0.1326	0.1069	0.1244	0.1360	−0.0244	0.0066	−0.0307	−0.0096	−0.1836	0.0616	−0.2465	−0.0703
38	0.1342	0.1080	0.1262	0.1401	−0.0227	0.0070	−0.0289	−0.0086	−0.1690	0.0649	−0.2291	−0.0613
39	0.1356	0.1085	0.1290	0.1441	−0.0210	0.0074	−0.0271	−0.0076	−0.1550	0.0681	−0.2098	−0.0530
40	0.1368	0.1083	0.1306	0.1480	−0.0194	0.0077	−0.0252	−0.0067	−0.1416	0.0711	−0.1932	−0.0455
41	0.1378	0.1073	0.1320	0.1517	−0.0177	0.0079	−0.0234	−0.0059	−0.1288	0.0739	−0.1772	−0.0388
42	0.1386	0.1054	0.1332	0.1552	−0.0162	0.0081	−0.0216	−0.0051	−0.1166	0.0764	−0.1619	−0.0330
43	0.1391	0.1026	0.1342	0.1583	−0.0146	0.0081	−0.0198	−0.0044	−0.1049	0.0786	−0.1472	−0.0279
44	0.1394	0.0990	0.1349	0.1612	−0.0131	0.0080	−0.0180	−0.0038	−0.0936	0.0805	−0.1332	−0.0235
45	0.1394	0.0947	0.1352	0.1637	−0.0115	0.0077	−0.0162	−0.0032	−0.0828	0.0819	−0.1199	−0.0199
46	0.1390	0.0899	0.1354	0.1658	−0.0101	0.0074	−0.0145	−0.0028	−0.0724	0.0826	−0.1070	−0.0169
47	0.1382	0.0850	0.1352	0.1680	−0.0086	0.0070	−0.0128	−0.0024	−0.0624	0.0826	−0.0946	−0.0146
48	0.1369	0.0802	0.1345	0.1703	−0.0072	0.0065	−0.0111	−0.0022	−0.0526	0.0814	−0.0827	−0.0129

续表

保险期限	终身年金 男性准备金增长率 一、二套生命表	终身年金 男性准备金增长率 三套生命表	终身年金 女性准备金增长率 一、二套生命表	终身年金 女性准备金增长率 三套生命表	终身寿险 男性准备金下降率 一、二套生命表	终身寿险 男性准备金下降率 三套生命表	终身寿险 女性准备金下降率 一、二套生命表	终身寿险 女性准备金下降率 三套生命表	终身寿险对冲弹性 男性准备金对冲弹性 一、二套生命表	终身寿险对冲弹性 男性准备金对冲弹性 三套生命表	终身寿险对冲弹性 女性准备金对冲弹性 一、二套生命表	终身寿险对冲弹性 女性准备金对冲弹性 三套生命表
49	0.1352	0.0757	0.1334	0.1730	−0.0058	0.0060	−0.0095	−0.0020	−0.0431	0.0789	−0.0711	−0.0118
50	0.1329	0.0719	0.1317	0.1764	−0.0045	0.0054	−0.0079	−0.0020	−0.0337	0.0746	−0.0599	−0.0112
51	0.1302	0.0688	0.1295	0.1805	−0.0032	0.0047	−0.0063	−0.0020	−0.0244	0.0684	−0.0488	−0.0113
52	0.1268	0.0666	0.1267	0.1856	−0.0019	0.0040	−0.0048	−0.0022	−0.0152	0.0604	−0.0379	−0.0118
53	0.1228	0.0652	0.1232	0.1918	−0.0007	0.0033	−0.0033	−0.0025	−0.0058	0.0508	−0.0270	−0.0129
54	0.1182	0.0645	0.1189	0.1991	0.0004	0.0026	−0.0019	−0.0029	0.0037	0.0403	−0.0161	−0.0144
55	0.1129	0.0646	0.1139	0.2075	0.0015	0.0019	−0.0006	−0.0034	0.0137	0.0294	−0.0049	−0.0164
56	0.1070	0.0651	0.1080	0.2169	0.0026	0.0012	0.0007	−0.0041	0.0242	0.0188	0.0069	−0.0188
57	0.1003	0.0659	0.1013	0.2274	0.0036	0.0006	0.0020	−0.0049	0.0357	0.0090	0.0195	−0.0215
58	0.0930	0.0668	0.0936	0.2388	0.0045	0.0000	0.0031	−0.0058	0.0486	0.0003	0.0336	−0.0243
59	0.0849	0.0678	0.0848	0.2510	0.0054	−0.0005	0.0042	−0.0068	0.0635	−0.0074	0.0500	−0.0270
60	0.0761	0.0686	0.0748	0.2638	0.0062	−0.0010	0.0053	−0.0078	0.0815	−0.0139	0.0703	−0.0295
61	0.0667	0.0692	0.0636	0.2770	0.0070	−0.0014	0.0062	−0.0087	0.1043	−0.0195	0.0977	−0.0315
62	0.0567	0.0696	0.0509	0.2903	0.0076	−0.0017	0.0071	−0.0096	0.1350	−0.0245	0.1392	−0.0331
63	0.0460	0.0696	0.0537	0.3032	0.0083	−0.0020	0.0079	−0.0103	0.1799	−0.0289	0.1465	−0.0341
64	0.0348	0.0693	0.0425	0.3152	0.0088	−0.0023	0.0086	−0.0109	0.2535	−0.0332	0.2015	−0.0345

续表

保险期限	终身年金 男性准备金增长率 一、二套生命表	终身年金 男性准备金增长率 三套生命表	终身年金 女性准备金增长率 一、二套生命表	终身年金 女性准备金增长率 三套生命表	终身寿险 男性准备金下降率 一、二套生命表	终身寿险 男性准备金下降率 三套生命表	终身寿险 女性准备金下降率 一、二套生命表	终身寿险 女性准备金下降率 三套生命表	终身寿险对冲终身年金 男性准备金对冲弹性 生命表	终身寿险对冲弹性 一、二套生命表	终身寿险对冲终身年金 女性准备金对冲弹性 生命表	一、二、三套生命表
65	0.0233	0.0687	0.0309	0.3254	0.0093	-0.0026	0.0092	-0.0112	0.4005	-0.0374	0.2976	-0.0345
66	0.0115	0.0679	0.0188	0.3328	0.0097	-0.0028	0.0097	-0.0114	0.8494	-0.0416	0.5156	-0.0342
67	-0.0004	0.0670	0.0066	0.3362	0.0101	-0.0031	0.0101	-0.0113	-24.8846	-0.0459	1.5290	-0.0337
68	-0.0120	0.0658	-0.0055	0.3343	0.0103	-0.0033	0.0104	-0.0111	-0.8546	-0.0503	-1.9033	-0.0333
69	-0.0230	0.0640	-0.0169	0.3254	0.0104	-0.0035	0.0105	-0.0107	-0.4507	-0.0549	-0.6186	-0.0329
70	-0.0327	0.0614	-0.0271	0.3077	0.0103	-0.0037	0.0103	-0.0101	-0.3137	-0.0597	-0.3801	-0.0329
71	-0.0402	0.0573	-0.0351	0.2790	0.0098	-0.0037	0.0098	-0.0092	-0.2451	-0.0648	-0.2792	-0.0331
72	-0.0438	0.0507	-0.0394	0.2366	0.0089	-0.0036	0.0088	-0.0080	-0.2035	-0.0704	-0.2222	-0.0337
73	-0.0411	0.0402	-0.0376	0.1777	0.0071	-0.0031	0.0069	-0.0061	-0.1733	-0.0760	-0.1824	-0.0344
74	-0.0285	0.0241	-0.0263	0.0994	0.0041	-0.0019	0.0038	-0.0034	-0.1438	-0.0790	-0.1457	-0.0338
75	0.0000	0.0000	0.0000	0.0000	0.0000	0.0000	0.0000	0.0000				

第六章　长寿风险对寿险和年金产品准备金评估的对冲效应

表6—3　限期缴费情况下递延寿险与递延年金的责任准备金对冲效应示例

保险期限	递延年金 男性准备金增长率 一、二套生命表	递延年金 女性准备金增长率 一、二套生命表	递延年金 男性准备金增长率 三套生命表	递延寿险 男性准备金下降率 一、二套生命表	递延寿险 男性准备金下降率 三套生命表	递延寿险 女性准备金下降率 一、二套生命表	递延寿险 女性准备金下降率 三套生命表	递延寿险对冲递延年金 男性准备金 一、二套生命表	递延寿险对冲弹性 三套生命表	递延寿险对冲递延年金 女性准备金 一、二套生命表	递延年金对冲弹性 三套生命表
1	0.1648	0.1017	0.1410	0.1193	-0.0032	-0.0048	-0.0180	-0.0119	-0.0194	-0.0467	-0.1276	-0.0995
2	0.1647	0.1015	0.1409	0.1192	-0.0032	-0.0048	-0.0181	-0.0119	-0.0196	-0.0472	-0.1282	-0.0999
3	0.1646	0.1013	0.1408	0.1191	-0.0033	-0.0048	-0.0181	-0.0120	-0.0198	-0.0478	-0.1289	-0.1005
4	0.1645	0.1011	0.1406	0.1190	-0.0033	-0.0049	-0.0182	-0.0120	-0.0201	-0.0484	-0.1297	-0.1011
5	0.1643	0.1009	0.1405	0.1189	-0.0034	-0.0049	-0.0183	-0.0121	-0.0205	-0.0489	-0.1306	-0.1017
6	0.1641	0.1007	0.1403	0.1188	-0.0035	-0.0050	-0.0185	-0.0122	-0.0211	-0.0494	-0.1316	-0.1023
7	0.1639	0.1005	0.1401	0.1187	-0.0036	-0.0050	-0.0186	-0.0122	-0.0218	-0.0499	-0.1329	-0.1030
8	0.1636	0.1003	0.1398	0.1186	-0.0037	-0.0051	-0.0188	-0.0123	-0.0227	-0.0503	-0.1344	-0.1036
9	0.1632	0.1001	0.1395	0.1185	-0.0039	-0.0051	-0.0190	-0.0124	-0.0239	-0.0508	-0.1361	-0.1043
10	0.1628	0.0999	0.1392	0.1183	-0.0041	-0.0051	-0.0192	-0.0124	-0.0252	-0.0513	-0.1381	-0.1051
11	0.1623	0.0996	0.1388	0.1182	-0.0044	-0.0052	-0.0195	-0.0125	-0.0269	-0.0517	-0.1403	-0.1059
12	0.1617	0.0993	0.1384	0.1181	-0.0047	-0.0052	-0.0198	-0.0126	-0.0289	-0.0519	-0.1430	-0.1068
13	0.1610	0.0991	0.1379	0.1179	-0.0051	-0.0051	-0.0202	-0.0127	-0.0315	-0.0518	-0.1462	-0.1075
14	0.1602	0.0988	0.1373	0.1178	-0.0055	-0.0050	-0.0206	-0.0127	-0.0346	-0.0510	-0.1500	-0.1081
15	0.1593	0.0985	0.1366	0.1176	-0.0061	-0.0049	-0.0211	-0.0127	-0.0385	-0.0496	-0.1546	-0.1084
16	0.1582	0.0982	0.1358	0.1174	-0.0068	-0.0046	-0.0217	-0.0127	-0.0432	-0.0473	-0.1600	-0.1085

续表

保险期限	递延年金 男性准备金增长率 一、二套生命表	递延年金 男性准备金增长率 三套生命表	递延年金 女性准备金增长率 一、二套生命表	递延年金 女性准备金增长率 三套生命表	递延寿险 男性准备金下降率 一、二套生命表	递延寿险 男性准备金下降率 三套生命表	递延寿险 女性准备金下降率 一、二套生命表	递延寿险 女性准备金下降率 三套生命表	递延寿险对冲递延年金 男性准备金对冲弹性 一、二套生命表	递延寿险对冲递延年金 男性准备金对冲弹性 三套生命表	递延寿险对冲递延年金 女性准备金对冲弹性 一、二套生命表	递延寿险对冲递延年金 女性准备金对冲弹性 三套生命表
17	0.1570	0.0979	0.1349	0.1173	-0.0077	-0.0043	-0.0224	-0.0127	-0.0488	-0.0442	-0.1663	-0.1084
18	0.1556	0.0977	0.1338	0.1171	-0.0086	-0.0039	-0.0232	-0.0127	-0.0554	-0.0403	-0.1737	-0.1082
19	0.1541	0.0974	0.1327	0.1168	-0.0097	-0.0035	-0.0241	-0.0126	-0.0629	-0.0356	-0.1820	-0.1081
20	0.1523	0.0970	0.1314	0.1165	-0.0109	-0.0029	-0.0251	-0.0126	-0.0717	-0.0302	-0.1914	-0.1081
21	0.1504	0.0966	0.1300	0.1161	-0.0123	-0.0023	-0.0263	-0.0126	-0.0819	-0.0239	-0.2019	-0.1083
22	0.1482	0.0962	0.1284	0.1157	-0.0139	-0.0016	-0.0275	-0.0126	-0.0940	-0.0167	-0.2140	-0.1088
23	0.1457	0.0958	0.1267	0.1151	-0.0158	-0.0008	-0.0288	-0.0126	-0.1084	-0.0083	-0.2277	-0.1097
24	0.1428	0.0954	0.1248	0.1145	-0.0179	0.0001	-0.0304	-0.0127	-0.1257	0.0011	-0.2434	-0.1111
25	0.1396	0.0950	0.1226	0.1138	-0.0204	0.0011	-0.0320	-0.0129	-0.1462	0.0112	-0.2613	-0.1134
26	0.1359	0.0945	0.1202	0.1130	-0.0232	0.0020	-0.0338	-0.0132	-0.1703	0.0213	-0.2816	-0.1168
27	0.1319	0.0939	0.1176	0.1120	-0.0261	0.0029	-0.0358	-0.0136	-0.1982	0.0305	-0.3046	-0.1218
28	0.1275	0.0931	0.1148	0.1108	-0.0293	0.0035	-0.0379	-0.0143	-0.2298	0.0375	-0.3305	-0.1289
29	0.1229	0.0919	0.1117	0.1094	-0.0326	0.0038	-0.0402	-0.0151	-0.2653	0.0416	-0.3596	-0.1384
30	0.1181	0.0902	0.1085	0.1077	-0.0360	0.0038	-0.0426	-0.0162	-0.3049	0.0423	-0.3930	-0.1504
31	0.1203	0.0932	0.1109	0.1115	-0.0343	0.0040	-0.0410	-0.0154	-0.2849	0.0425	-0.3698	-0.1378
32	0.1227	0.0960	0.1134	0.1155	-0.0326	0.0043	-0.0394	-0.0145	-0.2659	0.0445	-0.3475	-0.1253

续表

第六章 长寿风险对寿险和年金产品准备金评估的对冲效应

保险期限	递延年金 男性准备金增长率 一、二套生命表	递延年金 男性准备金增长率 二、三套生命表	递延年金 女性准备金增长率 一、二套生命表	递延年金 女性准备金增长率 二、三套生命表	递延寿险 男性准备金下降率 一、二套生命表	递延寿险 男性准备金下降率 二、三套生命表	递延寿险 女性准备金下降率 一、二套生命表	递延寿险 女性准备金下降率 二、三套生命表	递延寿险对冲递延年金 男性准备金对冲弹性 一、二套生命表	递延寿险对冲递延年金 男性准备金对冲弹性 二、三套生命表	递延寿险对冲递延年金 女性准备金对冲弹性 一、二套生命表	递延寿险对冲递延年金 女性准备金对冲弹性 二、三套生命表
33	0.1249	0.0986	0.1158	0.1195	-0.0310	0.0047	-0.0377	-0.0135	-0.2480	0.0475	-0.3259	-0.1131
34	0.1270	0.1011	0.1181	0.1236	-0.0293	0.0052	-0.0360	-0.0125	-0.2309	0.0509	-0.3050	-0.1015
35	0.1290	0.1034	0.1203	0.1278	-0.0277	0.0056	-0.0343	-0.0116	-0.2146	0.0545	-0.2848	-0.0904
36	0.1309	0.1054	0.1224	0.1319	-0.0260	0.0061	-0.0325	-0.0106	-0.1988	0.0581	-0.2653	-0.0800
37	0.1326	0.1069	0.1244	0.1360	-0.0244	0.0066	-0.0307	-0.0096	-0.1836	0.0616	-0.2465	-0.0703
38	0.1342	0.1080	0.1262	0.1401	-0.0227	0.0070	-0.0289	-0.0086	-0.1690	0.0649	-0.2291	-0.0613
39	0.1356	0.1085	0.1290	0.1441	-0.0210	0.0074	-0.0271	-0.0076	-0.1550	0.0681	-0.2098	-0.0530
40	0.1368	0.1083	0.1306	0.1480	-0.0194	0.0077	-0.0252	-0.0067	-0.1416	0.0711	-0.1932	-0.0455
41	0.1378	0.1073	0.1320	0.1517	-0.0177	0.0079	-0.0234	-0.0059	-0.1288	0.0739	-0.1772	-0.0388
42	0.1386	0.1054	0.1332	0.1552	-0.0162	0.0081	-0.0216	-0.0051	-0.1166	0.0764	-0.1619	-0.0330
43	0.1391	0.1026	0.1342	0.1583	-0.0146	0.0081	-0.0198	-0.0044	-0.1049	0.0786	-0.1472	-0.0279
44	0.1394	0.0990	0.1349	0.1612	-0.0131	0.0080	-0.0180	-0.0038	-0.0936	0.0805	-0.1332	-0.0235
45	0.1394	0.0947	0.1352	0.1637	-0.0115	0.0077	-0.0162	-0.0032	-0.0828	0.0819	-0.1199	-0.0199
46	0.1390	0.0899	0.1354	0.1658	-0.0101	0.0074	-0.0145	-0.0028	-0.0725	0.0826	-0.1070	-0.0169
47	0.1382	0.0850	0.1352	0.1680	-0.0086	0.0070	-0.0128	-0.0024	-0.0624	0.0826	-0.0946	-0.0146
48	0.1369	0.0802	0.1345	0.1703	-0.0072	0.0065	-0.0111	-0.0022	-0.0526	0.0814	-0.0827	-0.0129

· 217 ·

续表

保险期限	递延年金 男性准备金增长率 一、二套生命表	递延年金 男性准备金增长率 三套生命表	递延年金 女性准备金增长率 一、二套生命表	递延年金 女性准备金增长率 三套生命表	递延寿险 男性准备金下降率 一、二套生命表	递延寿险 男性准备金下降率 三套生命表	递延寿险 女性准备金下降率 一、二套生命表	递延寿险 女性准备金下降率 三套生命表	递延寿险对冲递延年金 男性准备金对冲弹性 一、二套生命表	递延寿险对冲递延年金 男性准备金对冲弹性 三套生命表	递延寿险对冲递延年金 女性准备金对冲弹性 一、二套生命表	递延寿险对冲递延年金 女性准备金对冲弹性 三套生命表
49	0.1352	0.0757	0.1334	0.1730	-0.0058	0.0060	-0.0095	-0.0020	-0.0431	0.0789	-0.0711	-0.0118
50	0.1329	0.0719	0.1317	0.1764	-0.0045	0.0054	-0.0079	-0.0020	-0.0337	0.0746	-0.0599	-0.0112
51	0.1302	0.0688	0.1295	0.1805	-0.0032	0.0047	-0.0063	-0.0020	-0.0244	0.0684	-0.0488	-0.0113
52	0.1268	0.0666	0.1267	0.1856	-0.0019	0.0040	-0.0048	-0.0022	-0.0152	0.0604	-0.0379	-0.0118
53	0.1228	0.0652	0.1232	0.1918	-0.0007	0.0033	-0.0033	-0.0025	-0.0058	0.0508	-0.0270	-0.0129
54	0.1182	0.0645	0.1189	0.1991	0.0004	0.0026	-0.0019	-0.0029	0.0037	0.0403	-0.0161	-0.0144
55	0.1129	0.0646	0.1139	0.2075	0.0015	0.0019	-0.0006	-0.0034	0.0137	0.0294	-0.0049	-0.0164
56	0.1070	0.0651	0.1080	0.2169	0.0026	0.0012	0.0007	-0.0041	0.0242	0.0188	0.0069	-0.0188
57	0.1003	0.0659	0.1013	0.2274	0.0036	0.0006	0.0020	-0.0049	0.0357	0.0090	0.0195	-0.0215
58	0.0930	0.0668	0.0936	0.2388	0.0045	0.0000	0.0031	-0.0058	0.0486	0.0003	0.0336	-0.0243
59	0.0849	0.0678	0.0848	0.2510	0.0054	-0.0005	0.0042	-0.0068	0.0635	-0.0074	0.0500	-0.0270
60	0.0761	0.0686	0.0748	0.2638	0.0062	-0.0010	0.0053	-0.0078	0.0815	-0.0139	0.0703	-0.0295
61	0.0667	0.0692	0.0636	0.2770	0.0070	-0.0014	0.0062	-0.0087	0.1043	-0.0195	0.0977	-0.0315
62	0.0567	0.0696	0.0509	0.2903	0.0076	-0.0017	0.0071	-0.0096	0.1350	-0.0245	0.1392	-0.0331
63	0.0460	0.0696	0.0537	0.3032	0.0083	-0.0020	0.0079	-0.0103	0.1799	-0.0289	0.1465	-0.0341
64	0.0348	0.0693	0.0425	0.3152	0.0088	-0.0023	0.0086	-0.0109	0.2535	-0.0332	0.2015	-0.0345

第六章 长寿风险对寿险和年金产品准备金评估的对冲效应

续表

保险期限	递延年金 男性准备金增长率 一、二套生命表	递延年金 男性准备金增长率 二、三套生命表	递延年金 女性准备金增长率 一、二套生命表	递延年金 女性准备金增长率 二、三套生命表	递延寿险 男性准备金下降率 一、二套生命表	递延寿险 男性准备金下降率 二、三套生命表	递延寿险 女性准备金下降率 一、二套生命表	递延寿险 女性准备金下降率 二、三套生命表	递延寿险对冲弹性 男性准备金对冲弹性 一、二套生命表	递延寿险对冲弹性 女性准备金对冲弹性 二、三套生命表	递延寿险对冲递延年金 女性准备金对冲弹性 一、二套生命表	递延寿险对冲递延年金 女性准备金对冲弹性 二、三套生命表
65	0.0233	0.0687	0.0309	0.3254	0.0093	-0.0026	0.0092	-0.0112	0.4000	-0.0374	0.2976	-0.0345
66	0.0115	0.0679	0.0188	0.3328	0.0097	-0.0028	0.0097	-0.0114	0.8494	-0.0416	0.5156	-0.0342
67	-0.0004	0.0670	0.0066	0.3362	0.0101	-0.0031	0.0101	-0.0113	-24.8846	-0.0459	1.5290	-0.0337
68	-0.0120	0.0658	-0.0055	0.3343	0.0103	-0.0033	0.0104	-0.0111	-0.8546	-0.0503	-1.9033	-0.0333
69	-0.0230	0.0640	-0.0169	0.3254	0.0104	-0.0035	0.0105	-0.0107	-0.4507	-0.0549	-0.6186	-0.0329
70	-0.0327	0.0614	-0.0271	0.3077	0.0103	-0.0037	0.0103	-0.0101	-0.3137	-0.0597	-0.3801	-0.0329
71	-0.0402	0.0573	-0.0351	0.2790	0.0098	-0.0037	0.0098	-0.0092	-0.2451	-0.0648	-0.2792	-0.0331
72	-0.0438	0.0507	-0.0394	0.2366	0.0089	-0.0036	0.0088	-0.0080	-0.2035	-0.0704	-0.2222	-0.0337
73	-0.0411	0.0402	-0.0376	0.1777	0.0071	-0.0031	0.0069	-0.0061	-0.1733	-0.0760	-0.1824	-0.0344
74	-0.0285	0.0241	-0.0263	0.0994	0.0041	-0.0019	0.0038	-0.0034	-0.1438	-0.0790	-0.1457	-0.0338
75	0.0000	0.0000	0.0000	0.0000	0.0000	0.0000	0.0000	0.0000				

· 219 ·

产品组合还是递延型产品组合,两种情形下整个保单有效期内女性准备金的对冲效应明显大于男性,该结论与定价的对冲效应一致。这表明,从单位产品的净对冲效果来看,保险公司面临的男性投保者的长寿风险更显著。这不同于基本养老保险体系通常面临的女性参保人群的长寿风险更显著的结论。我们认为,产生这种差异的主要原因是保险公司在产品定价和准备金评估中都已经明确区分了死亡率的性别差异。第五,无论是男性还是女性,除上述"反常"情况外,两种情形下终身型产品组合的对冲效应要明显强于递延型产品组合。为了探讨该示例中给出的结论是否具有普适性,我们有必要进行更细致的量化分析。

(二)不同投保年龄、保险期间对冲效应的对比分析

图6—1和图6—2给出了基于2.5%的评估利率假设,分别考虑一、二套生命表和二、三套生命表两种情形下,0—65岁男性和女性投保者、限期30年缴费的单位保额终身寿险与终身年金、限期30年缴费且延期30年给付的单位保额递延寿险与递延年金在整个保单有效期内责任准备金的对冲结果。

终身寿险vs终身年金(男性,i=2.5%,一、二套生命表)　　终身寿险vs终身年金(女性,i=2.5%,一、二套生命表)

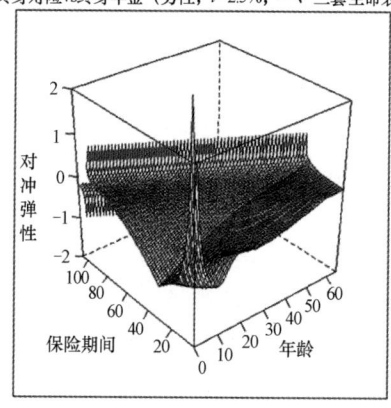

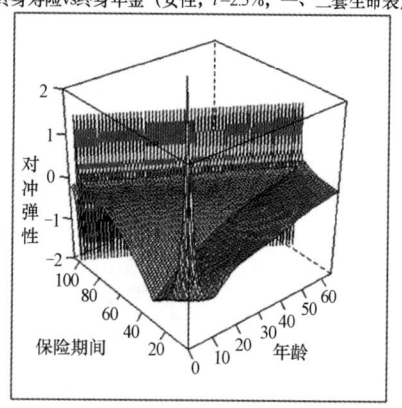

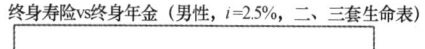

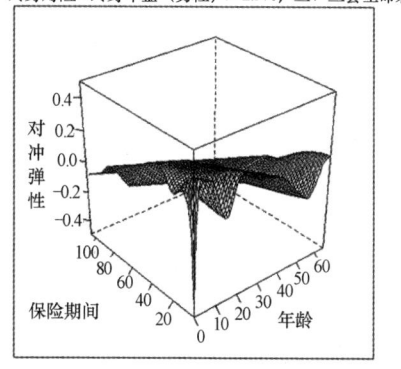

第六章 长寿风险对寿险和年金产品准备金评估的对冲效应

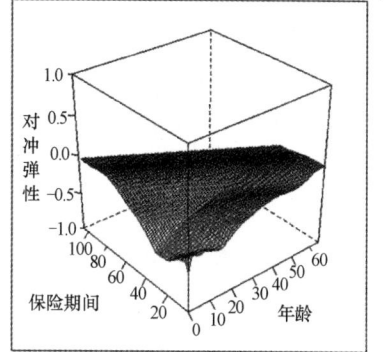

图 6—1 终身寿险与终身年金的对冲效应随投保年龄和保险期间的变化

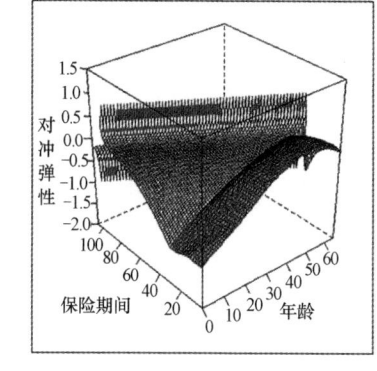

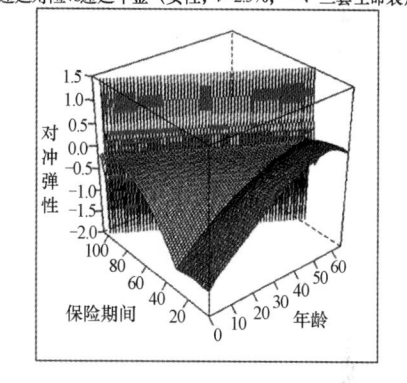

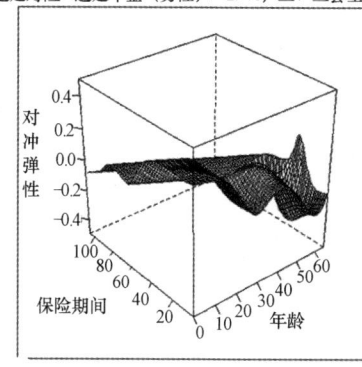

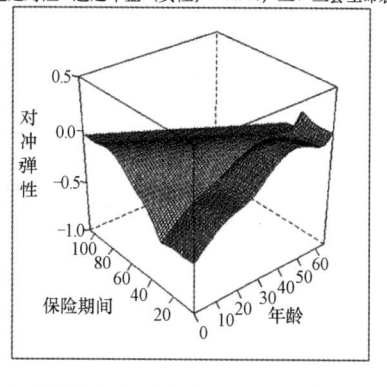

图 6—2 递延寿险与递延年金的对冲效应随投保年龄和保险期间的变化

从图6—1和图6—2中可以看出,第一,整体上看,无论是男性还是女性,两类产品组合中,二、三套生命表计算的对冲效应明显弱于一、二套生命表。第二,两类产品组合中,一、二套生命表情形下,除0岁和保单期限届满前对冲弹性会出现部分正值之外,总体上对冲弹性普遍为负,表明整个保险期限中对冲效应显著,尾部对冲效应的波动性异常明显。而二、三套生命表情形下,总体上对冲弹性普遍为负,0岁和尾部对冲效应的异常波动性明显消失,这可以佐证第三套经验生命表编制方法和修订技术的有效性和稳健性,表明近20年来随着中国寿险业参保人群死亡数据的积累,经验生命表的编制工作已日臻成熟。第三,两类产品组合中,给定投保年龄,对冲效应随保险期限的增加普遍呈现出先增后减的变化趋势;给定保险期限,对冲效应随投保年龄的增加而减弱。对保险公司来说,这意味着越接近满期的产品组合对冲效应越弱,长寿风险越显著;投保年龄越高的产品组合对冲效应越弱,长寿风险越显著。这里,需要特别说明的是,两种情形下,男性对冲效应的图形有明显变化,且二、三套生命表情形下对冲效应随保险期限、投保年龄的变化呈现增减交替模式。这种差异性有待后续进一步深入探讨。第四,对于65岁以上投保年龄,两类产品组合中对冲弹性为正的显著增多,且正值很大,此时寿险产品没有起到对冲效应,反而更放大了长寿风险。这也是保险市场通常对高龄投保者有诸多限制的原因。

(三) 对冲效应的性别差异

按照第三节给出的判断方法,图6—3进一步给出了两类产品组合的对冲效应的性别差异。

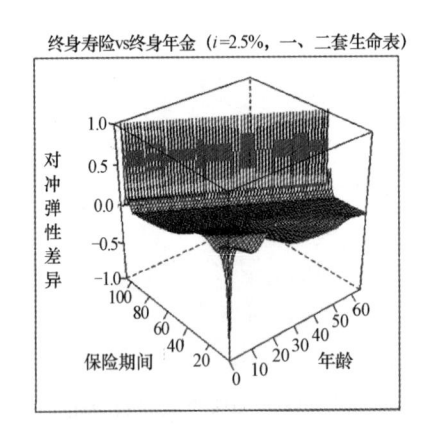

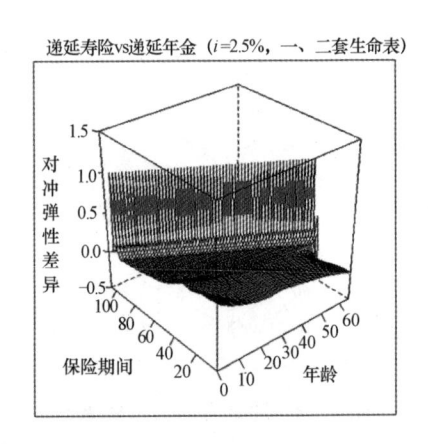

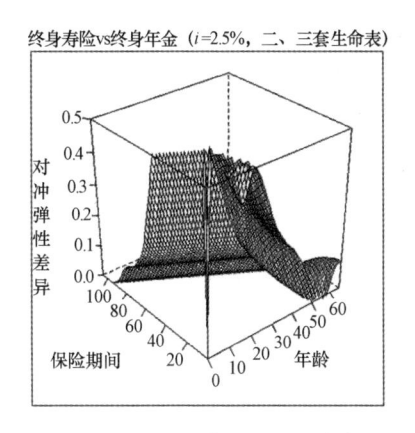

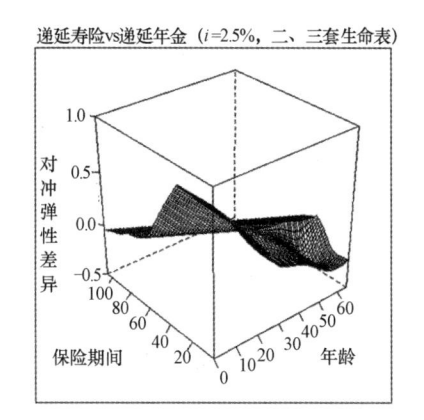

第六章　长寿风险对寿险和年金产品准备金评估的对冲效应

图6—3　两类产品组合中对冲效应的性别差异

从图6—3中可以看出，第一，两类产品组合中，整个保险期限内对冲弹性差异的取值普遍为正，表明女性的对冲效应更强。第二，一、二套生命表情形下保险期间尾部差异的波动性很大，而二、三套生命表情形下这种波动性明显消失。第三，与一、二套生命表相比，除尾部外，二、三套生命表下女性对冲效应比男性更大，表明二、三套生命表下对冲效应的性别差异明显大于一、二套生命表下的性别差异。这意味着，在实施第三套生命表之后，保险公司应更注重男性参保人群的长寿风险。

（四）利率变化对对冲效应的影响

1. 基于一、二套生命表的分析。

为了考察利率变化对对冲效应的净影响，我们分别在2.5%、3.5%和4.5%三种评估利率假设下，基于一、二套生命表对两类产品组合中20岁、30岁、40岁和50岁男性和女性投保者的对冲效应进行了比较分析，如图6—4至图6—11所示[①]。

[①] 如前所述，由于在保单期限届满前对冲效应的波动性很大，故这里仅给出从投保年龄到85岁保险期限内的对冲效应。

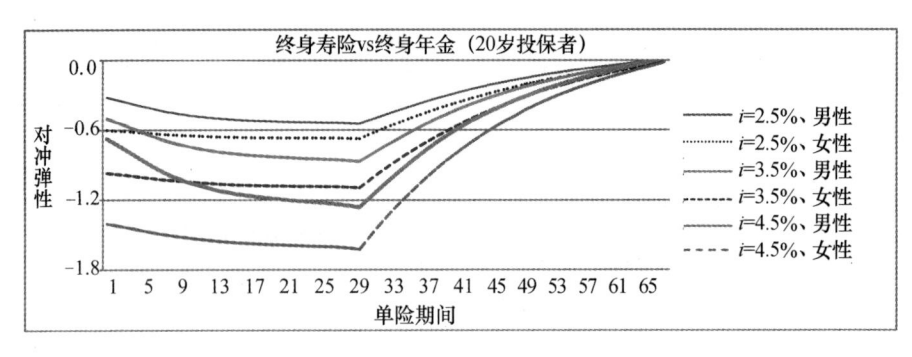

图6—4 利率变化对终身型产品组合对冲效应的影响（20岁投保者）

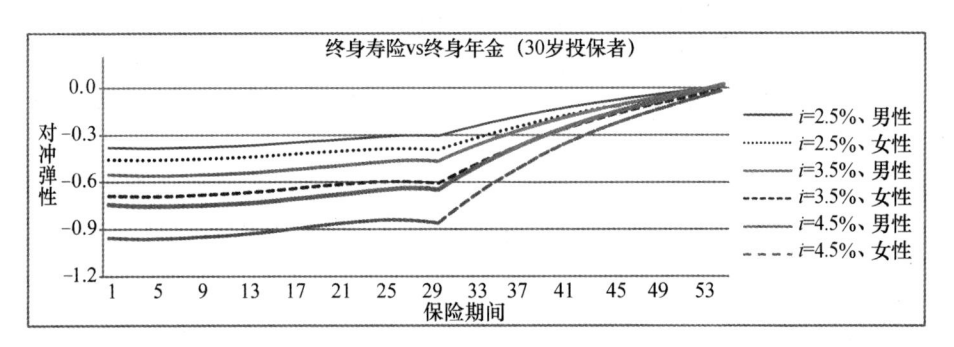

图6—5 利率变化对终身型产品组合对冲效应的影响（30岁投保者）

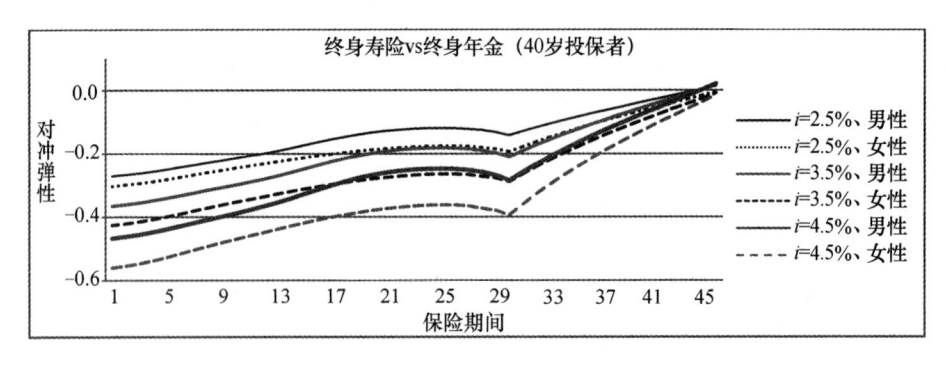

图6—6 利率变化对终身型产品组合对冲效应的影响（40岁投保者）

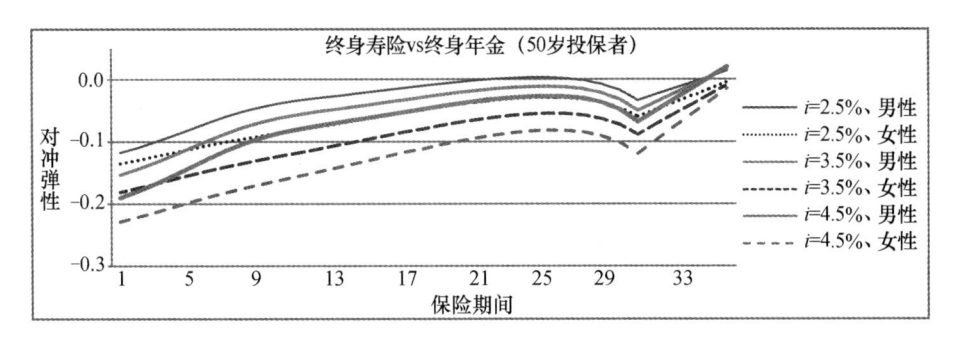

第六章　长寿风险对寿险和年金产品准备金评估的对冲效应

图6—7　利率变化对终身型产品组合对冲效应的影响（50岁投保者）

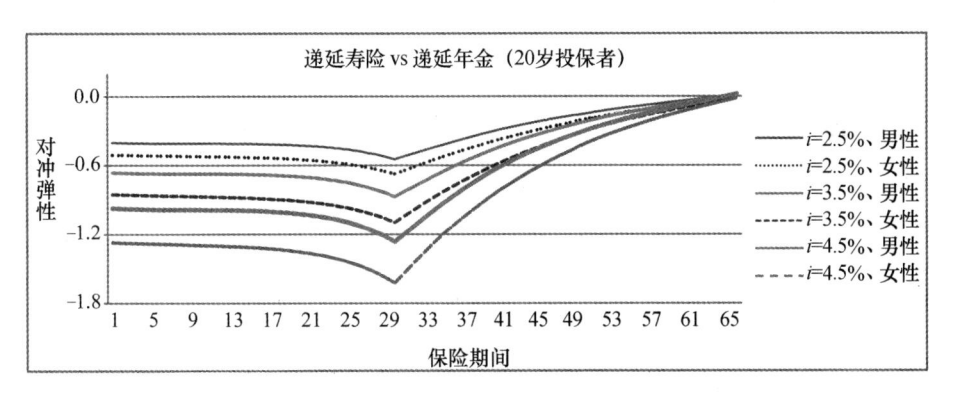

图6—8　利率变化对递延型产品组合对冲效应的影响（20岁投保者）

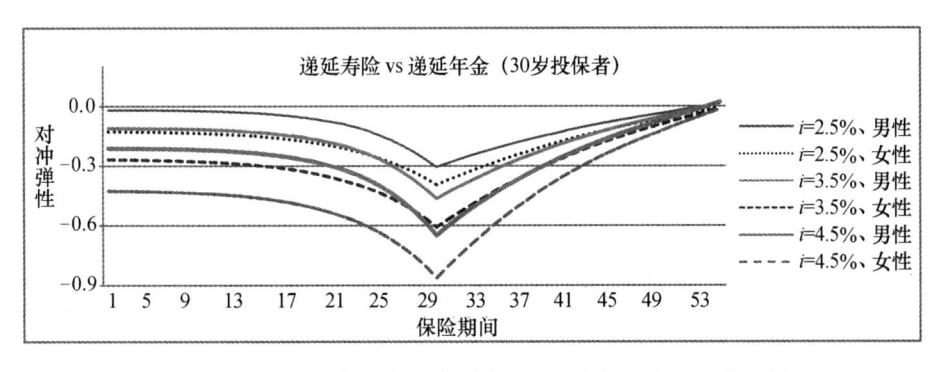

图6—9　利率变化对递延型产品组合对冲效应的影响（30岁投保者）

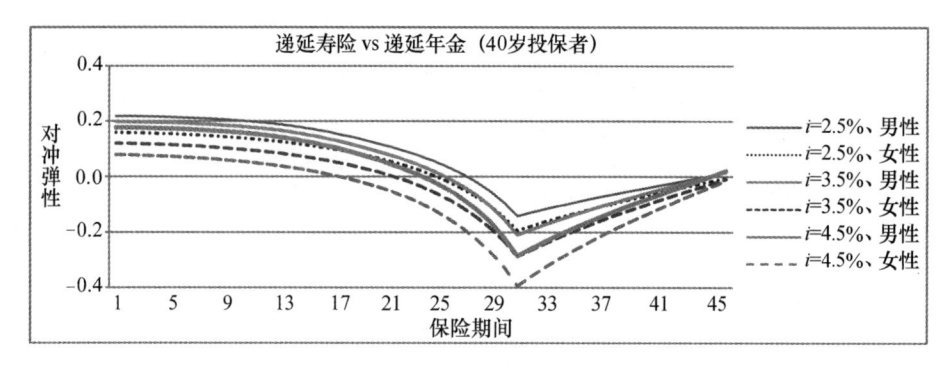

图6—10 利率变化对递延型产品组合对冲效应的影响（40岁投保者）

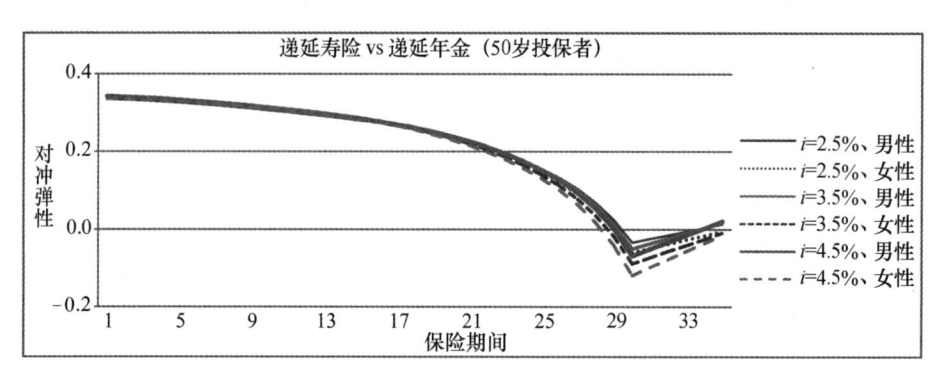

图6—11 利率变化对递延型产品组合对冲效应的影响（50岁投保者）

从图6—4至图6—11中可以看出，第一，两类产品组合中，利率越高对冲效应越强，长寿风险对保险公司的影响越小。第二，两类产品组合中，同一评估利率下女性对冲效应明显高于男性，表明从单位产品的净对冲效果来看，保险公司面临的男性投保者的长寿风险更显著。第三，两类产品组合中，男性和女性的对冲弹性随利率上升都明显下移，且女性下移幅度更大，即男性和女性对冲效应的利率弹性都为正，且女性利率弹性更大。表明女性对冲效应对利率变化更敏感，无论高利率还是低利率环境，女性对冲效应都更强。这意味着从单位产生的净对冲效果来看，保险公司面临的女性投保者的长寿风险明显低于男性。第四，四种投保年龄下，两类产品组合的对冲效应在保单期限内的变化趋势大致相同，且都会在第30年保险期限内出现拐点，这与缴费期限设定为30年紧密相关。第五，四种投保年龄下，终身寿险对终身年金的对冲效应始终为负，而40、50岁投保年龄下递延寿险对递延年金的对冲弹性在较早的保险期限明显为正，这表明终身型产品的对冲效应明显强于递延型产品。第六，两类产品组合中，对冲效应随投保年龄的增加而降低，表明年龄越高的投保人群的长寿风险越显著。与此同时，两类产品组合的对冲效应的差异性也随投保年龄的增加而降低，表明年龄越低的男性和女性投保人群的长寿风险差异性越显著，年龄越高的男性和女性投保人群的长寿风险的差异性明显降低。也就是说，实际中保险公司参保人群的性别、年龄结构的差异，会导致不同保险公司面临的长寿风险差异性显著。

2. 三套生命表的对比分析。如前所述，由于男性"反常"现象弱化了对冲效应，下面仅以女性为例，结合生命表两次修订来分析不同利率下对冲弹性的变化。图6—12和图6—13、图6—14和图6—15分别给出了2.5%、3.5%和4.5%三种评估利率假设下，30岁和40岁女性投保者购买的终身型、递延型产品组合的对冲效果。

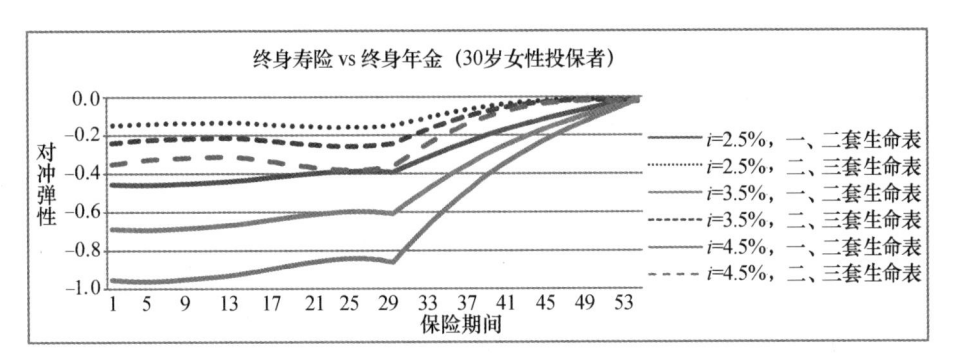

图6—12 不同生命表下利率变化对终身型产品组合对冲效应的影响
（30岁女性投保者）

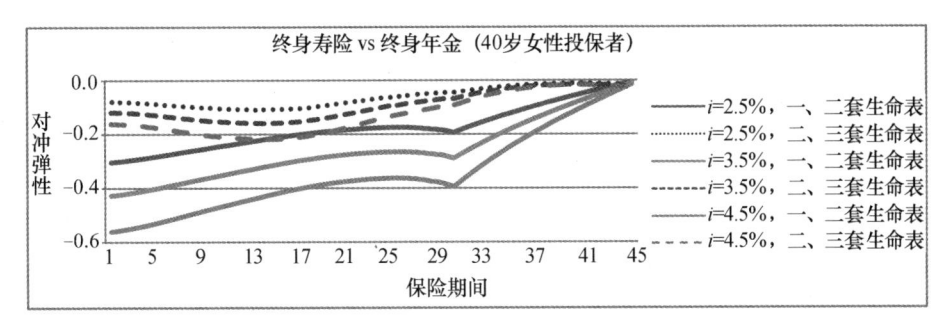

图6—13 不同生命表下利率变化对终身型产品组合对冲效应的影响
（40岁女性投保者）

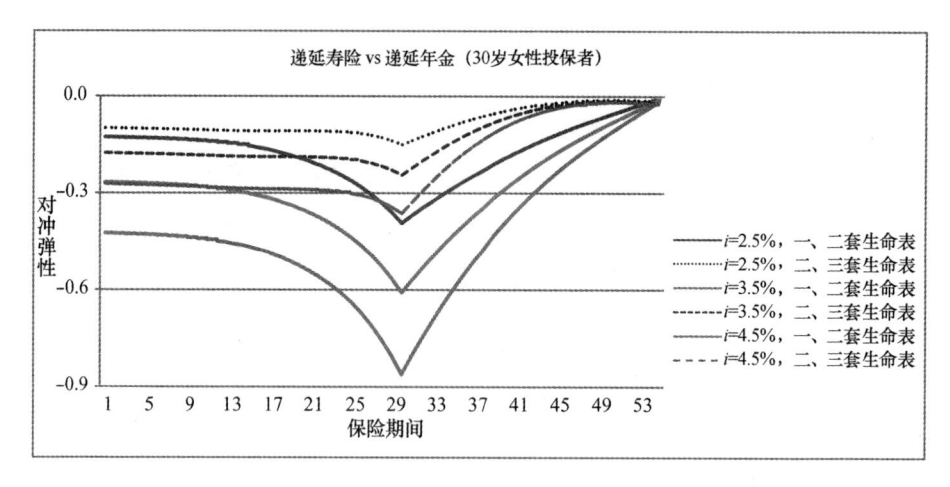

图6—14　不同生命表下利率变化对递延型产品组合对冲效应的影响
（30岁女性投保者）

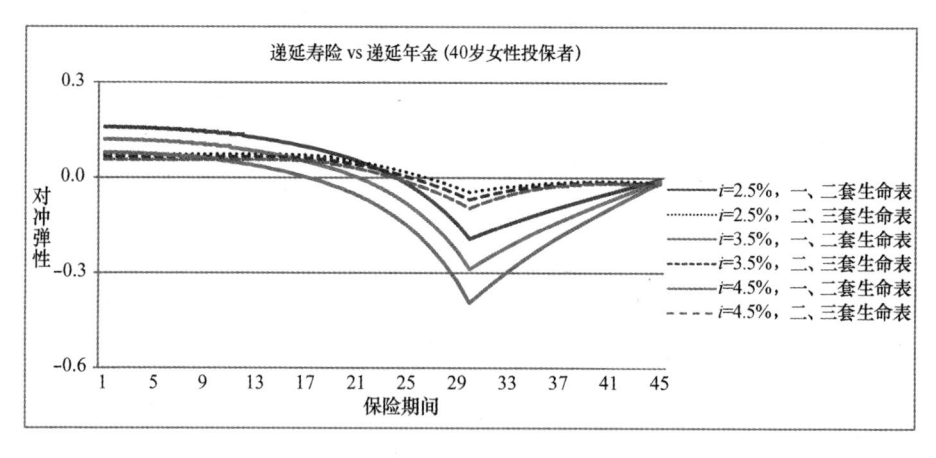

图6—15　不同生命表下利率变化对递延型产品组合对冲效应的影响
（40岁女性投保者）

从图6—12至图6—15中可以看出，第一，针对两类产品组合，三种评估利率下，二、三套生命表计算的对冲弹性明显弱于一、二套生命表计算的对冲弹性。第二，随着评估利率上升，二、三套生命表下对冲弹性的下移幅度明显低于一、二套生命表下的下移幅度。通常来说，对冲效应越弱，长寿风险越不应被忽视。下移幅度越小，对冲弹性的利率敏感性越弱。因此，在当前低利率环境下，我国寿险业在实施第三套生命表时更应

第六章　长寿风险对寿险和年金产品准备金评估的对冲效应

该重视长寿风险对公司经营的影响，逐步加强自身经验数据的积累、研究与开发，不断提高产品科学定价和审慎评估能力，改进经营管理水平。

第五节　本章小结

由于保险行业寿险和年金产品的长期性和负债经营的特点，使得责任准备金评估要比定价复杂得多。类似地，就长寿风险引发的寿险和年金产品的自然对冲问题而言，由于长寿风险对两类产品准备金评估的影响涉及整个保单生命周期，使得量化责任准备金的对冲效应也要比定价更复杂。然而，在费率市场化环境下，量化责任准备金的对冲效应对保险公司的稳健经营及监管意义更大。有鉴于此，本章结合经验生命表的两次修订，创新性地提出采用对冲弹性来量化期限缴费情况下终身寿险与终身年金、递延寿险与递延年金在整个保单生命周期中的责任准备金的对冲效应。这些研究基于性别、投保年龄、养老金业务和非养老金业务、保险期限、缴费期限、递延期限和利率假设等多维视角，对中国寿险业整个保单生命周期中承担的长寿风险进行了比较全面的量化分析。

本章的主要研究结论可以概括为以下五个方面。

第一，从两类产品组合内部的对冲结果来看，终身型产品组合的对冲效应要明显强于递延型产品组合。

第二，从对冲效应随投保年龄及在保单有效期内的演变规律来看，研究发现：除0岁外，整个保险期间对冲效应明显，对冲效应在保单期限内的变化趋势与缴费期限的设定紧密相关，且尾部对冲效应的波动性变大。对冲效应随投保年龄的增加而减弱，随保险期间增加大致呈现出先增后减的变化趋势。这意味着投保年龄越高，越接近满期的产品长寿风险越显著。

第三，从对冲效应的性别差异来看，研究发现：两类产品组合中整个保单有效期内女性准备金的对冲效应明显大于男性。通常投保年龄越小，保单有效期越早，这种差异性越显著。我们也验证了该性别差异对定价的对冲效应来说依然成立。也就是说，从单位产品组合的净对冲效果来看，保险公司面临的男性投保者的长寿风险应更显著。我们认为，产生这种差异的最重要原因在于，保险公司在产品定价和准备金评估中都已严格区分了死亡率的性别差异。这种区分使得同年龄男性和女性购买同一款寿险和年金产品的价格不同，保单有效期内保险公司每年需要提取的责任准备金也不同，通常女性寿险产品的定价和准备金都更低、年金产品的定价和准备金都更高。就聚合长寿风险的量化来说，这意味着保险公司已区分了男性和女性的比较基准。该基准可视为没有考虑未来死亡率改善情况下男性和女性产品定价和准备金评估的基准。与该基准相比，长寿风险的影响应体现为考虑未来死亡率改善后的定价和评估结果与该基准的绝对变化量和相对变化率；从而考虑对冲效应后长寿风险的净影响可采用寿险和年金产品的相对变化率的比值，即对冲弹性来衡量。从现实角度讲，同年龄男性和女性死亡率改善程度正逐步收窄，且女性未来死亡率可改善的空间不如男性，而年金产品中女性的比较基准高于男性，寿险产品中女性的比较基准又低于男性，这种双重作用最终导致了女性的对冲效应比男性更强。显然，若不区分死亡率的性别差异，即男性和女性的比较基准相同，最终的对冲结果可能会出现显著的变化。综上所述，由于保险公司在产品设计中明确细分了死亡率的性别差异，使其面临男性投保者的长寿风险往往更显著。比较而言，我国基本养老保险体系尚未明确细分死亡率的性别差异，使其面临的长寿风险与保险公司存在差异。这说明，实际中长寿风险的不同承担主体面临的长寿风险可能会存在性别差异。政府在基本养老保险体系承担的女性长寿风险往往更显著，而保险公司承担的男性长寿风险往往更显著。当然，由于现实中不同保险公司业务结构的差异性可能很大，该结论并不是唯一的，但本章的研究至少能为长寿风险的性别差异提供更清晰的认识。

第四，从对冲效应的利率弹性来看，研究发现：利率越高对冲效应越强，长寿风险对保险公司的影响越小。通常对冲效应的利率弹性为正，且女性的利率弹性更大，即女性对冲效应对利率波动更敏感。

第五，从生命表的两次修订来看，利用二、三套生命表计算的0岁和尾部对冲效应的异常波动性明显消失，这充分体现了第三套经验生命表修订技术已日趋成熟。基于二、三套生命表计算的男性和女性对冲效应都明显弱于一、二套生命表，而对冲效应的性别差异更大。特别指出，第三套生命表的非养老类业务一表中男性死亡率存在"反常"现象，大大弱化了男性的对冲效应。因此，我们认为，在实施第三套生命表之后，保险公司应更注重参保人群，尤其是男性参保人群的长寿风险。

第七章 总结与展望

第一节 研究成果总结

随着人口老龄化程度的加剧,长寿风险已成为政府、保险公司、企业和个人所面临的一种日益严重的社会风险。作为老龄社会中的重要风险之一,长寿风险专题研究是近二十年来公共养老金领域、保险公司关注的热点。目前国内外学者主要集中于长寿风险量化与管理研究,尚没有形成一套规范的、系统的、定量分析的研究成果。与国外相比,国内学者对长寿风险的理论研究还处于起步阶段,未来仍有广阔的发展前景。

有鉴于此,本书系统开展了涵盖整个生命周期的中国全年龄人口动态死亡率修匀、年龄外推和趋势预测的建模工作,完善了中国长寿风险量化的两个最基础工作,即动态死亡率建模和动态生命表的编制工作。在此基础上,使用本书构建的整个生命跨度的全年龄人口动态死亡率最优分层模型,重新诠释了我国保险公司年金产品中蕴含的长寿风险,系统量化了长寿风险对我国保险公司产品定价和责任准备金评估的影响。本书的研究可以直接应用于中国三支柱养老保险计划(基本养老保险计划、企业补充养老保险计划和个人商业养老保险计划)的长寿风险量化与管理中。

一 动态死亡率建模研究总结

总结来看,作为长寿风险量化的基础工作,在动态死亡率建模方面,本书的主要研究成果可以概括为:

第一,就模型的构建而言,本书已完成的科研工作弥补了已有高龄人口动态死亡率建模方法在年龄外推和趋势预测中存在的不足，更好地量化了人类寿命分布的尾部风险特征。在此基础上，将高龄扩展到整个生命跨度，将静态模型扩展到动态模型，将非线性模型扩展到分层模型，创新性地开展了同时涵盖低龄、高龄、超高龄在内的整个生命跨度的全年龄人口死亡率、生存分布、死亡年龄分布和平均预期寿命的动态演变规律的系统性研究，完成了基于时期的动态生命表的编制工作，全方位地拓展了已有研究成果。

第二，就模型的应用而言，揭示了中国大陆地区1994—2060年和中国台湾地区1970—2060年，以及HMD中所有国家的整个生命周期男性、女性和合计人口死亡率的动态演变规律[1]；揭示了人类寿命分布的有限上界（即极限年龄，也称最高到达年龄）的存在性问题；扩展应用于预测未来全年龄人口死亡率和生存分布、预测平均预期寿命、构造动态生命表、构造长寿风险管理工具中使用的死亡率指数等。

第三，就模型的软件实现而言，目前已经对提出的全年龄人口动态死亡率模型的修匀、年龄外推和趋势预测进行了完整的编程实现，所有算法模块化，保证了算法的灵活性和可移植性。

第四，已解决的关键科学问题包括：（1）基于极值理论的超高龄人口死亡率建模方法及软件实现。（2）基于年份、城镇乡、性别分层建模视角的中国人口死亡率的动态演变规律及软件实现。（3）各种动态死亡率预测模型在短期、中期和长期预测中的适用性问题、模型的比较与选择问题等。（4）长寿风险定量分析的统计模型与方法的检验诊断与稳健性问题。

二　长寿风险量化研究总结

在长寿风险量化研究方面，利用构建的动态死亡率最优分层模型，本书系统量化了长寿风险对我国保险公司产品定价及责任准备金评估的影响。

具体而言，在量化长寿风险对保险公司寿险和年金产品定价的影响研究中，主要研究成果可以概括为：

第一，现实中，人们普遍认为女性比男性更长寿，从而女性人群面临的

---

[1] 限于篇幅和长期预测的精度所限，本书只给出了中国台湾地区1970—2060年整个生命跨度的全年龄人口死亡率的动态演变规律。感兴趣的读者可以利用本书提出的动态死亡率建模方法进一步开展人类死亡率演变规律的国际比较研究。

长寿风险更显著。目前,国内不少学者都支持这种观点。实际上,长寿风险对产品价格的影响应为含长寿风险情况下的产品精算定价与不含长寿风险情况下的产品精算定价之差,也称为长寿风险的风险溢价,或长寿风险的市场价格。而目前国内学者大多采用含长寿风险情况下,男性和女性购买的年金产品价格的高低来衡量男性和女性人口蕴含的长寿风险。本书以三类保障型寿险业务和养老型年金业务为例,对这种观点进行了澄清。研究结果表明,从单位产品价格对冲的净效果来看,中国男性人口比女性人口蕴含的长寿风险更显著。

第二,对于同时经营保障型寿险业务和养老型年金业务的保险公司来说,理论上,在考虑对冲效应之后,男性人口面临的聚合长寿风险仍然更显著。实际上,由于各家保险公司在经营中,寿险业务使用的是非养老金业务表,年金业务使用的是养老金业务表,使得理论上这种对冲效应大打折扣。此外,由于各家保险公司的开业期限、业务结构、经营策略等各不相同,导致实际中各家保险公司面临的聚合长寿风险差异很大。保险公司可以结合自身的经营数据,采用本书提出的方法,将公司的寿险业务和年金业务进行分组,在此基础上,量化自身的长寿风险。

在量化长寿风险对保险公司寿险和年金产品责任准备金评估的影响研究中,主要研究成果可以概括为:

第一,从对冲效应随投保年龄及在保险有效期内的演变规律来看,研究发现:除0岁外,整个保险期间对冲效应明显,对冲效应在保险期限内的变化趋势与缴费期限的设定紧密相关,且尾部对冲效应的波动性变大。对冲效应随投保年龄的增加而减弱,随保险期间增加大致呈现出先增后减的变化趋势。这意味着投保年龄越高,越接近满期的产品长寿风险越显著。

第二,从对冲效应的性别差异来看,研究发现:两类产品组合中整个保单有效期内女性准备金的对冲效应明显大于男性。通常投保年龄越小,保单有效期越早,这种差异性越显著。我们也验证了该性别差异对定价的对冲效应来说依然成立。也就是说,从单位产品组合的净对冲效果来看,保险公司面临的男性投保者的长寿风险应更显著。我们认为,产生这种差异的最重要原因在于,保险公司在产品定价和准备金评估中都已严格区分了死亡率的性别差异。这种区分使得同年龄男性和女性购买同一款寿险和年金产品的价格不同,保单有效期内保险公司每年需要提取的责任准备金也不同，通常女性寿险产品的定价和准备金都更低、年金产品的定价和准备金都更高。就聚合长寿风险的量化来说，这意味着保险公司已区分了男性和女性的比较基准。该基准可视为没有考虑未来死亡率改善情况下男性和女性产品定价和准备金评估的基准。与该基准相比，长寿风险的影响应体现为考虑未来死亡率改善后的定价和评估结果与该基准的绝对变化量和相对变化率；从而考虑对冲效应后长寿风险的净影响可采用寿险和年金产品的相对变化率的比值，即对冲弹性来衡量。从现实角度讲，同年龄男性和女性死亡率改善程度正逐步收窄，且女性未来死亡率可改善的空间不如男性，而年金产品中女性的比较基准高于男性，寿险产品中女性的比较基准又低于男性，这种双重作用最终导致了女性的对冲效应比男性更强。显然，若不区分死亡率的性别差异，即男性和女性的比较基准相同，最终的对冲结果可能会出现显著的变化。综上所述，由于保险公司在产品设计中明确细分了死亡率的性别差异，使其面临男性投保者的长寿风险往往更显著。比较而言，我国基本养老保险体系尚未明确细分死亡率的性别差异，使其面临的长寿风险与保险公司存在差异。这说明，实际中长寿风险的不同承担主体面临的长寿风险可能会存在性别差异。政府在基本养老保险体系承担的女性长寿风险往往更显著，而保险公司承担的男性长寿风险往往更显著。当然，由于现实中不同保险公司业务结构的差异性可能很大，该结论并不是唯一的，但本书的研究至少能为长寿风险的性别差异提供更清晰的认识。

第三，从对冲效应的利率弹性来看，研究发现：利率越高对冲效应越强，长寿风险对保险公司的影响越小。通常对冲效应的利率弹性为正，且女性的利率弹性更大，即女性对冲效应对利率波动更敏感。

第二节 进一步的研究工作

在动态死亡率建模方面，考虑人口死亡率或健康的异质性，进一步开展健康状况多状态模型（Health Status Multiple State Model）的研究工作。作为国际上长寿风险量化基础研究的最新探索，融入健康异质性的死亡率建模方法的代表性论著如：Su 和 Sherris（2012），Liu 和 Lin（2012），

Meyricke 和 Sherris（2013），Mitchell 等（2014）探讨的多状态 Markov 老龄化模型。在整理吸收国外已有研究的基础上，未来拟初步探讨多状态模型中生存概率的估计、数据和模型校准方法，以期丰富并拓展国内死亡率建模方法的研究，并扩展探讨中国大陆地区、HMD 中 41 个国家和中国台湾地区、香港地区的超高龄男性和女性人口现状到底是一种具有规律性的"常态化"现象，还是由于统计数据质量问题导致的"反常"现象？在此基础上，进一步思考中国超高龄人口"反常"现象背后的经济学解释。最后，在高龄乃至超高龄人口死亡率的精确估计的基础上，重新估计未来中国老年人口规模，以期为中国人口老龄化进程提供更精准且更细致的认识。

在长寿风险量化研究的基础上，进一步的研究重心是老龄社会中的长寿风险管理和代内外分担研究。即扩展考虑长寿风险的两大承担主体政府和保险公司在管理和分担长寿风险中的各种工具和方法，衡量保险公司基于市场行为在代内分散长寿风险、政府基于社会养老保险计划在代际分担长寿风险中的比较优势。在此基础上，进一步探讨中国现行基本养老保险体系中长寿风险的代际间和代际内的再分配效应，并通过构建最优代际分担的经济学模型，来探讨实际中长寿风险最优代际分担的可行模式。具体研究工作可以概括为：

一　不同主体管理长寿风险的工具和方法

通常，我们将政府、保险公司、企业和个人作为长寿风险的四大主要承担主体。在我国，政府承担着基本养老保险中的聚合长寿风险，保险公司承担着年金投保人群的聚合长寿风险。为了能更好地比较不同主体管理长寿风险的工具和方法的优势和劣势，以及在我国当前实施中的可行性，我们将紧密跟随国际长寿风险管理理论研究与实践经验的最新进展，初步开展保险公司和政府两大承担主体管理长寿风险的各种可行方法。具体来说，这部分未来拟开展的研究内容主要包括：

1. 保险公司管理长寿风险的工具和方法。

保险公司管理长寿风险的传统工具和方法主要包括资产负债管理（ALM）、产品设计、核保、自然对冲和再保险。由于长寿风险包含了一种系统性的死亡率改善风险，传统基于大数法则的风险管理工具很难对其进行有效的管理，不少学者逐渐开始寻求通过成熟的资本市场来转移长寿风险。目前长寿风险证券化已成为新的研究热点。自2005年2月18日伦敦卡斯商学院举办的第一届长寿风险与资本市场解决方案国际会议以来，该国际会议已成功举办15届。其中，2007年第三届和2013年第九届会议分别在中国台湾和北京中央财经大学举办。2020年第十六届会议将在新加坡南洋理工大学商学院举办。

在仔细研读并及时跟进国际最新动态的基础上，基于分散风险视角，我们创新性地将保险公司管理长寿风险的方法分解为自留风险和转移风险两大类。具体来说，未来拟开展：

（1）经验生命表和动态死亡率模型下寿险公司年金产品的定价和准备金风险分析。在比较研究中，细分保单类型、性别、投保年龄、保险期限、缴费年限、递延期间、考虑预定利率或随机利率等。

（2）在动态死亡率建模框架下，开展Wang转换和Sharpe比率两种方法度量长寿风险的风险溢价的比较研究。

（3）附保证变额年金、长期护理保险等共担风险型创新产品设计与比较。

（4）从定性和定量两个层次全面分析与比较自然对冲、再保险、动态对冲、长寿债券及其他幸存者衍生工具的理论研究及实践效果。

（5）针对长寿风险及相关证券化产品的定价，探讨风险中性（Risk-Neutral）和概率分布扭曲（Distortion of Distribution）两种定价方法的优缺点及适用范围。

（6）结合我国保险公司现状，比较各种工具和方法的适用性。在我国，由于资本市场尚不完善，金融衍生工具的品种相对较少，很难在短期内寻求长寿风险的资本市场解决方案。因此，我们认为，理解、限制和有效管理长寿风险的保险公司的一个最主要的方式在于产品开发过程。国际精算师协会定义了长寿风险的四个组成部分，即水平、趋势、波动性和灾难性。这四个部分可以进一步细分为两大类，即系统性风险（包括水平和趋势两方面）和非系统性风险（即特定风险，包括波动性和灾难性两方面）。为了确保保险公司能够有效地管理长寿风险，精算师必须首先了解当前可获得的量化和管理长寿风险的方法。只有这样，他们才能在识别和创造更多的、更有效的应对长寿风险的风险管理技术中发挥积极作用。也就是说，目前我国保险公司更应注重改进年金产品的精算定价和评估技术。

2. 政府管理长寿风险的探索研究。

通常来说，各国社会养老保险都具有收入再分配功能。即在公共养老保险制度下，可以通过调整养老保险的缴费率或养老金计发办法来影响参保人一生中的养老金纯收益，从而实现代际间（Intergenerational）和代际内（Intragenerational）的收入再分配效应。随着人口老龄化进程的加剧，各国政府在社会养老保险计划中都承担着日益显著的长寿风险。显然长寿风险会加大再分配效应，尤其会拉大代际间的再分配效应，甚至可能导致严重的代际不公平问题。为此，各国政府也应在合理量化长寿风险对公共养老金负债及财务可持续性影响的基础上，积极探索管理长寿风险的方法。

目前，这方面的国内外研究较少，且对于政府来说，研究长寿风险的管理与分担机制密不可分。有鉴于此，我们未来将该内容合并到下一部分进行研究。

二 长寿风险的代内分散和代际分担

在量化和管理长寿风险的基础上，未来将关注于长寿风险的分担方法和机制。实际上，长寿风险的管理和分担紧密相连。对此，我们的主要观点是，保险公司管理长寿风险的方法属于市场行为下分散风险的解决方案，完善的金融市场可以跨当代人群、跨期、跨地区甚至跨国分散风险，但不能跨出生和未出生的子孙后代，其比较优势在于代内风险分散；政府具有跨代分散风险的独特能力，如果每代人暴露的聚合风险不同，那么政府可以使用财政政策（如社会保险计划、税收、转移支付、公共债务等）来跨代分散风险，其在社会养老保险计划中的比较优势在于代际风险分担。这两种分散风险的方式相辅相成，应发挥各自的优势，互相配合、共同发展。

为此，未来将重点探讨政府管理和代际分担长寿风险的方法。结合中国政府承担基本养老保险体系中社会统筹账户的长寿风险这一现状，拟开展的研究内容主要包括：

1. 考虑中国基本养老保险中长寿风险的代际分担和再分配效应。

目前，国际上已有很多学者研究了社会保障体系的代际风险分担问题，经典文献见：Enders（1982），Gordon（1988），Jermann（1999），Demange（2002），Ball 和 Mankiw（2007），Gollier（2008），Beetsma 和 Bovenberg（2009），Beetsma 等（2013）等。但这些文献更多关注于社会保障基金及其投资回报率导致的不确定性如何在代际间进行分担，尚没有考虑长寿风险的影响。通过检索国内外近期研究文献，发现考虑长寿风险的代际再分配和风险分担的一篇较新文献是 Andersen（2014）。在国内，不少学者探讨了中国城镇养老保险制度改革的收入分配效应，经典文献如：封进（2004），何立新（2007），彭浩然和申曙光（2007），何立新和佐藤宏（2008），王晓军和康博威（2009）。然而遗憾的是，这些文献也都未涉及长寿风险的代际再分配问题。我们在整理吸收这些文献的研究思路和方法的基础上，未来将扩展探讨中国基本养老保险体系中的长寿风险的代际分担和再分配效应。

2. 基于代际风险分担的权衡理论，构建经济学模型探讨长寿风险的最优代际分担。

未来拟考虑的理论模型是世代交叠模型（Overlapping Generations Model，OLG）。在模型的设计中，采取合适的限制条件克服政府可能将更多风险转移到子孙后代的潜在政治动机，并考虑其他权衡政治经济方法的限制因素等。

3. 我国基本养老保险个人账户未来考虑长寿风险的初步探索。

目前我国基本养老保险个人账户采用的是按规定的计发系数计算养老金待遇，而不是按考虑长寿风险和养老金指数化增长的年金系数计算养老金待遇。未来将结合国外学者关于年金化带来的个人和社会福利收益的理论研究，以及各国政府在注重年金政策、鼓励年金市场发展中的实践经验，借鉴商业保险公司年金产品的给付办法，探索个人账户中考虑长寿风险后的计发可行性及方案。

综上所述，长寿风险量化管理与代际分担专题研究具有交叉学科研究特点，需要综合应用人口学、保险精算学、统计学、金融学、定量风险管理的理论与方法来开展系统性的研究工作。随着非金融风险的随机建模技术的发展，结合更好的参保人群数据的积累将有助于获得更有效的应对长寿风险量化、管理与分担的解决方案。本书及后续研究可以作为中国长寿风险管理的基础研究，将为进一步识别和量化长寿风险、年金产品的开发、社会保障体系的完善等提供重要的参考价值。结合这些研究，使用各种不同的风险计量方法,并通过设计定量分析矩阵来构建中国长寿风险的定量评估与分担体系,将是中国长寿风险未来的研究重点和发展方向。

我们希望这些探索研究可以为中国长寿风险定量评估与分担体系的构建提供理论和技术支撑,为老龄社会中相关公共政策的制定提供更精准且更科学的理论依据,为基于市场行为和政府干预的长寿风险管理与分担方法在中国的有效实施提供政策建议,为我国政府在社会保障中的合理的公共政策目标选择提供建议,也有望为我国政府深化养老金改革提供技术参考,进一步为现阶段养老保险并轨、养老金待遇确定及调整机制提供对策。

参考文献

艾蔚：《基于金融衍生工具视角的长寿风险管理》，《保险研究》2011年第3期。

白重恩、李宏彬、吴斌珍：《医疗保险与消费：来自新型农村合作医疗的证据》，《经济研究》2012年第2期。

陈秉正、祝伟：《长寿风险管理研究综述》，《北大赛瑟（CCISSR）论坛》2008年。

陈华帅、曾毅：《"新农保"使谁受益：老人还是子女？》，《经济研究》2013年第8期。

陈沁、宋铮：《城市化将如何应对老龄化？——从中国城乡人口流动到养老基金平衡的视角》，《金融研究》2013年第6期。

程令国、张晔：《"新农合"：经济绩效还是健康绩效？》，《经济研究》2012年第1期。

程令国、张晔、刘志彪：《"新农保"改变了中国农村居民的养老模式吗？》，《经济研究》2013年第8期。

段白鸽：《我国全年龄段人口平均预期寿命的动态演变》，《人口与经济》2015a年第1期。

段白鸽：《动态死亡率建模与长寿风险量化研究评述》，《保险研究》2015b年第4期。

段白鸽：《长寿风险对寿险和年金产品定价的对冲效应研究》，《保险研究》2019年第4期。

段白鸽、栾杰：《长寿风险对寿险和年金产品准备金评估的对冲效应研究——基于中国人身保险业经验生命表两次修订视角》，《保险研究》2017年第4期。

段白鸽、石磊：《中国高龄人口死亡率的动态演变——基于年份、城镇乡、性别的分层建模视角》,《人口研究》2015a 年第 4 期。
段白鸽、石磊:《我国高龄人口死亡率减速:偏差还是事实》,《统计研究》2015b 年第 9 期。
段白鸽、孙佳美:《极值理论在高龄死亡率建模中的应用》,《数量经济技术经济研究》2012 年第 7 期。
段白鸽、张连增:《分层模型在非寿险精算学中的应用研究评述》,《统计研究》2013 年第 5 期。
封进:《中国养老保险体系改革的福利经济学分析》,《经济研究》2004 年第 2 期。
封进、李珍珍:《中国农村医疗保障制度的补偿模式研究》,《经济研究》2009 年第 4 期。
封进、刘芳、陈沁:《新型农村合作医疗对县村两级医疗价格的影响》,《经济研究》2010 年第 11 期。
高全胜、伍旭、王赛:《人口寿命指数:指数构造及其长寿风险管理应用流程》,《保险研究》2011 年第 12 期。
郭凯明、龚六堂:《社会保障、家庭养老与经济增长》,《金融研究》2012 年第 1 期。
韩猛、王晓军:《Lee – Carter 模型在中国城市人口死亡率预测中的应用与改进》,《保险研究》2010 年第 10 期。
韩猛、王晓军:《个人年金产品中蕴含的长寿风险研究》,《保险研究》2013b 年第 6 期。
何立新:《中国城镇养老保险制度改革的收入分配效应》,《经济研究》2007 年第 3 期。
何立新、封进、佐藤宏:《养老保险改革对家庭储蓄率的影响:中国的经验证据》,《经济研究》2008 年第 10 期。
何立新、佐藤宏:《不同视角下的中国城镇社会保障制度与收入再分配——基于年度收入和终生收入的经验分析》,《世界经济文汇》2008 年第 5 期。
黄枫、吴纯杰:《基于专业概率模型的老年人长期护理需求预测分析》,《经济研究增刊》2012 年第 2 期。
黄顺林、王晓军:《基于 VaR 方法的长寿风险自然对冲模型》,《统计与信息论坛》2011 年第 2 期。

黄晓艳、刘昆、唐迎凌：《寿险公司死亡率风险免疫理论研究》，《保险研究》2007年第6期。

金博轶：《动态死亡率建模与年金产品长寿风险的度量——基于有限数据条件下的贝叶斯方法》，《数量经济技术经济研究》2012年第12期。

金博轶：《随机利率条件下保险公司长寿风险自然对冲策略研究》，《保险研究》2013年第5期。

李冰清、冯昕、沈圆江：《寿险公司死亡率风险管理研究》，《保险研究》2007年第6期。

李志生、刘恒甲：《Lee-Carter死亡率模型的估计与应用——基于中国人口数据的分析》，《中国人口科学》2010年第3期。

刘国恩、蔡春光、李林：《中国老人医疗保障与医疗服务需求的实证分析》，《经济研究》2011年第3期。

刘宏、高松、王俊：《养老模式对健康的影响》，《经济研究》2011年第4期。

刘生龙、胡鞍钢、郎晓娟：《预期寿命与中国家庭储蓄》，《经济研究》2012年第8期。

马骏、张晓蓉、李治国等主编：《中国国家资产负债表研究》，社会科学文献出版社2012年版。

马双、张劼：《新型农村合作医疗保险与居民营养结构的改善》，《经济研究》2011年第5期。

潘杰、雷晓燕、刘国恩：《医疗保险促进健康吗？——基于中国城镇居民基本医疗保险的实证分析》，《经济研究》2013年第4期。

潘锦棠：《养老社会保险制度中的性别利益——兼评关于男女退休年龄的讨论》，《中国社会科学》2002年第2期。

彭浩然、申曙光：《改革前后我国养老保险制度的收入再分配效应比较研究》，《统计研究》2007年第2期。

曲兆鹏、赵忠：《老龄化对中国农村消费和收入不平等的影响》，《经济研究》2008年第12期。

孙佳美、段白鸽：《Bootstrap方法在死亡模型中的应用》，《统计研究》2010年第6期。

孙佳美、郭利涛：《基于C-K模型及其改进的高高龄人口死亡率模型研究》，《统计与决策》2012年第19期。

孙佳美、刘志鹏：《动态死亡率下寿险公司的准备金风险分析》，《保险研究》2014年第9期。

孙佳美、许素英：《参数Bootstrap方法在全年龄人口死亡模型中的应用》，《保险研究》2012年第7期。

天雪原：《论人口年龄构成变动和人口规划方案的选择》，《中国社会科学》1984年第2期。

田梦、邓颖璐：《中国随机死亡率的长寿风险建模和衍生品定价》，《保险研究》2013年第1期。

田阡：《人口老龄化与日本公共管理创新》，《管理世界》2012年第5期。

汪伟：《人口老龄化、养老保险制度改革与中国经济增长——理论分析与数值模拟》，《金融研究》2012年第10期。

王建平、涂肇庆：《香港人口死亡率演变及其未来发展》，《人口研究》2003年第5期。

王俊、龚强：《医疗卫生改革政策、老龄健康福利影响与跨学科研究——"中国医疗改革与老年健康、福利跨学科研究"研讨会综述》，《经济研究》2011年第6期。

王俊、龚强、王威：《"老龄健康"的经济学研究》，《经济研究》2012年第1期。

王琳：《中国老年人口高龄化趋势及原因的国际比较分析》，《人口与经济》2004年第1期。

王晓军：《中国基本养老保险的十大"迷思"》，《保险研究》2013年第11期。

王晓军、黄顺林：《中国人口死亡率随机预测模型的比较与选择》，《人口与经济》2011年第1期。

王晓军、康博威：《我国社会养老保险制度的收入再分配效应分析》，《统计研究》2009年第11期。

王晓军、米海杰：《中国人口死亡率改善水平比较分析》，《统计研究》2013a年第2期。

王晓军、米海杰：《澄清对养老金替代率的误解》，《统计研究》2013b年第11期。

王志宝、孙铁山、李国平：《近20年来中国人口老龄化的区域差异及其演化》，《人口研究》2013年第1期。

魏华林、宋平凡：《随机利率下的长寿风险自然对冲研究》，《保险研究》2014年第3期。

谢安：《改革现行养老保险体制应对人口老龄化》，《管理世界》2005年第4期。

谢漫锜、王晓军：《中国人口死亡率改善及其对寿险准备金评估的影响》，《湖南人文科技学院学报》2013年第1期。

徐舒、赵绍阳：《养老金"双轨制"对城镇居民生命周期消费差距的影响》，《经济研究》2013年第1期。

杨长汉：《构建中国养老金指数》，《管理世界》2012年第6期。

杨俊、龚六堂：《国有资本收入对养老保险的划拨率研究》，《金融研究》2008年第11期。

曾燕、曾庆邹、康志林：《基于价格调整的长寿风险自然对冲策略》，《中国管理科学》2015年第12期。

曾毅、金沃泊：《中国高龄死亡模式及其与瑞典、日本的比较分析》，《人口与经济》2004年第3期。

张连增、段白鸽：《广义线性模型在生命表死亡率修匀中的应用》，《人口研究》2012年第3期。

张迎斌、刘志新、柏满迎、罗淇耀：《中国社会基本养老保险的均衡体系与最优替代率研究——基于跨期叠代模型的实证分析》，《金融研究》2013年第1期。

赵绍阳、臧文斌、傅十和、刘国恩：《强制医保制度下无保险人群的健康状况研究》，《经济研究》2013年第7期。

赵子乐、黄少安：《二元社会养老保障体系下的转移支付》，《金融研究》2013年第2期。

中国社会科学院经济研究所社会保障课题组：《多轨制社会养老保障体系的转型路径》，《经济研究》2013年第12期。

祝伟：《个人年金产品蕴含的长寿风险分析》，《保险研究》2008年第3期。

祝伟、陈秉正：《动态死亡率下个人年金的长寿风险分析》，《保险研究》2012年第2期。

Aarssen K. and de Haan L., "On the Maximal Life Span of Humans", *Mathematical Population Studies*, Vol. 4, No. 4, 1994.

Andersen T. M. , "Intergenerational Redistribution and Risk Sharing with Changing Longevity", *Journal of Economics*, Vol. 111, No. 1, 2014.

Balkema A. A. and de Haan L. , "Residual Life Times at Great Age", *Annals of Probability*, Vol. 2, No. 6, 1974.

Ball L. and Mankiw N. G. , "Intergenerational Risk Sharing in the Spirit of Arrow, Debreu, and Rawls, with Applications to Social Security Design", *Journal of Political Economy*, Vol. 115, No. 4, 2007.

Beard R. E. , "A Theory of Mortality Based on Actuarial, Biological, and Medical Considerations", in Proceedings of International Population Conference, New York, 1963.

Beetsma R. M. W. J. and Bovenberg A. L. , "Pensions and Intergenerational Risk-sharing in General Equilibrium", *Economica*, Vol. 76, No. 302, 2009.

Beetsma R. M. W. J. , Romp W. E. and Vos S. J. , "Intergenerational Risk Sharing, Pensions, and Endogenous Labour Supply in General Equilibrium", *Scandinavian Journal of Economics*, Vol. 115, No. 1, 2013.

Benjamin J. and Soliman A. S. , eds. , *Mortality on the Move*, Oxford: Actuarial Education Service, 1993.

Biffis E. , "Affine Processes for Dynamic Mortality and Actuarial Valuations", *Insurance: Mathematics and Economics*, Vol. 37, No. 3, 2005.

Biffis E. and Blake D. , "Mortality-linked Securities and Derivatives", Discussion Monograph PI – 0839, The Pensions Institute, Cass Business School, 2009, www. pension-institute. org.

Blake D. and Burrows W. , "Survivor Bonds: Helping to Hedge Mortality Risk", *Journal of Risk and Insurance*, Vol. 68, No. 2, 2001.

Booth H. , "Demographic Forecasting: 1980 to 2005 in Review", *International Journal of Forecasting*, 2006, Vol. 22, No. 3, 2006.

Brouhns N. , Denuit M. and Van Keilegom I. , "Bootstrapping the Poisson Log-bilinear Model for Mortality Forecasting", *Scandinavian Actuarial Journal*, Vol. 2005, No. 3, 2005.

Brouhns N. , Denuit M. and Vermunt J. K. , "A Poisson Log-bilinear Regression Approach to the Construction of Projected Life Tables", *Insurance: Math-*

ematics and Economics, Vol. 31, No. 3, 2002a.

Brouhns N., Denuit M. and Vermunt J. K., "Measuring the Longevity Risk in Mortality Projections", *Bulletin of the Swiss Association of Actuaries*, Vol. 2, No. 1, 2002b.

Brown J. R., Mitchell O. S. and Poterba J. M., "Mortality Risk, Inflation Risk and Annuity Products", National Bureaus of Economic Research, working monograph 7812, 2000.

Brown J. R. and Orszag P. R., "The Political Economy of Government-issued Longevity Bonds", *Journal of Risk and Insurance*, Vol. 73, No. 4, 2006.

Cairns A. J. G., Blake D. and Dowd K., "A Two-factor Model for Stochastic Mortality with Parameter Uncertainty: Theory and Calibration", *Journal of Risk and Insurance*, Vol. 73, No. 4, 2006a.

Cairns A. J. G., Blake D. and Dowd K., "Pricing Death: Frameworks for the Valuation and Securitization of Mortality Risk", *Astin Bulletin*, Vol. 36, No. 1, 2006b.

Cairns A. J. G., Blake D. and Dowd K., "Modelling and Management of Mortality Risk: A Review", *Scandinavian Actuarial Journal*, Vol. 2008, No. 2-3, 2008.

Cairns A. J. G., Blake D., Dowd K., Coughlan G. D., Epstein D., Ong A. and Balevich I., "A Quantitative Comparison of Stochastic Mortality Models Using Data from England and Wales and the United States", *North American Actuarial Journal*, Vol. 13, No. 1, 2009.

Carriere J. F., "Parametric Models for Life Tables", *Transactions of the Society of Actuaries*, Vol. 44, No. 1, 1992.

Coale A. and Kisker E., "Defects in Data on Old-age Mortality in the United States: New Procedures for Calculating Mortality Schedules and Life Tables at the Highest Ages", *Asian and Pacific Population Forum*, Vol. 4, No. 1, 1990.

Coles S. ed., *An Introduction to Statistical Modeling of Extreme Values*, London: Springer, 2001.

Cossette H., Delwarde A., Denuit M., Guillot F. and Marceau E., "Pension Plan Valuation and Mortality Projection: A Case Study with Mortality Data", *North American Actuarial Journal*, Vol. 11, No. 2, 2007.

Currie I. D. , "Smoothing and Forecasting Mortality Rates with P-splines", Technical Report, Institute of Actuaries, 2006.

Curtsinger J. W. , Fukui H. , Townsend D. R. and Vaupel J. W. , "Demography of Genotypes: Failure of the Limited Life-span Paradigm in Drosophila Melanogaster", *Science*, Vol. 258, No. 5081, 1992.

Dahl M. , "Stochastic Mortality in Life Insurance: Market Reserves and Mortality-linked Insurance Contracts", *Insurance: Mathematics and Economics*, Vol. 35, No. 1, 2004.

Dahl M. and Møller T. , "Valuation and Hedging of Life Insurance Liabilities with Systematic Mortality Risk", *Insurance: Mathematics and Economics*, Vol. 39, No. 2, 2006.

Delwarde A. , Denuit M. and Eilers P. , "Smoothing the Lee – Carter and Poisson Log-bilinear Models for Mortality Forecasting: A Penalized Log-Likelihood Approach", *Statistical Modelling*, Vol. 7, No. 1, 2007a.

Delwarde A. , Denuit M. and Partrat C. , "Negative Binomial Version of the Lee – Carter Model for Mortality Forecasting", *Applied Stochastic Models and Data Analysis*, Vol. 23, No. 5, 2007b.

Demange G. , "On Optimality in Intergenerational Risk Sharing", *Economic Theory*, Vol. 20, No. 1, 2002.

Dowd K. , Blake D. , Cairns A. J. and Dawson P. , "Survivor Swaps", *Journal of Risk and Insurance*, Vol. 73, No. 1, 2006.

Enders W. and Lapan H. E. , "Social Security Taxation and Intergenerational Risk Sharing", *International Economic Review*, Vol. 23, No. 3, 1982.

Felipe A. , Grillen M. and Perez-Marin A. M. , "Recent Mortality Trends in the Spanish Population", *British Actuarial Journal*, Vol. 8, No. 4, 2002.

Friedman B. M. and Warshawsky M. , "Annuity Prices and Savings Behavior in the United States", National Bureaus of Economic Research, Working Monograph Series, No. 1683, 1988.

Galambos J. and Macri N. , "The Life Length of Humans Does not Have a Limit", *Journal of Applied Statistical Science*, Vol. 9, No. 4, 2000.

Gavrilov L. A. and Gavrilova N. S. , eds. , *The Biology of Life Span: A Quantitative Approach*, New York: Harwood Academic, 1991.

Gavrilov L. A. and Gavrilova N. S., "Mortality Measurement at Advanced Ages: A Study of the Social Security Administration Death Master File", *North American Actuarial Journal*, Vol. 15, No. 3, 2011.

Gehan E. A., "Estimating Survival Functions from Life Table", *Journal of Chronic Diseases*, Vol. 21, No. 9 – 10, 1969.

Gehan E. A. and Siddiqui M. M., "Simple Regression Methods for Survival Time Studies", *Journal of the American Statistical Association*, Vol. 68, No. 344, 1973.

Girosi F. and King G., eds., *Demographic Forecasting*, New Jersey: Princeton University Press, 2008.

Gollier C., "Intergenerational Risk-sharing and Risk-taking of a Pension Fund", *Journal of Public Economics*, Vol. 92, No. 5 – 6, 2008.

Gompertz B., "On the Nature of the Function Expressive of the Law of Human Mortality", *Philosophical Transactions of the Royal Society*, Vol. 115, No. 5, 1825.

Gordon R. H. and Varian H. R., "Intergenerational Risk Sharing", *Journal of Public Economics*, Vol. 37, No. 2, 1988.

Haberman S. and Renshaw A. E., "Generalized Linear Models and Actuarial Science", *Journal of the Royal Statistical Society*, Vol. 45, No. 4, 1996.

Haberman S. and Renshaw A. E., "On Age-period-cohort Parametric Mortality Rate Projections", *Insurance: Mathematics and Economics*, Vol. 45, No. 2, 2009.

Hári N., De Waegenaere A., Melenberg B. and Nijman T. E., "Longevity Risk in Portfolios of Pension Annuities", *Insurance: Mathematics and Economics*, Vol. 42, No. 2, 2008.

Heligman L. and Pollard J. H., "The Age Pattern of Mortality", *Journal of the Institute of Actuaries*, Vol. 107, No. 1, 1980.

Himes C. L., Preston S. H. and Condran G. A., "A Relational Model of Mortality at Older Ages in Low Mortality Countries", *Population Studies*, Vol. 48, No. 2, 1994.

Holzmann R. and Palmer E., eds., *Pension Reform: Issues and Prospects for Non-Financial Defined Contribution (NDC) Schemes*, Washington: The World Bank, 2006.

Jermann U. J. , "Social Security and Institution for Intergenerational, Intragenerational, and International Risk-sharing: A Comment", *Carnegie-Rochester Conference Series on Public Policy*, Vol. 50, No. 2, 1999.

Kannisto V. , "Presentation at a Workshop on Old-age Mortality", Technical Report, Odense University, 1992.

Kannisto V. , Lauritsen J. , Thatcher A. R. and Vaupel J. W. , "Reductions in Mortality at Advanced Ages: Several Decades of Evidence from 27 Countries", *Population and Development Review*, Vol. 20, No. 4, 1994.

Kathryn A. W. , Debbie J. D. and Bruce L. J. , "An Extreme Value Analysis of Advanced Age Mortality Data", *North American Actuarial Journal*, Vol. 10, No. 4, 2006.

Kéry M. and Schaub M. , eds. , *Bayesian Population Analysis Using WinBUGS: A Hierarchical Perspective*, New York: Academic Press, 2012.

Khalaf-Allah M. , Haberman S. and Verrall R. , "Measuring the Effect of Mortality Improvements on the Cost of Annuities", *Insurance: Mathematics and Economics*, Vol. 39, No. 2, 2006.

Kimball A. W. , "Estimation of Mortality Intensities in Animal Experiments", *Biometrics*, Vol. 16, No. 4, 1960.

Klein J. P. and Moesberger M. L. , eds. , *Survival Analysis Techniques for Censored and Truncated Data*, New York: Springer, 1997.

Klein L. R. , ed. , *A Textbook of Econometrics*, New York: Row Peterson, 1953.

Koissi M. C. , Shapiro A. F. and Högnäs G. , "Evaluating and Extending the Lee–Carter Model for Mortality Forecasting: Bootstrap Confidence Interval", *Insurance: Mathematics and Economics*, Vol. 38, No. 1, 2006.

Lee R. D. , "The Lee–Carter Method for Forecasting Mortality with Various Extensions and Applications", *North American Actuarial Journal*, Vol. 4, No. 1, 2000.

Lee R. D. and Carter L. R. , "Modeling and Forecasting U. S. Mortality", *Journal of the American Statistical Association*, Vol. 87, No. 419, 1992.

Li J. and Haberman S. , "On the Effectiveness of Natural Hedging for Insurance Companies and Pension Plans", *Insurance: Mathematics and Economics*, Vol. 61, No. 2, 2015.

Li J. S. H., Hardy M. R. and Tan K. S., "Uncertainty in Mortality Forecasting: An Extension to the Classical Lee – Carter Approach", Technical Report, University of Waterloo, 2006.

Li J. S. H., Hardy M. R. and Tan K. S., "Threshold Life Tables and Their Applications", *North American Actuarial Journal*, Vol. 12, No. 2, 2008.

Li J. S. H., Ng A. C. Y. and Chan W. S., "Modeling Old-age Mortality Risk for the Populations of Australia and New Zealand: An Extreme Value Approach", *Mathematics and Computers in Simulation*, Vol. 81, No. 7, 2011.

Liu X. S. and Lin X., "A Subordinated Markov Model for Stochastic Mortality", *European Actuarial Journal*, Vol. 2, No. 1, 2012.

London D., ed., *Graduation: The Revision of Estimates*, Connecticut: ACTEX Publications, 1985.

MacMinn R., Brockett P. and Blake D., "Longevity Risk and Capital Markets", *Journal of Risk and Insurance*, Vol. 73, No. 4, 2006.

Makeham W. M., "On the Law of Mortality and the Construction of Annuity Tables", *The Assurance Magazine and Journal of the Institute of Actuaries*, Vol. 8, No. 6, 1860.

Meyricke R. and Sherris M., "The Determinants of Mortality Heterogeneity and Implications for Pricing Annuities", *Insurance: Mathematics and Economics*, Vol. 53, No. 2, 2013.

Milevsky M. A. and Promislow S. D., "Mortality Derivatives and the Option to Annuities", *Insurance: Mathematics and Economics*, Vol. 29, No. 3, 2001.

Milevsky M. A., Promislow S. D. and Young V. R., "Killing the Law of Large Numbers: Mortality Risk Premiums and the Sharpe Ratio", *Journal of Risk and Insurance*, Vol. 73, No. 4, 2006.

Mitchell O. S., Maurer R. and Hammond P. B., eds., *Recreating Sustainable Retirement: Resilience, Solvency, and Tail Risk*, Oxford: Oxford University Press, 2014.

Olivieri A., "Uncertainty in Mortality Projections: An Actuarial Perspective", *Insurance: Mathematics and Economics*, Vol. 29, No. 2, 2001.

Olivieri A. and Pitacco E., "Solvency Requirements for Pension Annuities", *Journal of Pension Economics and Finance*, Vol. 2, No. 3, 2003.

Olshansky S. J. , "On the Biodemography of Aging: A Review Essay", *Population and Development Review*, Vol. 24, No. 2, 1998.

Olshansky S. J. and Carnes B. A. , "Ever Since Gompertz", *Demography*, Vol. 34, No. 1, 1997.

Panjer H. H. and Russo G. , "Parametric Graduation of Canadian Individual Insurance Mortality Experience: 1982 – 1988", *Proceedings of the Canadian Institute of Actuaries*, Vol. 23, No. 3, 1992.

Panjer H. H. and Tan K. S. , eds. , *Graduation of Canadian Individual Insurance Mortality Experience: 1986 – 1992*, Toronto: Canadian Institute of Actuaries, 1995.

Perks W. , "On Some Experiments on the Graduation of Mortality Statistics", *Journal of the Institute of Actuaries*, Vol. 63, No. 1, 1932.

Pitacco E. , "Survival Models in a Dynamic Context: A Survey", *Insurance Mathematics and Economics*, Vol. 35, No. 2, 2004.

Pitacco E. , Denuit M. , Haberman S. and Olivieri A. , eds. , *Modelling Longevity Dynamics for Pension and Annuity Business*, Oxford: Oxford University Press, 2009.

Renshaw A. E. and Haberman S. , "Lee – Carter Mortality Forecasting with Age-specific Enhancements", *Insurance: Mathematics and Economics*, Vol. 33, No. 2, 2003a.

Renshaw A. E. and Haberman S. , "On the Forecasting of Mortality Reduction Factors", *Insurance: Mathematics and Economics*, Vol. 32, No. 3, 2003b.

Renshaw A. E. and Haberman S. , "A Cohort-based Extension to the Lee – Carter Model for Mortality Reduction Factors", *Insurance: Mathematics and Economics*, Vol. 38, No. 3, 2006.

Renshaw A. E. , Haberman S. and Hatzopolous P. , "The Modelling of Recent Mortality Trends in United Kingdom Male Assured Lives", *British Actuarial Journal*, Vol. 2, No. 2, 1996.

Sacher G. A. , "On the Statistical Nature of Mortality, with Especial Reference to Chronic Radiation Mortality", *Radiology*, Vol. 67, No. 2, 1956.

Sacher G. A. , "The Gompertz Transformation in the Study of the Injury-mortality Relationship: Application to Late Radiation Effects and Ageing", in Lindop

P. J. and Sacher G. A., eds. *Radiation and Aging*, London: Taylor and Francis, 1966.

Sin Y., ed., *China Pension Liabilities and Reform Options for Old Age Insurance*, World Bank Working Monograph, No. 2005 – 1, 2005.

Sithole T. Z., Haberman S. and Verrall R. J., "An Investigation into Parametric Models for Mortality Projections, with Applications to Immediate Annuitants' and Life Office Pensioners' Data", *Insurance: Mathematics and Economics*, Vol. 27, No. 3, 2000.

Stallard E., "Demographic Issues in Longevity Risk Analysis", *Journal of Risk and Insurance*, Vol. 73, No. 4, 2006.

Stevens R., Mongevity Risk in Life Insurance Products, Ph. D. Dissertation, Van Tilburg University, 2011.

Su S. and Sherris M., "Heterogeneity of Australian Population Mortality and Implications for a Viable Life Annuity Market", *Insurance: Mathematics and Economics*, Vol. 51, No. 2, 2012.

Thatcher A. R., "The Long-term Pattern of Adult Mortality and the Highest Attained Age", *Journal of the Royal Statistical Society*, Series A, Vol. 162, No. 1, 1999.

Thatcher A. R., Kannisto V. and Vaupel J. W., eds., *The Force of Mortality at Ages 80 to 120*, Odense: Odense University Press, 1998.

Tsai J. T., Wang J. L. and Tzeng L. Y., "On the Optimal Product Mix in Life Insurance Companies Using Conditional Value at Risk", *Insurance: Mathematics and Economics*, Vol. 46, No. 1, 2010.

Vincent P., "La Mortalité Des Vieillards", *Population*, Vol. 6, No. 2, 1951.

Wang C. W., Huang H. C., Hong D. C., "A Feasible Natural Hedging Strategy for Insurance Companies", *Insurance: Mathematics and Economics*, Vol. 52, No. 3, 2013.

Yang S. S., Yue J. C. and Huang H. C., "Modeling Longevity Risks Using a Principal Component Approach: A Comparison with Existing Stochastic Mortality Models", *Insurance: Mathematics and Economics*, Vol. 46, No. 1, 2010.

Zuo X. J. and Yang X. P., "The Long-term Impact on the Chinese Economy of an Aging Population", *Social Sciences in China*, Vol. 30, No. 1, 2009.

索 引

AIC 统计量　40，45，66，70—72，92，93

Beard 模型　34，44，45，52

BIC 统计量　40，41，44，45，52，66，70—72，87，92，93

Gompertz 模型　6，7，13，34，35，45，52，58

GP 分布　13，27，56，57，59，65，67，68，77，80，81，84，85，87，88，104，120，122，160

Kannisto 模型　6，7，13，34，45，52

Logistic 模型　6，7，13，34，36，40，44—52，58

Makeham 模型　6，34，44，45

C

财务可持续性　125，196，237

参数估计　39—41，44—46，48，50，60—62，65，70—73，84—87，91，93，94，96，104

残差诊断　41，49，66，75，76，87，89，105

产品定价　15，21，27，124—126，128，135，136，155，160，176，179，183，186，195—197，200，201，220，230—234

长寿风险　5，8—16，20—25，27—29，54，76，77，80，121—126，134—136，155，159，160，176，179，183，186，187，189，191，194—202，206—208，220，222，223，226—239

长寿风险证券化　16，25，28，198，236

长寿债券　11，16，25，236

超高龄　6，7，13，20，23—25，27—29，32，34，35，39，43，52—54，61，69，76—78，80，81，84，85，91，104，121，122，147，155，163，171，177，178，180，181，184，185，232，235

筹资模式　196

D

待遇模式　125，196

递延年金　126，128，129，132—137，147，150，154，155，157—161，171—175，179，182，185，186，190—194，197，201—203，205，207—209，220，221，227，229

递延寿险　126，136，137，147，150，154，155，157—161，171—176，179，

182，185，186，190—194，201—204，207—209，220，221，226，229

点估计 14，27，68，69，72，77，88—90，94，96，121

点预测 89，90，115—118

定期年金 126，136，137，140，141，147，150，153，154，156—161，167—171，177，178，181，184，188—190，194，201，203，205

定期寿险 161，197，199，201，203，204

动态生命表 20，23，24，27，29，76，77，89，90，118，121，231，232

动态死亡率模型 8，10，14，23，28，54，60，61，78—82，121，122，232，236

对冲弹性 125，126，138，149—160，162，169，174，186—194，201，206—208，222，223，226—230，234

对冲效应 160，186，188，190，195，200—202，206—209，220—230，233，234

对数似然统计量 40

F

分层模型 23，27，36—41，44—50，52，61—66，68，70—77，82—88，90—94，96—111，115，121，122，126，160，195，196，231，232

分段形式 13，58，60，61，80—82，94，104，120

G

高龄死亡率减速 35，43

个人账户 14，17，18，125，238

公共养老金 10，124，200，231，237

估计偏差 29，43，51

固定效应 37，40，47，63，65，73，82，85，88，94

国民生命表 126

J

基本养老保险 5，18，21，28，123，125，196，197，220，230，231，234，235，237，238

极限年龄 14，24，27，61，66—68，72，73，77，88，94，104，115，121，232

极值分析 7，54，55

极值建模方法 23，27，28，54，55，57，61，88，121

检验诊断 25，41，44，49，50，66，70，75，87，91，105—111，232

经验生命表 15，24，52，125，126，128，136，186，196，199—202，206，208，209，222，229，230，236

精算现值 129，136，160，162—185，202，203

均匀分布 31，33，53，85

L

老龄社会 124，231，235，239

利率弹性 133—135，160，162，169，174，183—186，202，207，208，226，230，234

两全保险 126，136，137，140—142，147，150，153，154，156—161，167—

171，177，178，181，184，185，188—
190，194，200，203

M

门限年龄　58—61，65，67，68，71，
80—82，84—87，92，93
模型选择　39

N

年龄外推　5，7，22—24，27，28，41，
54，60，61，72，77—80，91，96，
104，121，231，232

P

平均预期寿命　1，3—5，10，14，21，
27，76，77，90，118—121，125，
128，232
区间估计　14，68，69，88，121
区间预测　89，90，115，116
区域差异　17，23，28，36，51，54
趋势预测　5，22—24，28，41，54，78，
79，91，121，231，232
全年龄　6，7，14，24，27—29，76，
77，79，82，88，90—94，96—99，
104，115，117，118，120—122，126，
162，165，166，169—171，176—178，
180—186，188，195，196，231，232

R

人类死亡率数据库　2
人群差异　23，28，29，54，76

S

生存分布　7，13，20，23，24，27，28，
54，58，60，76，77，89，104，118，
121，232
数据质量评估　39，43
数据质量问题　6，29，39，45，51，
84，235
死亡力模型　34，44
死亡率改善率　126，127
死亡率修匀　14，24，54，60，61，72，
77—79，96，104，231
死亡率指标　31，32，80
死亡率指数　32，76，121，232
死亡年龄分布　232
随机效应　36—38，40，44，45，48—
50，61—65，71—73，75，82—85，88，
91—94，104，116

T

条件死亡概率　31，34，58，60，62，
72，73，79—81，88—91，96—99，
104，105，116，117，121
统筹账户　17，237

X

性别差异　23，28，36，43，46，48，
49，51，54，61，121，122，125—127，
156，162，169，174，202，207，220，
222，223，229，230，233，234

Z

再保险　11，13，25，28，197，199，235，

236

责任准备金　15，16，125，197，199—209，220，229—233

正态分布　41，49，75，87，111

中国大陆地区　3—5，27，77，79，84，92，93，96—99，102—105，109—111，121，232，235

中国台湾地区　2—4，27，29，32，77，79，80，84，86，88，91—98，100—102，104—108，115—121，232，235

中国香港地区　2—4，14，29，32，80

中心死亡率　31，33，34，57，58，69，70，79，86，91

终身年金　126，129—131，136—139，142，143，147，149，151，152，156，158—163，165，171，176—178，180，183，184，186—188，193，194，197，201—203，205，207—209，220，221，226，229

终身寿险　126，136，137，139，140，142—144，147，149，151，152，156，158—164，166，171，176—178，180，183，184，186—188，193，194，197，199，201—204，206，208，209，220，221，226，229

自然对冲　13，15，25，28，125，126，136，186，195，197，200，201，229，235，236

后　记

　　时光匆匆流逝，转瞬间，两年的博士后学术研究生涯已经结束四年有余。借本书出版之际，回想起自己过去十年的学术科研之路，心中无限感慨。回眸过去，我在上海这座国际大都市已经生活了六年有余，在复旦这所全球著名的学府度过了我人生中最充实、最宝贵的六年时光。一路走来，记忆中满载的都是老师们的悉心指导和同学们的快乐相伴，是你们让我的学术生活充实而又富有活力；是你们在我人生精彩时为我喝彩，在落寞时给我鼓励；是你们在我生命的一个又一个里程碑上刻下了重要的篇章。

　　在此，我要感谢的人实在太多，这些简短的文字不足以表达我对你们的感激之情。首先我要衷心感谢复旦大学经济学院，感谢学院给我提供了从事教书育人、科研工作的宝贵机会，同时也感谢学院给我提供了学生工作的锻炼机会。

　　其次，我也要感谢经济学院所有的老师，感谢各位老师多年来对我的殷切期望和大力支持，尤其要感谢我的博士后指导老师石磊教授。他是国内经济学界一位有名的学者，他教导了我学术研究的方法，为我指引了研究的领域和方向，使我感受到了保险经济学、公共经济学等交叉学科的研究魅力；他像一位慈父，给予了我父亲般的关怀，用自己的人生阅历指引并激励着我不断前进；他又像一位益友，每周研讨班与我们亲切交流，乐意倾听学生的想法，并讨论得失，鼓励上进，纠正错误，我前进道路上的每一步都承载着他的扶持和帮助。我想这一切都会让我铭记于心，并受益终身。尤其在学术上，他深厚的理论素养、渊博的知识、严谨的治学态度，极大地感染了我。在两年博士后学术研究中，他对我的专业学习、学术科研、出站报告选题和撰写都给予了极大的关注和悉心指导。我在博士后期间之所以能有如此优异的成绩，很大程度上得益于石老师的学术栽培和熏陶。能成为石老师的弟子，我深感荣幸。在此，我郑重地向石老师以及经济学院的其他老师致以最诚挚的敬意和最衷心的感谢！也希望各位老师身体安康，桃李满天下！

再次，我还要感谢我的母校南开大学，感谢母校各位老师十年来的辛勤培育，尤其要感谢我的博士生导师张连增教授，感谢他引领我走进了精算学的研究殿堂，感谢他多年来对我学术研究的默默支持和无私帮助。他是国内精算学术界一位有名的学者，是一位学术上与国际精算前沿接轨的老师，是一位对学术科研精益求精的老师，是一位默默无闻无私奉献的老师，是一位满腹经纶值得敬仰的老师。在此，我郑重地向张老师致以最诚挚的敬意和最衷心的感谢！也希望张老师身体安康，桃李满天下！

同时，本书的系列研究得到了中国博士后科学基金面上项目"动态死亡率建模与长寿风险量化研究"（No. 2014M550206）和特别资助项目"老龄社会中的长寿风险研究：量化管理和代际分担"（No. 2015T80378）；以及国家自然科学基金重大项目"公平、活力与可持续——老龄社会的经济特征及支持体系研究"（No. 71490734）的资助；本书也有幸入选第八批《中国社会科学博士后文库》，由中国社会科学出版社出版，在此我要特别感谢本书的责任编辑王莎莎老师对本书精益求精的审核和校对工作！追求完美是一种难能可贵的品质，在整个过程中我受益良多。此外，本书的出版还得到了2018年度复旦大学理论经济学I类高峰计划项目（高峰学术专著系列）的资助，在此表示衷心的感谢！

最后，我更要感谢我的家人。感谢你们多年来对我无限的支持和爱护，感谢你们一直以来对我学业和工作的大力支持，感谢你们的用心培育，感谢你们的不断鞭策，感谢你们的理解包容，这些点点滴滴使我奋发向上，也为我的人生点亮了前进的方向，我只有加倍努力，才能回报你们无私的爱。

我怀着一颗对教育科学事业执着追求的赤诚之心，以满腔的热情投身于保险经济学、精算与风险管理、统计学的交叉学科的教学科研工作，我选择了一个自己热爱的事业，我有信心、有耐心并且有恒心，付出的汗水终将会有收获，我愿把自己最宝贵的年华献给复旦大学经济学院的教学科研工作。我会加倍努力，把自己的创造力融入一生的教学科研工作中，为自己奋斗，为复旦奋斗，更为国家奋斗，让这些经历成为我人生中最珍贵的财富，也成

后 记

为教会我懂得珍惜人生中的每一次机会,更好地迎接人生中的每一次挑战与考验,继续抒写人生新的篇章。

我坚信有梦想、有远见、有勇气,就会有希望!路漫漫其修远兮,吾将上下而求索。

段白鸽

第八批《中国社会科学博士后文库》专家推荐表 1

《中国社会科学博士后文库》由中国社会科学院与全国博士后管理委员会共同设立，旨在集中推出选题立意高、成果质量高、真正反映当前我国哲学社会科学领域博士后研究最高学术水准的创新成果，充分发挥哲学社会科学优秀博士后科研成果和优秀博士后人才的引领示范作用，让《文库》著作真正成为时代的符号、学术的标杆、人才的导向。

推荐专家姓名	石磊	电话	021-65642399
专业技术职务	教授	研究专长	公共经济与政策、当代中国经济
工作单位	复旦大学经济学院	行政职务	公共经济研究中心主任
推荐成果名称	动态死亡率建模与长寿风险量化研究		
成果作者姓名	段白鸽		

（对书稿的学术创新、理论价值、现实意义、政治理论倾向及是否具有出版价值等方面做出全面评价，并指出其不足之处）

申请人申报的著作《动态死亡率建模与长寿风险量化研究》，选题具有前瞻性和实用性，在学术思想上具有重要创新，且具有人口学、保险精算学、统计学、公共经济学交叉学科研究特色，不存在知识产权问题。

该申报著作关注的问题有着重大的科学研究意义和应用前景，有望为我国长寿风险量化专题研究带来创新性成果和突破性进展。研究目标具体明确，研究方法科学合理，研究计划清晰有序，实施方案认真翔实。作者系统开展了涵盖整个生命周期的中国全年龄人口动态死亡率修匀、年龄外推和趋势预测的建模工作，揭示了整个生命跨度中国男性和女性死亡率、生存分布、死亡年龄分布和平均预期寿命的动态演变规律，构造了分性别的动态生命表，并全面量化了长寿风险对中国保险公司产品定价、公共养老金负债及财务可持续性的影响。研究成果在国内同类专业著作中处于领先水平，有助于使我国在动态死亡率建模与长寿风险量化专题研究领域的科研工作与国际前沿水平接轨。

该著作是基于申请人获得的中国博士后科学基金第 55 批面上项目一等资助和第 8 批特别资助的学术专著，著作主线清晰、内容详实、格式规范、行文流畅、数理推导严谨、数据可靠、结论正确，体现出作者具有扎实的保险精算理论基础和独立从事科学研究的能力，极具出版价值，是一篇优秀的学术著作。在已完成的系列研究成果基础上，申请人如能结合我国老龄化现状进一步给出管理和分担长寿风险的政策建议，应用价值会更大。

申请人是我于2013—2015年指导的师资博士后，在博士后科研工作中取得了优异成绩，博士后出站考核优秀，获得 2015 年复旦大学优秀博士后称号，并留校任教。

综上所述，我特别推荐申请人申报第八批《中国社会科学博士后文库》出版资助项目。

签字：石磊
2018 年 9 月 15 日

说明：该推荐表须由具有正高级专业技术职务的同行专家填写，并由推荐人亲自签字，一旦推荐，须承担个人信誉责任。如推荐书稿入选《文库》，推荐专家姓名及推荐意见将印入著作。

第八批《中国社会科学博士后文库》专家推荐表 2

《中国社会科学博士后文库》由中国社会科学院与全国博士后管理委员会共同设立，旨在集中推出选题立意高、成果质量高、真正反映当前我国哲学社会科学领域博士后研究最高学术水准的创新成果，充分发挥哲学社会科学优秀博士后科研成果和优秀博士后人才的引领示范作用，让《文库》著作真正成为时代的符号、学术的标杆、人才的导向。

推荐专家姓名	王永钦	电话	021-65643054
专业技术职务	教授	研究专长	金融经济学、发展经济学、应用微观
工作单位	复旦大学经济学院	行政职务	复旦大学绿庭新兴金融业态研究中心主任、经济学院 985 平台副主任
推荐成果名称	动态死亡率建模与长寿风险量化研究		
成果作者姓名	段白鸽		

（对书稿的学术创新、理论价值、现实意义、政治理论倾向及是否具有出版价值等方面做出全面评价，并指出其不足之处）

　　申请人申报的著作《动态死亡率建模与长寿风险量化研究》，选题有着重要的科学研究意义和实际应用价值，学术思想具有前瞻性和创新性，研究目标具体明确，研究方法科学合理，研究计划清晰有序，实施方案认真翔实，研究工作形成了一套比较系统的长寿风险定量分析的研究成果，有望为我国长寿风险定量评估体系的构建提供理论和技术支撑，也有望为老龄社会中相关公共政策的制定提供更精准且更科学的理论依据。

　　作者系统地归纳和总结了动态死亡率建模与长寿风险量化专题研究领域的国内外相关文献，全面掌握了该领域的研究现状和发展方向，创新性地开展了同时涵盖低龄、高龄、超高龄在内的整个生命跨度中国全年龄人口死亡率、生存分布、死亡年龄分布和平均预期寿命的动态演变规律的系统性研究，并完成动态生命表的编制工作。在此基础上，系统量化了长寿风险对中国保险公司产品定价、公共养老金负债及财务可持续性的影响。申请人如能凭借其扎实的计算机软件操作及编程技术，在该著作或相关网站公布长寿风险专题研究涉及的各种模型与方法的 R 代码，并汇总发布长寿风险专题研究的 R 软件包，供学术界相关研究人员和业内人士参考，应用价值会更大。

　　该著作是申请人主持的中国博士后科学基金第 55 批面上一等资助项目"动态死亡率建模与长寿风险量化研究"和第 8 批特别资助项目"老龄社会中的长寿风险研究：量化管理和代际分担"系统性研究成果。作者在写作中投入了大量时间和精力，著作主线清晰、结构严谨；格式规范、叙述清楚、行文流畅；理论分析恰当、数据可靠、结论正确，体现了作者具有人口统计学、精算与定量风险管理、公共经济学交叉学科研究专长，具备坚实的保险精算理论基础和独立从事科学研究能力。该著作极具出版价值，是一篇优秀的著作。

　　综上所述，我特别推荐申请人申报第八批《中国社会科学博士后文库》出版资助项目。

　　　　　　　　　　　　　　　　　　　　　　　　签字：
　　　　　　　　　　　　　　　　　　　　　　　　2018 年 9 月 15 日

说明： 该推荐表须由具有正高级专业技术职务的同行专家填写，并由推荐人亲自签字，一旦推荐，须承担个人信誉责任。如推荐书稿入选《文库》，推荐专家姓名及推荐意见将印入著作。